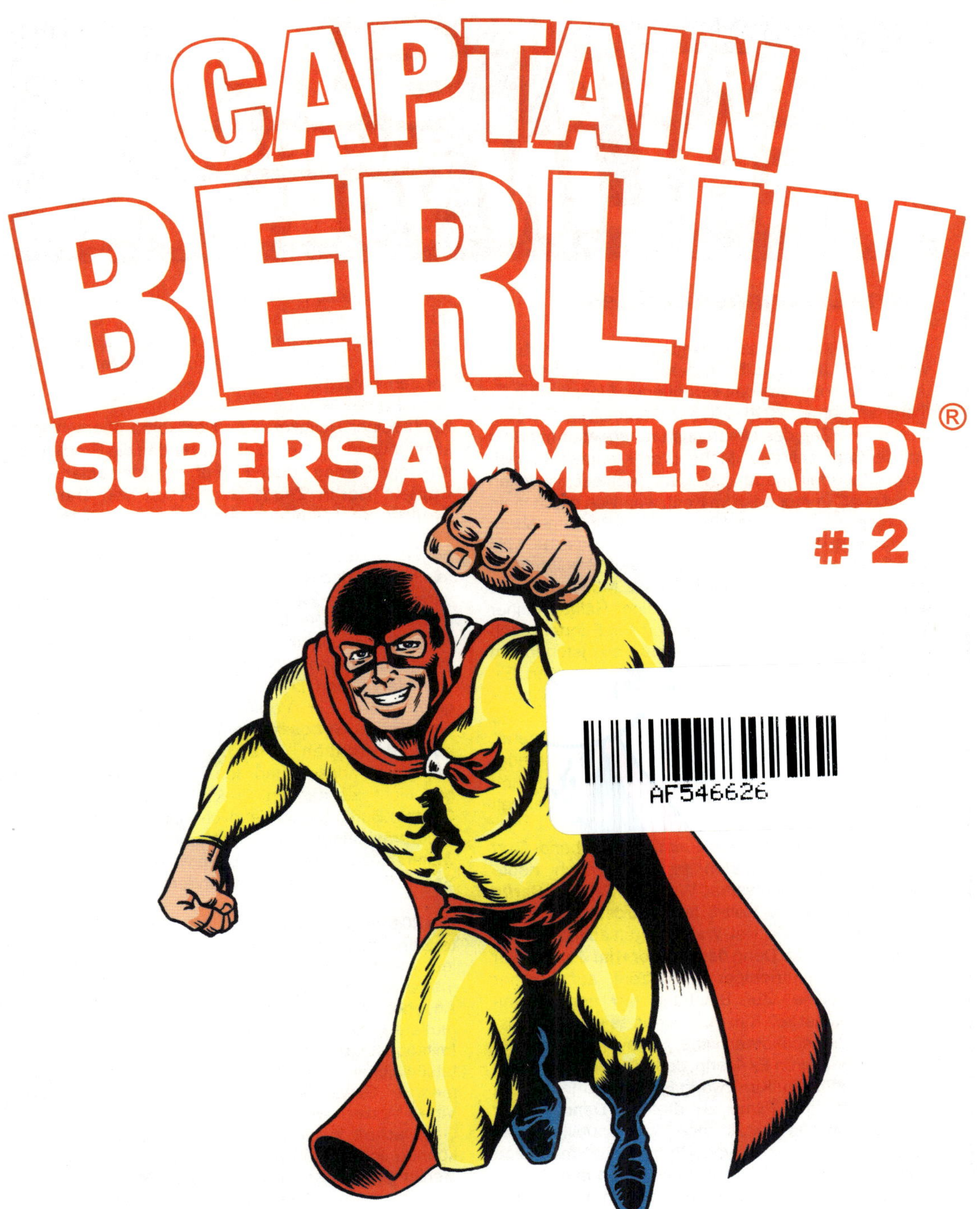

Alle Geschichten aus

CAPTAIN BERLIN # 5 bis # 8

in chronologischer Reihenfolge nachgedruckt!

JÖRG BUTTGEREITs

CAPTAIN BERLIN® SUPER-SAMMELBAND # 2 VORWORT

Werte Leserinnen und Leser,

herzlich willkommen zum zweiten Supersammelband von **CAPTAIN BERLIN**, in dem die komplette 80er-Jahre-Tetralogie aus den vergriffenen Einzelheften 5 - 8 aus den Jahren 2016 - 2018 versammelt ist. Die 80er waren eine Zeit des Umbruchs und endeten mit dem Fall der Berliner Mauer. Mehr als drei Jahrzehnte nach dem Mauerfall habe ich den „antifaschistischen Schutzwall" immer noch im Kopf, wenn ich durch mein Berlin spaziere. Ich bin 1963 in West-Berlin geboren und habe so die Teilung der Stadt (13. August 1961 bis 9. November 1989) durch das brutale "Grenzbefestigungssystem" hautnah miterlebt. Als Mauerstadtkind war es für mich normal, die eine Hälfte meiner Geburtsstadt nicht zu kennen und bei Fahrten nach Westdeutschland ewig an der Grenze anzustehen, um von bewaffneten Grenzsoldaten gefilzt zu werden. Ein harmloses Comic-Heft wie **CAPTAIN BERLIN** hätte ich damals nicht in die DDR einführen dürfen. Es wäre wohl gemäß der "Anordnung zum Schutz der Jugend" als "imperialistisches Schmutz- und Schunderzeugnis" deklariert worden, dessen Herstellung und Verbreitung mit bis zu zwei Jahren Gefängnis bestraft wurde.

Das erste Abenteuer in diesem Sammelband führt unseren tapferen Helden in einen noch heute bestehenden Unrechtsstaat. Wenn Ihr ***Captain Berlin in Nord-Korea*** aus Heft 5 lest, werdet Ihr nicht für möglich halten, wie viel Wahrheit tatsächlich in der Geschichte steckt. Denn der Diktator **Kim Jong-il** war wirklich ein umtriebiger Produzent aufwendiger Propagandafilme. Zur Belebung der nordkoreanischen Filmkunst ließ Kim 1978 einen seiner Lieblingsfilmstars, die südkoreanische Schauspielerin **Choi Eun-hee**, und ihren Ex-Mann, den Filmregisseur **Shin San-ok**, entführen. Kim zwang Shin und Choi, erneut zu heiraten und Filme zu drehen. Denn in der sogenannten "Demokratischen Volksrepublik Korea" spielte die Produktion von Propagandafilmen eine unverzichtbare Rolle in der Manipulation des Volkes. Shin drehte für Kim eine Reihe von Filmen, darunter auch den wohl bekanntesten nordkoreanischen Film ***Pulgasari***, einen märchenhaften Monsterfilm mit Revolutionssubtext. 1986 gelang Shin und Choi bei einer Reise zum Filmfest in Wien die Flucht. Die nordkoreanischen Behörden leugnen bis heute Shins Entführung und behaupten, dieser sei freiwillig in den Norden gekommen. Wie wirkungsvoll das Filmschaffen des "geliebten Führers" Kim Jong-il war, zeigen die außerordentlichen schauspielerischen Leistungen des nordkoreanischen Volkes bei den Darstellungen der Trauer, die nach seinem Tod im Dezember 2011 bei den wochenlangen Trauerfeiern im Staatsfernsehen zu sehen waren.

Nach seiner Heimkehr aus Nordkorea überschlagen sich für unseren West-Berliner Helden die Ereignisse. Im Kalten Krieg, dem Kampf der Ideologien, wird **Captain Berlin** Zeuge der Geburt von **Genosse Berlin**. Der linientreue Superheld der DDR! *"Wir sehen unsere Aufgabe darin, die deutsche Kultur gegen diese amerikanische Lebensweise zu verteidigen."*, kündigte der für den Mauerbau politisch verantwortliche **Walter Ulbricht** damals an. Auf die Idee, einen Ost-Berliner Superhelden mit kommunistischer Gesinnung als direkten Konkurrenten zu den in Westdeutschland dominierenden US-Superhelden von Marvel und DC zu kreieren, ist Ulbricht nicht gekommen. Ein Versäumnis, das wir mit der Geschichte ***Genosse Berlin greift an!*** in Heft 6 korrigiert haben. Die Doppelbelastung durch Superheldendasein und Beruf (an ein Privatleben ist gar nicht zu denken) macht außerdem deutlich: Captain Berlin braucht endlich einen Gehilfen. Voller Stolz präsentierten wir in der Nummer 6 deshalb einen weiteren Neuzugang im CB-Universum: **Robo A-100**. Sprich: Robo-Ah-Strich-Einhundert.

Die 80er waren auch das Jahrzehnt der Videokassette. Besorgte Jugendschützer und Filmbewertungsstellen waren damals tatsächlich der Meinung, dass insbesondere Minderjährige durch das häufige Ansehen von Horrorvideos zu abgestumpften Bestien mutieren, die ihre Eltern fressen. Der sogenannten Imitationstheorie zufolge sollte die Bereitschaft zur tatsächlichen Gewaltanwendung steigen, je intensiver mediale Gewalt konsumiert wird. Den neuartigen Video-Medien wurde die Fähigkeit zugebilligt, die Gesellschaft zu verderben und "gleichschalten" zu können. In diesem hysterischen Klima spielt ***Captain Berlin gegen den horriblen VHS-Mann*** aus Heft 7, das wie immer auf wahren Begebenheiten basiert. In der Reportage ***Mama, Papa, Zombie - Horror für den Hausgebrauch*** wurden 1984 im Abendprogramm des Zweiten Deutschen Fernsehens besonders grausame Ausschnitte aus Horrorvideos gezeigt. Der italienische Horrorfilm ***Ein Zombie hing am Glockenseil*** wurde hier als exemplarisches Beispiel für die erschreckend explizite Gewaltdarstellung in dem neuen Medium

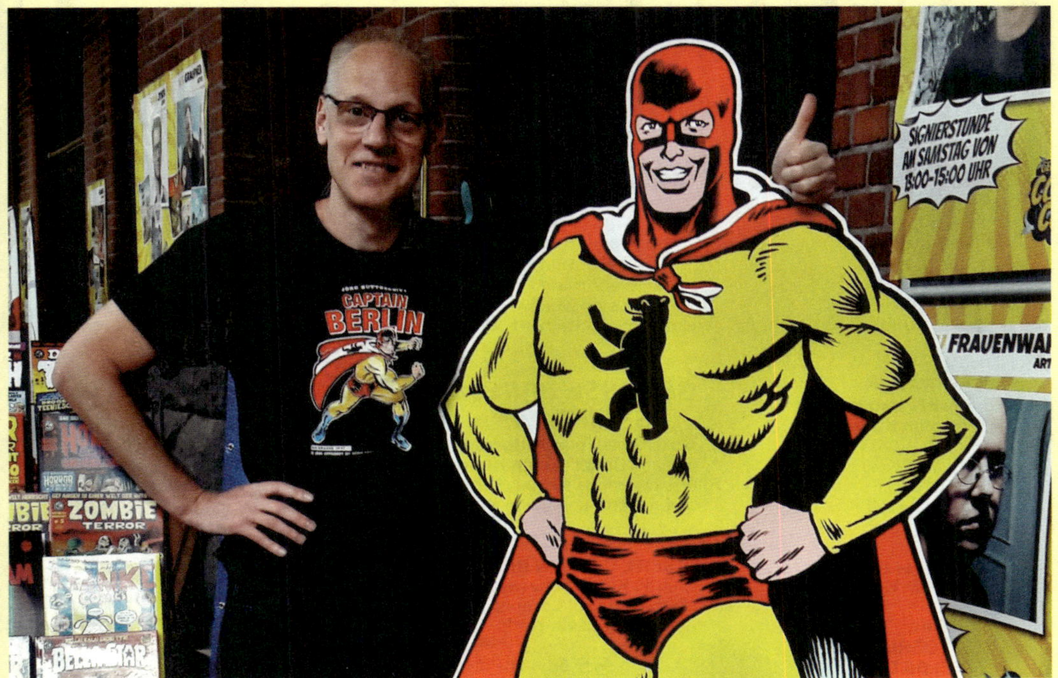

Video aufgeführt. Wichtig zu wissen: Zu diesem Zeitpunkt wurden in Deutschland lediglich Kinofilme von der FSK (Freiwillige Selbstkontrolle der Filmwirtschaft) geprüft. Videokassetten konnten damals praktisch von Personen jeden Alters in den überall wie Pilze aus dem Boden sprießenden Videotheken entliehen werden. Die Ironie der Geschichte: Durch die Berichterstattung des ZDF zur besten Sendezeit wurden viele der beanstandeten "Gewaltvideos" erst einer breiten Öffentlichkeit bekannt. Unter Fans gilt ***Mama, Papa, Zombie*** deshalb heute noch als Einstiegsdroge in das bei uns immer noch geächtete Horror-Genre. Die pädagogisch sicher gut gemeinte Reportage des öffentlich-rechtlichen Rundfunks ging also voll nach hinten los.

Doch auch Superheldencomics wurden schon immer zu Propagandazwecken genutzt. Ein gewisser **Captain America** wurde 1941 erschaffen, um ins Lächerliche verzerrte Versinnbildlichungen der damaligen Kriegsgegner der Vereinigten Staaten zu vermöbeln. So erstaunt es nicht, dass auch unser Captain in Heft 8 großes Interesse an der verschollen geglaubten Erstausgabe von ***Captain Berlin Comics # 1*** aus dem Jahr 1943 hat. Schließlich soll in dem bunten Bilderheftchen die Antwort auf die Frage zu finden sein, wie man Hitler und seine Nazibrut endgültig besiegen kann. Die Spur des sagenhaften Comics führt **Captain Berlin** bis nach Hollywood in die Villa des berühmten Schauspielers Nick Page. Doch Hitlers ehemalige Leibärztin **Ilse von Blitzen** ist ebenfalls scharf auf das geheimnisvolle ***Bilderheft des Todes***!

Als Hintergrundinfo ist sicherlich interessant, dass der bekennende Superhelden-Fan und Hollywoodstar **Nicolas Cage** (natürlich nicht zu verwechseln mit Nick Page) 1997 eine sehr gut erhaltene Ausgabe des ersten Superman-Heftes **Action Comics # 1** aus dem Jahr 1938 für $ 150.000 Dollar erworben hat. Dieser heilige Gral unter den Comic-Heften wurde Cage allerdings im Jahr 2000 aus seiner Villa gestohlen. Erst elf Jahre später fand die Polizei das Heft zufällig in einem Schließfach im San Fernando Valley wieder und gab es an Cage zurück. Ob Ilse von Blitzen auch hinter diesem spektakulären Comicraub steht, und ob sie es vielleicht auch war, die Nicolas Cage das Heft 2011 für $ 2,16 Millionen Dollar abkaufte, ist bis heute ungeklärt.

In der letzten Geschichte geht es nochmals um stupide Zombies. Allerdings sind die Hirne der ***East-Side-Zombies*** nicht durch zügellosen Medienkonsum manipuliert, sondern durch die radioaktive Strahlung des im April 1986 explodierten Reaktors im Atomkraftwerk von Tschernobyl weich geworden. Der Endzeitschocker bringt zudem ein Wiedersehen mit einem bekannten Wiedergänger: Der totgeglaubte Altnazi **Otto Todt** aus **CAPTAIN BERLIN # 4** ist zurück. Diese eigentlich mit viel zu vielen Ideen vollgestopften acht Seiten sind erstmals 2016 in **U-Comix #195** erschienen.

Bei all den unglaublichen Abenteuern in diesem Band bleibt mir nur, beruhigend darauf hinzuweisen, dass empirische Untersuchungen der Medienwirkungsforschung das simple Reiz-Reaktions-Modell der Nachahmungstheorie längst widerlegt haben. Dem unbeschwerten Genuss dieses besonders wertlosen Schunderzeugnisses steht also nichts im Wege.

Viel Spaß beim Lesen!

Euer Jörg Buttgereit

INHALT

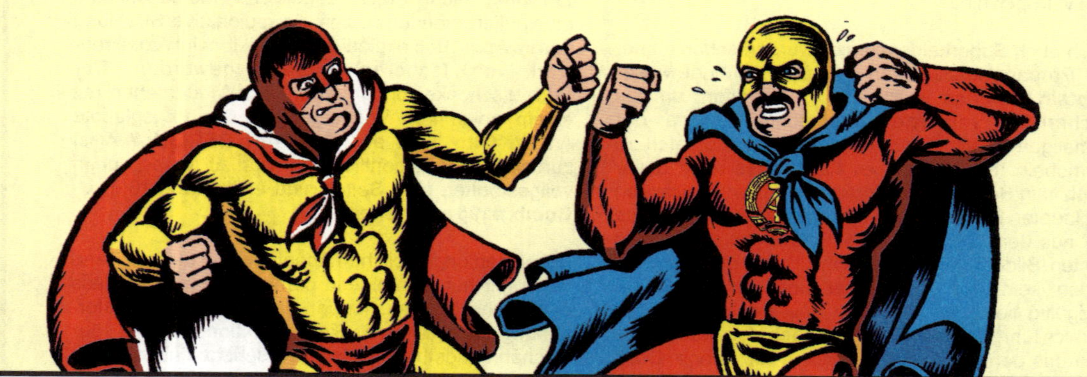

Impressum: Jörg Buttgereits CAPTAIN BERLIN SUPERSAMMELBAND # 2 ist im März 2021 erschienen bei Weissblech Comics, Levin Kurio Verlag, Hauptstraße 10, 23744 Schönwalde OT Langenhagen, Mail: kurio@weissblechcomics.com; Erscheinungsweise unregelmäßig, Einzelpreis 14,90 € (Preis enthält 7% gesetzl. MwSt.). Herausgeber und Redakteur: Levin Kurio, freie redaktionelle Mitarbeit: Marte Kurio-Deiterding.
Gerichtsstand ist Schönwalde a. B. Weissblech Comics © 1992/2021 Weissblech Comics/Levin Kurio. CAPTAIN BERLIN © und ® 1982/2021 Jörg Buttgereit; das Copyright der Beiträge liegt bei den jeweiligen Autoren, Nachdruck ohne schriftliche Genehmigung des Verlages ist untersagt.
Druck: Multiprint, Kostinbrod, BGR. Vertrieb Comicfachhandel: PPM (Peter Poluda Medienvertrieb), Barntrup.

ISBN für den Buchhandel: 978-3-86959-091-2

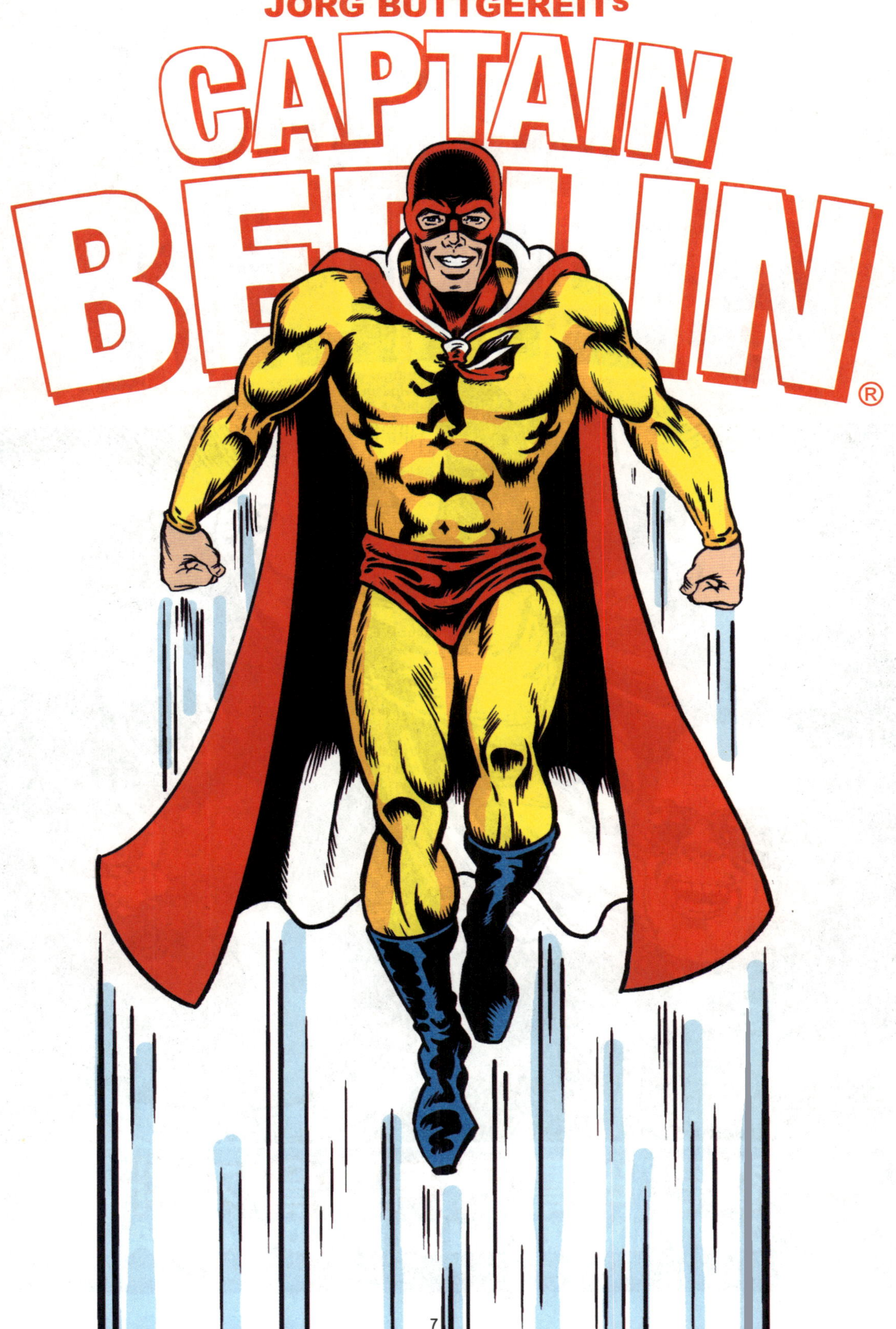
JÖRG BUTTGEREITS
CAPTAIN
BERLIN
®

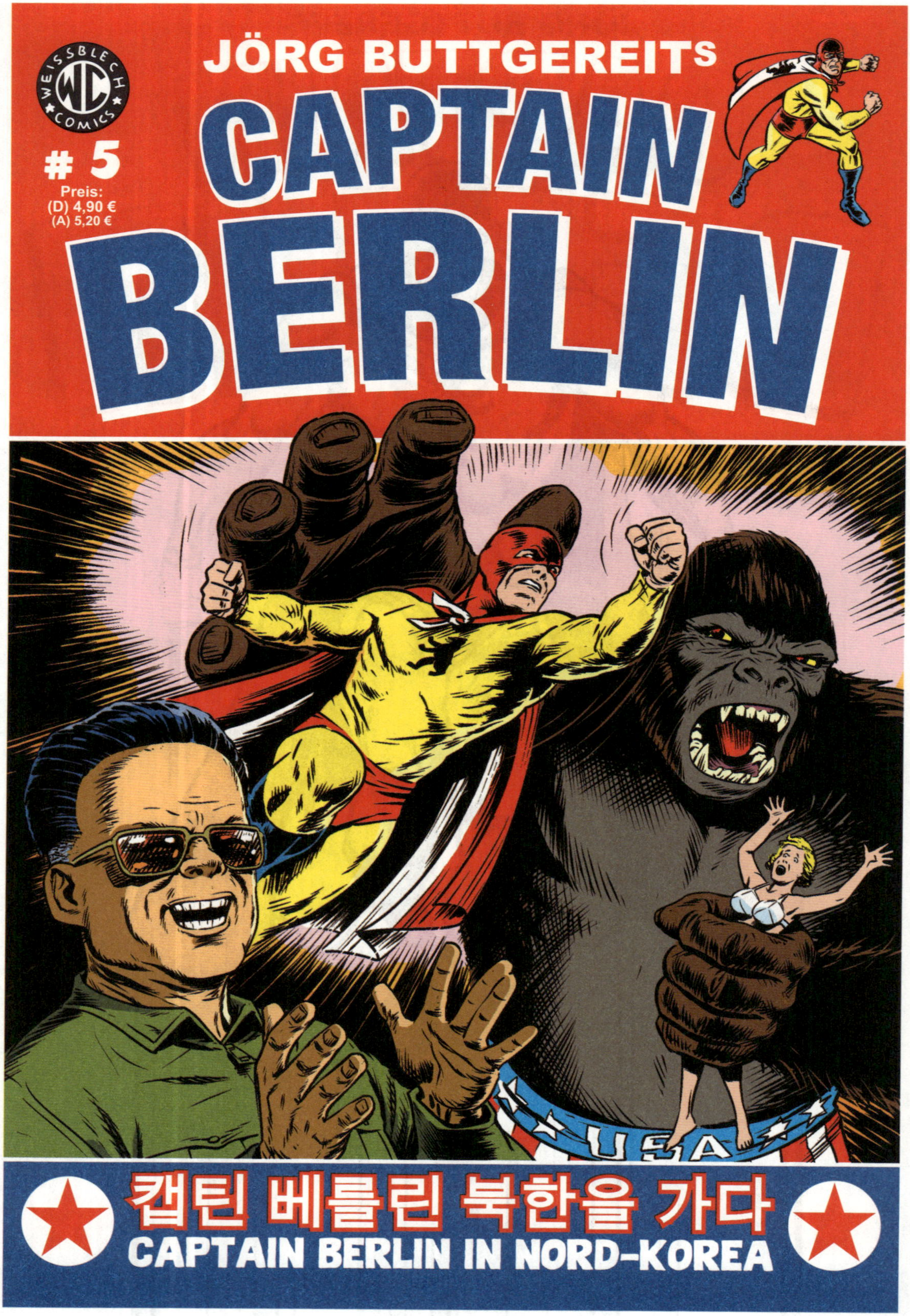

WEISSBLECH COMICS

JÖRG BUTTGEREITS

CAPTAIN BERLIN

5

Preis:
(D) 4,90 €
(A) 5,20 €

USA

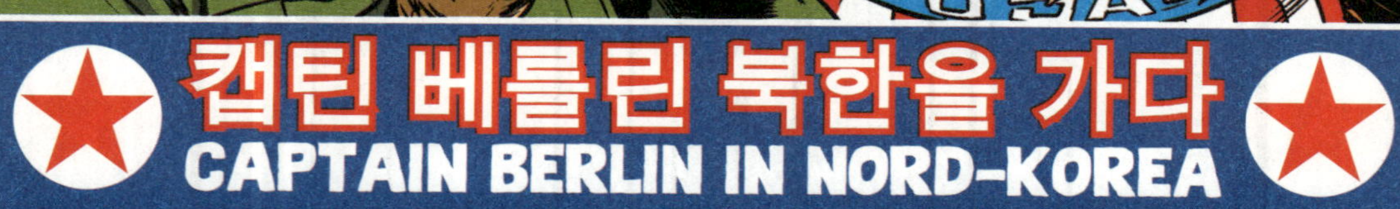

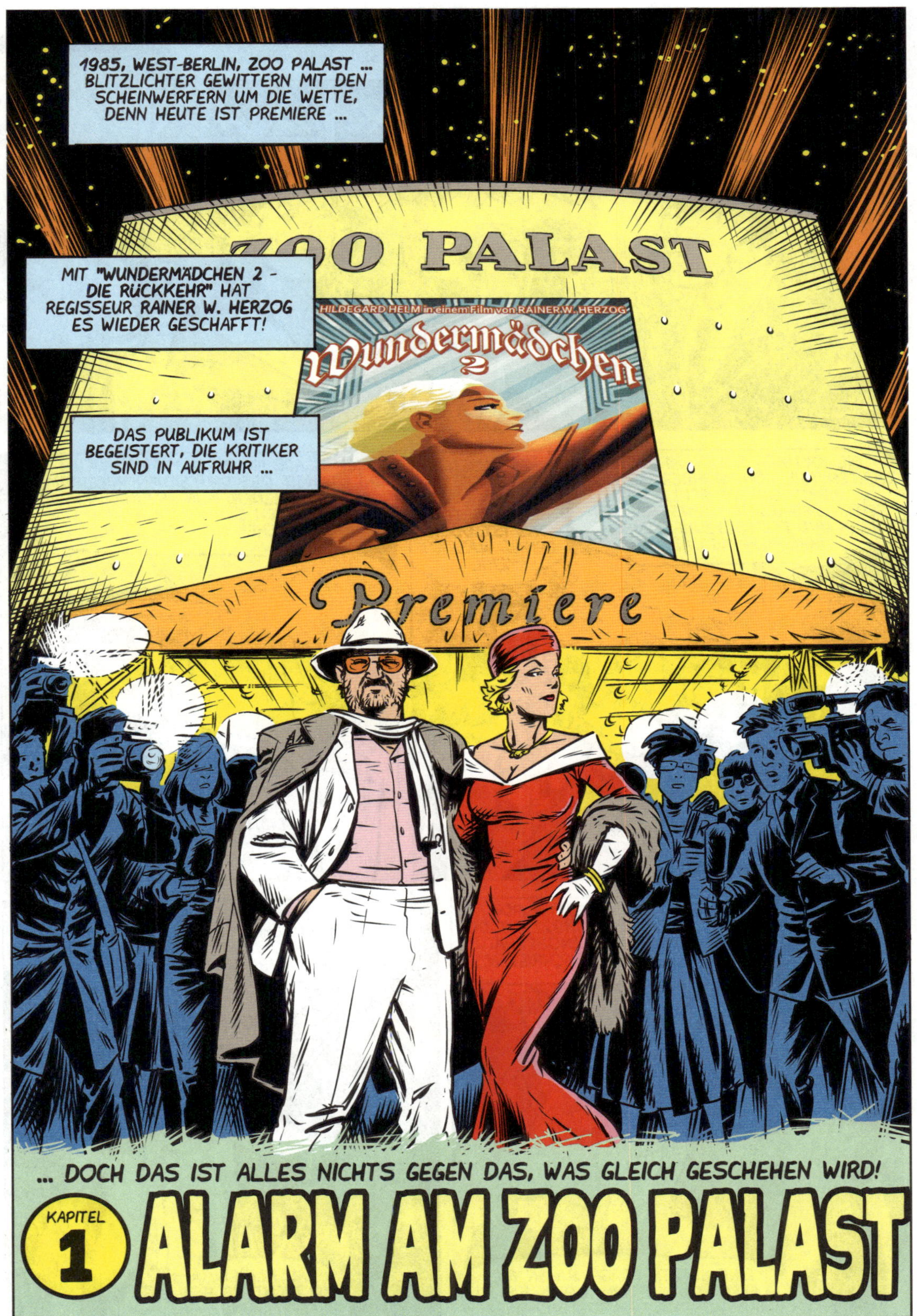
1985, WEST-BERLIN, ZOO PALAST ... BLITZLICHTER GEWITTERN MIT DEN SCHEINWERFERN UM DIE WETTE, DENN HEUTE IST PREMIERE ...
ZOO PALAST
MIT "WUNDERMÄDCHEN 2 - DIE RÜCKKEHR" HAT REGISSEUR RAINER W. HERZOG ES WIEDER GESCHAFFT!
HILDEGARD HELM in einem Film von RAINER W. HERZOG
Wundermädchen 2
DAS PUBLIKUM IST BEGEISTERT, DIE KRITIKER SIND IN AUFRUHR ...
Premiere
... DOCH DAS IST ALLES NICHTS GEGEN DAS, WAS GLEICH GESCHEHEN WIRD!
KAPITEL 1
ALARM AM ZOO PALAST

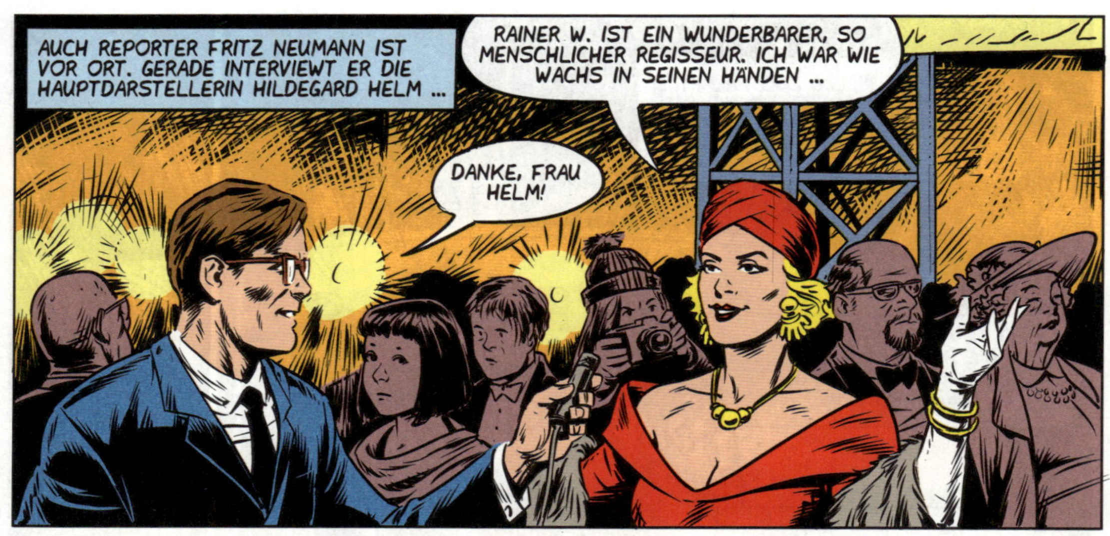
AUCH REPORTER FRITZ NEUMANN IST VOR ORT. GERADE INTERVIEWT ER DIE HAUPTDARSTELLERIN HILDEGARD HELM ...
RAINER W. IST EIN WUNDERBARER, SO MENSCHLICHER REGISSEUR. ICH WAR WIE WACHS IN SEINEN HÄNDEN ...
DANKE, FRAU HELM!

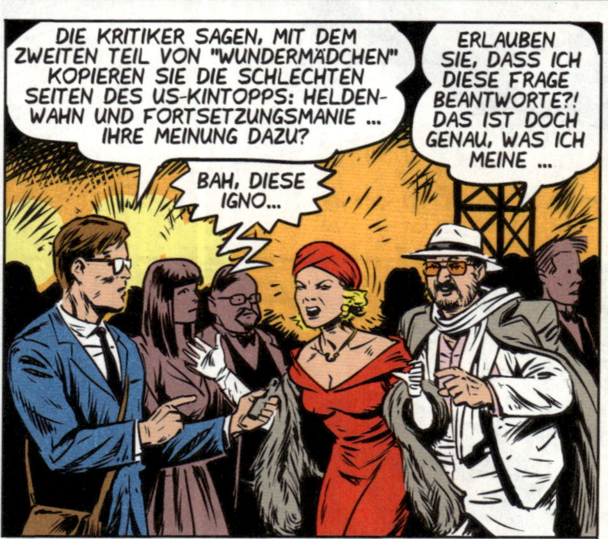
DIE KRITIKER SAGEN, MIT DEM ZWEITEN TEIL VON "WUNDERMÄDCHEN" KOPIEREN SIE DIE SCHLECHTEN SEITEN DES US-KINTOPPS: HELDEN-WAHN UND FORTSETZUNGSMANIE ... IHRE MEINUNG DAZU?
BAH, DIESE IGNO...
ERLAUBEN SIE, DASS ICH DIESE FRAGE BEANTWORTE?! DAS IST DOCH GENAU, WAS ICH MEINE ...

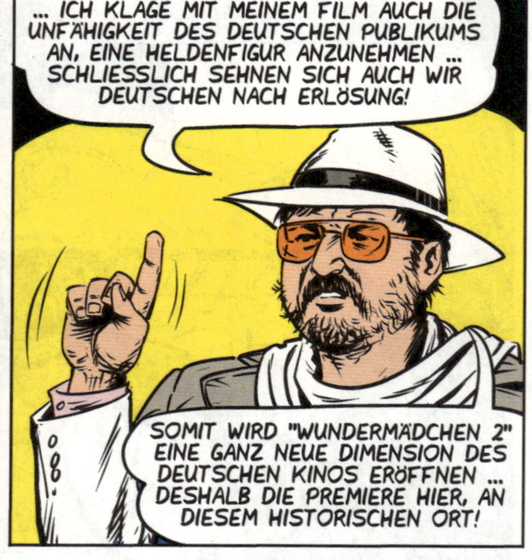
... ICH KLAGE MIT MEINEM FILM AUCH DIE UNFÄHIGKEIT DES DEUTSCHEN PUBLIKUMS AN, EINE HELDENFIGUR ANZUNEHMEN ... SCHLIESSLICH SEHNEN SICH AUCH WIR DEUTSCHEN NACH ERLÖSUNG!
SOMIT WIRD "WUNDERMÄDCHEN 2" EINE GANZ NEUE DIMENSION DES DEUTSCHEN KINOS ERÖFFNEN ... DESHALB DIE PREMIERE HIER, AN DIESEM HISTORISCHEN ORT!

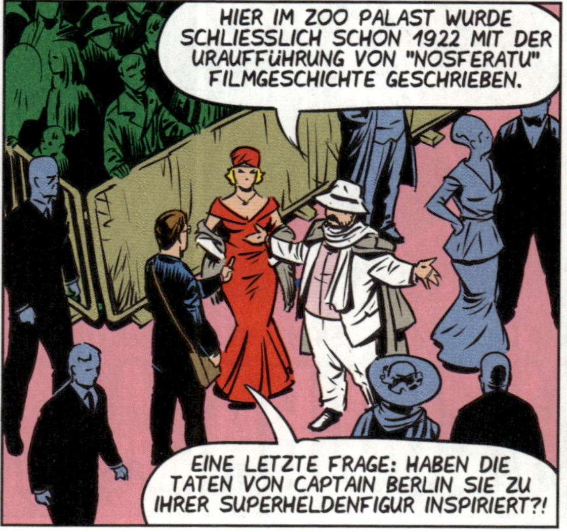
HIER IM ZOO PALAST WURDE SCHLIESSLICH SCHON 1922 MIT DER URAUFFÜHRUNG VON "NOSFERATU" FILMGESCHICHTE GESCHRIEBEN.
EINE LETZTE FRAGE: HABEN DIE TATEN VON CAPTAIN BERLIN SIE ZU IHRER SUPERHELDENFIGUR INSPIRIERT?!

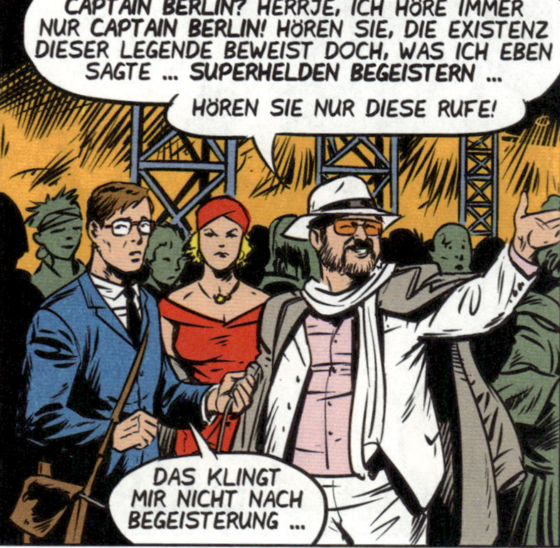
CAPTAIN BERLIN? HERRJE, ICH HÖRE IMMER NUR CAPTAIN BERLIN! HÖREN SIE, DIE EXISTENZ DIESER LEGENDE BEWEIST DOCH, WAS ICH EBEN SAGTE ... SUPERHELDEN BEGEISTERN ...
HÖREN SIE NUR DIESE RUFE!
DAS KLINGT MIR NICHT NACH BEGEISTERUNG ...

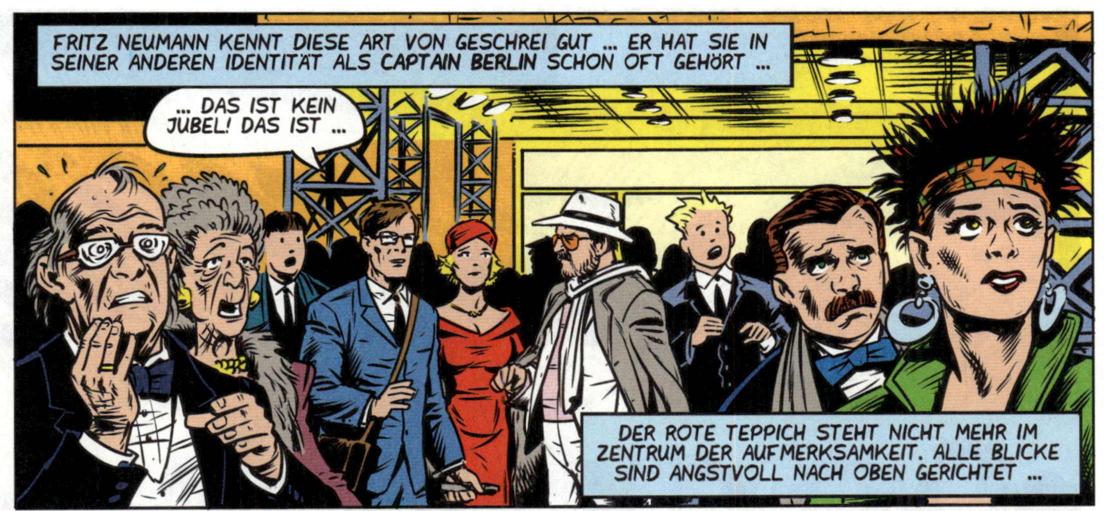
FRITZ NEUMANN KENNT DIESE ART VON GESCHREI GUT ... ER HAT SIE IN SEINER ANDEREN IDENTITÄT ALS CAPTAIN BERLIN SCHON OFT GEHÖRT ...
... DAS IST KEIN JUBEL! DAS IST ...
DER ROTE TEPPICH STEHT NICHT MEHR IM ZENTRUM DER AUFMERKSAMKEIT. ALLE BLICKE SIND ANGSTVOLL NACH OBEN GERICHTET ...

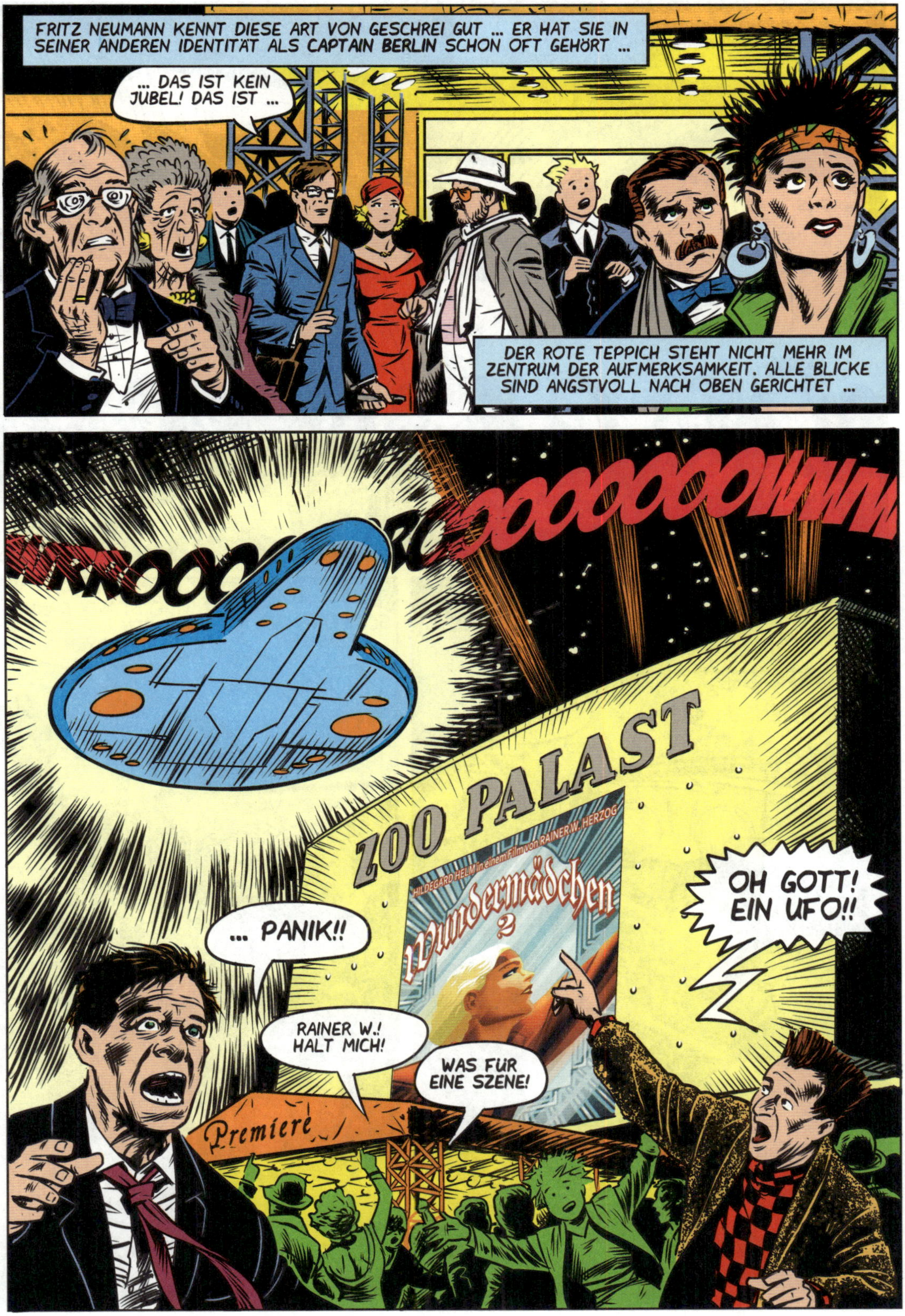

ZOO PALAST
HILDEGARD HELM in einem Film von RAINER W. HERZOG
Wundermädchen 2
OH GOTT! EIN UFO!!
... PANIK!!
RAINER W.! HALT MICH!
WAS FÜR EINE SZENE!
Premiere

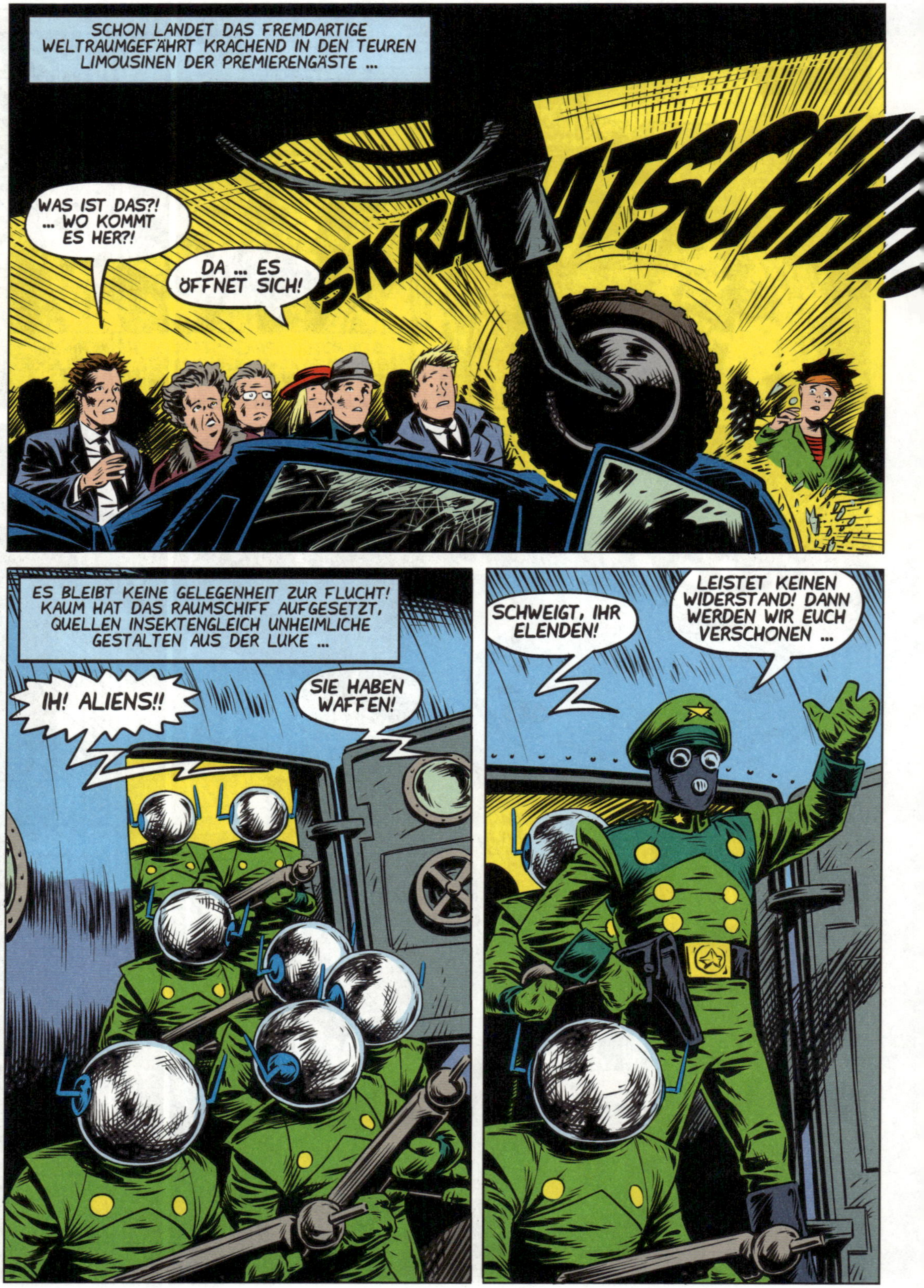

SCHON LANDET DAS FREMDARTIGE WELTRAUMGEFÄHRT KRACHEND IN DEN TEUREN LIMOUSINEN DER PREMIERENGÄSTE ...

WAS IST DAS?! ... WO KOMMT ES HER?!

DA ... ES ÖFFNET SICH!

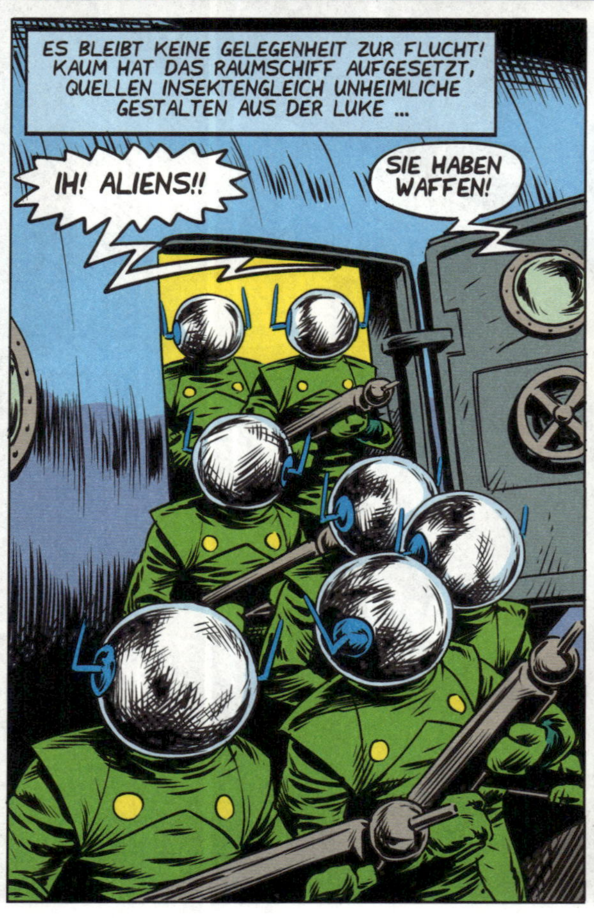

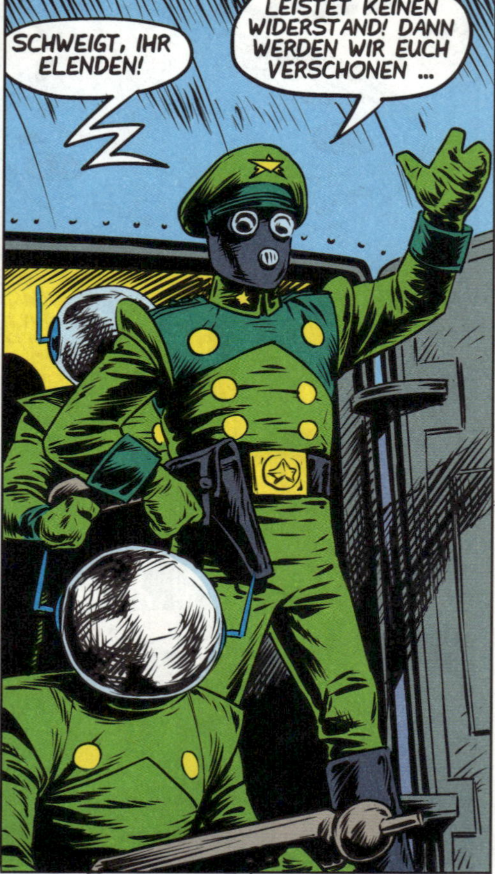

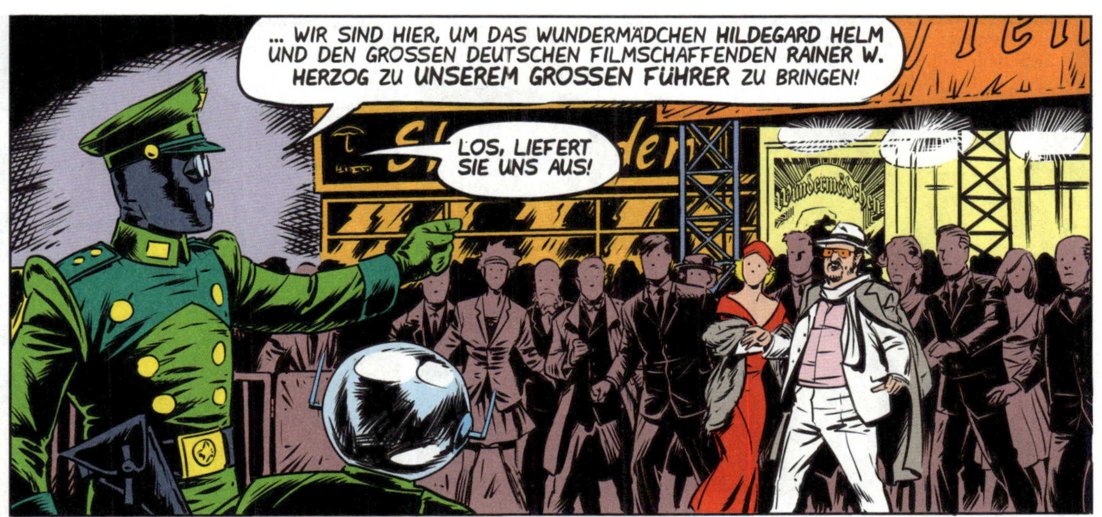
... WIR SIND HIER, UM DAS WUNDERMÄDCHEN HILDEGARD HELM UND DEN GROSSEN DEUTSCHEN FILMSCHAFFENDEN RAINER W. HERZOG ZU UNSEREM GROSSEN FÜHRER ZU BRINGEN!
LOS, LIEFERT SIE UNS AUS!

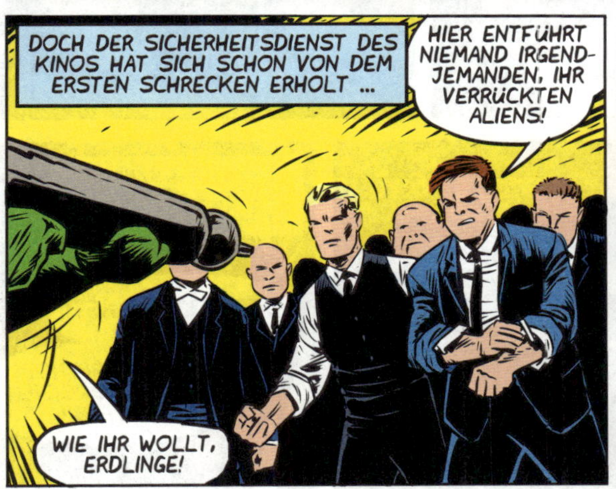
DOCH DER SICHERHEITSDIENST DES KINOS HAT SICH SCHON VON DEM ERSTEN SCHRECKEN ERHOLT ...
HIER ENTFÜHRT NIEMAND IRGEND-JEMANDEN, IHR VERRÜCKTEN ALIENS!
WIE IHR WOLLT, ERDLINGE!

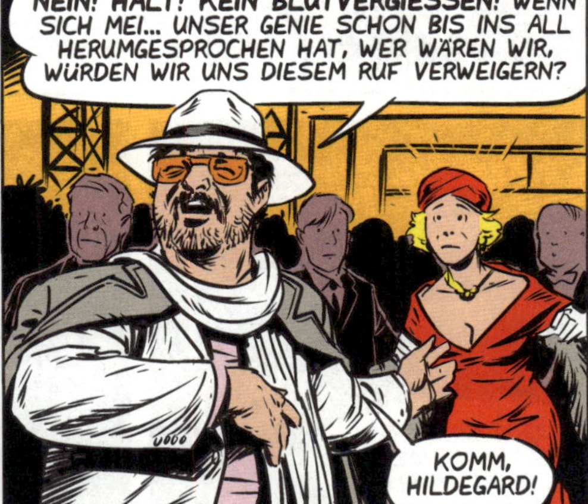
NEIN! HALT! KEIN BLUTVERGIESSEN! WENN SICH MEI... UNSER GENIE SCHON BIS INS ALL HERUMGESPROCHEN HAT, WER WÄREN WIR, WÜRDEN WIR UNS DIESEM RUF VERWEIGERN?
KOMM, HILDEGARD!

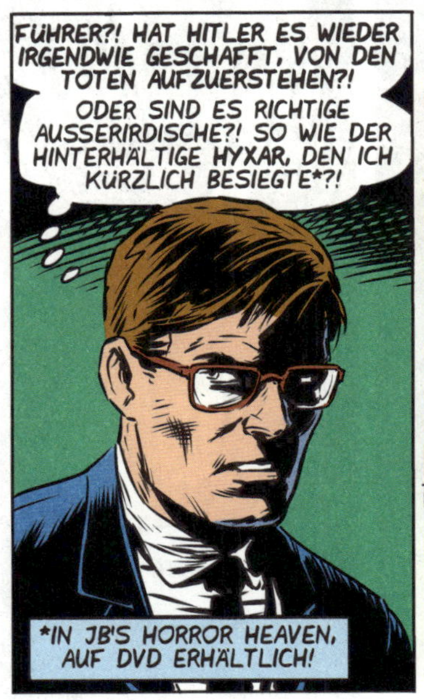
FÜHRER?! HAT HITLER ES WIEDER IRGENDWIE GESCHAFFT, VON DEN TOTEN AUFZUERSTEHEN?!
ODER SIND ES RICHTIGE AUSSERIRDISCHE?! SO WIE DER HINTERHÄLTIGE HYXAR, DEN ICH KÜRZLICH BESIEGTE*?!
*IN JB'S HORROR HEAVEN, AUF DVD ERHÄLTLICH!

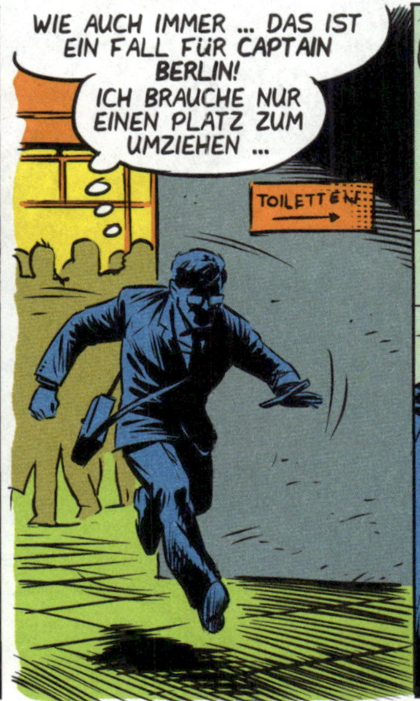
WIE AUCH IMMER ... DAS IST EIN FALL FÜR CAPTAIN BERLIN!
ICH BRAUCHE NUR EINEN PLATZ ZUM UMZIEHEN ...
TOILETTEN

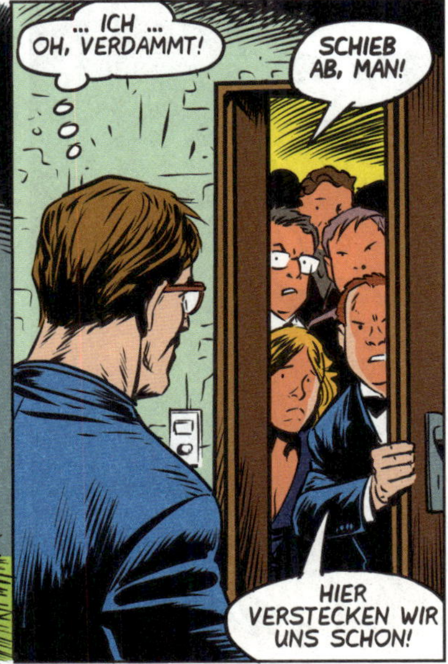
... ICH ... OH, VERDAMMT!
SCHIEB AB, MAN!
HIER VERSTECKEN WIR UNS SCHON!

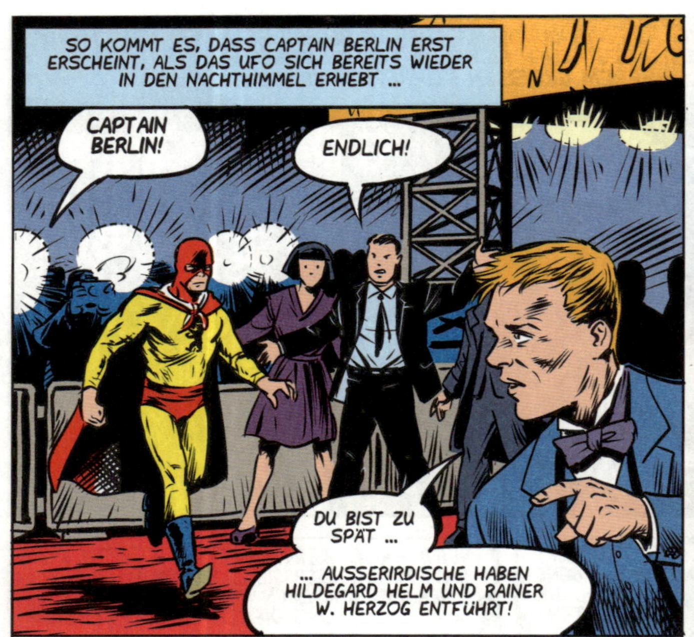
SO KOMMT ES, DASS CAPTAIN BERLIN ERST ERSCHEINT, ALS DAS UFO SICH BEREITS WIEDER IN DEN NACHTHIMMEL ERHEBT ...
CAPTAIN BERLIN!
ENDLICH!
DU BIST ZU SPÄT ...
... AUSSERIRDISCHE HABEN HILDEGARD HELM UND RAINER W. HERZOG ENTFÜHRT!

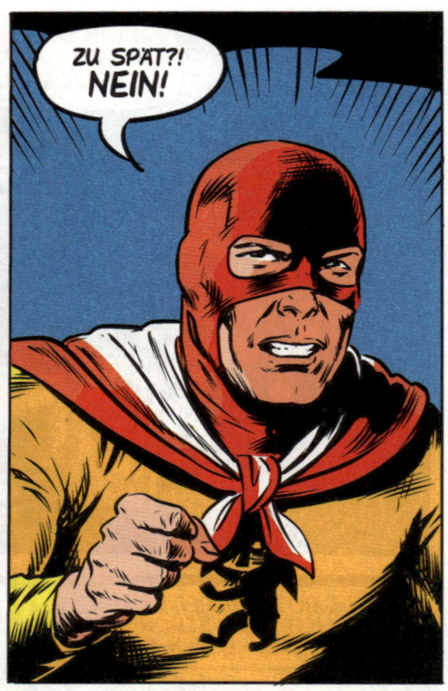
ZU SPÄT?! NEIN!

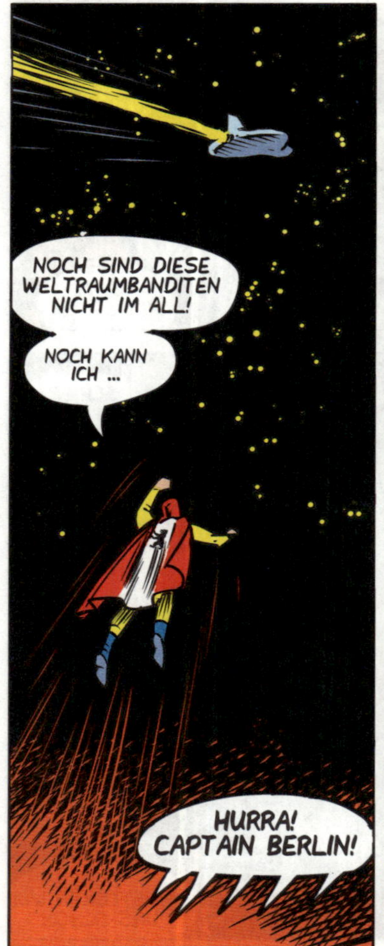
NOCH SIND DIESE WELTRAUMBANDITEN NICHT IM ALL!
NOCH KANN ICH ...
HURRA! CAPTAIN BERLIN!

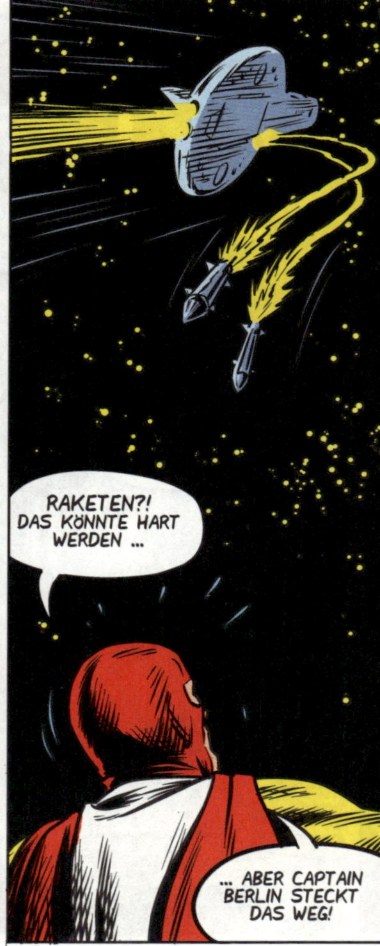
RAKETEN?! DAS KÖNNTE HART WERDEN ...
... ABER CAPTAIN BERLIN STECKT DAS WEG!

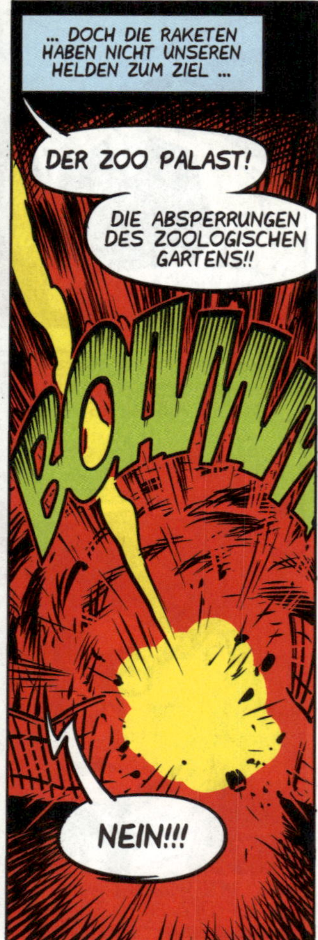
... DOCH DIE RAKETEN HABEN NICHT UNSEREN HELDEN ZUM ZIEL ...
DER ZOO PALAST!
DIE ABSPERRUNGEN DES ZOOLOGISCHEN GARTENS!!
NEIN!!!

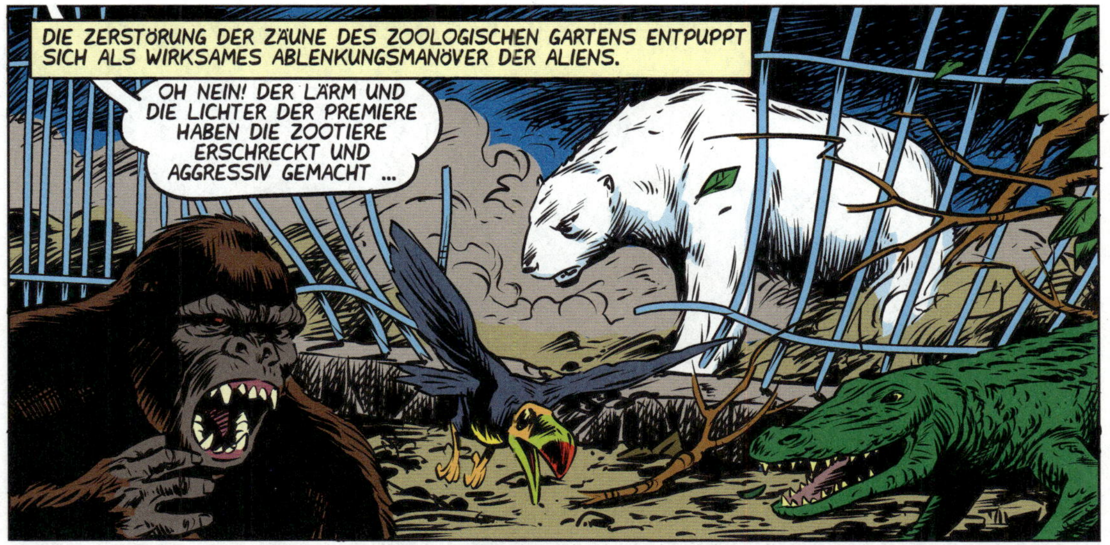
DIE ZERSTÖRUNG DER ZÄUNE DES ZOOLOGISCHEN GARTENS ENTPUPPT SICH ALS WIRKSAMES ABLENKUNGSMANÖVER DER ALIENS.
OH NEIN! DER LÄRM UND DIE LICHTER DER PREMIERE HABEN DIE ZOOTIERE ERSCHRECKT UND AGGRESSIV GEMACHT ...

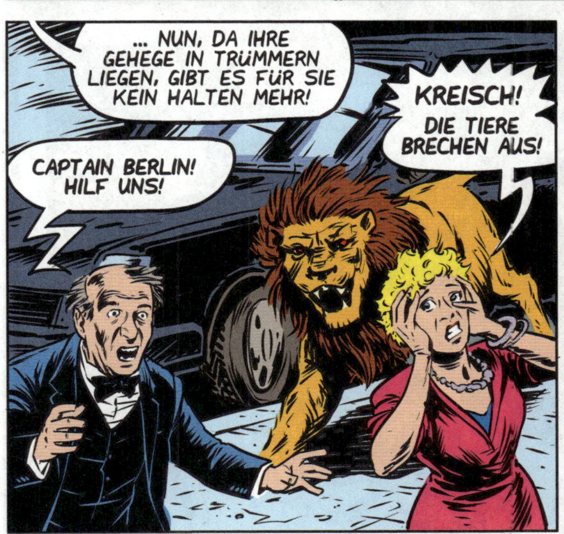
... NUN, DA IHRE GEHEGE IN TRÜMMERN LIEGEN, GIBT ES FÜR SIE KEIN HALTEN MEHR!
KREISCH! DIE TIERE BRECHEN AUS!
CAPTAIN BERLIN! HILF UNS!

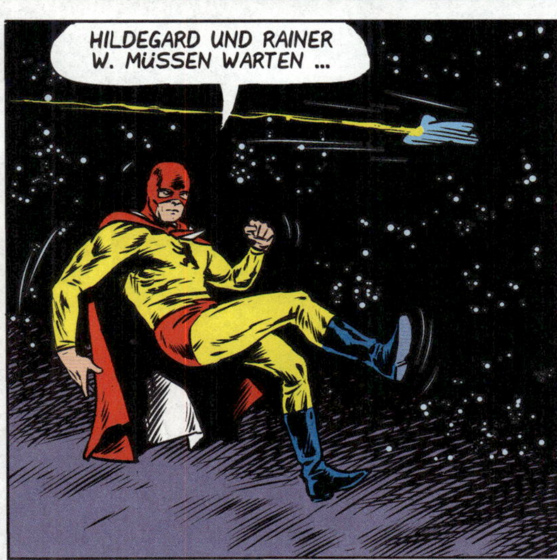
HILDEGARD UND RAINER W. MÜSSEN WARTEN ...

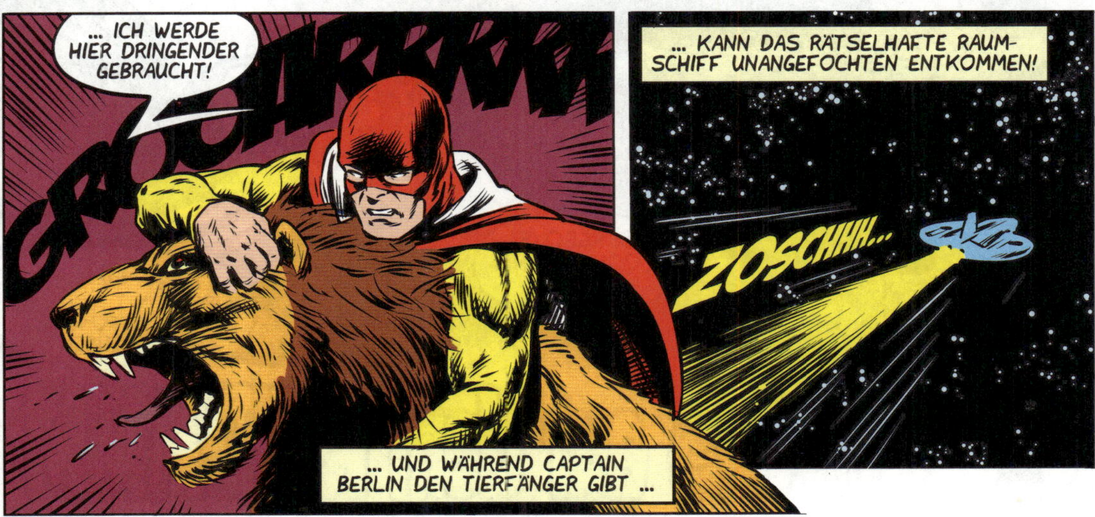
... ICH WERDE HIER DRINGENDER GEBRAUCHT!
GROOHRRRRR
... UND WÄHREND CAPTAIN BERLIN DEN TIERFÄNGER GIBT ...
... KANN DAS RÄTSELHAFTE RAUMSCHIFF UNANGEFOCHTEN ENTKOMMEN!
ZOSCHHH...

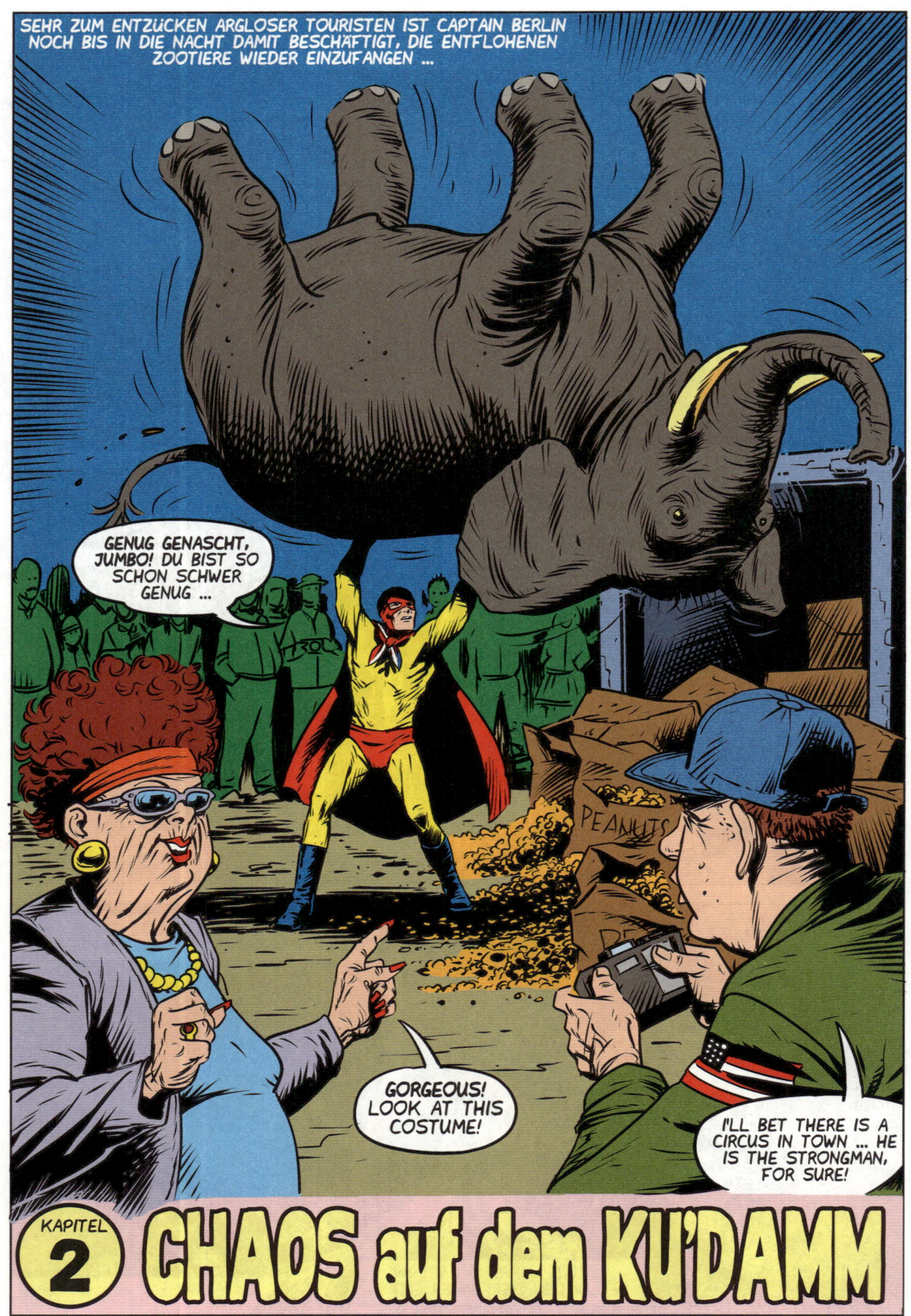
SEHR ZUM ENTZÜCKEN ARGLOSER TOURISTEN IST CAPTAIN BERLIN NOCH BIS IN DIE NACHT DAMIT BESCHÄFTIGT, DIE ENTFLOHENEN ZOOTIERE WIEDER EINZUFANGEN ...
GENUG GENASCHT, JUMBO! DU BIST SO SCHON SCHWER GENUG ...
PEANUTS
GORGEOUS! LOOK AT THIS COSTUME!
I'LL BET THERE IS A CIRCUS IN TOWN ... HE IS THE STRONGMAN, FOR SURE!
KAPITEL 2
CHAOS auf dem KU'DAMM

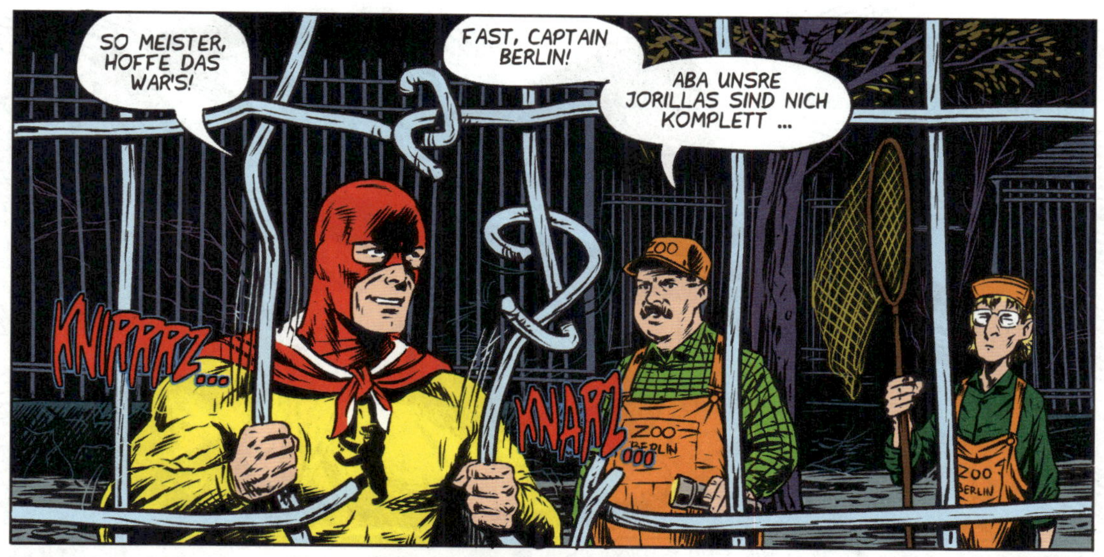
SO MEISTER, HOFFE DAS WAR'S!
FAST, CAPTAIN BERLIN!
ABA UNSRE JORILLAS SIND NICH KOMPLETT ...
KNIRRRZ...
KNARZ...
ZOO
ZOO BERLIN

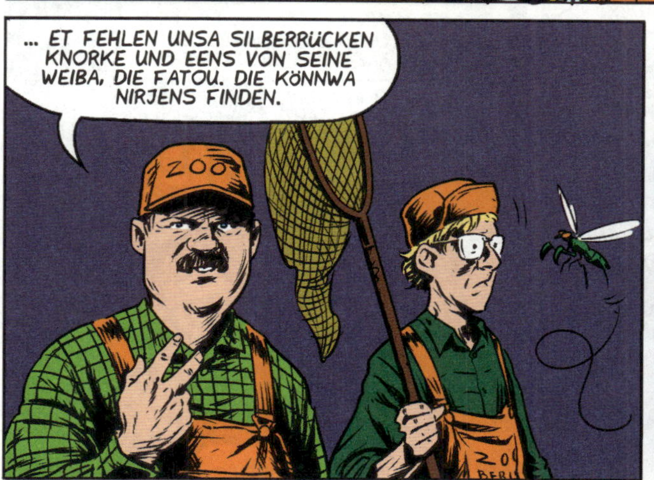
... ET FEHLEN UNSA SILBERRÜCKEN KNORKE UND EENS VON SEINE WEIBA, DIE FATOU. DIE KÖNNWA NIRJENS FINDEN.
ZOO

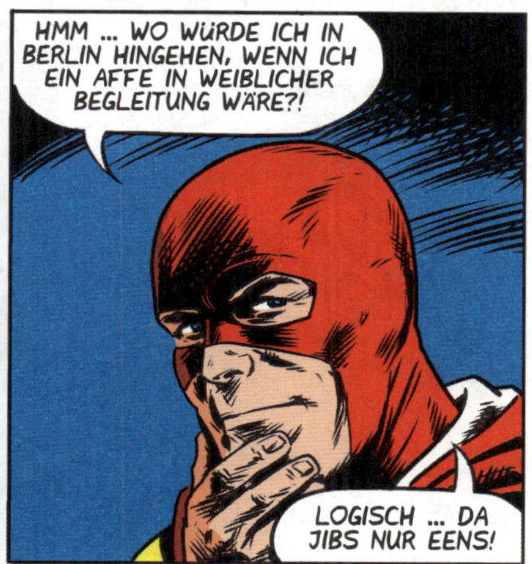
HMM ... WO WÜRDE ICH IN BERLIN HINGEHEN, WENN ICH EIN AFFE IN WEIBLICHER BEGLEITUNG WÄRE?!
LOGISCH ... DA JIBS NUR EENS!

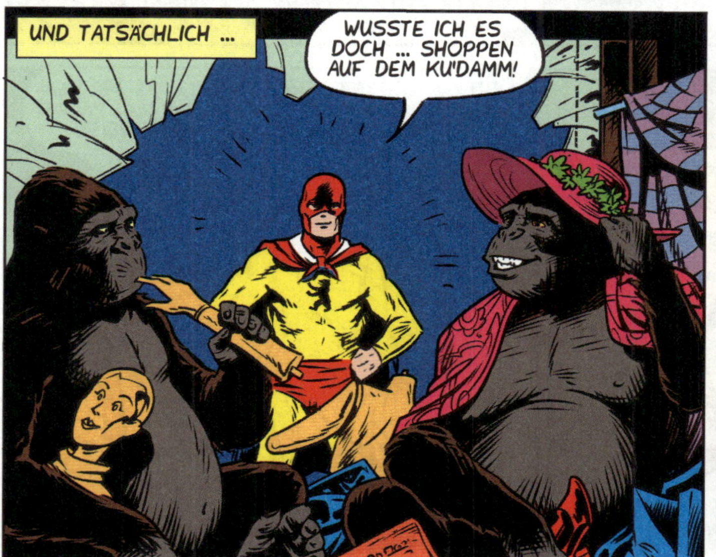
UND TATSÄCHLICH ...
WUSSTE ICH ES DOCH ... SHOPPEN AUF DEM KU'DAMM!

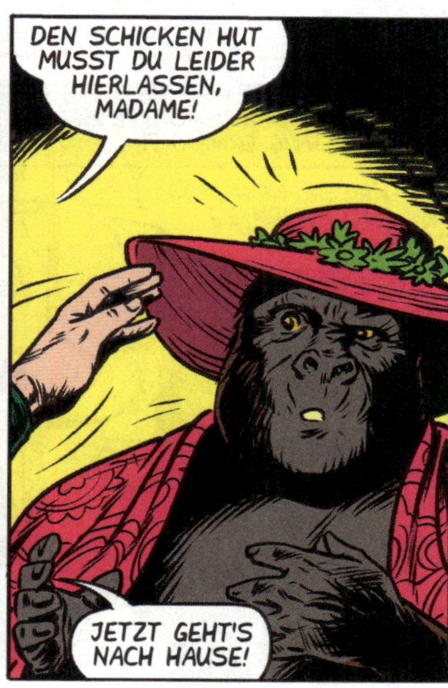
DEN SCHICKEN HUT MUSST DU LEIDER HIERLASSEN, MADAME!
JETZT GEHT'S NACH HAUSE!

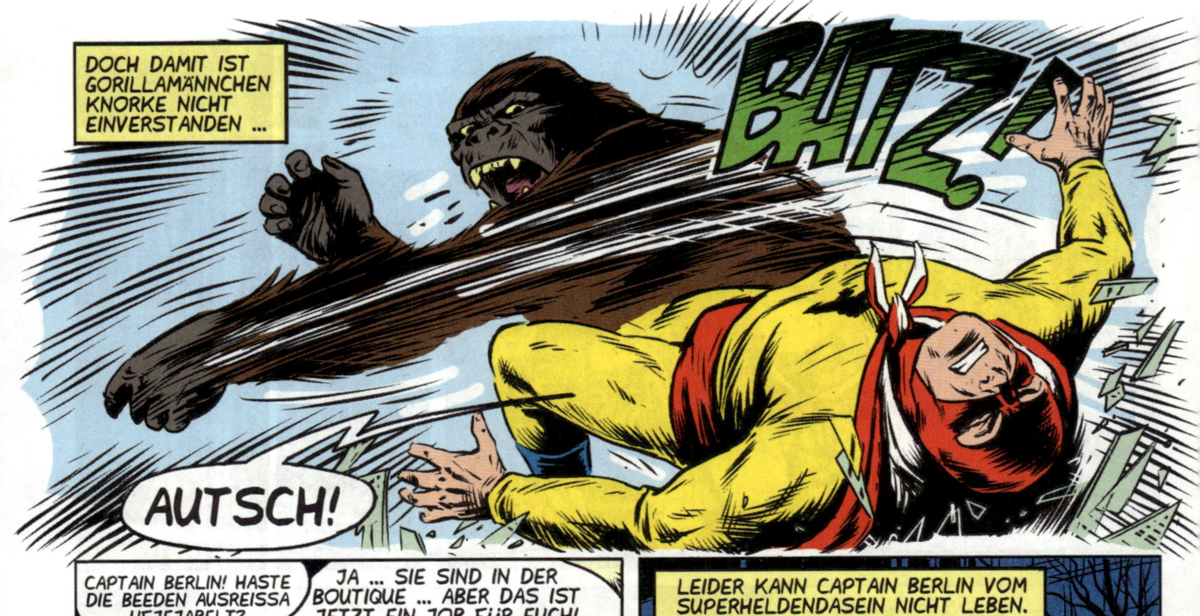
DOCH DAMIT IST GORILLAMÄNNCHEN KNORKE NICHT EINVERSTANDEN ...
BATZ!
AUTSCH!

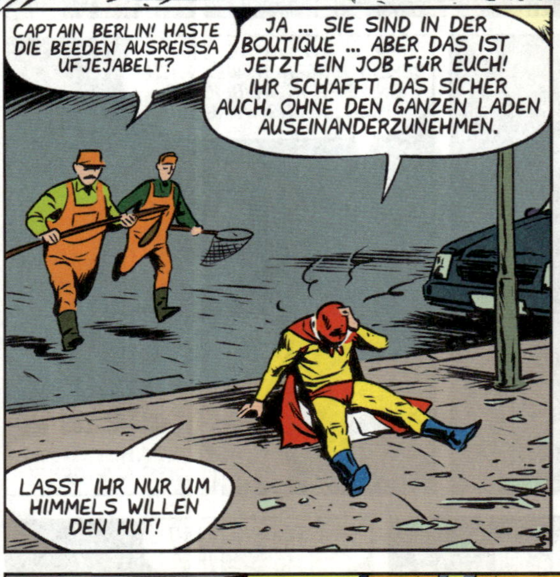
CAPTAIN BERLIN! HASTE DIE BEEDEN AUSREISSA UFJEJABELT?
JA ... SIE SIND IN DER BOUTIQUE ... ABER DAS IST JETZT EIN JOB FÜR EUCH! IHR SCHAFFT DAS SICHER AUCH, OHNE DEN GANZEN LADEN AUSEINANDERZUNEHMEN.
LASST IHR NUR UM HIMMELS WILLEN DEN HUT!

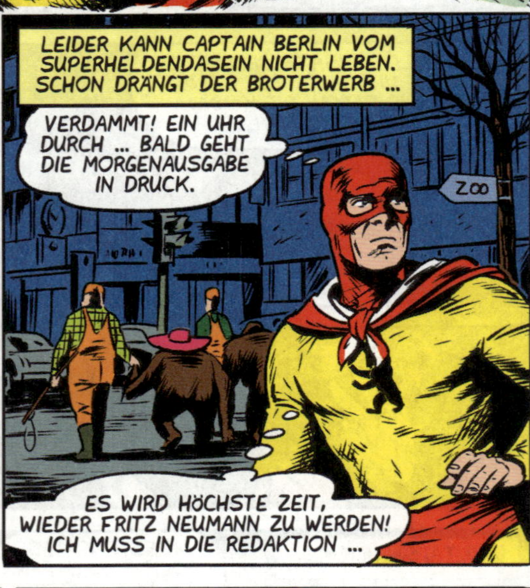
LEIDER KANN CAPTAIN BERLIN VOM SUPERHELDENDASEIN NICHT LEBEN. SCHON DRÄNGT DER BROTERWERB ...
VERDAMMT! EIN UHR DURCH ... BALD GEHT DIE MORGENAUSGABE IN DRUCK.
ZOO
ES WIRD HÖCHSTE ZEIT, WIEDER FRITZ NEUMANN ZU WERDEN! ICH MUSS IN DIE REDAKTION ...

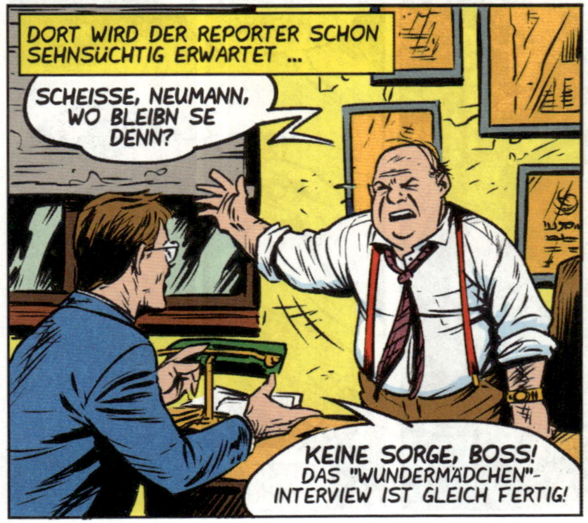
DORT WIRD DER REPORTER SCHON SEHNSÜCHTIG ERWARTET ...
SCHEISSE, NEUMANN, WO BLEIBN SE DENN?
KEINE SORGE, BOSS! DAS "WUNDERMÄDCHEN"-INTERVIEW IST GLEICH FERTIG!

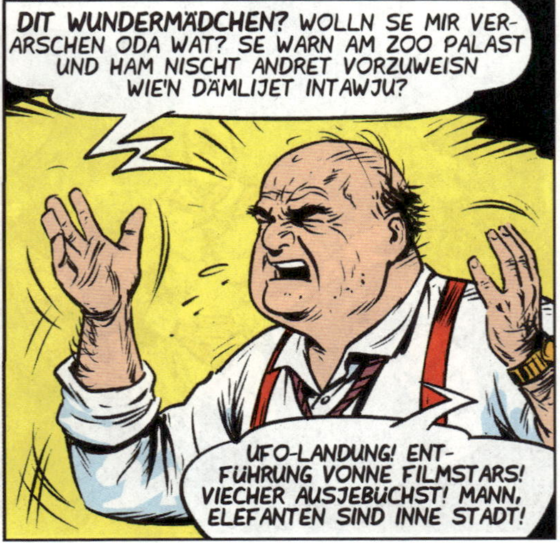
DIT WUNDERMÄDCHEN? WOLLN SE MIR VERARSCHEN ODA WAT? SE WARN AM ZOO PALAST UND HAM NISCHT ANDRET VORZUWEISN WIE'N DÄMLIJET INTAWJU?
UFO-LANDUNG! ENTFÜHRUNG VONNE FILMSTARS! VIECHER AUSJEBÜCHST! MANN, ELEFANTEN SIND INNE STADT!

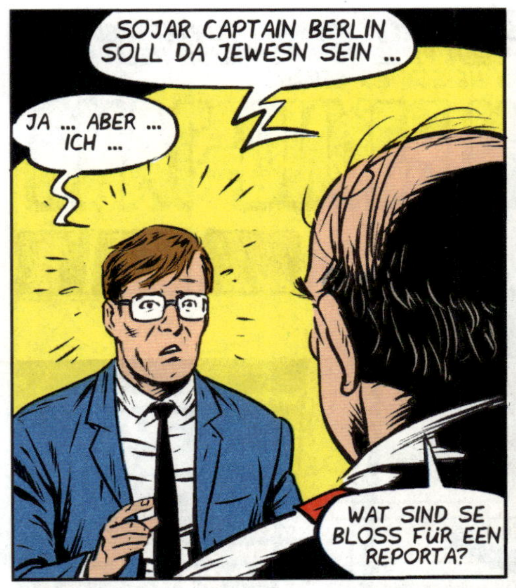
SOJAR CAPTAIN BERLIN SOLL DA JEWESN SEIN ...
JA ... ABER ... ICH ...
WAT SIND SE BLOSS FÜR EEN REPORTA?

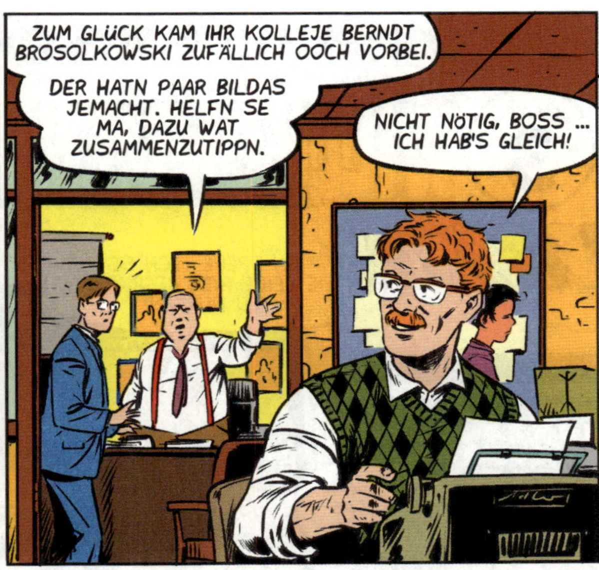
ZUM GLÜCK KAM IHR KOLLEJE BERNDT BROSOLKOWSKI ZUFÄLLICH OOCH VORBEI.
DER HATN PAAR BILDAS JEMACHT. HELFN SE MA, DAZU WAT ZUSAMMENZUTIPPN.
NICHT NÖTIG, BOSS ... ICH HAB'S GLEICH!

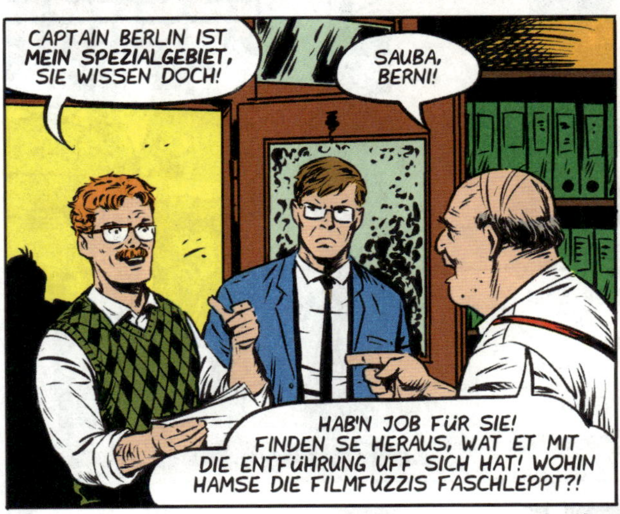
CAPTAIN BERLIN IST MEIN SPEZIALGEBIET, SIE WISSEN DOCH!
SAUBA, BERNI!
HAB'N JOB FÜR SIE! FINDEN SE HERAUS, WAT ET MIT DIE ENTFÜHRUNG UFF SICH HAT! WOHIN HAMSE DIE FILMFUZZIS FASCHLEPPT?!

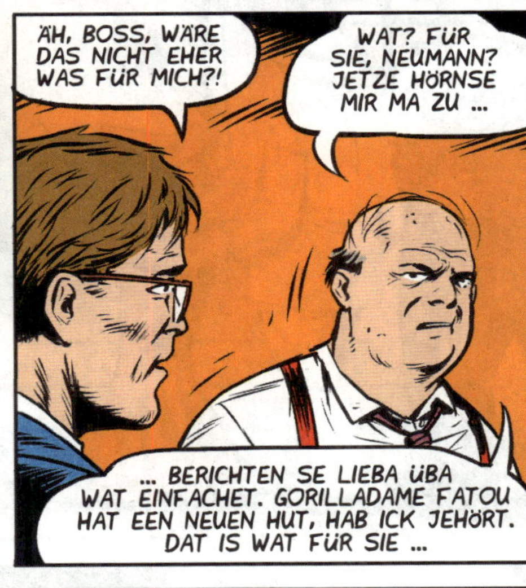
ÄH, BOSS, WÄRE DAS NICHT EHER WAS FÜR MICH?!
WAT? FÜR SIE, NEUMANN? JETZE HÖRNSE MIR MA ZU ...
... BERICHTEN SE LIEBA ÜBA WAT EINFACHET. GORILLADAME FATOU HAT EEN NEUEN HUT, HAB ICK JEHÖRT. DAT IS WAT FÜR SIE ...

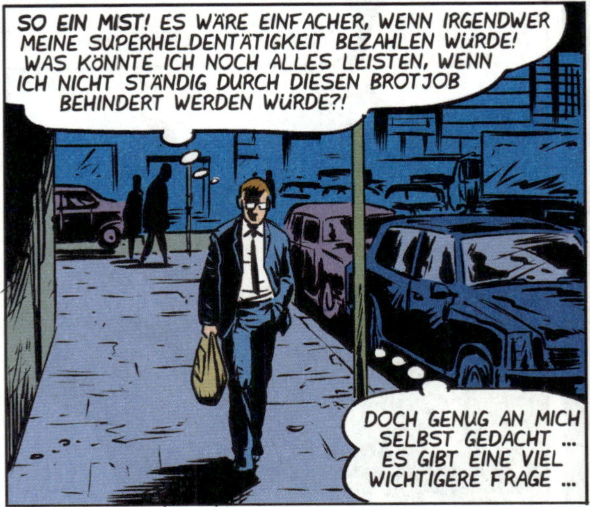
SO EIN MIST! ES WÄRE EINFACHER, WENN IRGENDWER MEINE SUPERHELDENTÄTIGKEIT BEZAHLEN WÜRDE! WAS KÖNNTE ICH NOCH ALLES LEISTEN, WENN ICH NICHT STÄNDIG DURCH DIESEN BROTJOB BEHINDERT WERDEN WÜRDE?!
DOCH GENUG AN MICH SELBST GEDACHT ... ES GIBT EINE VIEL WICHTIGERE FRAGE ...

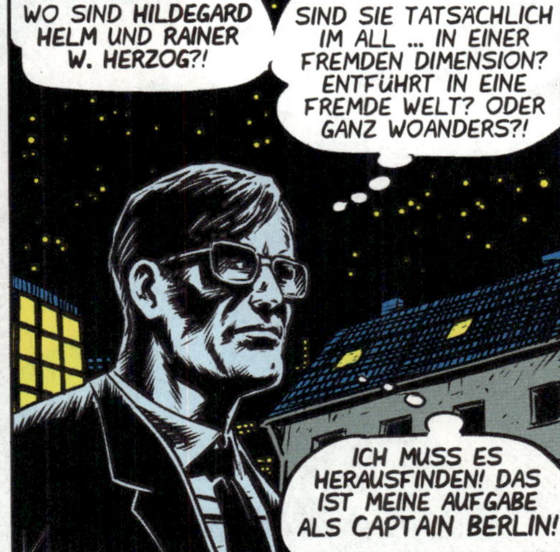
WO SIND HILDEGARD HELM UND RAINER W. HERZOG?!
SIND SIE TATSÄCHLICH IM ALL ... IN EINER FREMDEN DIMENSION? ENTFÜHRT IN EINE FREMDE WELT? ODER GANZ WOANDERS?!
ICH MUSS ES HERAUSFINDEN! DAS IST MEINE AUFGABE ALS CAPTAIN BERLIN!

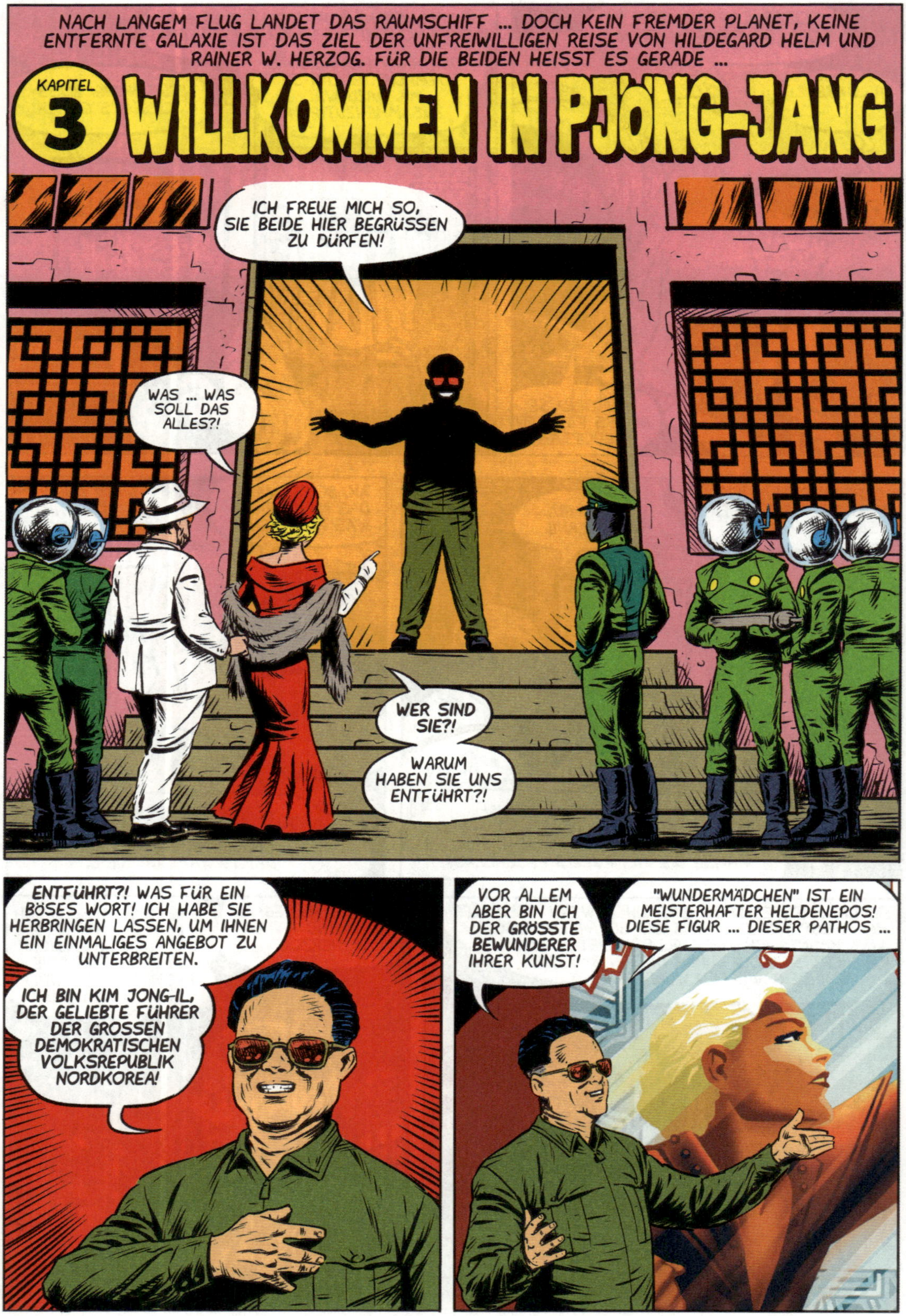

NACH LANGEM FLUG LANDET DAS RAUMSCHIFF ... DOCH KEIN FREMDER PLANET, KEINE ENTFERNTE GALAXIE IST DAS ZIEL DER UNFREIWILLIGEN REISE VON HILDEGARD HELM UND RAINER W. HERZOG. FÜR DIE BEIDEN HEISST ES GERADE ...

KAPITEL 3 WILLKOMMEN IN PJÖNG-JANG

ICH FREUE MICH SO, SIE BEIDE HIER BEGRÜSSEN ZU DÜRFEN!

WAS ... WAS SOLL DAS ALLES?!

WER SIND SIE?!

WARUM HABEN SIE UNS ENTFÜHRT?!

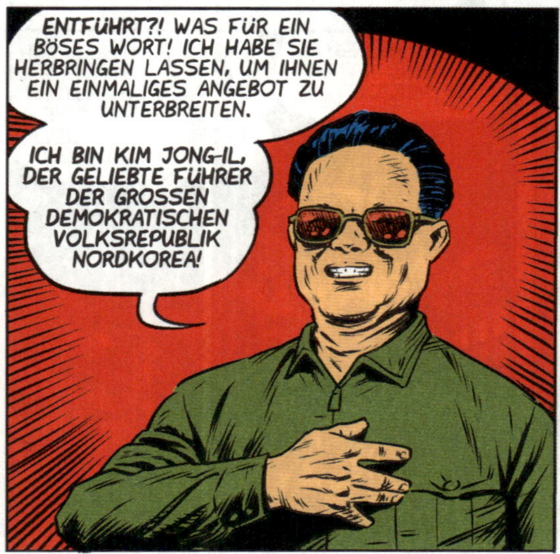

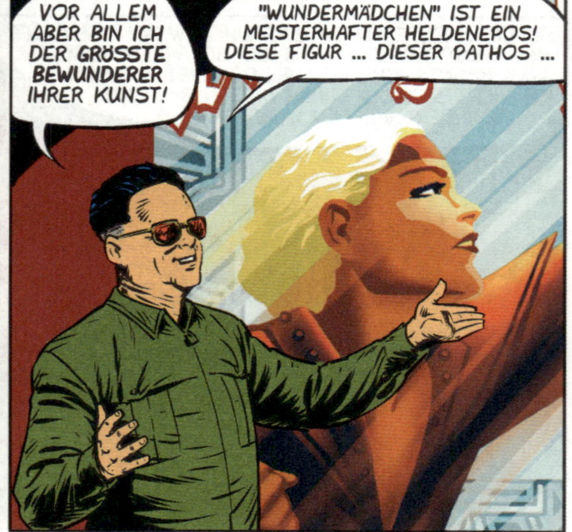

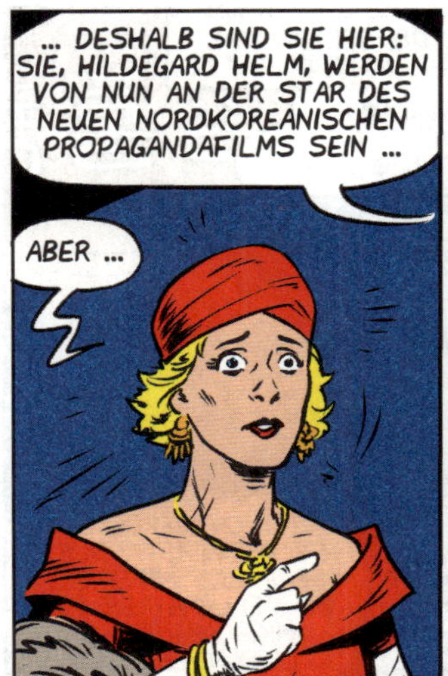
... DESHALB SIND SIE HIER: SIE, HILDEGARD HELM, WERDEN VON NUN AN DER STAR DES NEUEN NORDKOREANISCHEN PROPAGANDAFILMS SEIN ...
ABER ...

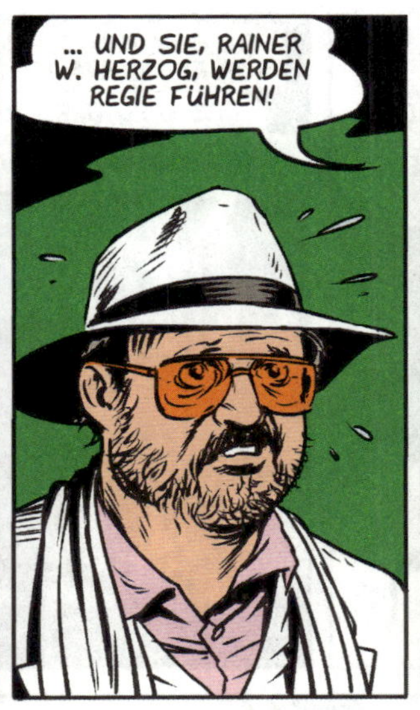
... UND SIE, RAINER W. HERZOG, WERDEN REGIE FÜHREN!

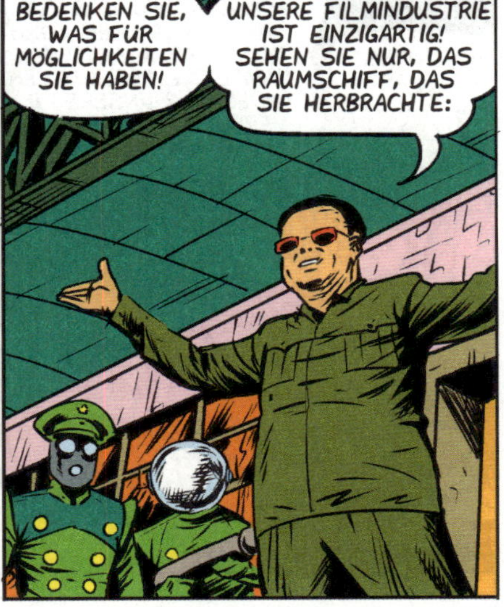
BEDENKEN SIE, WAS FÜR MÖGLICHKEITEN SIE HABEN!
UNSERE FILMINDUSTRIE IST EINZIGARTIG! SEHEN SIE NUR, DAS RAUMSCHIFF, DAS SIE HERBRACHTE:

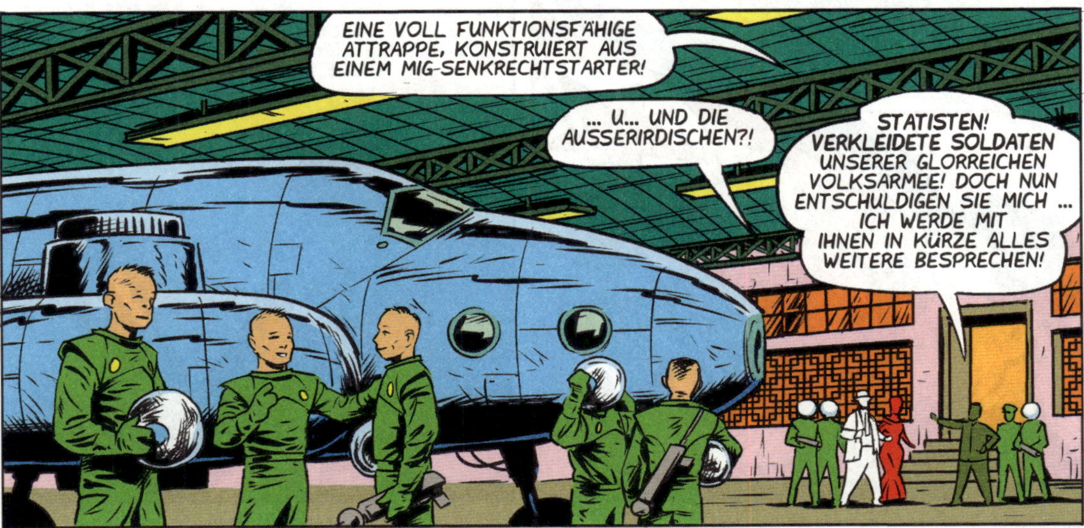
EINE VOLL FUNKTIONSFÄHIGE ATTRAPPE, KONSTRUIERT AUS EINEM MIG-SENKRECHTSTARTER!
... U... UND DIE AUSSERIRDISCHEN?!
STATISTEN! VERKLEIDETE SOLDATEN UNSERER GLORREICHEN VOLKSARMEE! DOCH NUN ENTSCHULDIGEN SIE MICH ... ICH WERDE MIT IHNEN IN KÜRZE ALLES WEITERE BESPRECHEN!

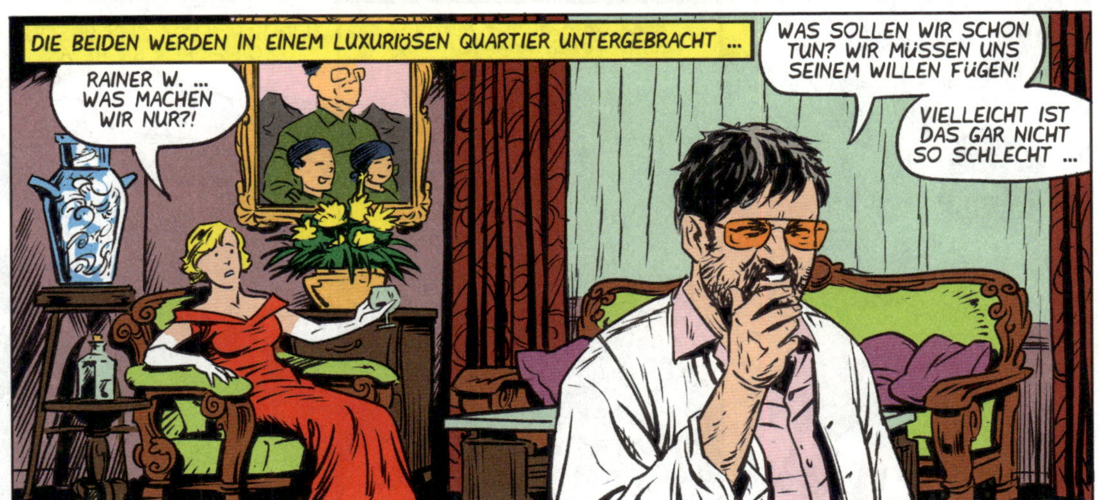
DIE BEIDEN WERDEN IN EINEM LUXURIÖSEN QUARTIER UNTERGEBRACHT ...
RAINER W. ... WAS MACHEN WIR NUR?!
WAS SOLLEN WIR SCHON TUN? WIR MÜSSEN UNS SEINEM WILLEN FÜGEN!
VIELLEICHT IST DAS GAR NICHT SO SCHLECHT ...

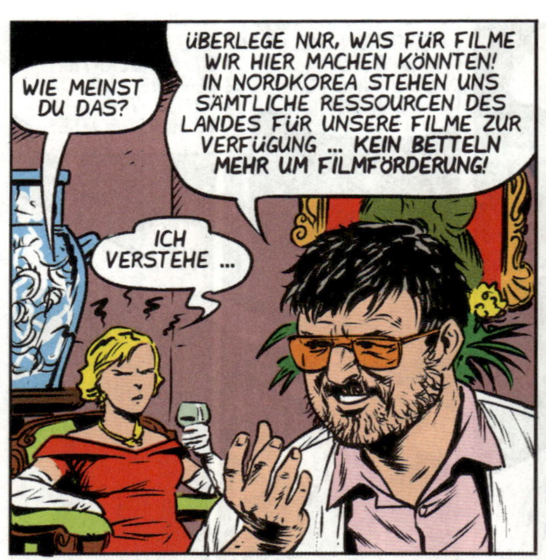
WIE MEINST DU DAS?
ÜBERLEGE NUR, WAS FÜR FILME WIR HIER MACHEN KÖNNTEN! IN NORDKOREA STEHEN UNS SÄMTLICHE RESSOURCEN DES LANDES FÜR UNSERE FILME ZUR VERFÜGUNG ... KEIN BETTELN MEHR UM FILMFÖRDERUNG!
ICH VERSTEHE ...

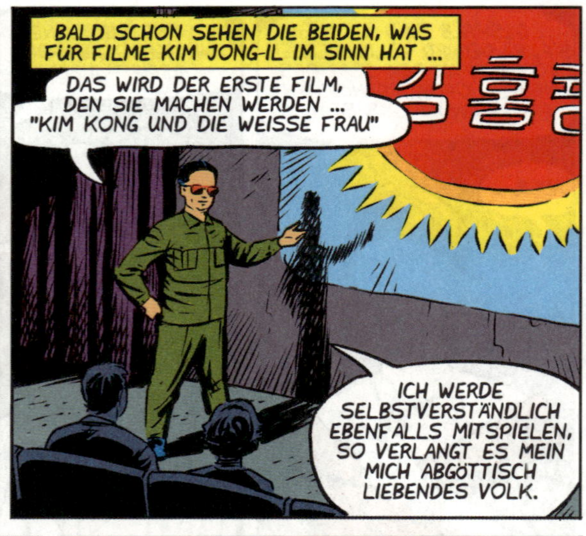
BALD SCHON SEHEN DIE BEIDEN, WAS FÜR FILME KIM JONG-IL IM SINN HAT ...
DAS WIRD DER ERSTE FILM, DEN SIE MACHEN WERDEN ... "KIM KONG UND DIE WEISSE FRAU"
ICH WERDE SELBSTVERSTÄNDLICH EBENFALLS MITSPIELEN, SO VERLANGT ES MEIN MICH ABGÖTTISCH LIEBENDES VOLK.

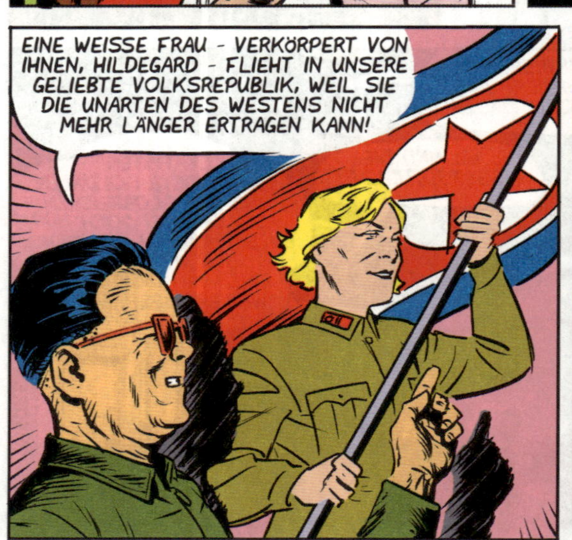
EINE WEISSE FRAU - VERKÖRPERT VON IHNEN, HILDEGARD - FLIEHT IN UNSERE GELIEBTE VOLKSREPUBLIK, WEIL SIE DIE UNARTEN DES WESTENS NICHT MEHR LÄNGER ERTRAGEN KANN!

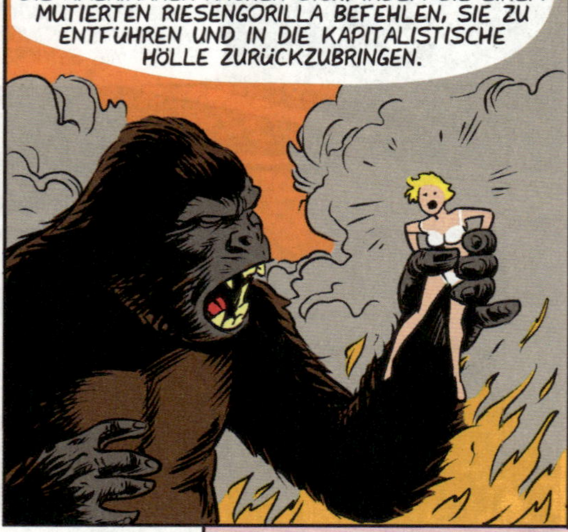
DIE AMERIKANER RÄCHEN SICH, INDEM SIE EINEM MUTIERTEN RIESENGORILLA BEFEHLEN, SIE ZU ENTFÜHREN UND IN DIE KAPITALISTISCHE HÖLLE ZURÜCKZUBRINGEN.

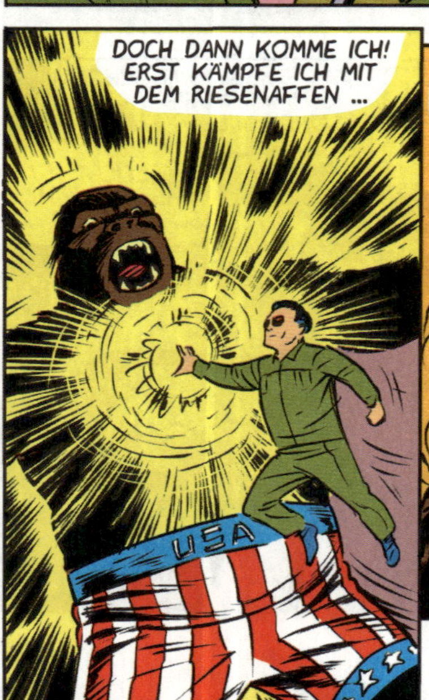
DOCH DANN KOMME ICH! ERST KÄMPFE ICH MIT DEM RIESENAFFEN ...
USA

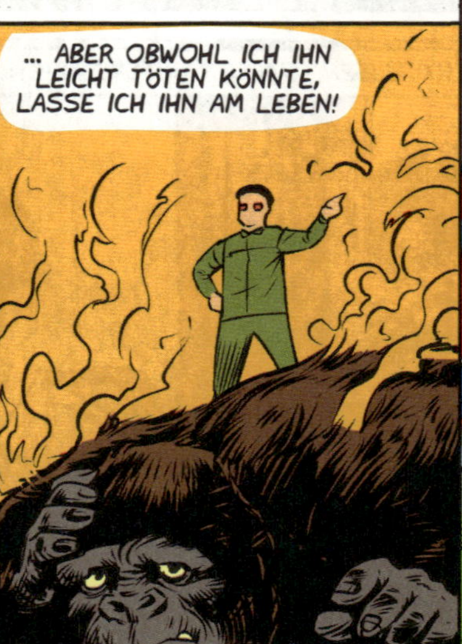
... ABER OBWOHL ICH IHN LEICHT TÖTEN KÖNNTE, LASSE ICH IHN AM LEBEN!

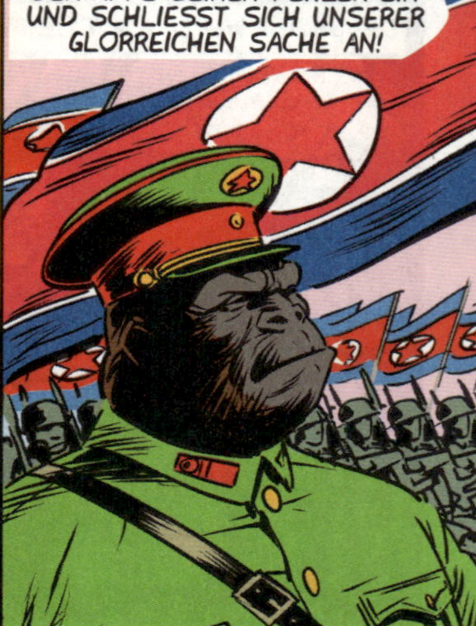
WEGEN MEINER GROSSMUT SIEHT DER AFFE SEINEN FEHLER EIN UND SCHLIESST SICH UNSERER GLORREICHEN SACHE AN!

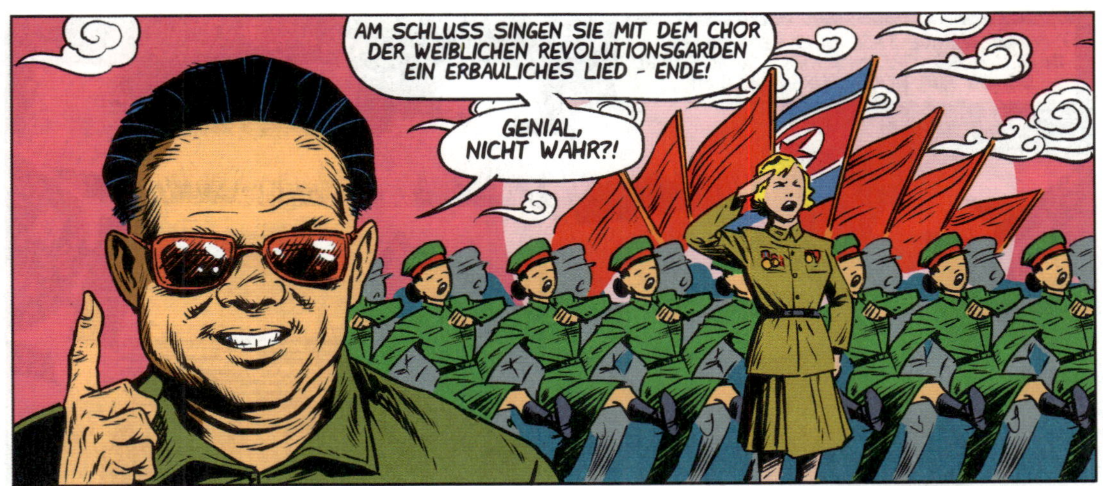
AM SCHLUSS SINGEN SIE MIT DEM CHOR DER WEIBLICHEN REVOLUTIONSGARDEN EIN ERBAULICHES LIED - ENDE!
GENIAL, NICHT WAHR?!

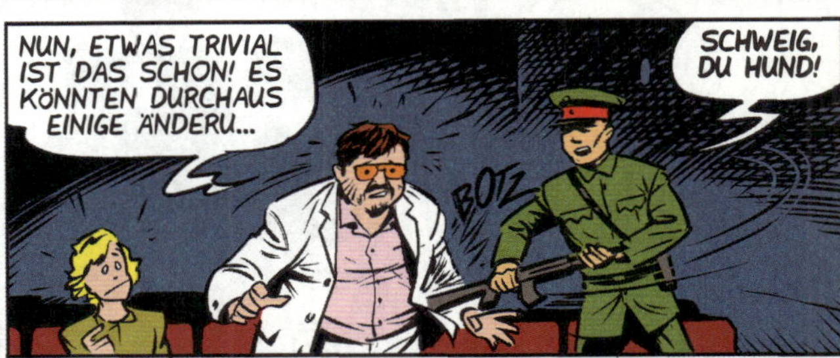
NUN, ETWAS TRIVIAL IST DAS SCHON! ES KÖNNTEN DURCHAUS EINIGE ÄNDERU...
SCHWEIG, DU HUND!
BOK

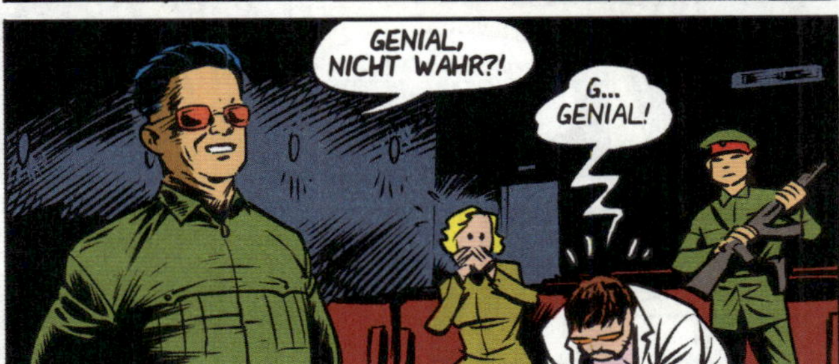
GENIAL, NICHT WAHR?!
G... GENIAL!

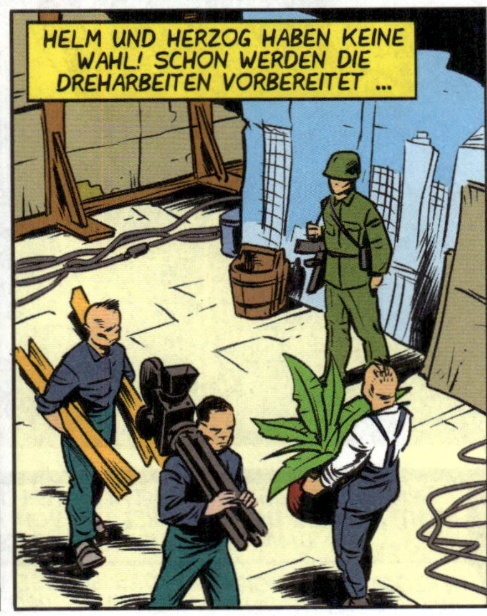
HELM UND HERZOG HABEN KEINE WAHL! SCHON WERDEN DIE DREHARBEITEN VORBEREITET ...

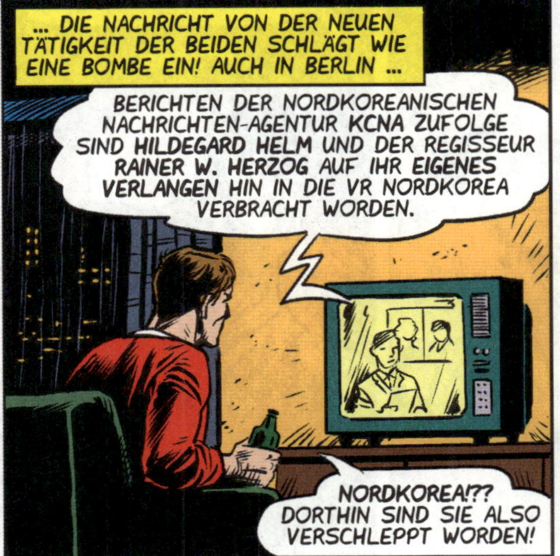
... DIE NACHRICHT VON DER NEUEN TÄTIGKEIT DER BEIDEN SCHLÄGT WIE EINE BOMBE EIN! AUCH IN BERLIN ...
BERICHTEN DER NORDKOREANISCHEN NACHRICHTEN-AGENTUR KCNA ZUFOLGE SIND HILDEGARD HELM UND DER REGISSEUR RAINER W. HERZOG AUF IHR EIGENES VERLANGEN HIN IN DIE VR NORDKOREA VERBRACHT WORDEN.
NORDKOREA!?? DORTHIN SIND SIE ALSO VERSCHLEPPT WORDEN!

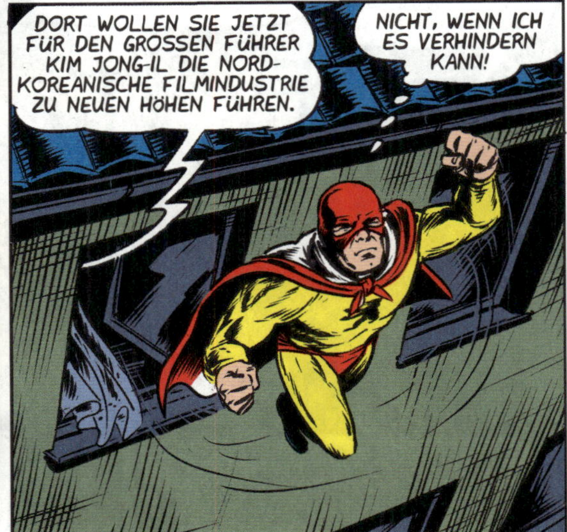
DORT WOLLEN SIE JETZT FÜR DEN GROSSEN FÜHRER KIM JONG-IL DIE NORDKOREANISCHE FILMINDUSTRIE ZU NEUEN HÖHEN FÜHREN.
NICHT, WENN ICH ES VERHINDERN KANN!

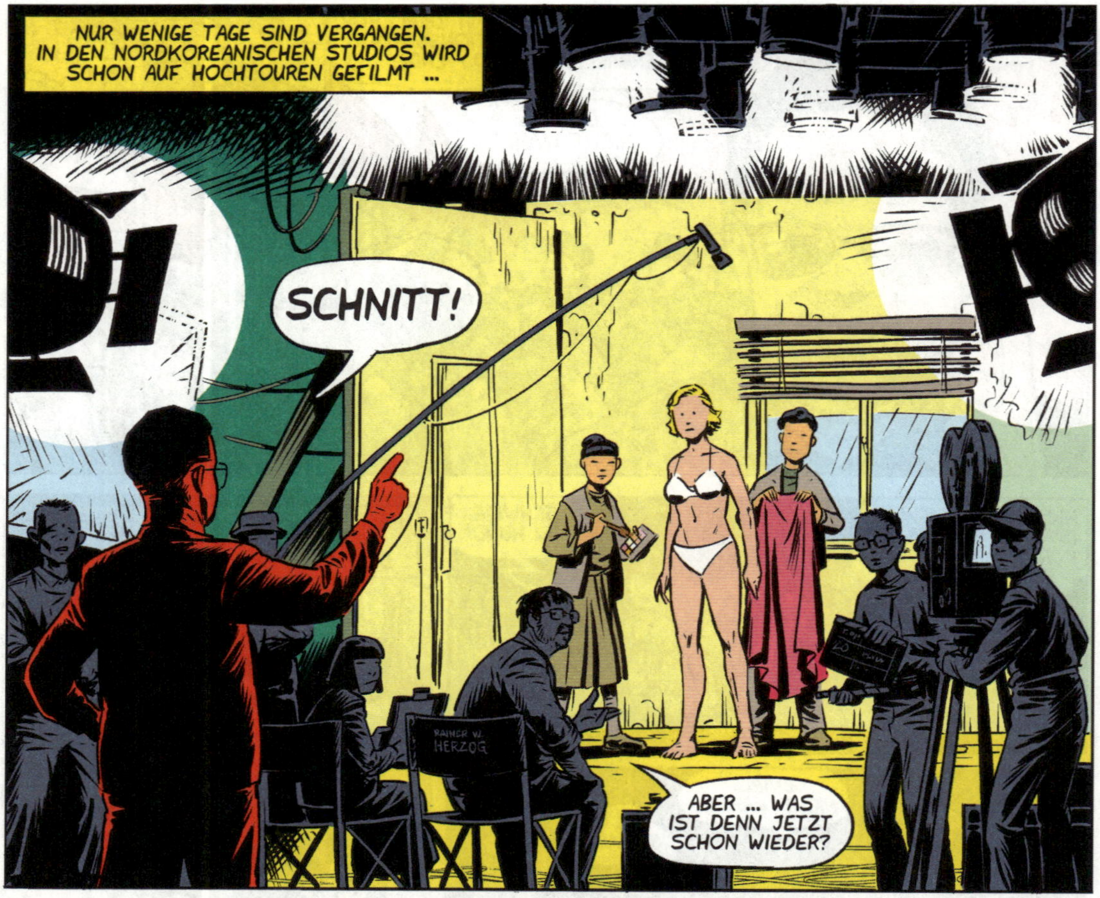

NUR WENIGE TAGE SIND VERGANGEN.
IN DEN NORDKOREANISCHEN STUDIOS WIRD SCHON AUF HOCHTOUREN GEFILMT ...

SCHNITT!

RAINER W. HERZOG

ABER ... WAS IST DENN JETZT SCHON WIEDER?

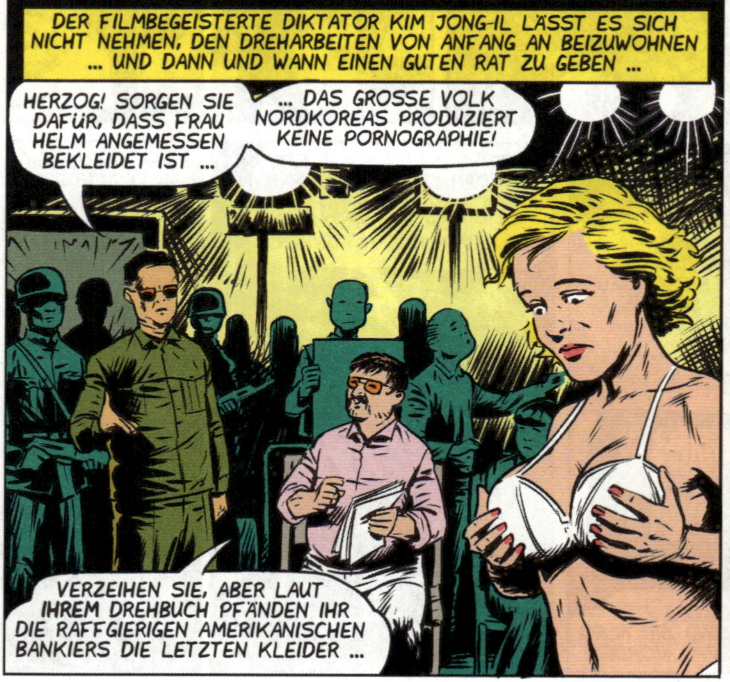

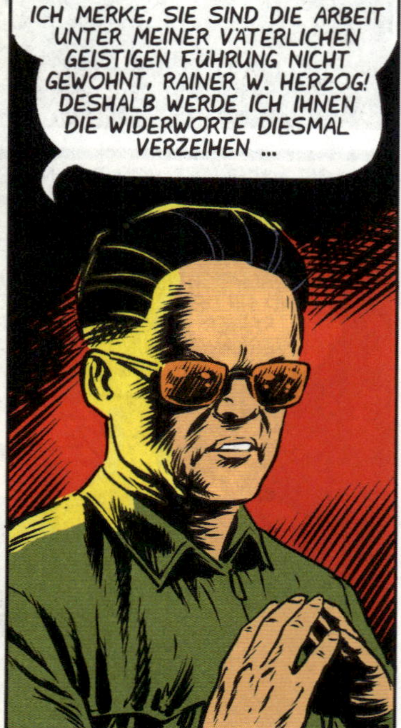

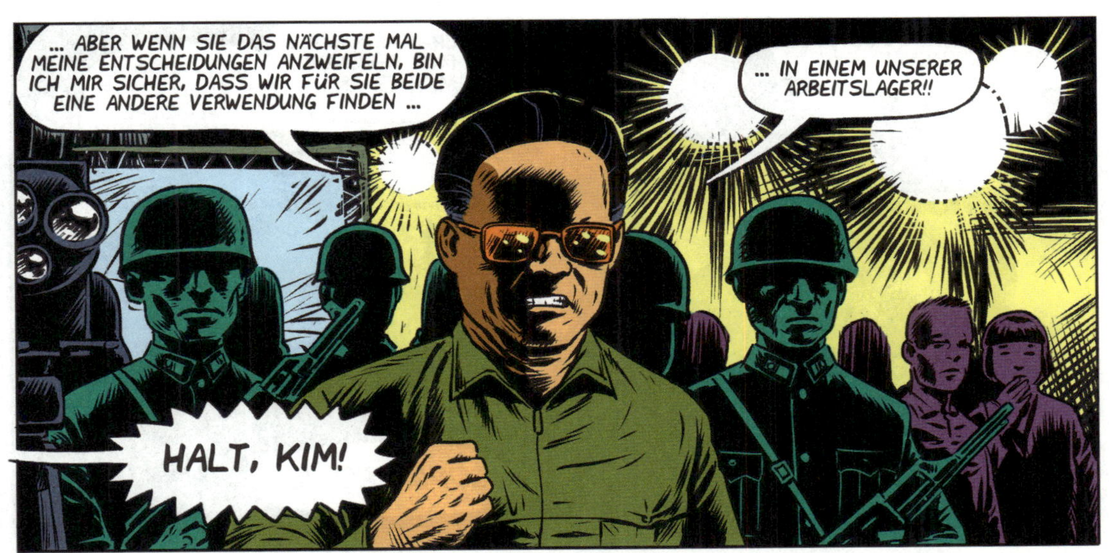
... ABER WENN SIE DAS NÄCHSTE MAL MEINE ENTSCHEIDUNGEN ANZWEIFELN, BIN ICH MIR SICHER, DASS WIR FÜR SIE BEIDE EINE ANDERE VERWENDUNG FINDEN ...
... IN EINEM UNSERER ARBEITSLAGER!!
HALT, KIM!

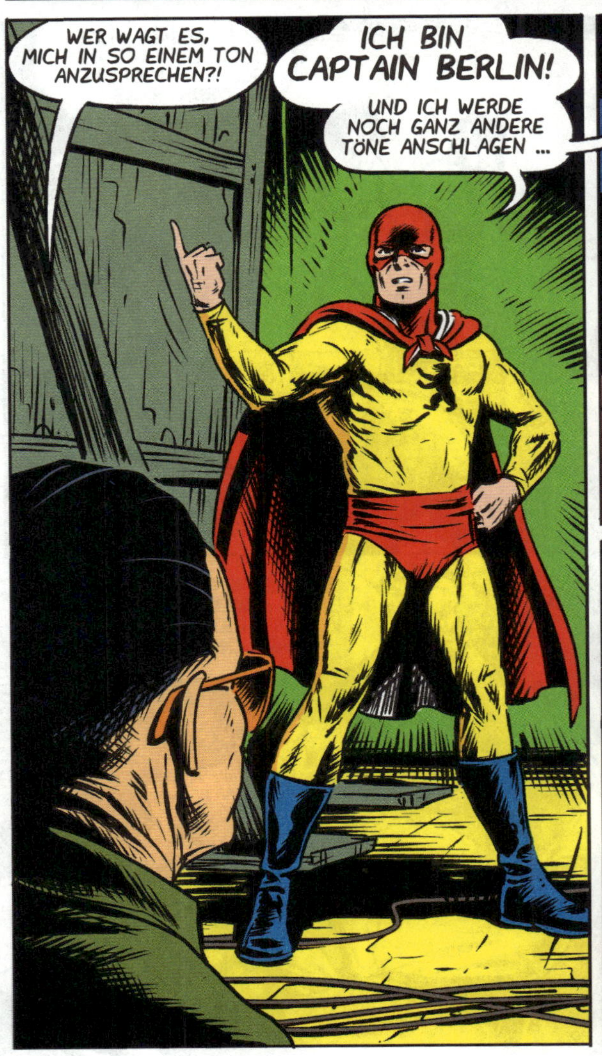
WER WAGT ES, MICH IN SO EINEM TON ANZUSPRECHEN?!
ICH BIN CAPTAIN BERLIN!
UND ICH WERDE NOCH GANZ ANDERE TÖNE ANSCHLAGEN ...

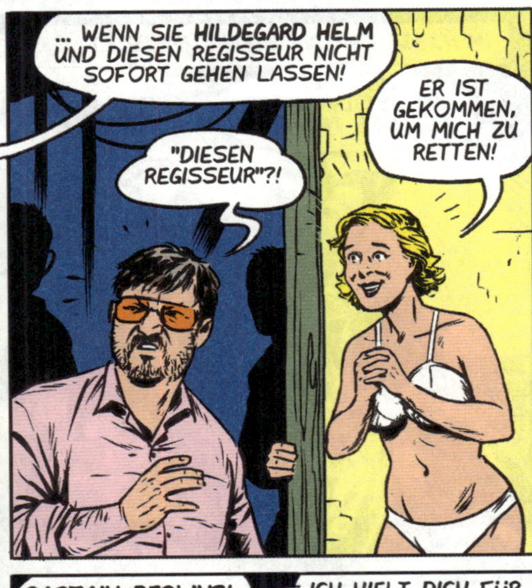
... WENN SIE HILDEGARD HELM UND DIESEN REGISSEUR NICHT SOFORT GEHEN LASSEN!
"DIESEN REGISSEUR"?!
ER IST GEKOMMEN, UM MICH ZU RETTEN!

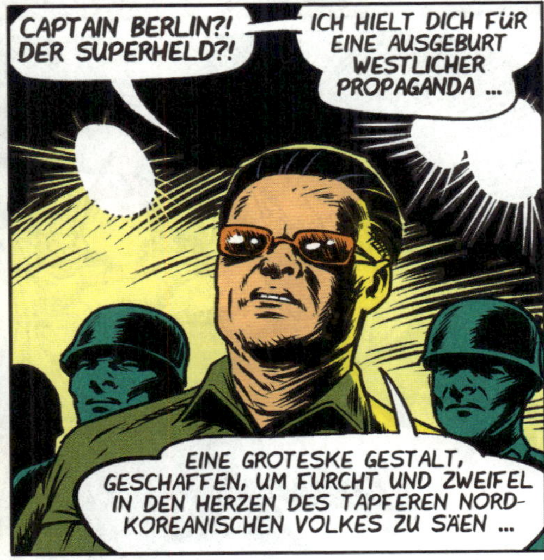
CAPTAIN BERLIN?! DER SUPERHELD?!
ICH HIELT DICH FÜR EINE AUSGEBURT WESTLICHER PROPAGANDA ...
EINE GROTESKE GESTALT, GESCHAFFEN, UM FURCHT UND ZWEIFEL IN DEN HERZEN DES TAPFEREN NORD-KOREANISCHEN VOLKES ZU SÄEN ...

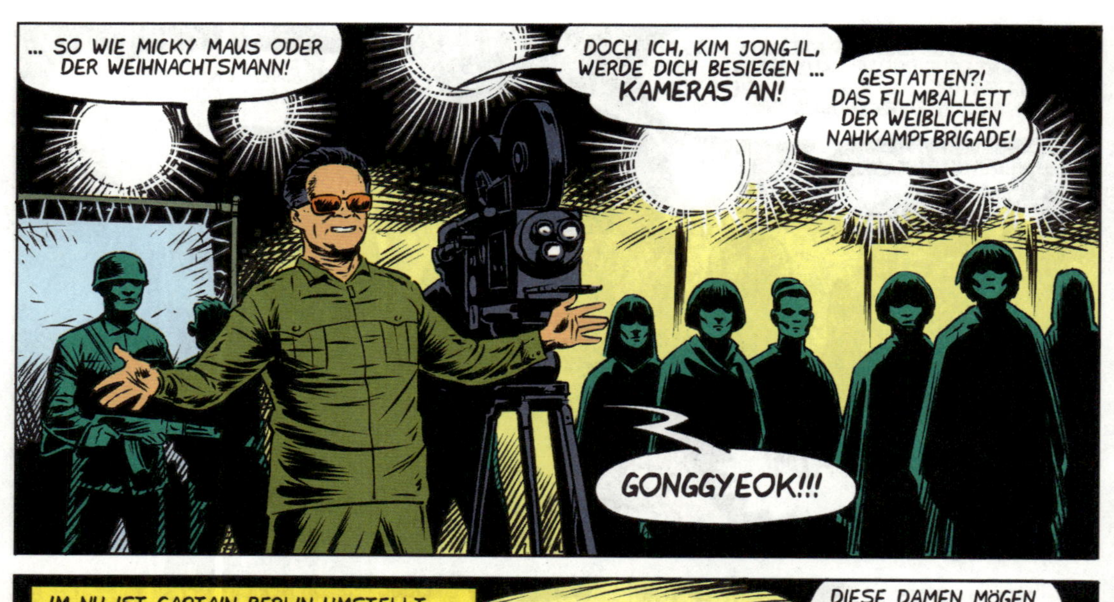
... SO WIE MICKY MAUS ODER DER WEIHNACHTSMANN!
DOCH ICH, KIM JONG-IL, WERDE DICH BESIEGEN ... KAMERAS AN!
GESTATTEN?! DAS FILMBALLETT DER WEIBLICHEN NAHKAMPFBRIGADE!
GONGGYEOK!!!

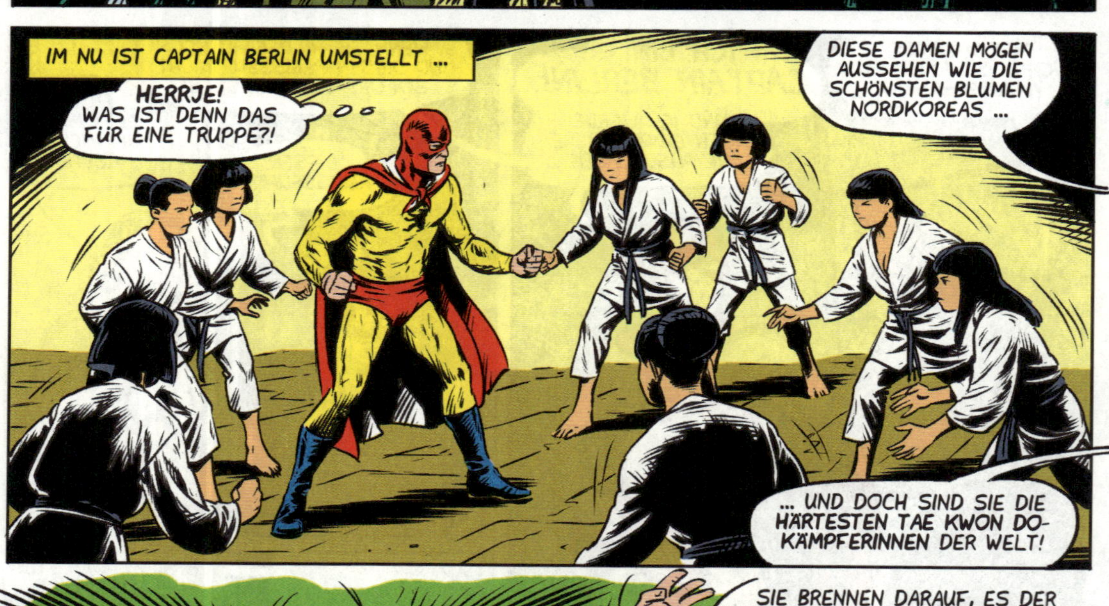
IM NU IST CAPTAIN BERLIN UMSTELLT ...
HERRJE! WAS IST DENN DAS FÜR EINE TRUPPE?!
DIESE DAMEN MÖGEN AUSSEHEN WIE DIE SCHÖNSTEN BLUMEN NORDKOREAS ...
... UND DOCH SIND SIE DIE HÄRTESTEN TAE KWON DO-KÄMPFERINNEN DER WELT!

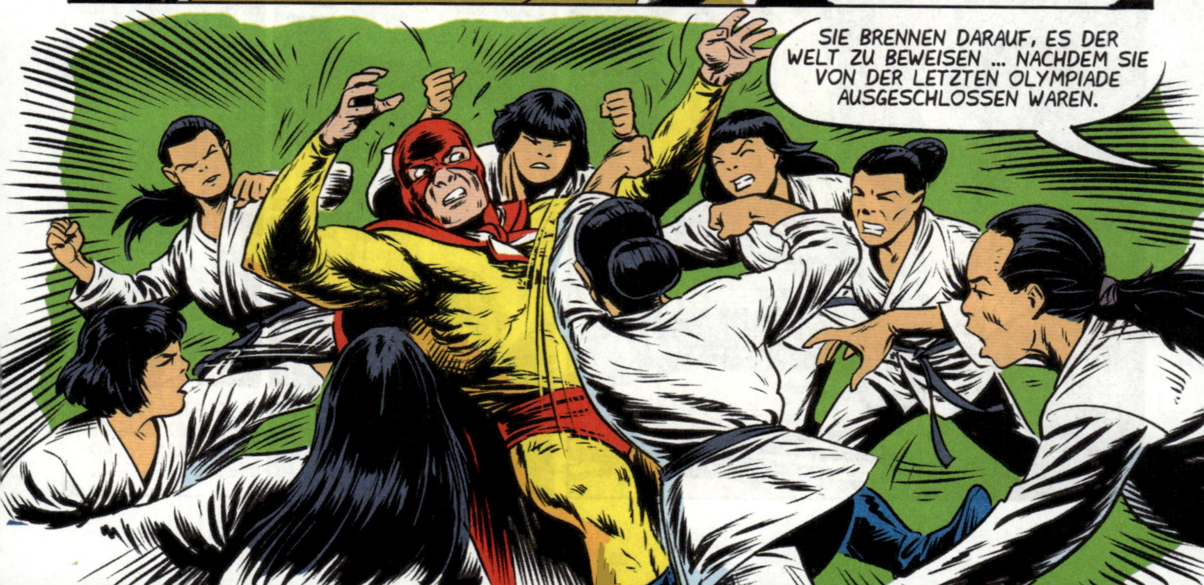
SIE BRENNEN DARAUF, ES DER WELT ZU BEWEISEN ... NACHDEM SIE VON DER LETZTEN OLYMPIADE AUSGESCHLOSSEN WAREN.

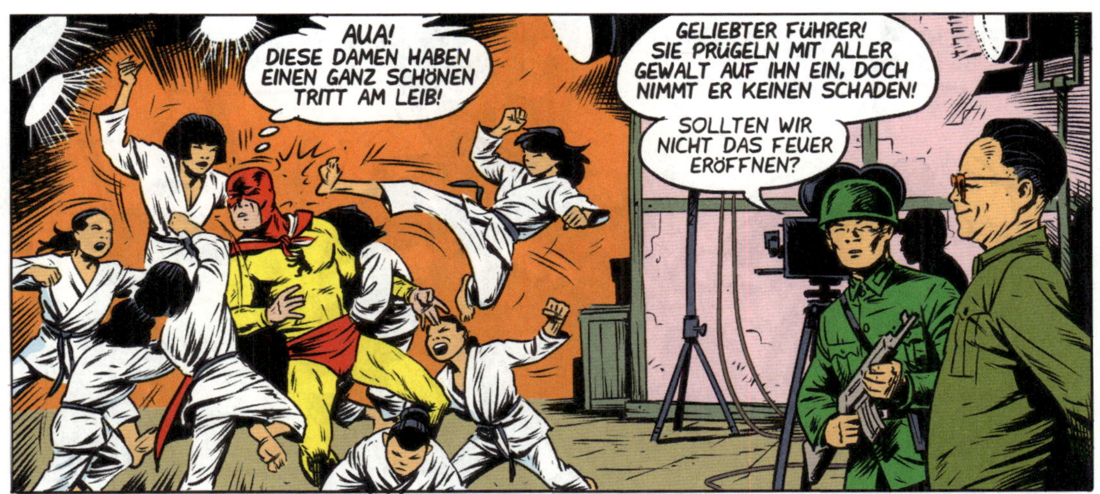
AUA!
DIESE DAMEN HABEN EINEN GANZ SCHÖNEN TRITT AM LEIB!
GELIEBTER FÜHRER! SIE PRÜGELN MIT ALLER GEWALT AUF IHN EIN, DOCH NIMMT ER KEINEN SCHADEN!
SOLLTEN WIR NICHT DAS FEUER ERÖFFNEN?

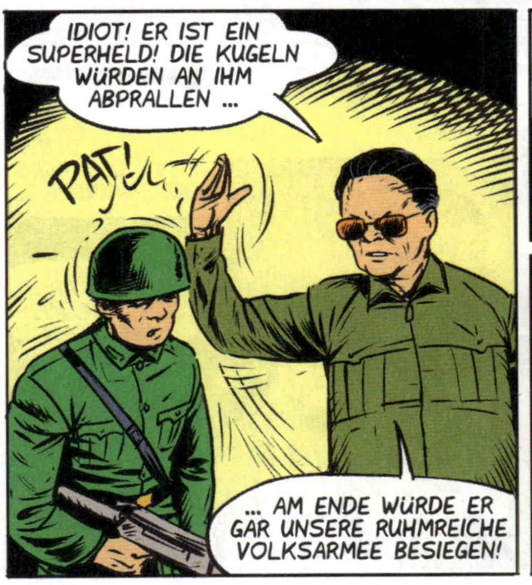
IDIOT! ER IST EIN SUPERHELD! DIE KUGELN WÜRDEN AN IHM ABPRALLEN ...
PAT!
... AM ENDE WÜRDE ER GAR UNSERE RUHMREICHE VOLKSARMEE BESIEGEN!

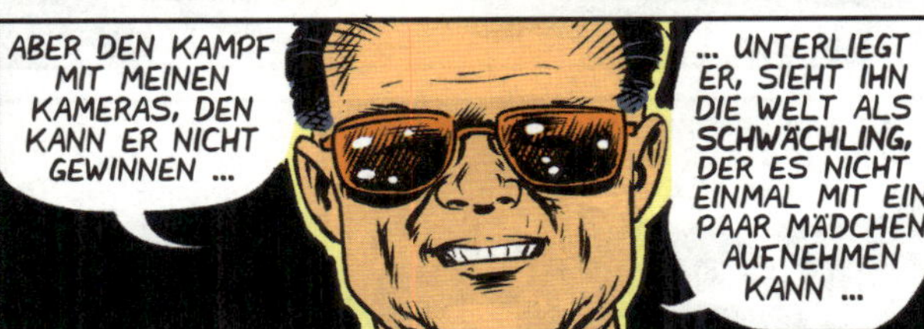
ABER DEN KAMPF MIT MEINEN KAMERAS, DEN KANN ER NICHT GEWINNEN ...
... UNTERLIEGT ER, SIEHT IHN DIE WELT ALS SCHWÄCHLING, DER ES NICHT EINMAL MIT EIN PAAR MÄDCHEN AUFNEHMEN KANN ...

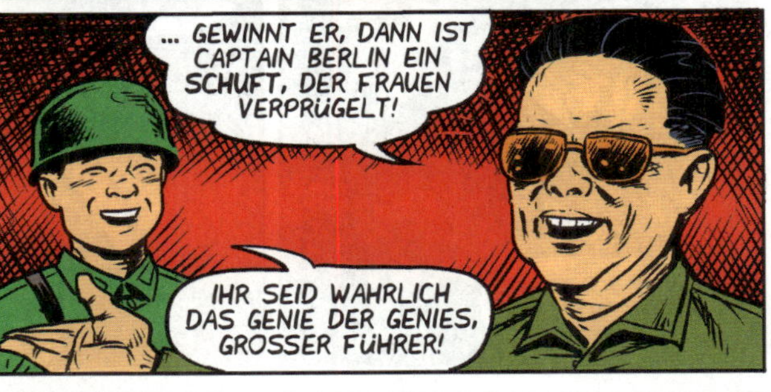
... GEWINNT ER, DANN IST CAPTAIN BERLIN EIN SCHUFT, DER FRAUEN VERPRÜGELT!
IHR SEID WAHRLICH DAS GENIE DER GENIES, GROSSER FÜHRER!

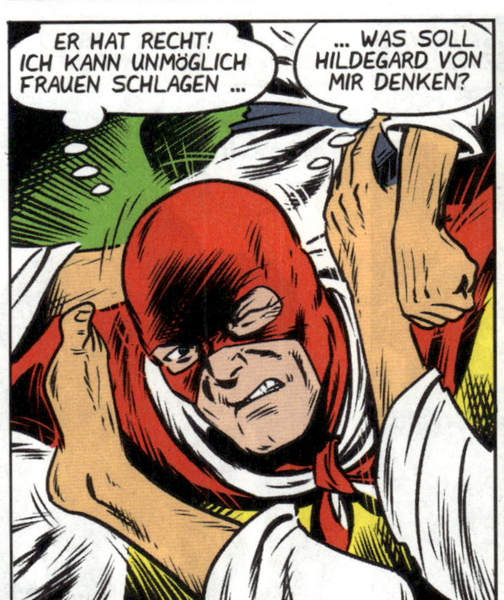
ER HAT RECHT! ICH KANN UNMÖGLICH FRAUEN SCHLAGEN ...
... WAS SOLL HILDEGARD VON MIR DENKEN?

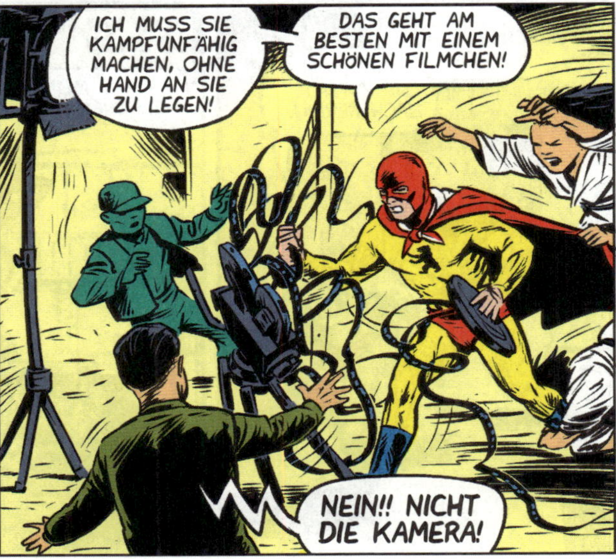
ICH MUSS SIE KAMPFUNFÄHIG MACHEN, OHNE HAND AN SIE ZU LEGEN!
DAS GEHT AM BESTEN MIT EINEM SCHÖNEN FILMCHEN!
NEIN!! NICHT DIE KAMERA!

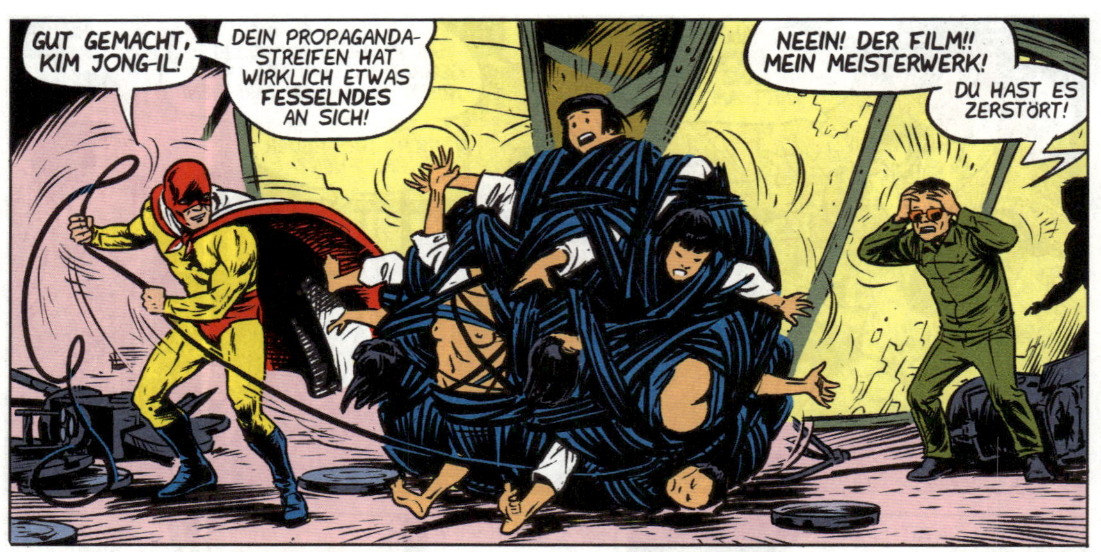
GUT GEMACHT, KIM JONG-IL!
DEIN PROPAGANDA-STREIFEN HAT WIRKLICH ETWAS FESSELNDES AN SICH!
NEEIN! DER FILM!! MEIN MEISTERWERK!
DU HAST ES ZERSTÖRT!

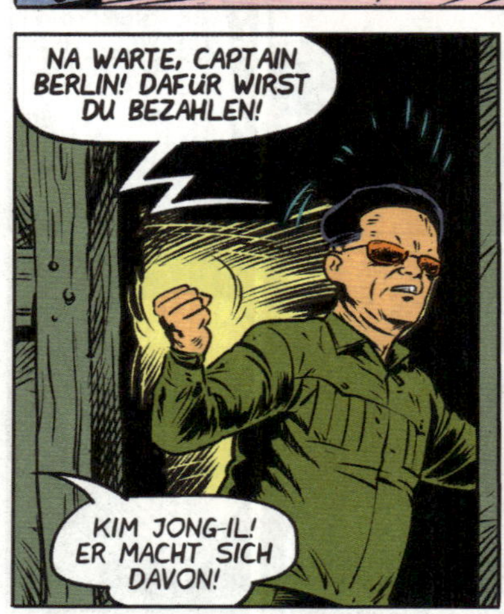
NA WARTE, CAPTAIN BERLIN! DAFÜR WIRST DU BEZAHLEN!
KIM JONG-IL! ER MACHT SICH DAVON!

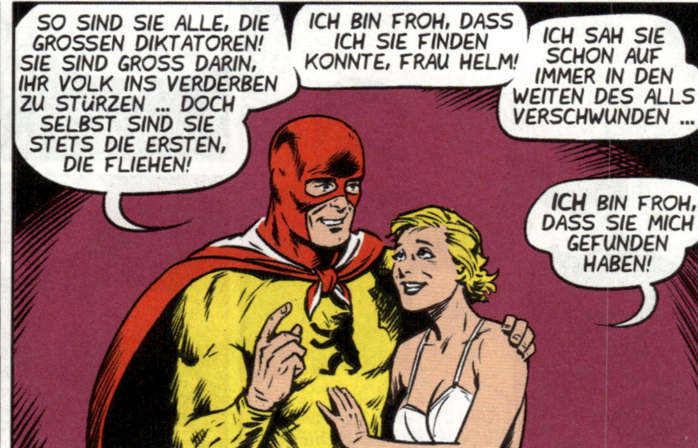
SO SIND SIE ALLE, DIE GROSSEN DIKTATOREN! SIE SIND GROSS DARIN, IHR VOLK INS VERDERBEN ZU STÜRZEN ... DOCH SELBST SIND SIE STETS DIE ERSTEN, DIE FLIEHEN!
ICH BIN FROH, DASS ICH SIE FINDEN KONNTE, FRAU HELM!
ICH SAH SIE SCHON AUF IMMER IN DEN WEITEN DES ALLS VERSCHWUNDEN ...
ICH BIN FROH, DASS SIE MICH GEFUNDEN HABEN!

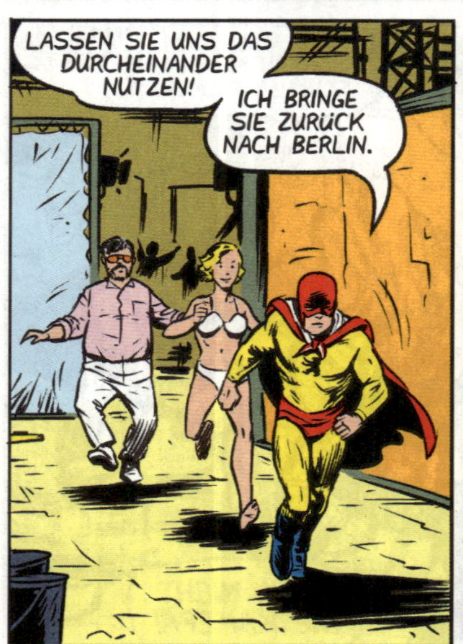
LASSEN SIE UNS DAS DURCHEINANDER NUTZEN!
ICH BRINGE SIE ZURÜCK NACH BERLIN.

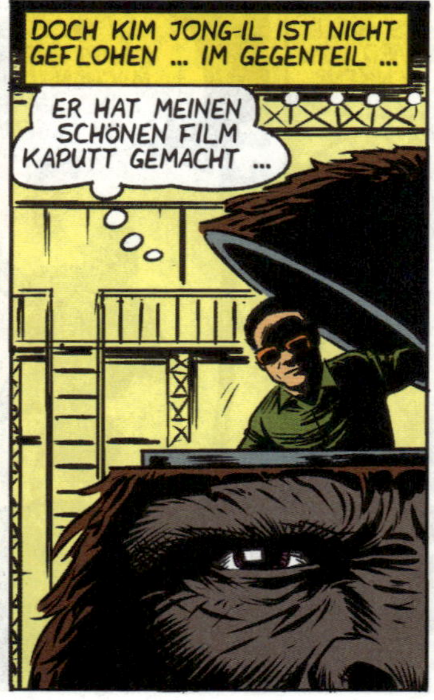
DOCH KIM JONG-IL IST NICHT GEFLOHEN ... IM GEGENTEIL ...
ER HAT MEINEN SCHÖNEN FILM KAPUTT GEMACHT ...

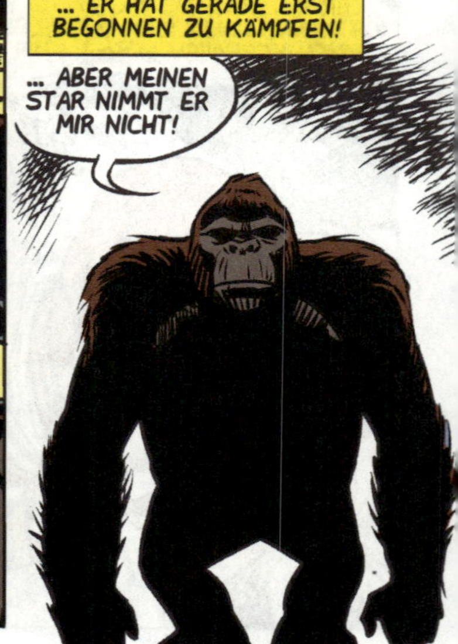
... ER HAT GERADE ERST BEGONNEN ZU KÄMPFEN!
... ABER MEINEN STAR NIMMT ER MIR NICHT!

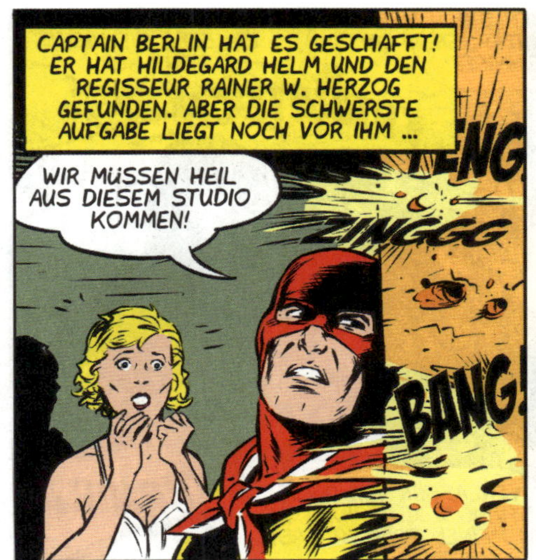

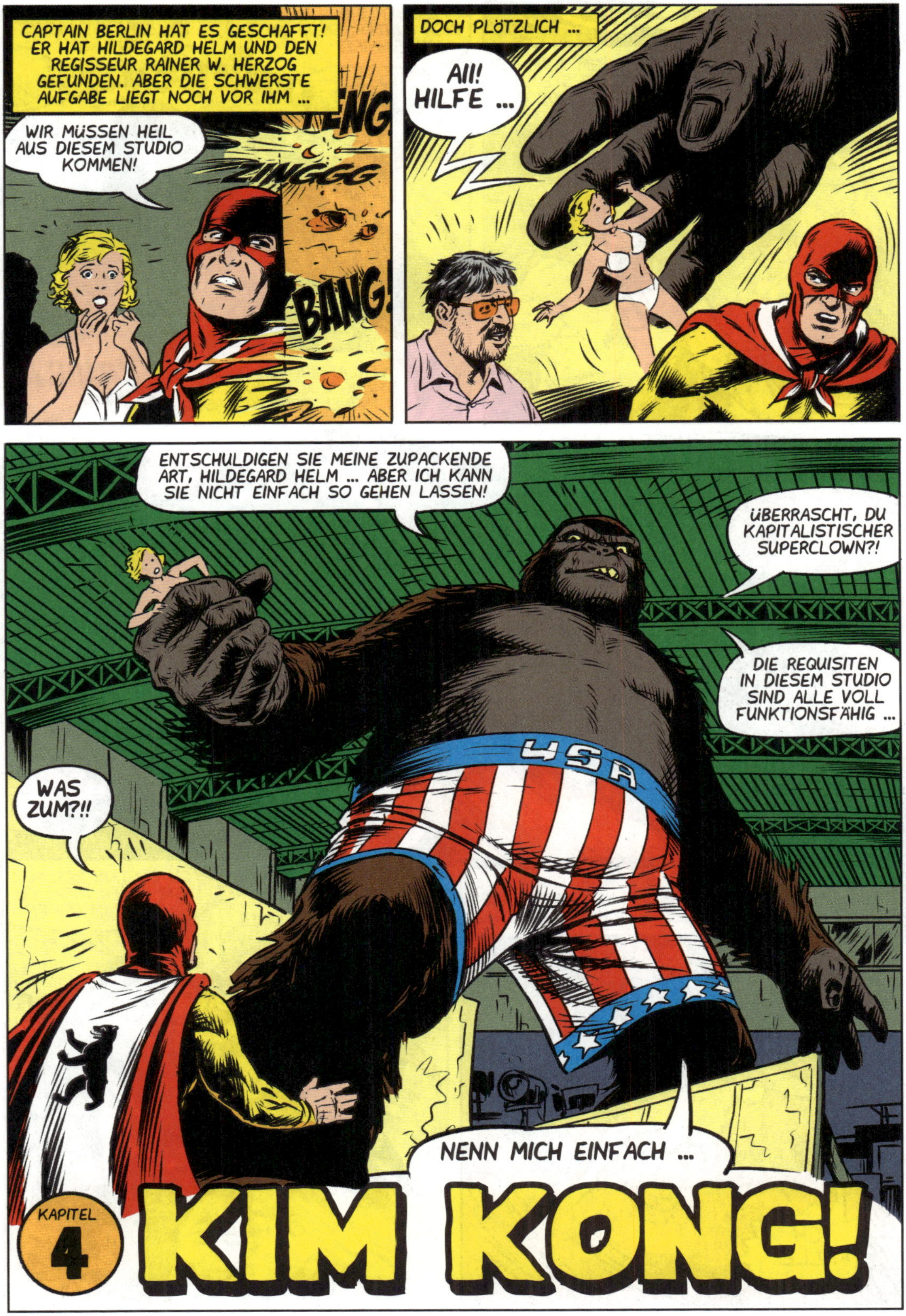

ENTSCHULDIGEN SIE MEINE ZUPACKENDE ART, HILDEGARD HELM ... ABER ICH KANN SIE NICHT EINFACH SO GEHEN LASSEN!

ÜBERRASCHT, DU KAPITALISTISCHER SUPERCLOWN?!

DIE REQUISITEN IN DIESEM STUDIO SIND ALLE VOLL FUNKTIONSFÄHIG ...

USA

WAS ZUM?!!

NENN MICH EINFACH ...

KAPITEL 4

KIM KONG!

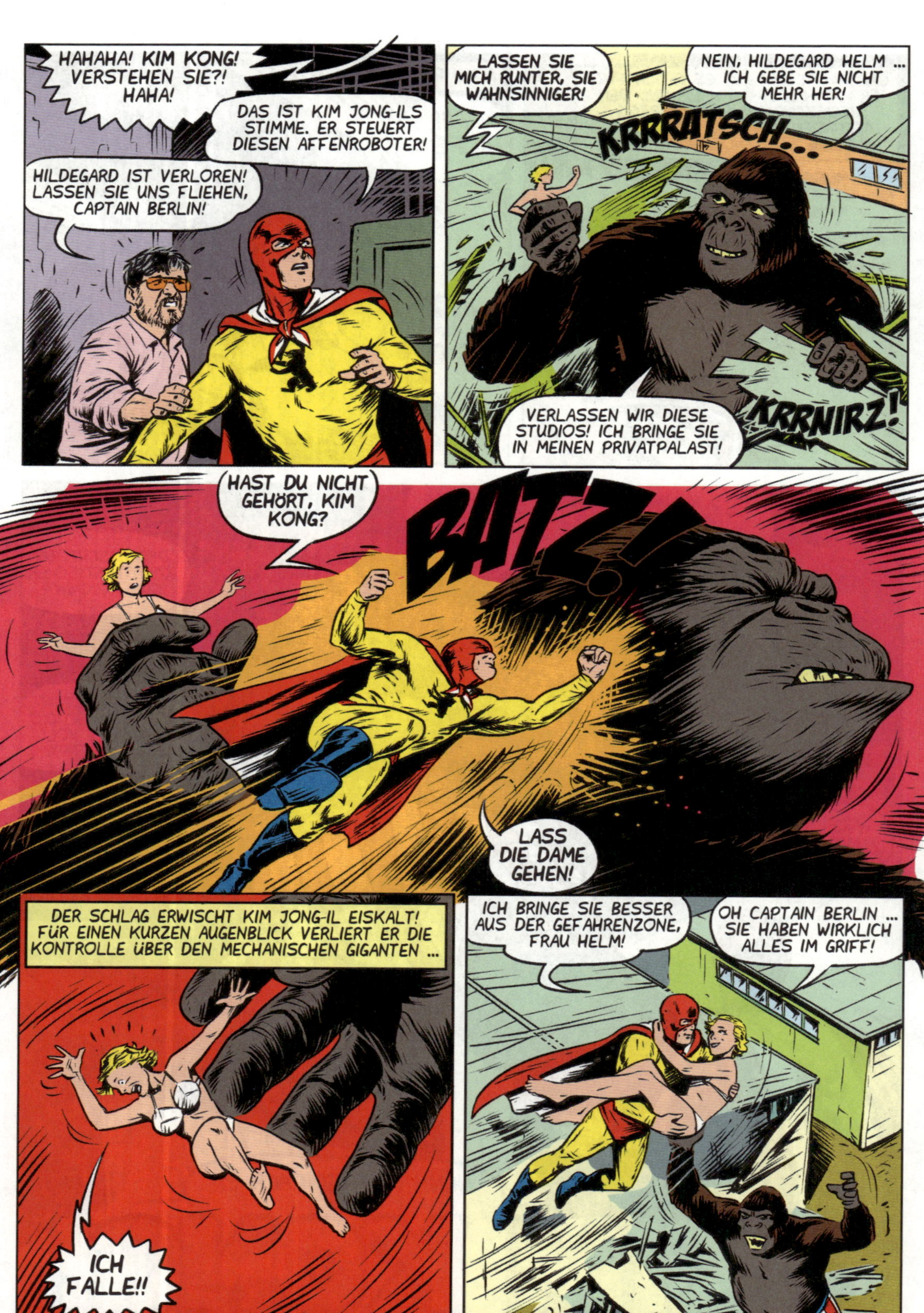
HAHAHA! KIM KONG! VERSTEHEN SIE?! HAHA!
DAS IST KIM JONG-ILS STIMME. ER STEUERT DIESEN AFFENROBOTER!
HILDEGARD IST VERLOREN! LASSEN SIE UNS FLIEHEN, CAPTAIN BERLIN!
LASSEN SIE MICH RUNTER, SIE WAHNSINNIGER!
NEIN, HILDEGARD HELM ... ICH GEBE SIE NICHT MEHR HER!
KRRRATSCH...
KRRNIRZ!
VERLASSEN WIR DIESE STUDIOS! ICH BRINGE SIE IN MEINEN PRIVATPALAST!
HAST DU NICHT GEHÖRT, KIM KONG?
BATZ!
LASS DIE DAME GEHEN!
DER SCHLAG ERWISCHT KIM JONG-IL EISKALT! FÜR EINEN KURZEN AUGENBLICK VERLIERT ER DIE KONTROLLE ÜBER DEN MECHANISCHEN GIGANTEN ...
ICH FALLE!!
ICH BRINGE SIE BESSER AUS DER GEFAHRENZONE, FRAU HELM!
OH CAPTAIN BERLIN ... SIE HABEN WIRKLICH ALLES IM GRIFF!

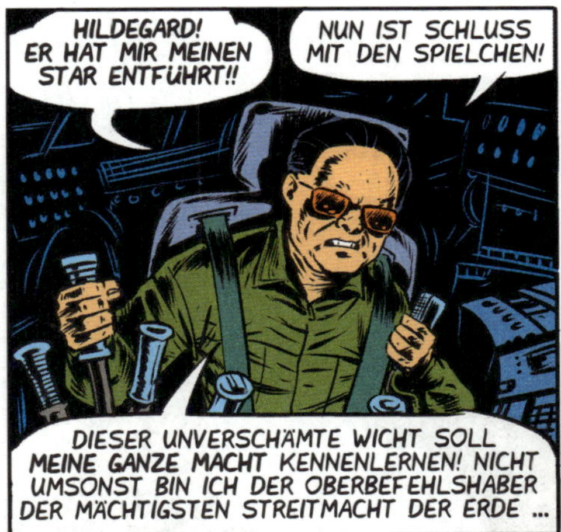
HILDEGARD! ER HAT MIR MEINEN STAR ENTFÜHRT!!
NUN IST SCHLUSS MIT DEN SPIELCHEN!
DIESER UNVERSCHÄMTE WICHT SOLL MEINE GANZE MACHT KENNENLERNEN! NICHT UMSONST BIN ICH DER OBERBEFEHLSHABER DER MÄCHTIGSTEN STREITMACHT DER ERDE ...

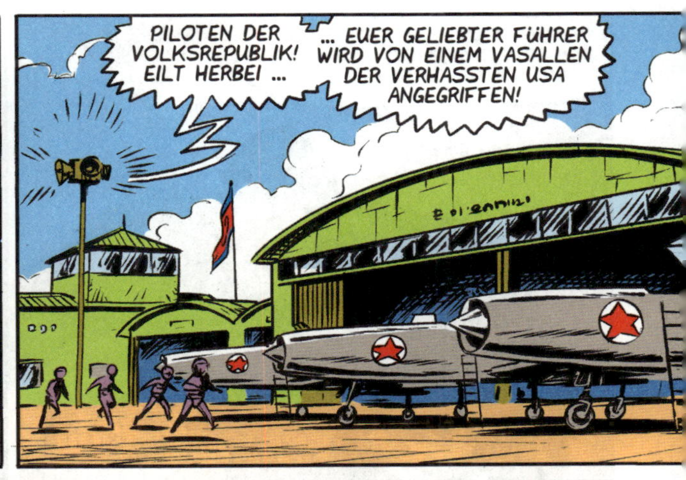
PILOTEN DER VOLKSREPUBLIK! EILT HERBEI ...
... EUER GELIEBTER FÜHRER WIRD VON EINEM VASALLEN DER VERHASSTEN USA ANGEGRIFFEN!

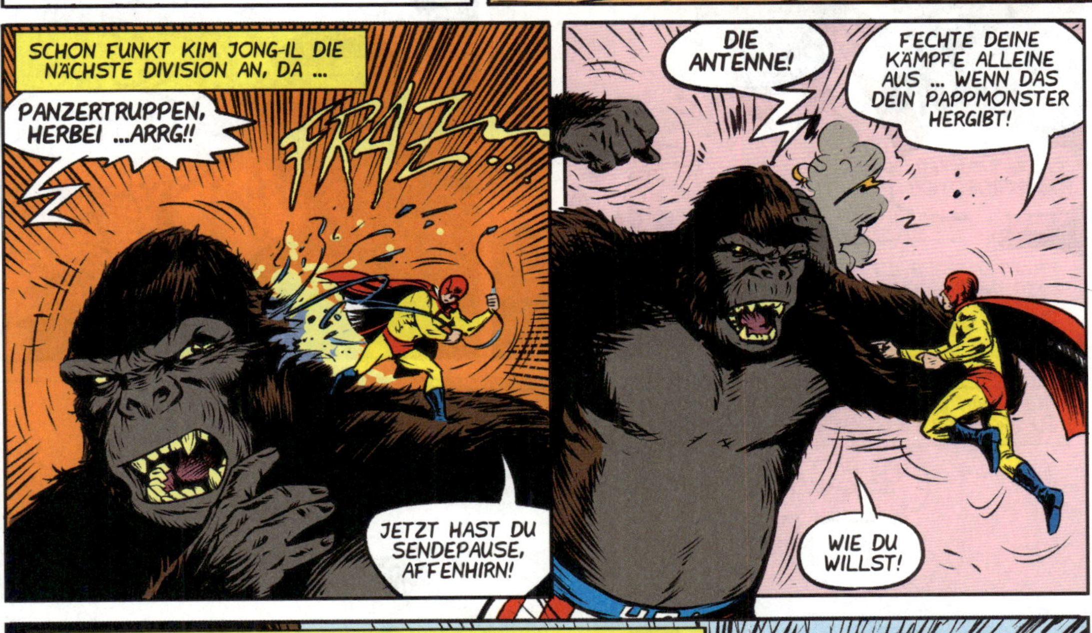
SCHON FUNKT KIM JONG-IL DIE NÄCHSTE DIVISION AN, DA ...
PANZERTRUPPEN, HERBEI ...ARRG!!
FRZZ...
JETZT HAST DU SENDEPAUSE, AFFENHIRN!
DIE ANTENNE!
FECHTE DEINE KÄMPFE ALLEINE AUS ... WENN DAS DEIN PAPPMONSTER HERGIBT!
WIE DU WILLST!

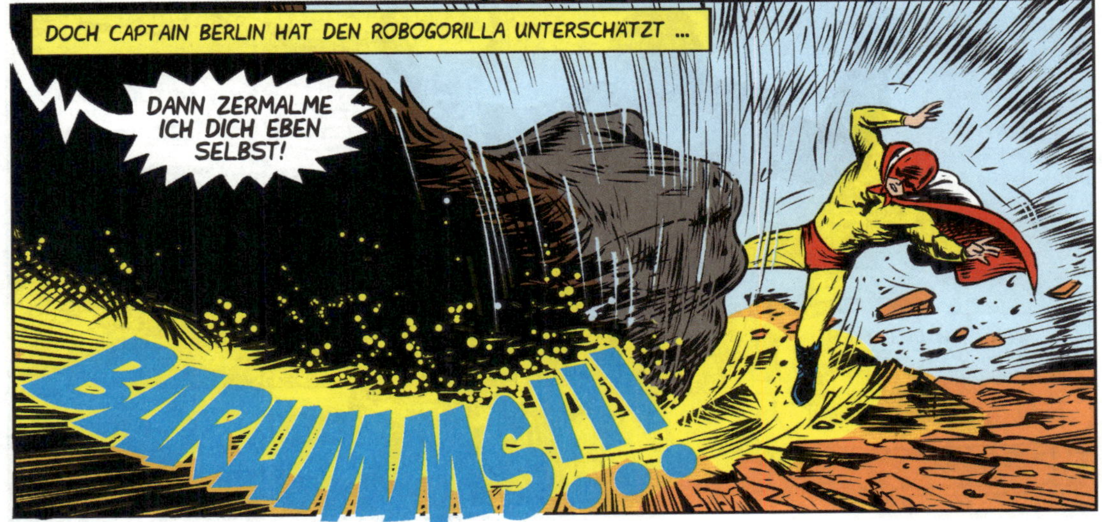
DOCH CAPTAIN BERLIN HAT DEN ROBOGORILLA UNTERSCHÄTZT ...
DANN ZERMALME ICH DICH EBEN SELBST!
BARUMMS!!!

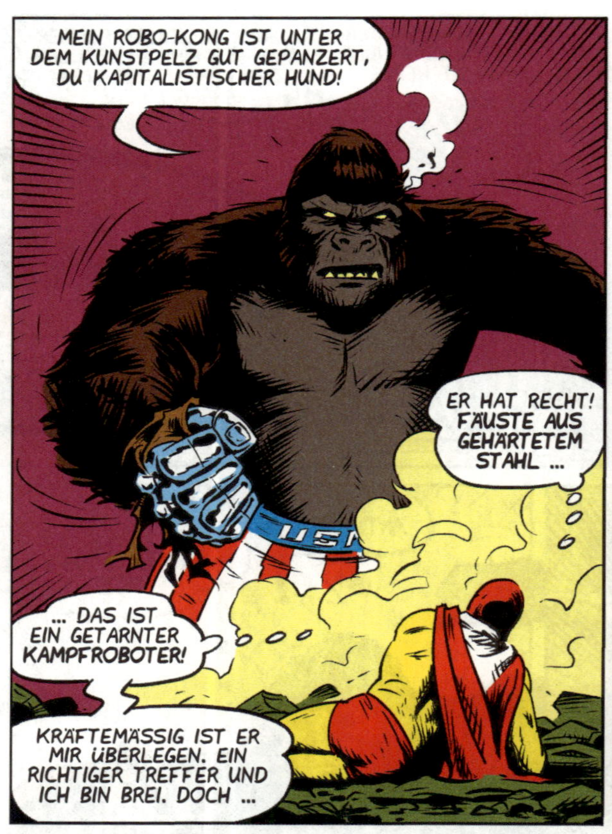
MEIN ROBO-KONG IST UNTER DEM KUNSTPELZ GUT GEPANZERT, DU KAPITALISTISCHER HUND!
ER HAT RECHT! FÄUSTE AUS GEHÄRTETEM STAHL ...
... DAS IST EIN GETARNTER KAMPFROBOTER!
KRÄFTEMÄSSIG IST ER MIR ÜBERLEGEN. EIN RICHTIGER TREFFER UND ICH BIN BREI. DOCH ...

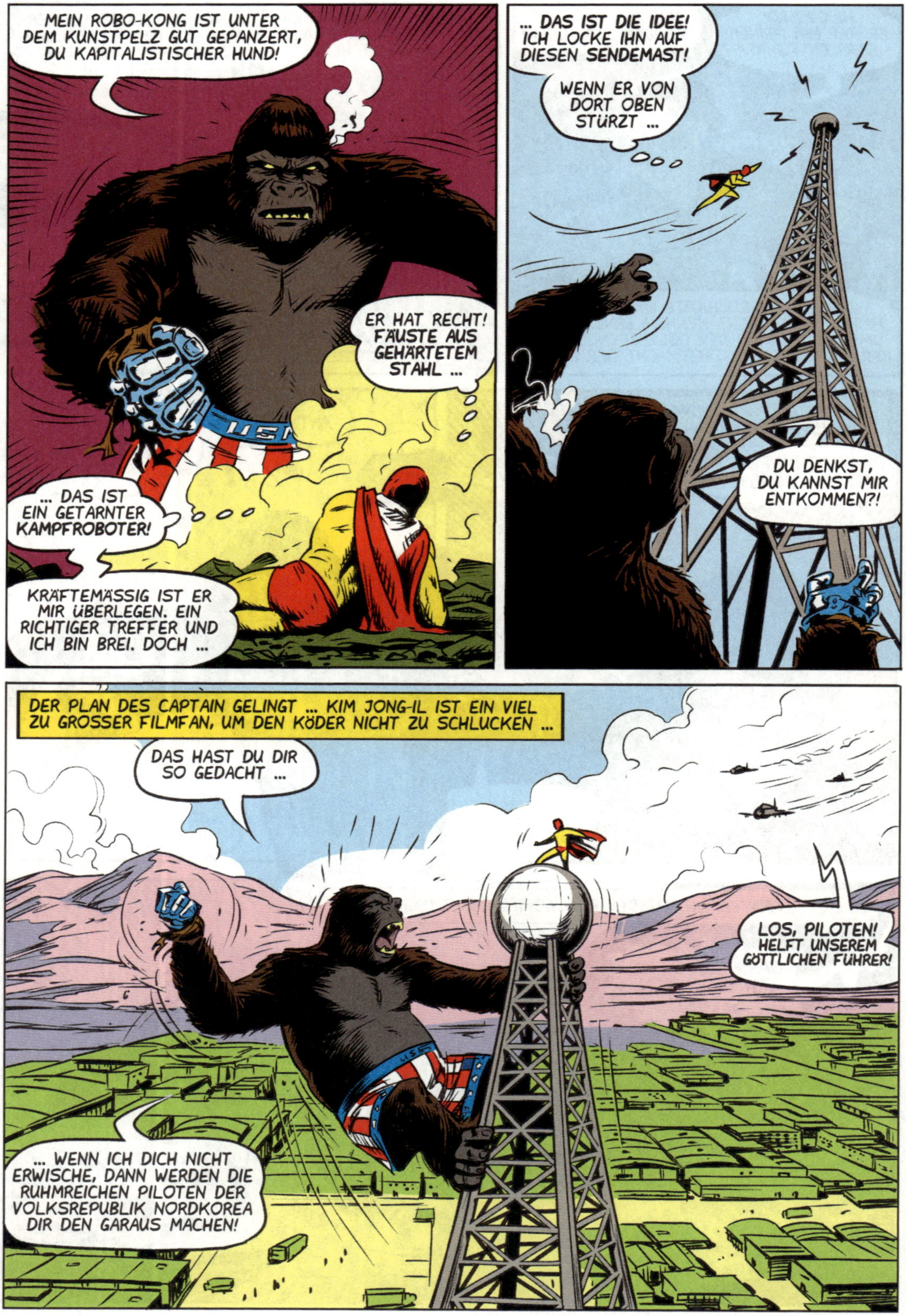

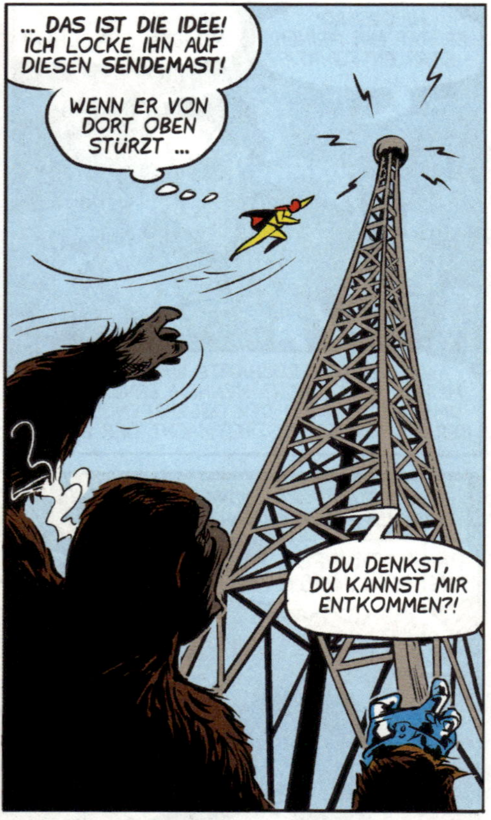
... DAS IST DIE IDEE! ICH LOCKE IHN AUF DIESEN SENDEMAST!
WENN ER VON DORT OBEN STÜRZT ...
DU DENKST, DU KANNST MIR ENTKOMMEN?!

DER PLAN DES CAPTAIN GELINGT ... KIM JONG-IL IST EIN VIEL ZU GROSSER FILMFAN, UM DEN KÖDER NICHT ZU SCHLUCKEN ...
DAS HAST DU DIR SO GEDACHT ...
LOS, PILOTEN! HELFT UNSEREM GÖTTLICHEN FÜHRER!
... WENN ICH DICH NICHT ERWISCHE, DANN WERDEN DIE RUHMREICHEN PILOTEN DER VOLKSREPUBLIK NORDKOREA DIR DEN GARAUS MACHEN!

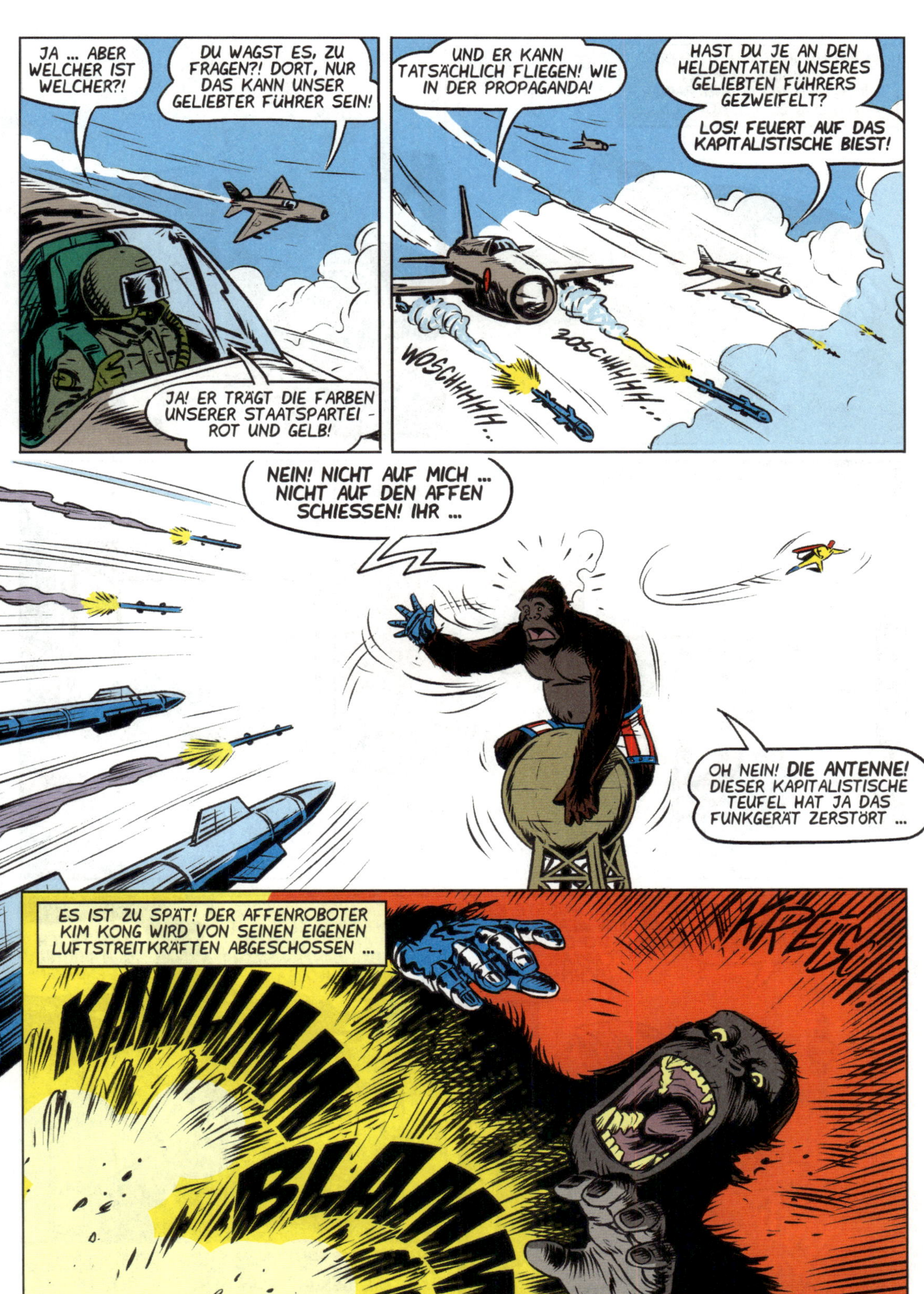
JA ... ABER WELCHER IST WELCHER?!
DU WAGST ES, ZU FRAGEN?! DORT, NUR DAS KANN UNSER GELIEBTER FÜHRER SEIN!
JA! ER TRÄGT DIE FARBEN UNSERER STAATSPARTEI - ROT UND GELB!
UND ER KANN TATSÄCHLICH FLIEGEN! WIE IN DER PROPAGANDA!
HAST DU JE AN DEN HELDENTATEN UNSERES GELIEBTEN FÜHRERS GEZWEIFELT?
LOS! FEUERT AUF DAS KAPITALISTISCHE BIEST!
WOSCHHHHH...
ZOSCHHHHH...
NEIN! NICHT AUF MICH ... NICHT AUF DEN AFFEN SCHIESSEN! IHR ...
OH NEIN! DIE ANTENNE! DIESER KAPITALISTISCHE TEUFEL HAT JA DAS FUNKGERÄT ZERSTÖRT ...
ES IST ZU SPÄT! DER AFFENROBOTER KIM KONG WIRD VON SEINEN EIGENEN LUFTSTREITKRÄFTEN ABGESCHOSSEN ...
KREISCH!
BLAMM!

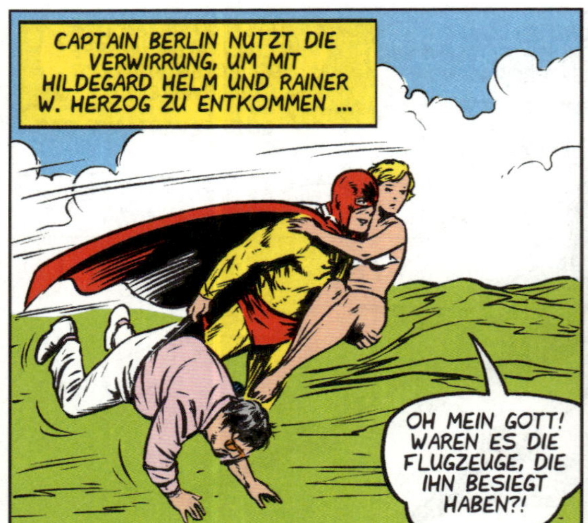

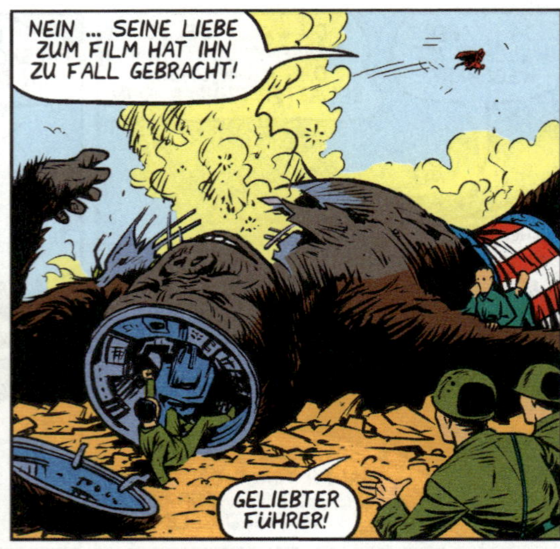

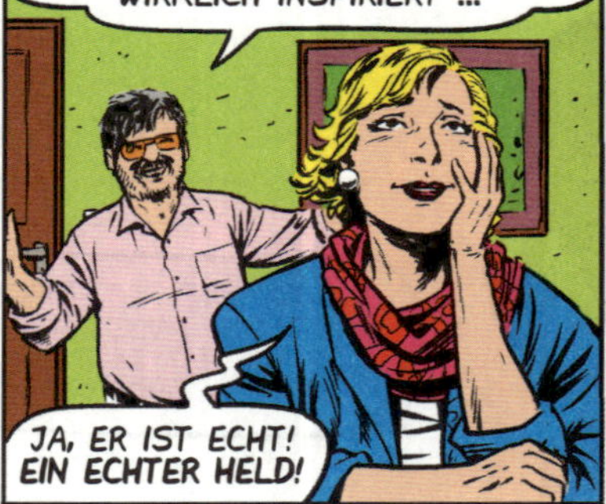

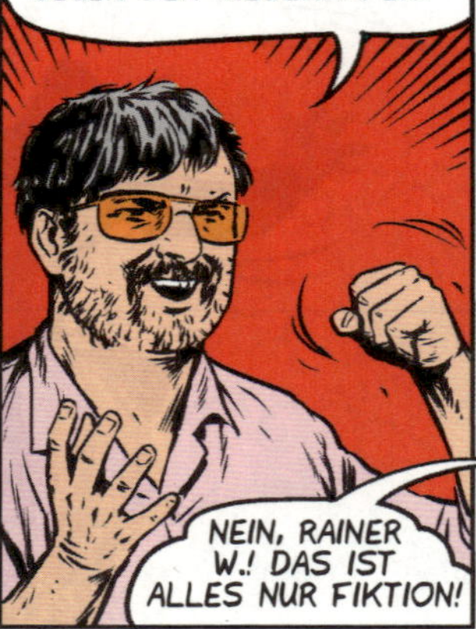

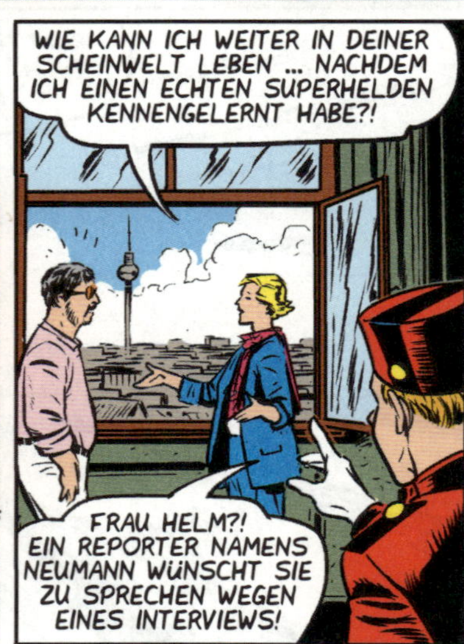

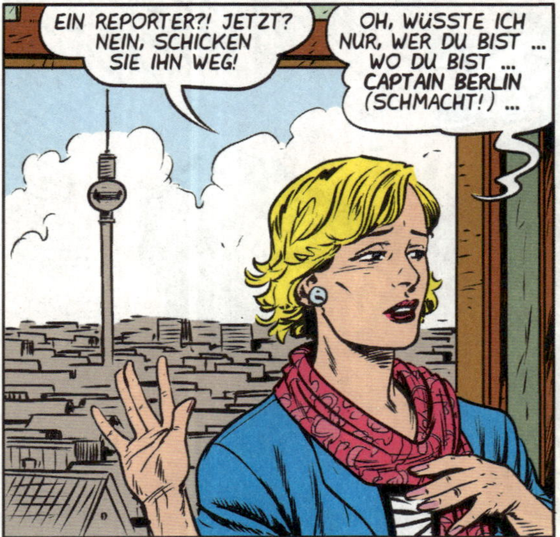

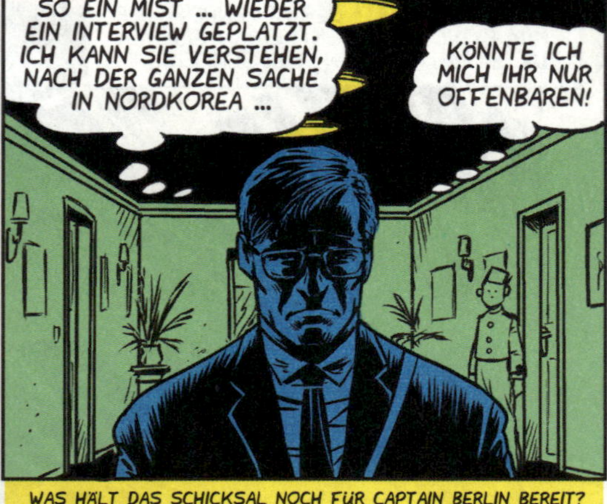

WAS HÄLT DAS SCHICKSAL NOCH FÜR CAPTAIN BERLIN BEREIT? ERFAHRT ES AUF DEN NÄCHSTEN SEITEN IN CAPTAIN BERLIN # 6:
DIE GEBURT VON GENOSSE BERLIN!
ERICH HONECKERS SUPERHELD BITTET ZUM KAMPF DER IDEOLOGIEN IN DER MAUERSTADT ... OST GEGEN WEST!

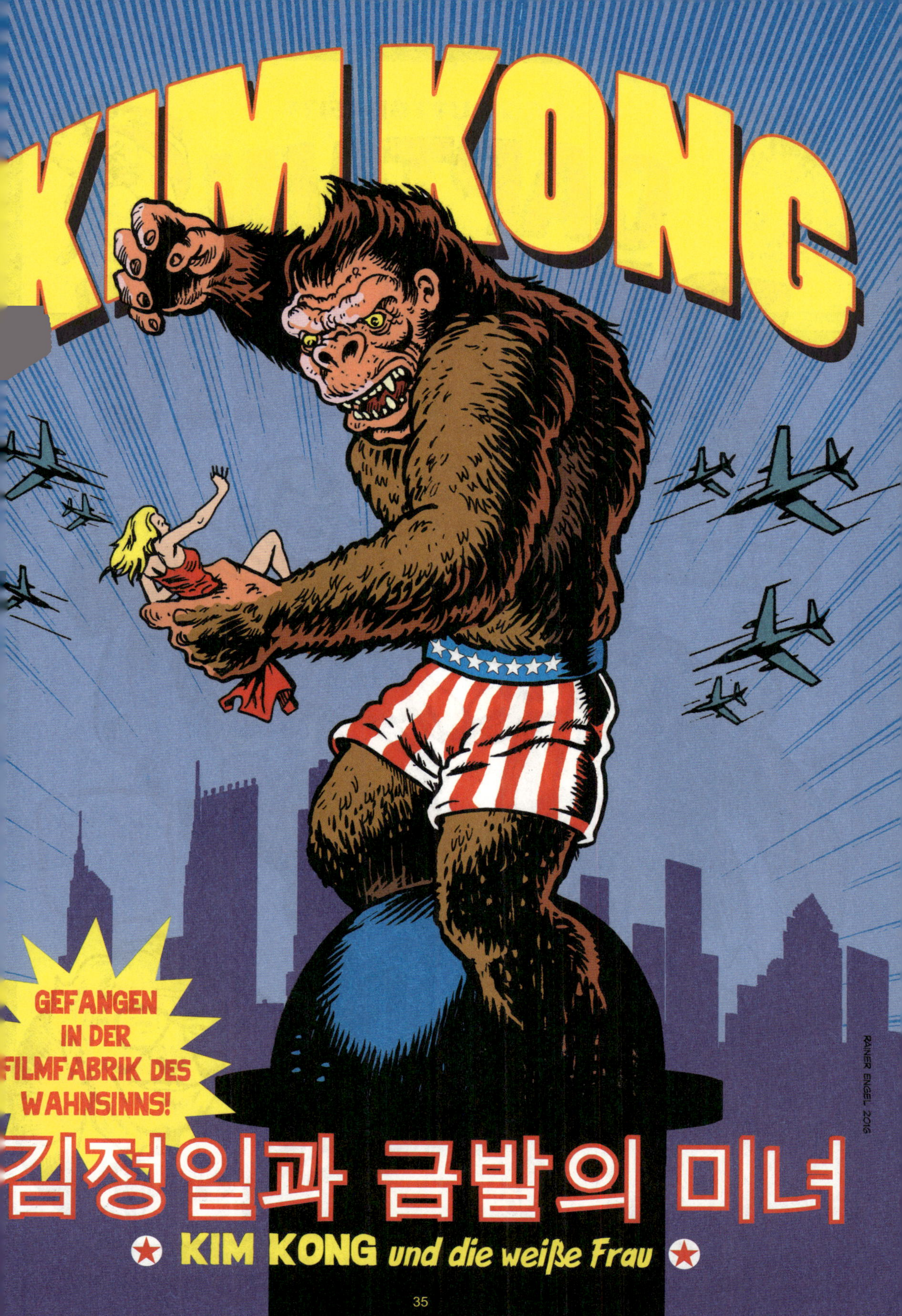
KIM KONG
GEFANGEN IN DER FILMFABRIK DES WAHNSINNS!
김정일과 금발의 미녀
KIM KONG und die weiße Frau
RAINER ENGEL 2016

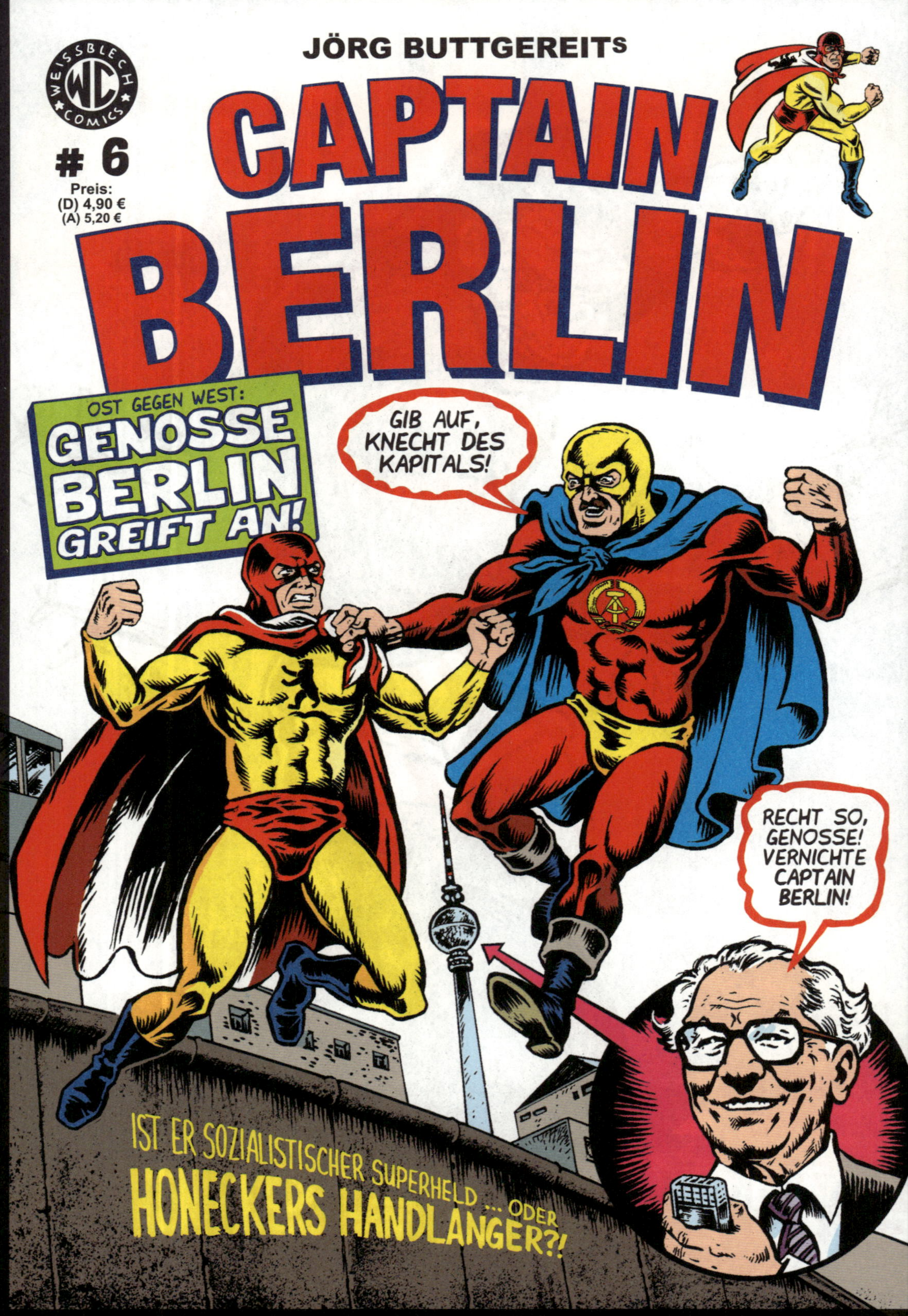
JÖRG BUTTGEREITS
WEISSBLECH COMICS
6
Preis:
(D) 4,90 €
(A) 5,20 €
CAPTAIN BERLIN
OST GEGEN WEST:
GENOSSE BERLIN GREIFT AN!
GIB AUF, KNECHT DES KAPITALS!
RECHT SO, GENOSSE! VERNICHTE CAPTAIN BERLIN!
IST ER SOZIALISTISCHER SUPERHELD ... ODER
HONECKERS HANDLANGER?!

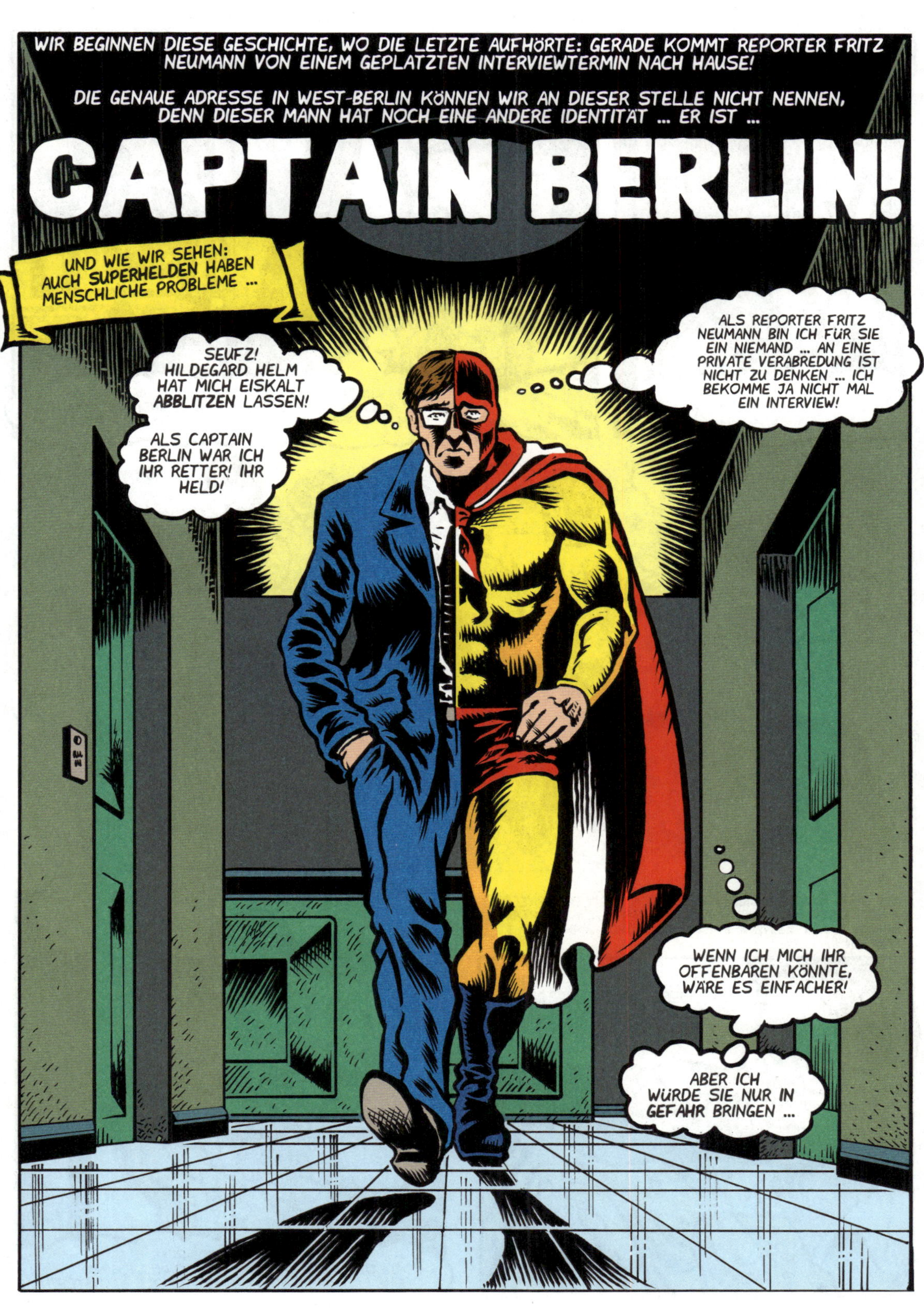
WIR BEGINNEN DIESE GESCHICHTE, WO DIE LETZTE AUFHÖRTE: GERADE KOMMT REPORTER FRITZ NEUMANN VON EINEM GEPLATZTEN INTERVIEWTERMIN NACH HAUSE!
DIE GENAUE ADRESSE IN WEST-BERLIN KÖNNEN WIR AN DIESER STELLE NICHT NENNEN, DENN DIESER MANN HAT NOCH EINE ANDERE IDENTITÄT ... ER IST ...
CAPTAIN BERLIN!
UND WIE WIR SEHEN: AUCH SUPERHELDEN HABEN MENSCHLICHE PROBLEME ...
SEUFZ! HILDEGARD HELM HAT MICH EISKALT ABBLITZEN LASSEN!
ALS CAPTAIN BERLIN WAR ICH IHR RETTER! IHR HELD!
ALS REPORTER FRITZ NEUMANN BIN ICH FÜR SIE EIN NIEMAND ... AN EINE PRIVATE VERABREDUNG IST NICHT ZU DENKEN ... ICH BEKOMME JA NICHT MAL EIN INTERVIEW!
WENN ICH MICH IHR OFFENBAREN KÖNNTE, WÄRE ES EINFACHER!
ABER ICH WÜRDE SIE NUR IN GEFAHR BRINGEN ...

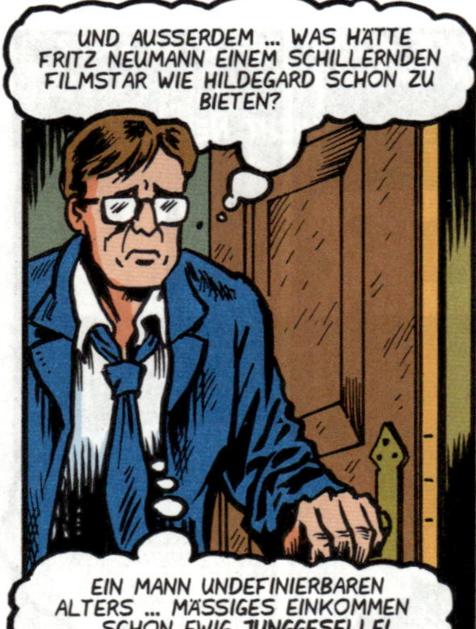

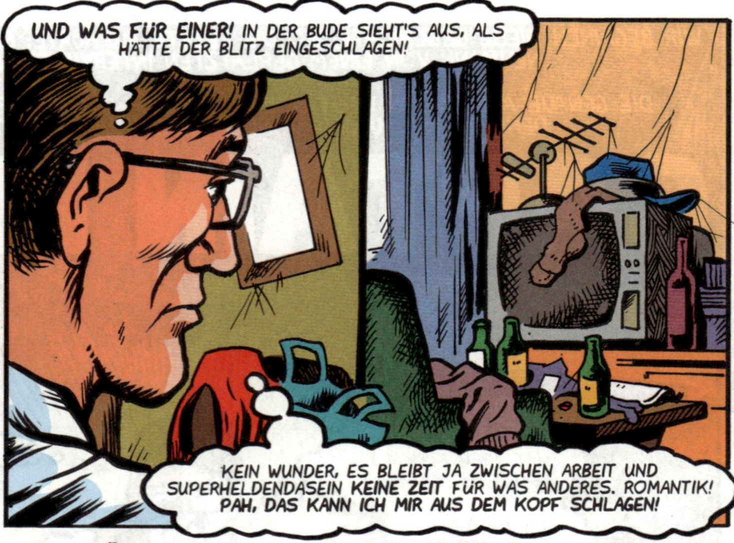

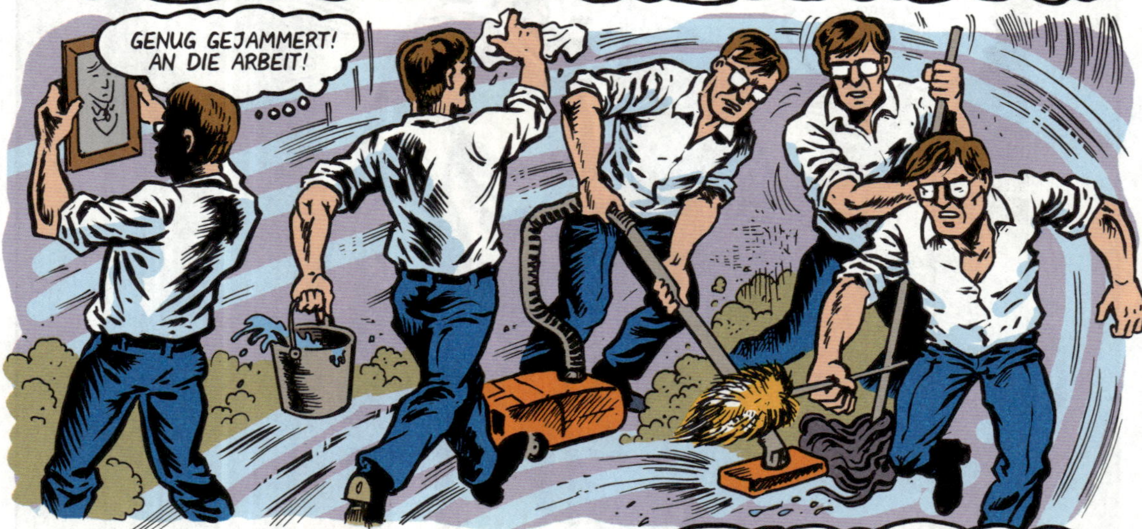

MIT EINER GESCHWINDIGKEIT, WIE SIE NUR EIN SUPERHELD HABEN KANN, MACHT SICH FRITZ NEUMANN ALIAS CAPTAIN BERLIN DARAN, SEINE WOHNUNG AUF VORDERMANN ZU BRINGEN ...

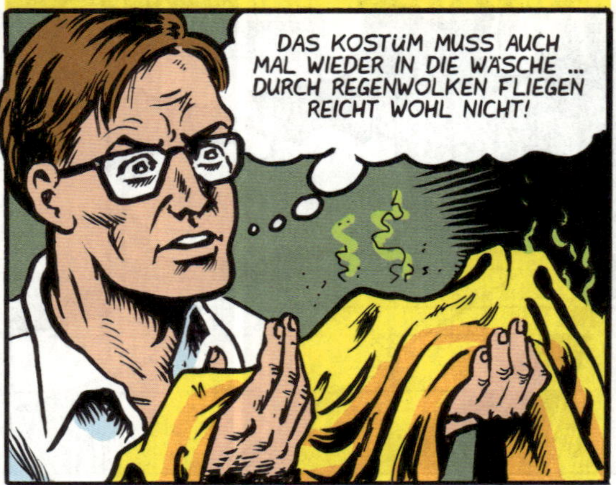

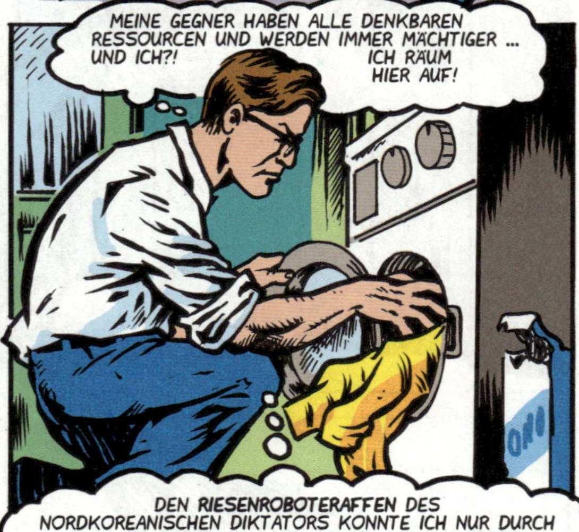

*SIEHE CAPTAIN BERLIN # 5!

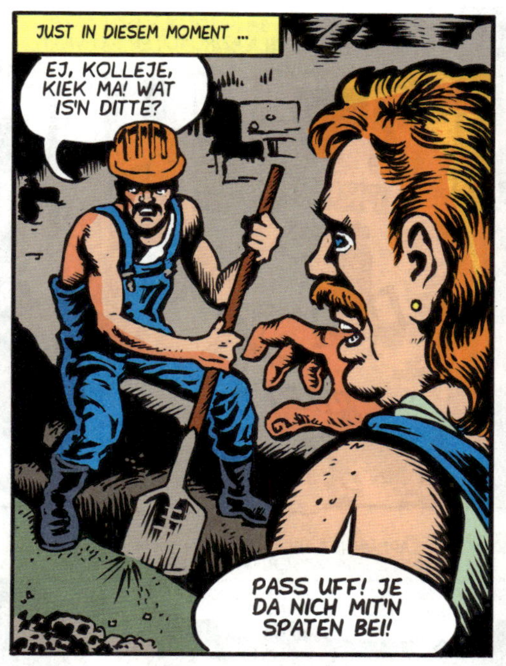

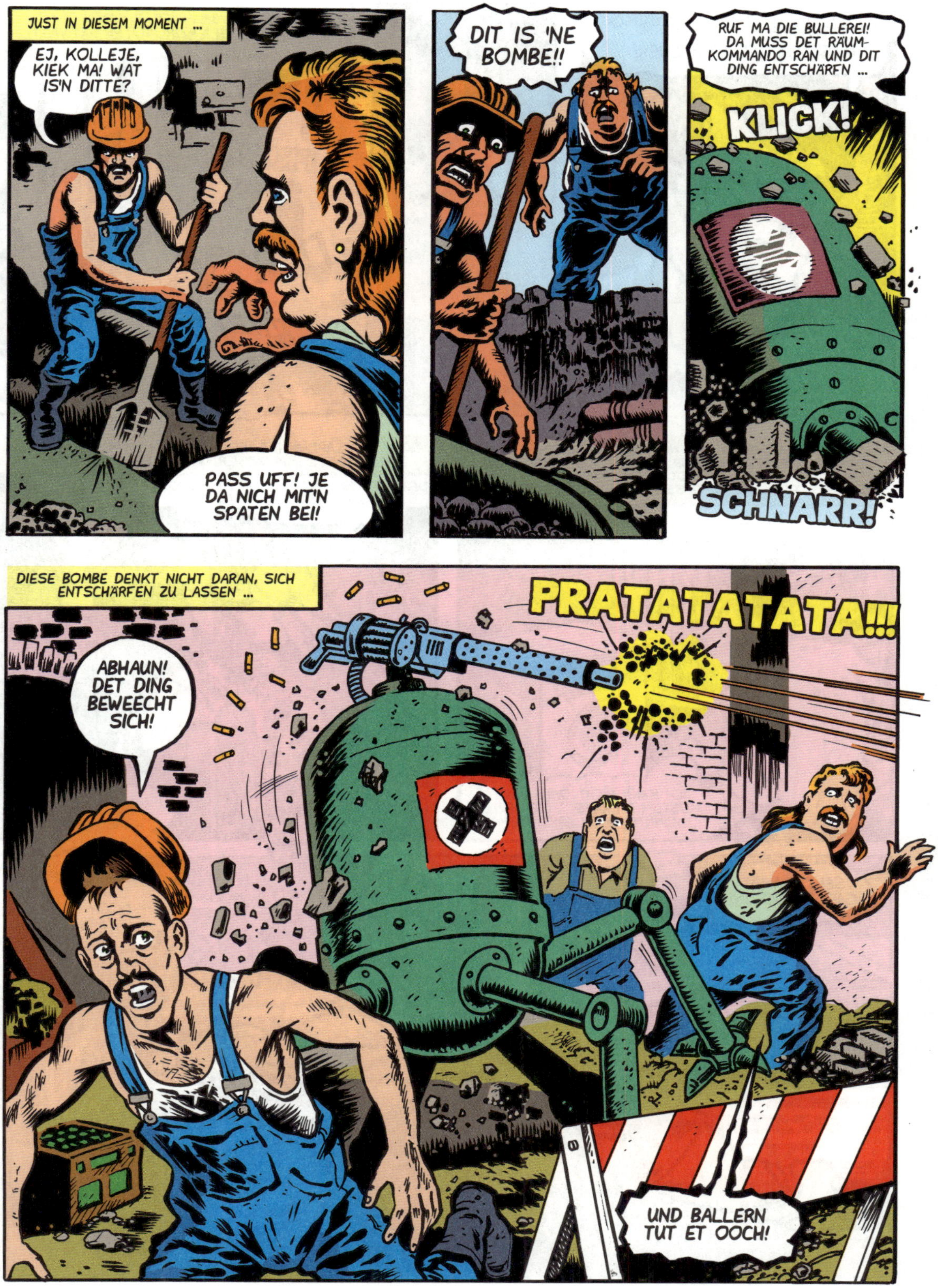

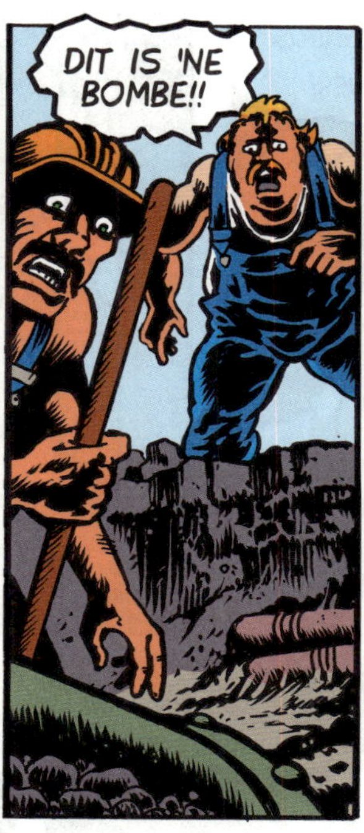

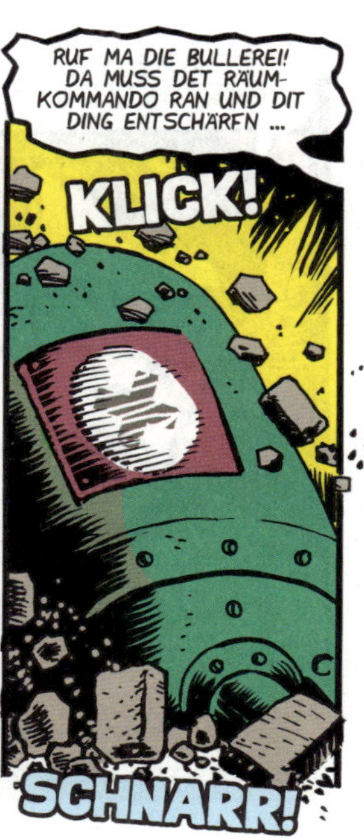

DIESE BOMBE DENKT NICHT DARAN, SICH ENTSCHÄRFEN ZU LASSEN ...

PRATATATATATA!!!

ABHAUN! DET DING BEWEECHT SICH!

UND BALLERN TUT ET OOCH!

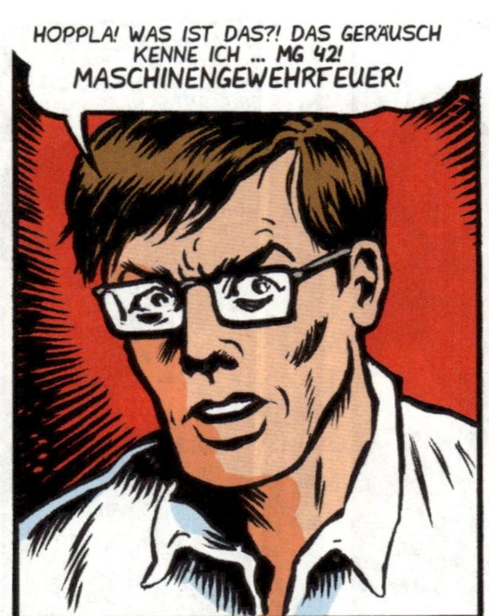

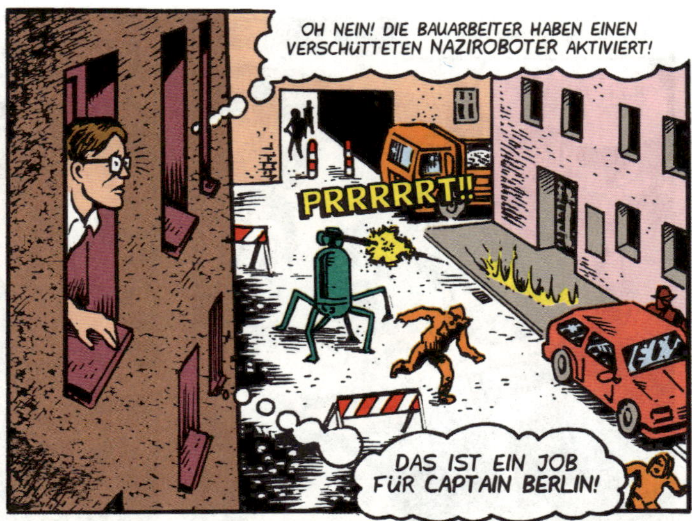

TJA, LIEBE LESER! HIER WÜRDE NORMALERWEISE DIE TITELMUSIK EINSETZEN! CAPTAIN BERLIIIIN ... ABER LEIDER HABEN WIR DIE PLATTE NICHT DA, UND AUCH DEM CAPTAIN WIRD GERADE SCHMERZHAFT BEWUSST, DASS ER NICHT KOMPLETT IST ...

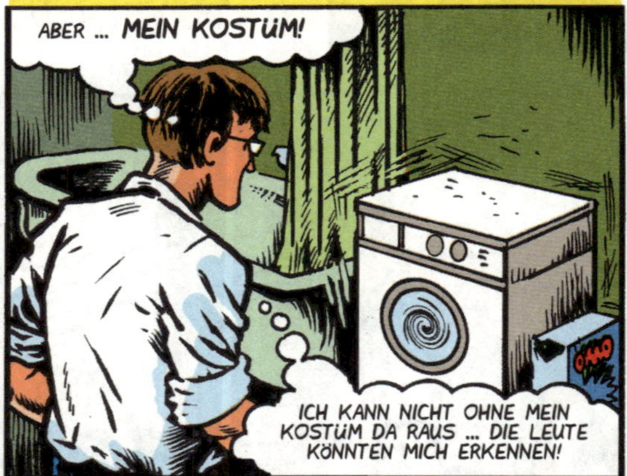

DOCH DER CAPTAIN IST NICHT AUF DEN KOPF GEFALLEN ... BLITZSCHNELL IMPROVISIERT ER EIN ERSATZKOSTÜM ...

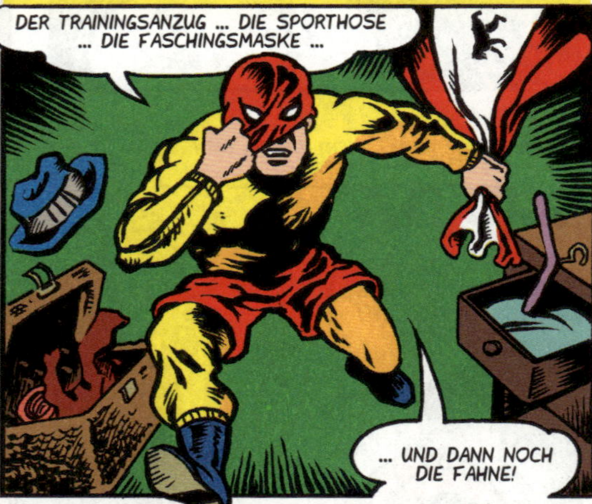

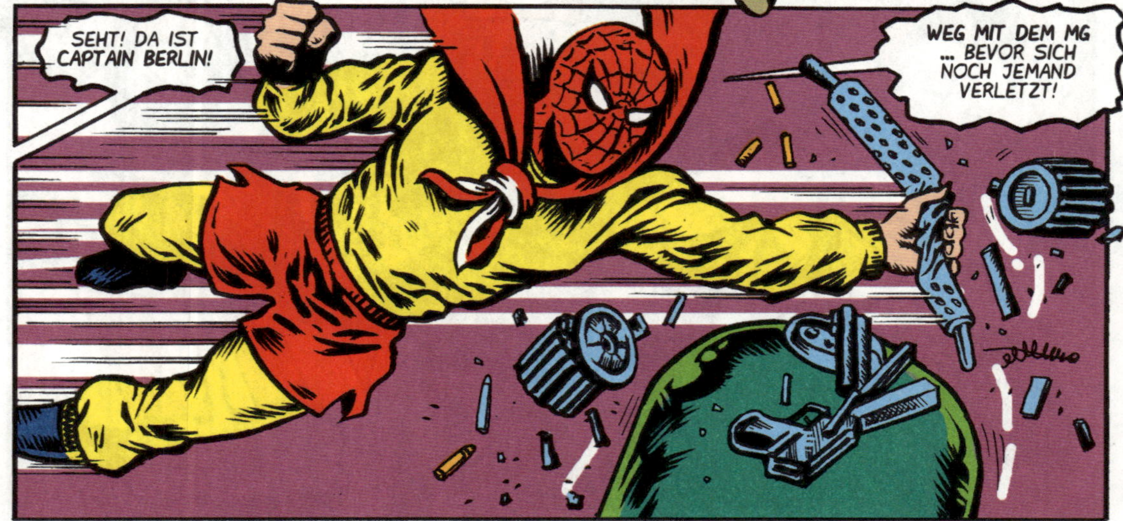

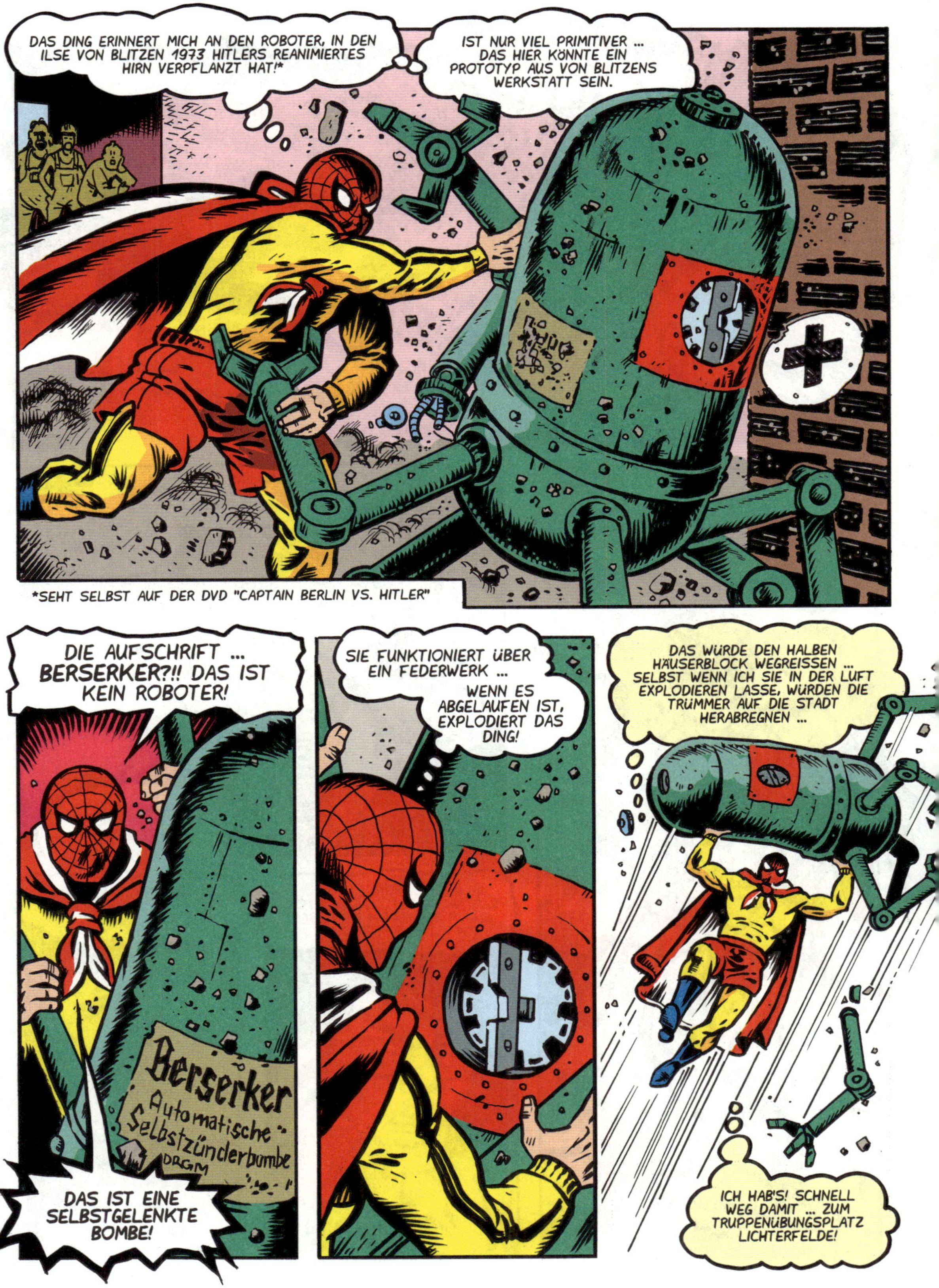

DAS DING ERINNERT MICH AN DEN ROBOTER, IN DEN ILSE VON BLITZEN 1973 HITLERS REANIMIERTES HIRN VERPFLANZT HAT!*

IST NUR VIEL PRIMITIVER ... DAS HIER KÖNNTE EIN PROTOTYP AUS VON BLITZENS WERKSTATT SEIN.

*SEHT SELBST AUF DER DVD "CAPTAIN BERLIN VS. HITLER"

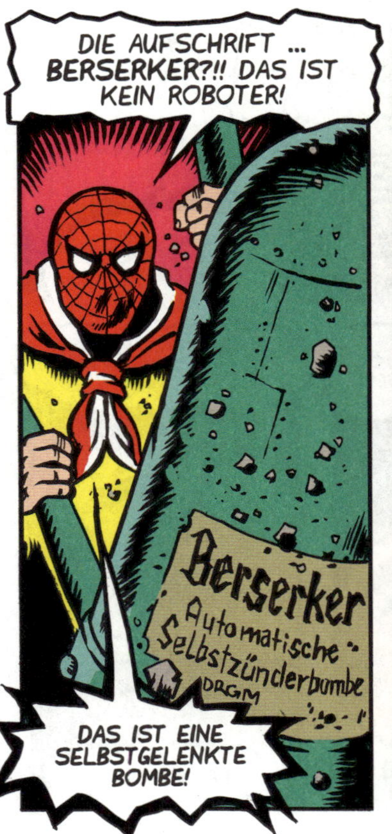

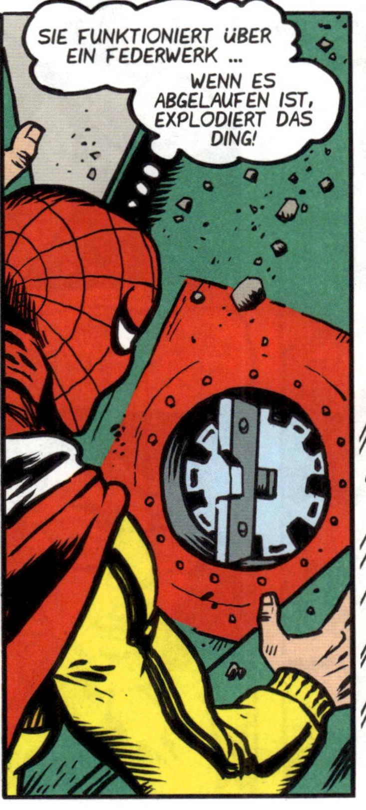

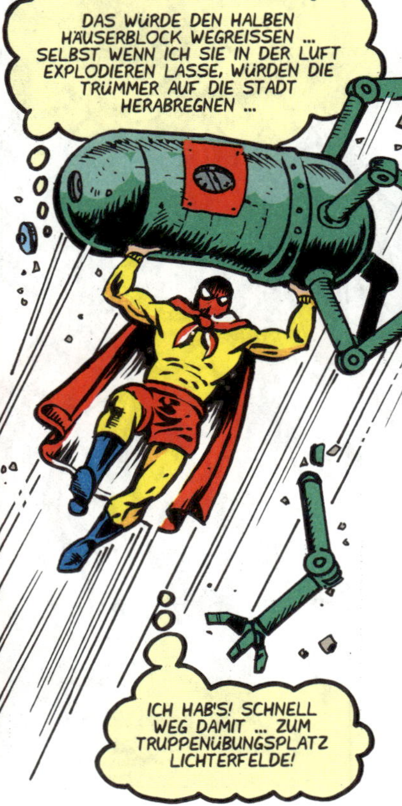

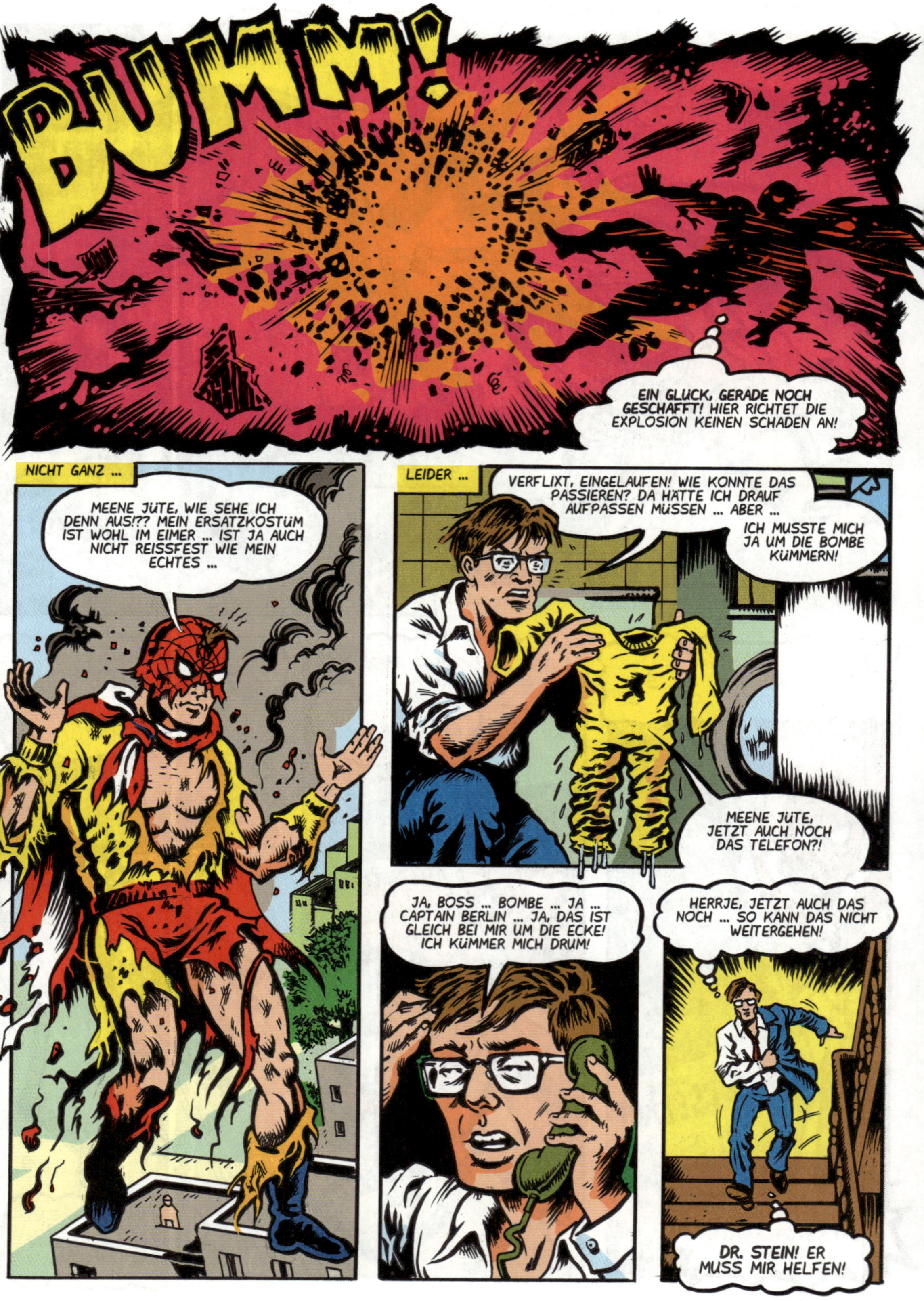

BUMM!

EIN GLÜCK, GERADE NOCH GESCHAFFT! HIER RICHTET DIE EXPLOSION KEINEN SCHADEN AN!

NICHT GANZ ...

MEENE JÜTE, WIE SEHE ICH DENN AUS!?? MEIN ERSATZKOSTÜM IST WOHL IM EIMER ... IST JA AUCH NICHT REISSFEST WIE MEIN ECHTES ...

LEIDER ...

VERFLIXT, EINGELAUFEN! WIE KONNTE DAS PASSIEREN? DA HÄTTE ICH DRAUF AUFPASSEN MÜSSEN ... ABER ...

ICH MUSSTE MICH JA UM DIE BOMBE KÜMMERN!

MEENE JÜTE, JETZT AUCH NOCH DAS TELEFON?!

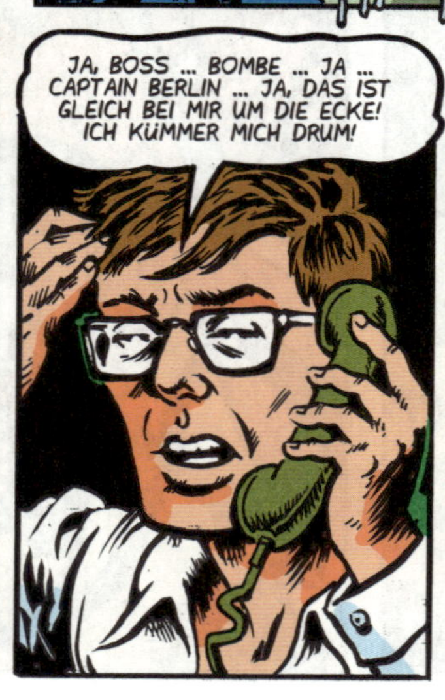

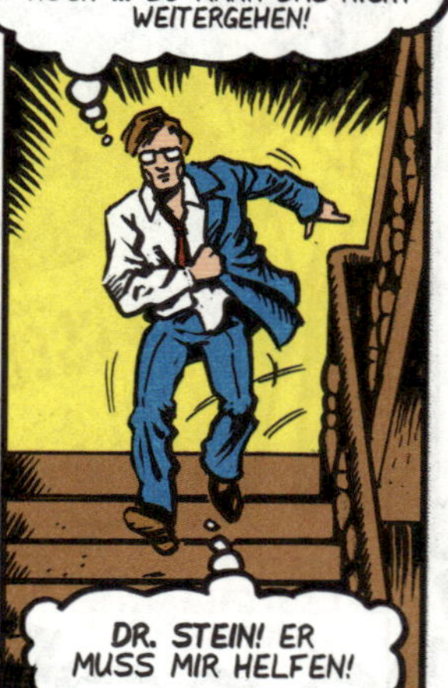

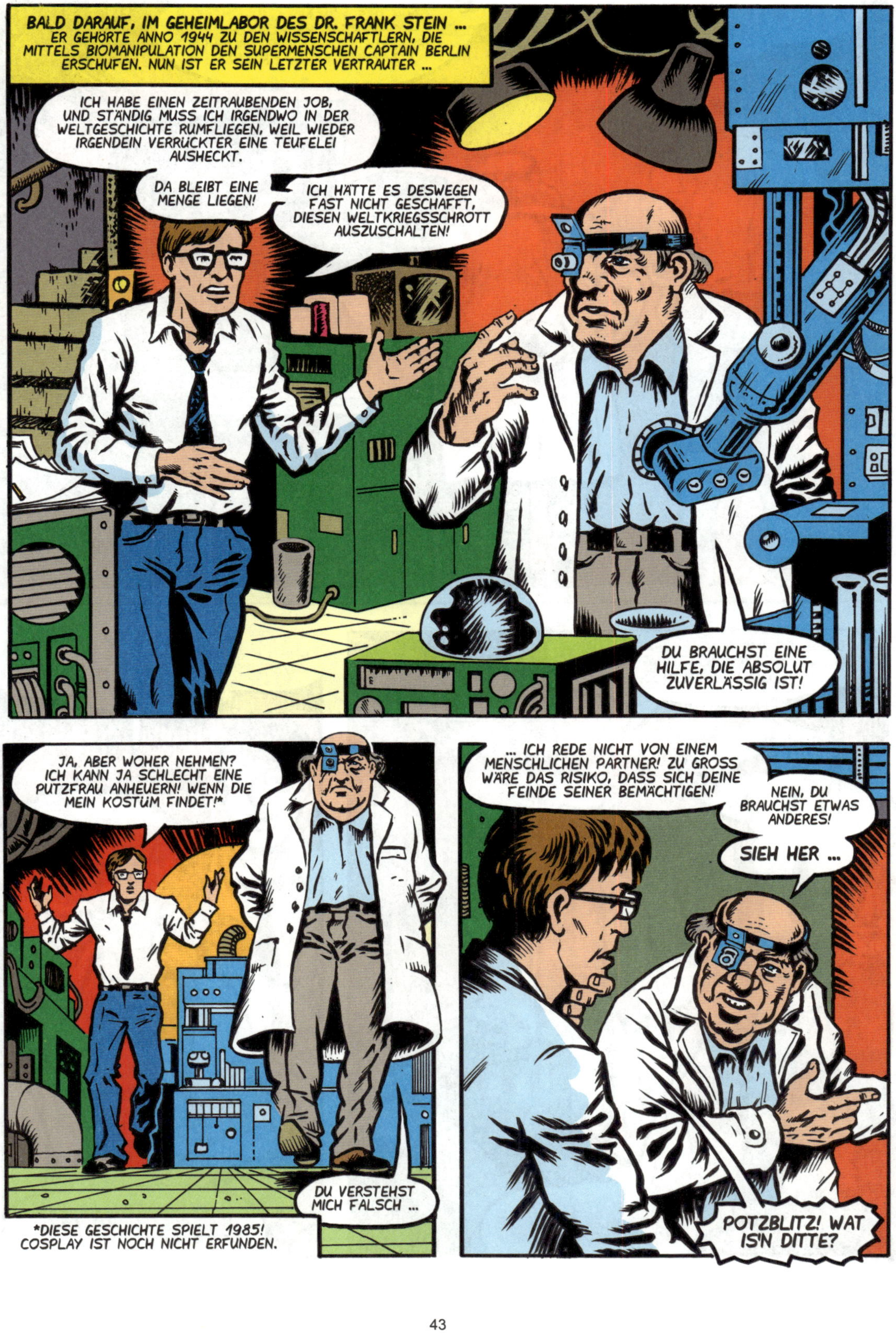

BALD DARAUF, IM GEHEIMLABOR DES DR. FRANK STEIN ...
ER GEHÖRTE ANNO 1944 ZU DEN WISSENSCHAFTLERN, DIE MITTELS BIOMANIPULATION DEN SUPERMENSCHEN CAPTAIN BERLIN ERSCHUFEN. NUN IST ER SEIN LETZTER VERTRAUTER ...

ICH HABE EINEN ZEITRAUBENDEN JOB, UND STÄNDIG MUSS ICH IRGENDWO IN DER WELTGESCHICHTE RUMFLIEGEN, WEIL WIEDER IRGENDEIN VERRÜCKTER EINE TEUFELEI AUSHECKT.

DA BLEIBT EINE MENGE LIEGEN!

ICH HÄTTE ES DESWEGEN FAST NICHT GESCHAFFT, DIESEN WELTKRIEGSSCHROTT AUSZUSCHALTEN!

DU BRAUCHST EINE HILFE, DIE ABSOLUT ZUVERLÄSSIG IST!

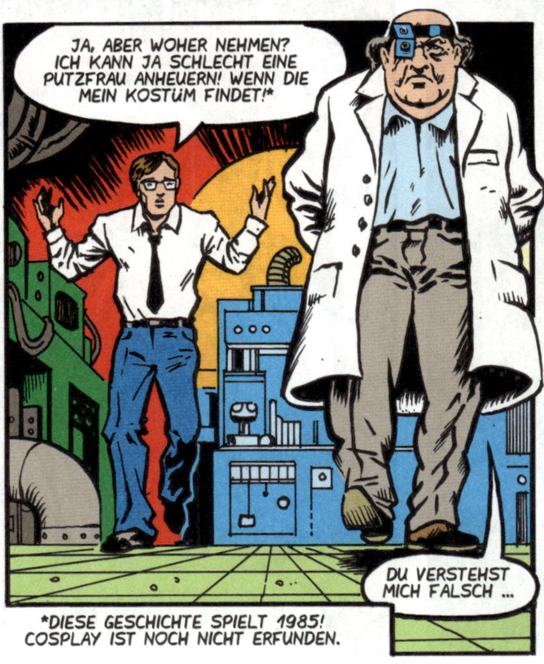

*DIESE GESCHICHTE SPIELT 1985! COSPLAY IST NOCH NICHT ERFUNDEN.

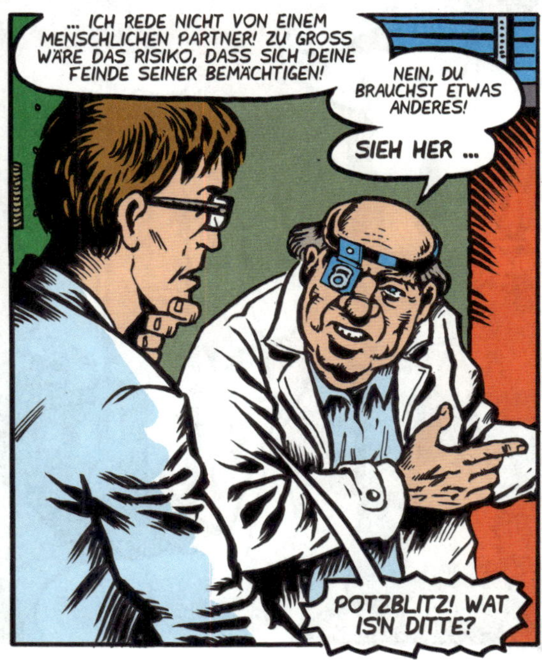

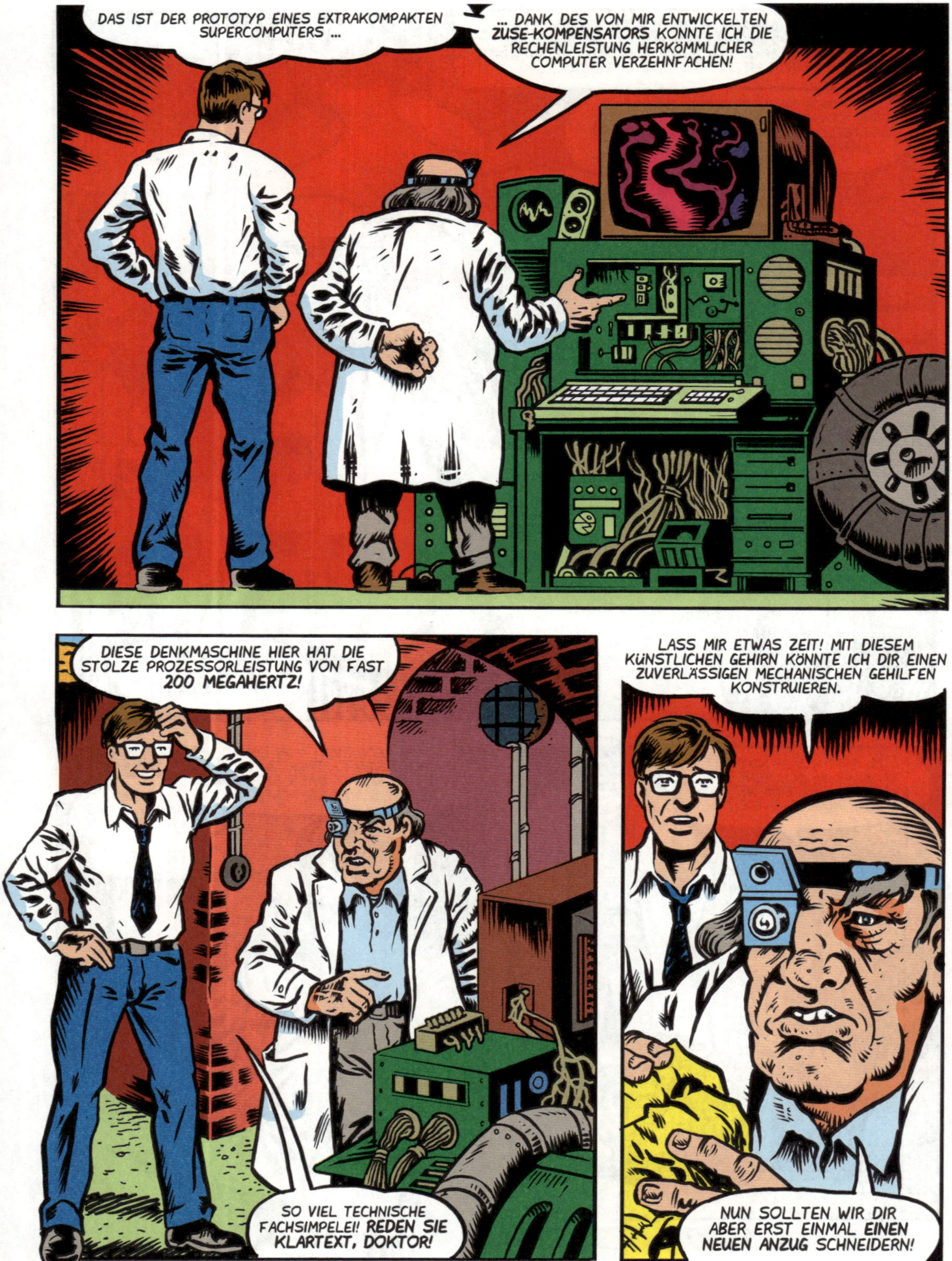

DAS IST DER PROTOTYP EINES EXTRAKOMPAKTEN SUPERCOMPUTERS ...
... DANK DES VON MIR ENTWICKELTEN ZUSE-KOMPENSATORS KONNTE ICH DIE RECHENLEISTUNG HERKÖMMLICHER COMPUTER VERZEHNFACHEN!

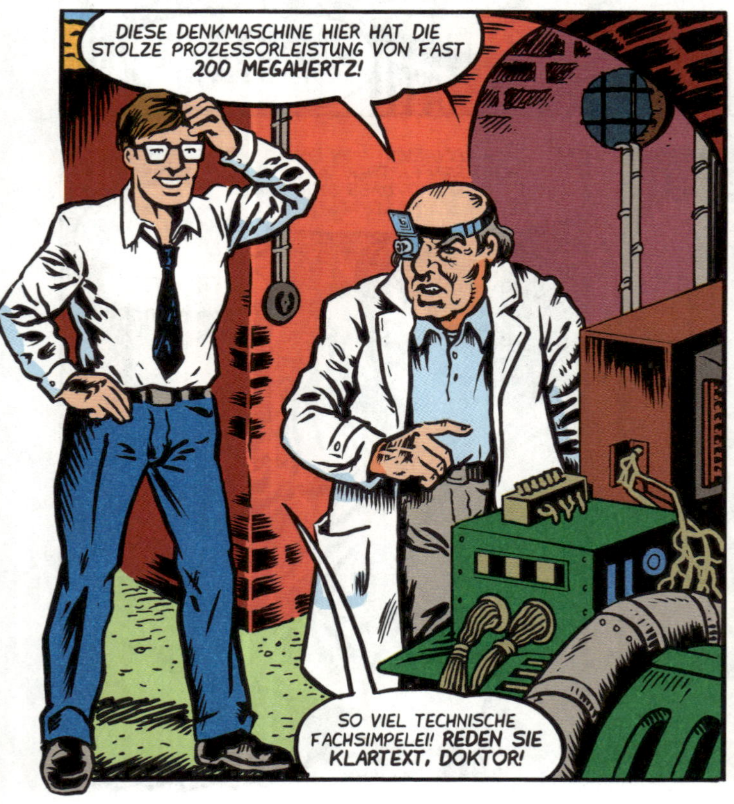
DIESE DENKMASCHINE HIER HAT DIE STOLZE PROZESSORLEISTUNG VON FAST 200 MEGAHERTZ!
SO VIEL TECHNISCHE FACHSIMPELEI! REDEN SIE KLARTEXT, DOKTOR!

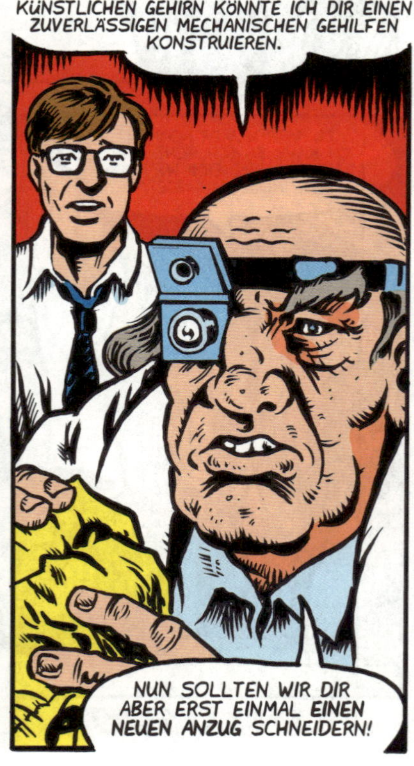
LASS MIR ETWAS ZEIT! MIT DIESEM KÜNSTLICHEN GEHIRN KÖNNTE ICH DIR EINEN ZUVERLÄSSIGEN MECHANISCHEN GEHILFEN KONSTRUIEREN.
NUN SOLLTEN WIR DIR ABER ERST EINMAL EINEN NEUEN ANZUG SCHNEIDERN!

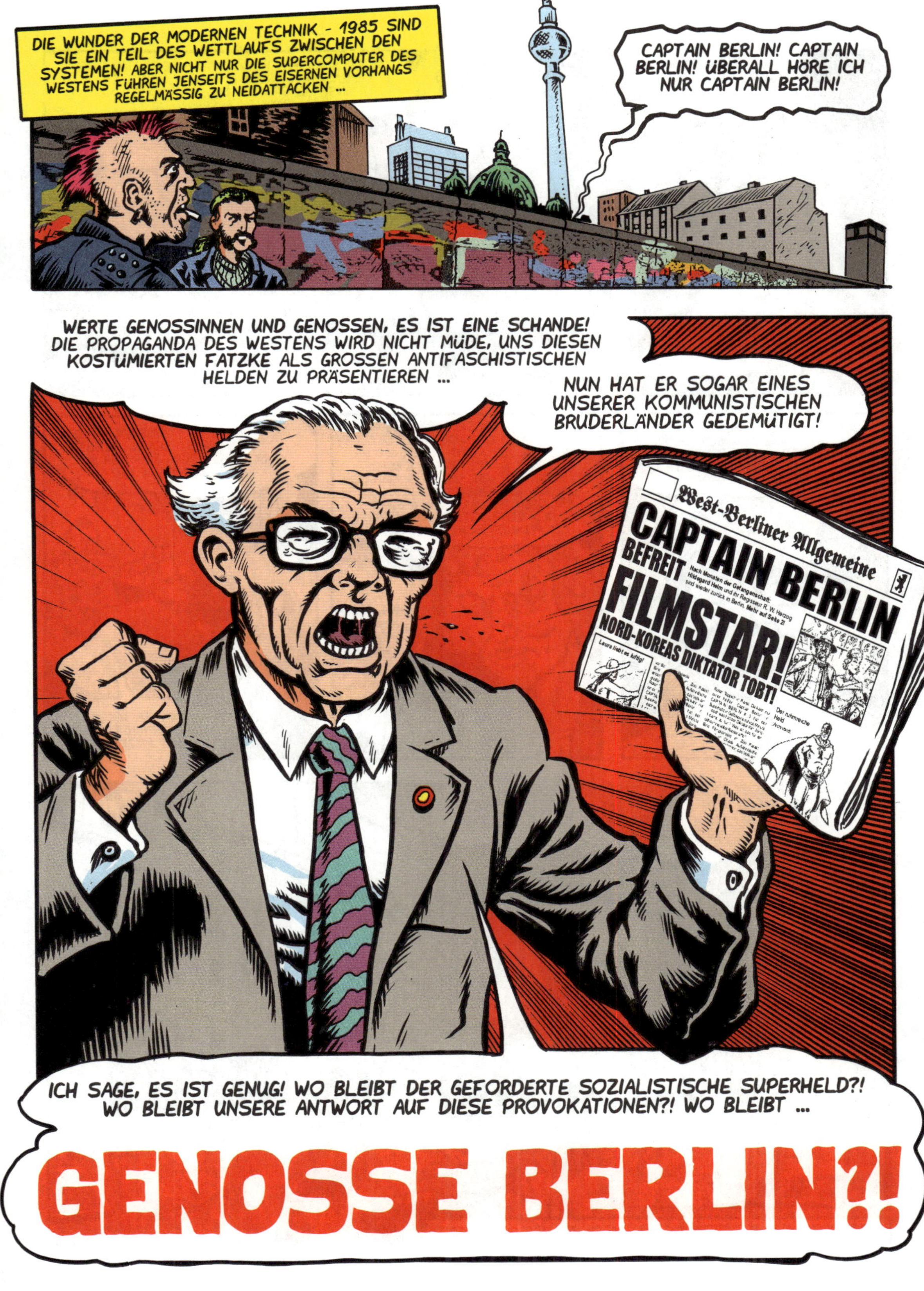

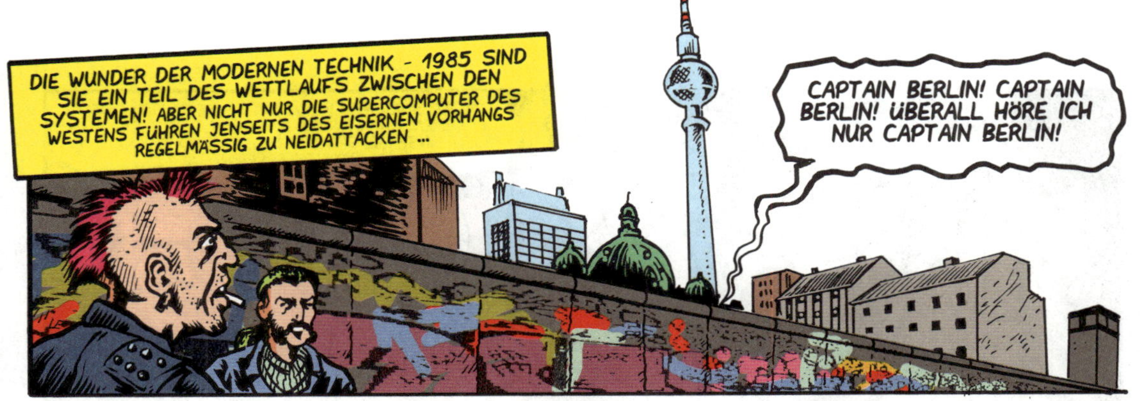

WERTE GENOSSINNEN UND GENOSSEN, ES IST EINE SCHANDE! DIE PROPAGANDA DES WESTENS WIRD NICHT MÜDE, UNS DIESEN KOSTÜMIERTEN FATZKE ALS GROSSEN ANTIFASCHISTISCHEN HELDEN ZU PRÄSENTIEREN ...

NUN HAT ER SOGAR EINES UNSERER KOMMUNISTISCHEN BRUDERLÄNDER GEDEMÜTIGT!

West-Berliner Allgemeine

CAPTAIN BERLIN BEFREIT FILMSTAR!

NORD-KOREAS DIKTATOR TOBT!

ICH SAGE, ES IST GENUG! WO BLEIBT DER GEFORDERTE SOZIALISTISCHE SUPERHELD?! WO BLEIBT UNSERE ANTWORT AUF DIESE PROVOKATIONEN?! WO BLEIBT ...

GENOSSE BERLIN?!

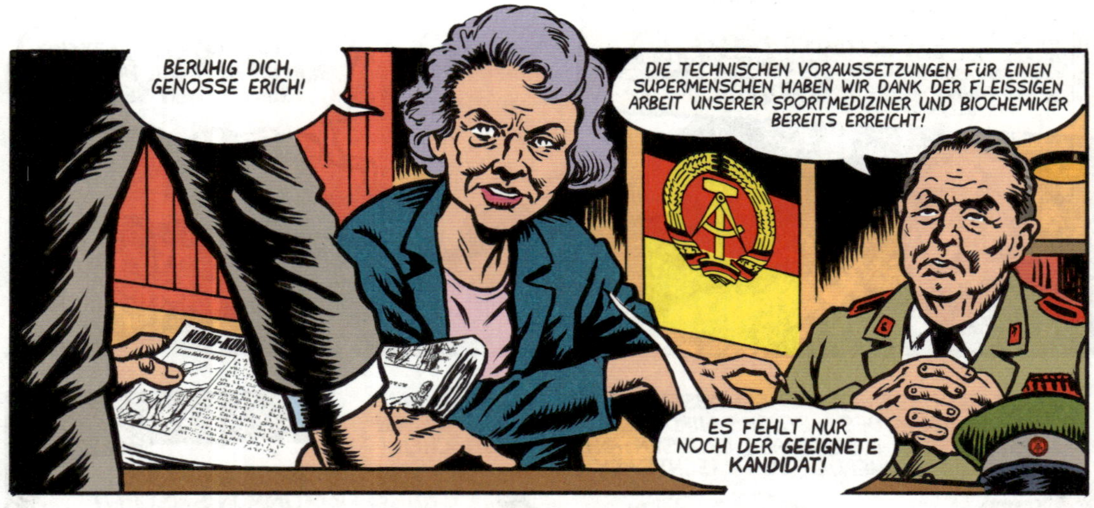

ABER GENOSSIN MARGOT ... WIESO DENN DAS? **JEDER BÜRGER** UNSERER **SCHÖNEN DDR** WÜRDE DOCH SICHER GERNE ZUM **SUPERKÄMPFER** FÜR DEN **SOZIALISMUS** WERDEN!

SICHER, GENOSSE! DOCH WIE WIR IMMER WIEDER LEIDVOLL FESTSTELLEN MÜSSEN, IST NICHT JEDER DAFÜR GEEIGNET ... TROTZ ALL **UNSERER BEMÜHUNGEN** UND UNSERER **FREUNDLICHEN ERZIEHUNGSMASSNAHMEN** ERLIEGEN VIELE UNSERER BÜRGER DEN **EINFLÜSTERUNGEN DES KAPITALISTISCHEN WESTENS!**

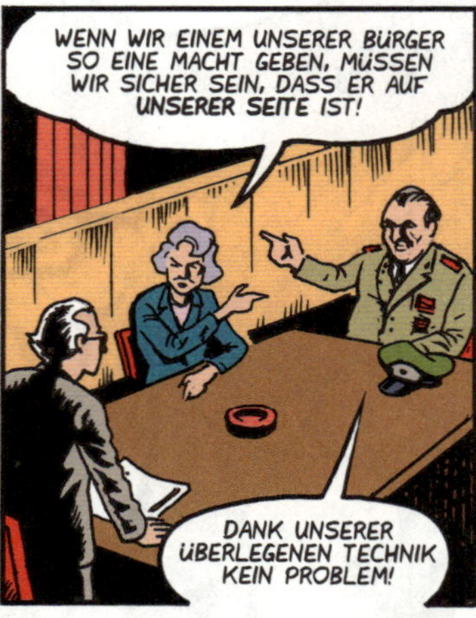

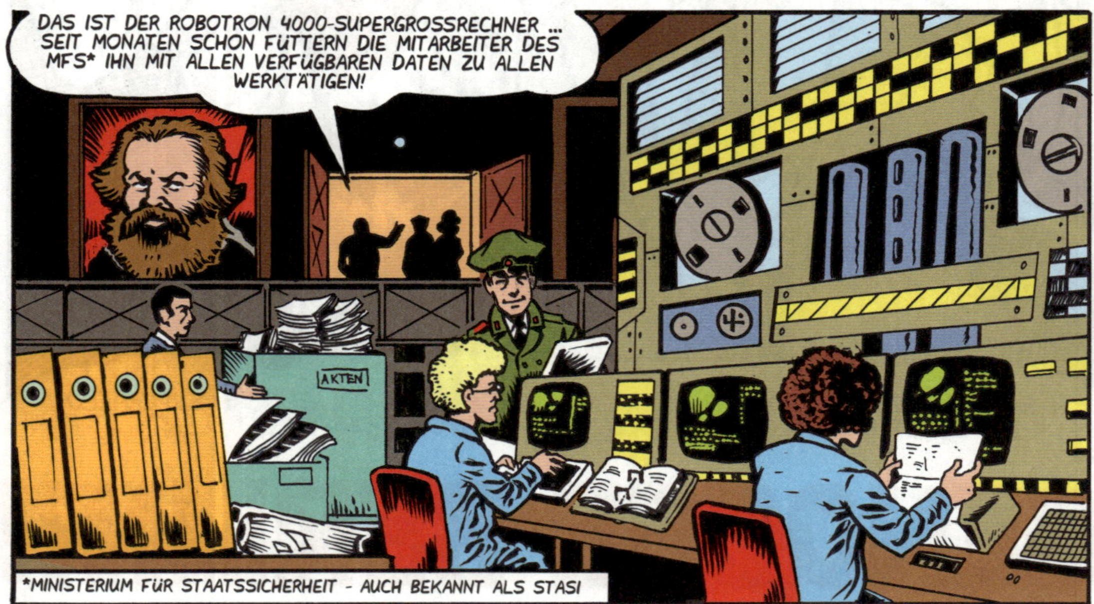

*MINISTERIUM FÜR STAATSSICHERHEIT - AUCH BEKANNT ALS STASI

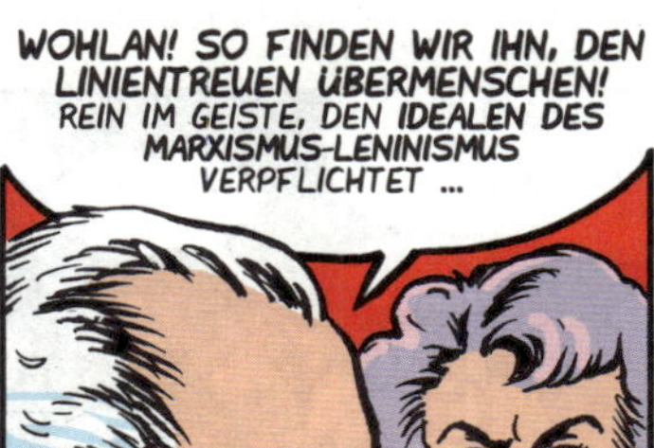
WOHLAN! SO FINDEN WIR IHN, DEN LINIENTREUEN ÜBERMENSCHEN! REIN IM GEISTE, DEN IDEALEN DES MARXISMUS-LENINISMUS VERPFLICHTET ...

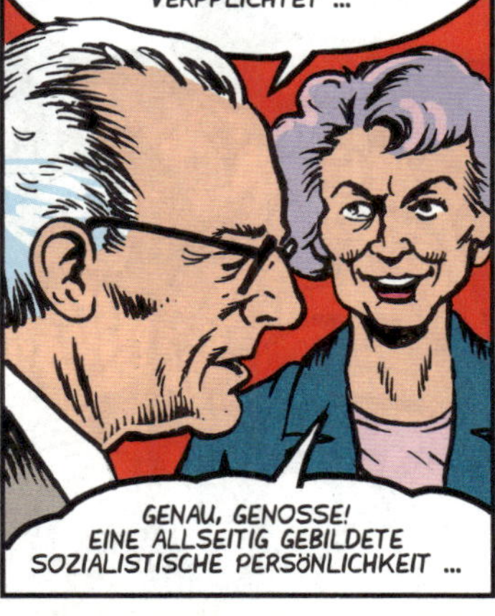
GENAU, GENOSSE! EINE ALLSEITIG GEBILDETE SOZIALISTISCHE PERSÖNLICHKEIT ...

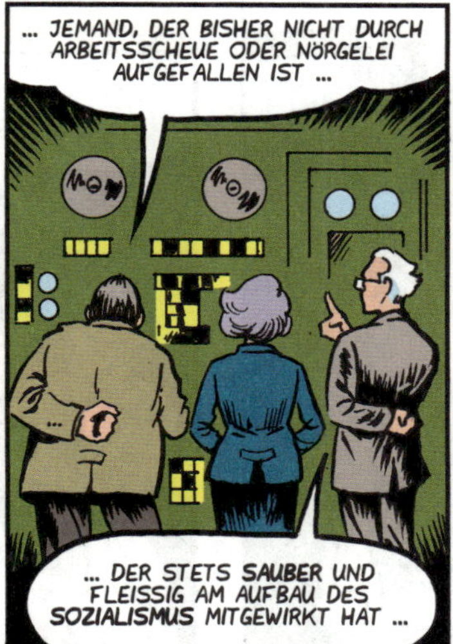
... JEMAND, DER BISHER NICHT DURCH ARBEITSSCHEUE ODER NÖRGELEI AUFGEFALLEN IST ...
... DER STETS SAUBER UND FLEISSIG AM AUFBAU DES SOZIALISMUS MITGEWIRKT HAT ...

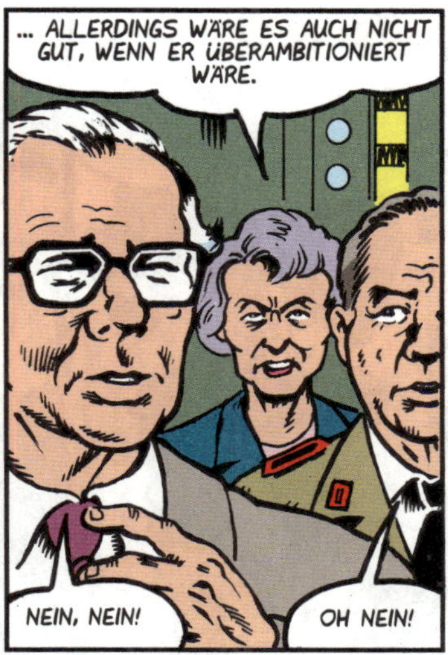
... ALLERDINGS WÄRE ES AUCH NICHT GUT, WENN ER ÜBERAMBITIONIERT WÄRE.
NEIN, NEIN!
OH NEIN!

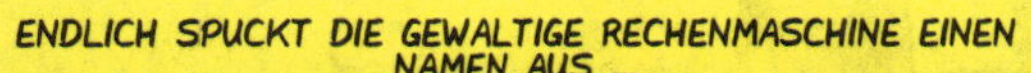
ENDLICH SPUCKT DIE GEWALTIGE RECHENMASCHINE EINEN NAMEN AUS ...

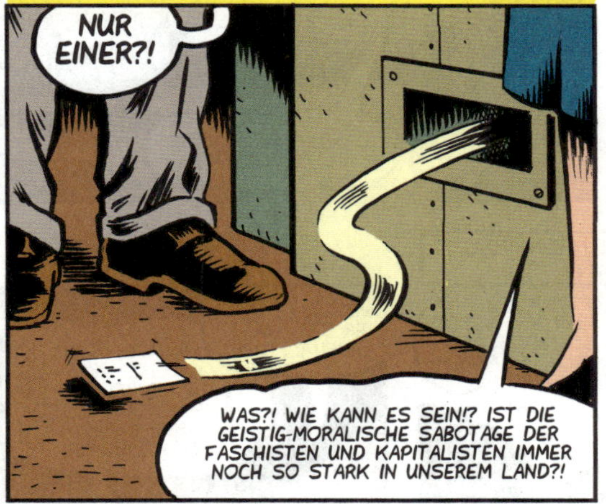
NUR EINER?!
WAS?! WIE KANN ES SEIN!? IST DIE GEISTIG-MORALISCHE SABOTAGE DER FASCHISTEN UND KAPITALISTEN IMMER NOCH SO STARK IN UNSEREM LAND?!

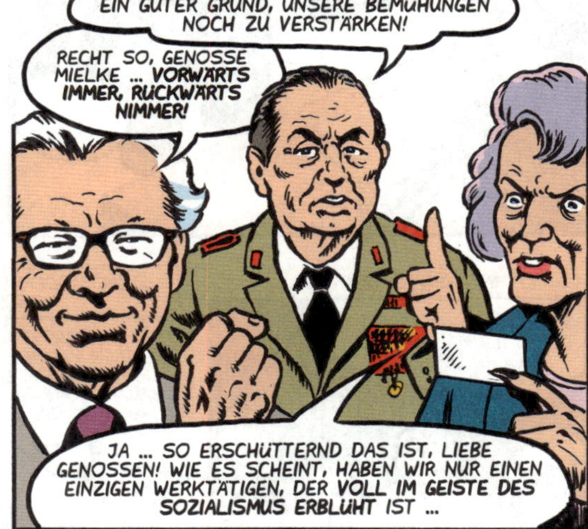
EIN GUTER GRUND, UNSERE BEMÜHUNGEN NOCH ZU VERSTÄRKEN!
RECHT SO, GENOSSE MIELKE ... VORWÄRTS IMMER, RÜCKWÄRTS NIMMER!
JA ... SO ERSCHÜTTERND DAS IST, LIEBE GENOSSEN! WIE ES SCHEINT, HABEN WIR NUR EINEN EINZIGEN WERKTÄTIGEN, DER VOLL IM GEISTE DES SOZIALISMUS ERBLÜHT IST ...

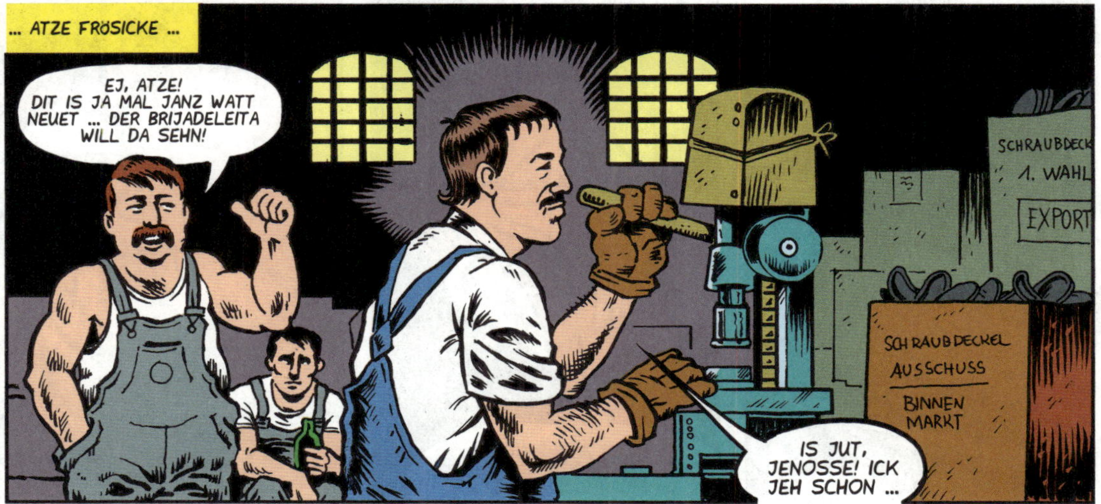
... ATZE FRÖSICKE ...
EJ, ATZE! DIT IS JA MAL JANZ WATT NEUET ... DER BRIJADELEITA WILL DA SEHN!
SCHRAUBDECK
1. WAHL
EXPORT
SCHRAUBDECKEL
AUSSCHUSS
BINNEN MARKT
IS JUT, JENOSSE! ICK JEH SCHON ...

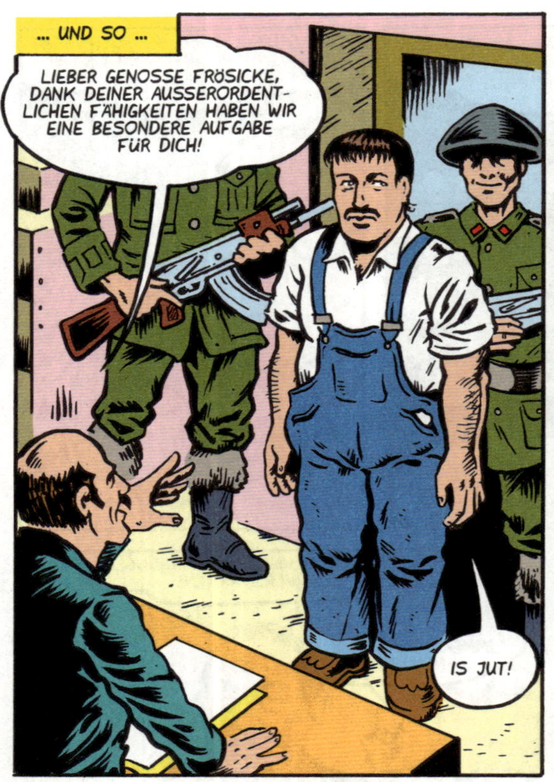
... UND SO ...
LIEBER GENOSSE FRÖSICKE, DANK DEINER AUSSERORDENTLICHEN FÄHIGKEITEN HABEN WIR EINE BESONDERE AUFGABE FÜR DICH!
IS JUT!

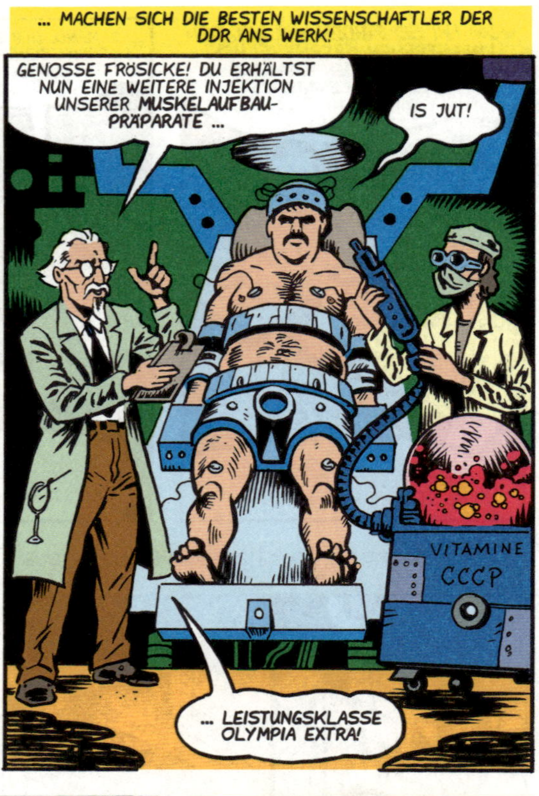
... MACHEN SICH DIE BESTEN WISSENSCHAFTLER DER DDR ANS WERK!
GENOSSE FRÖSICKE! DU ERHÄLTST NUN EINE WEITERE INJEKTION UNSERER MUSKELAUFBAU-PRÄPARATE ...
IS JUT!
... LEISTUNGSKLASSE OLYMPIA EXTRA!
VITAMINE
CCCP

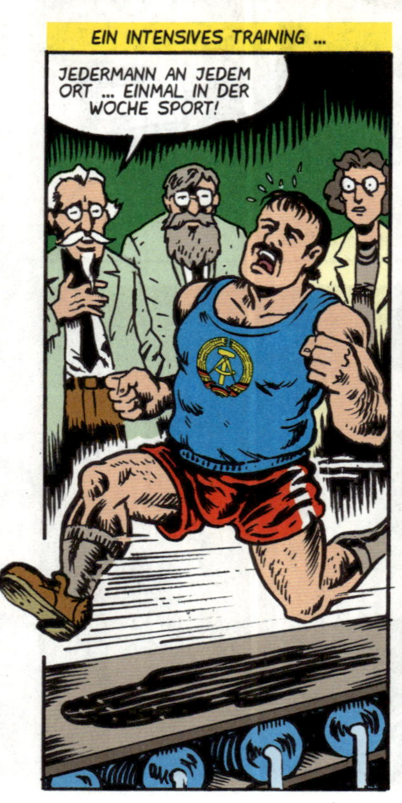
EIN INTENSIVES TRAINING ...
JEDERMANN AN JEDEM ORT ... EINMAL IN DER WOCHE SPORT!

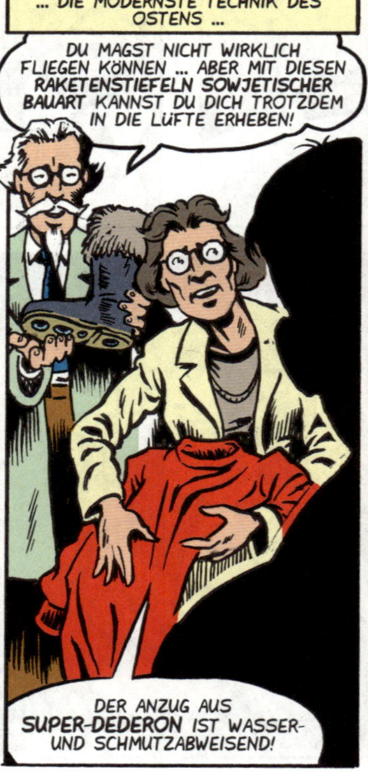
... DIE MODERNSTE TECHNIK DES OSTENS ...
DU MAGST NICHT WIRKLICH FLIEGEN KÖNNEN ... ABER MIT DIESEN RAKETENSTIEFELN SOWJETISCHER BAUART KANNST DU DICH TROTZDEM IN DIE LÜFTE ERHEBEN!
DER ANZUG AUS SUPER-DEDERON IST WASSER- UND SCHMUTZABWEISEND!

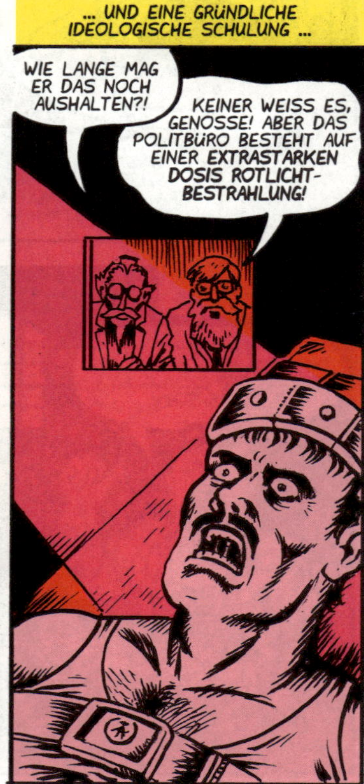
... UND EINE GRÜNDLICHE IDEOLOGISCHE SCHULUNG ...
WIE LANGE MAG ER DAS NOCH AUSHALTEN?!
KEINER WEISS ES, GENOSSE! ABER DAS POLITBÜRO BESTEHT AUF EINER EXTRASTARKEN DOSIS ROTLICHT-BESTRAHLUNG!

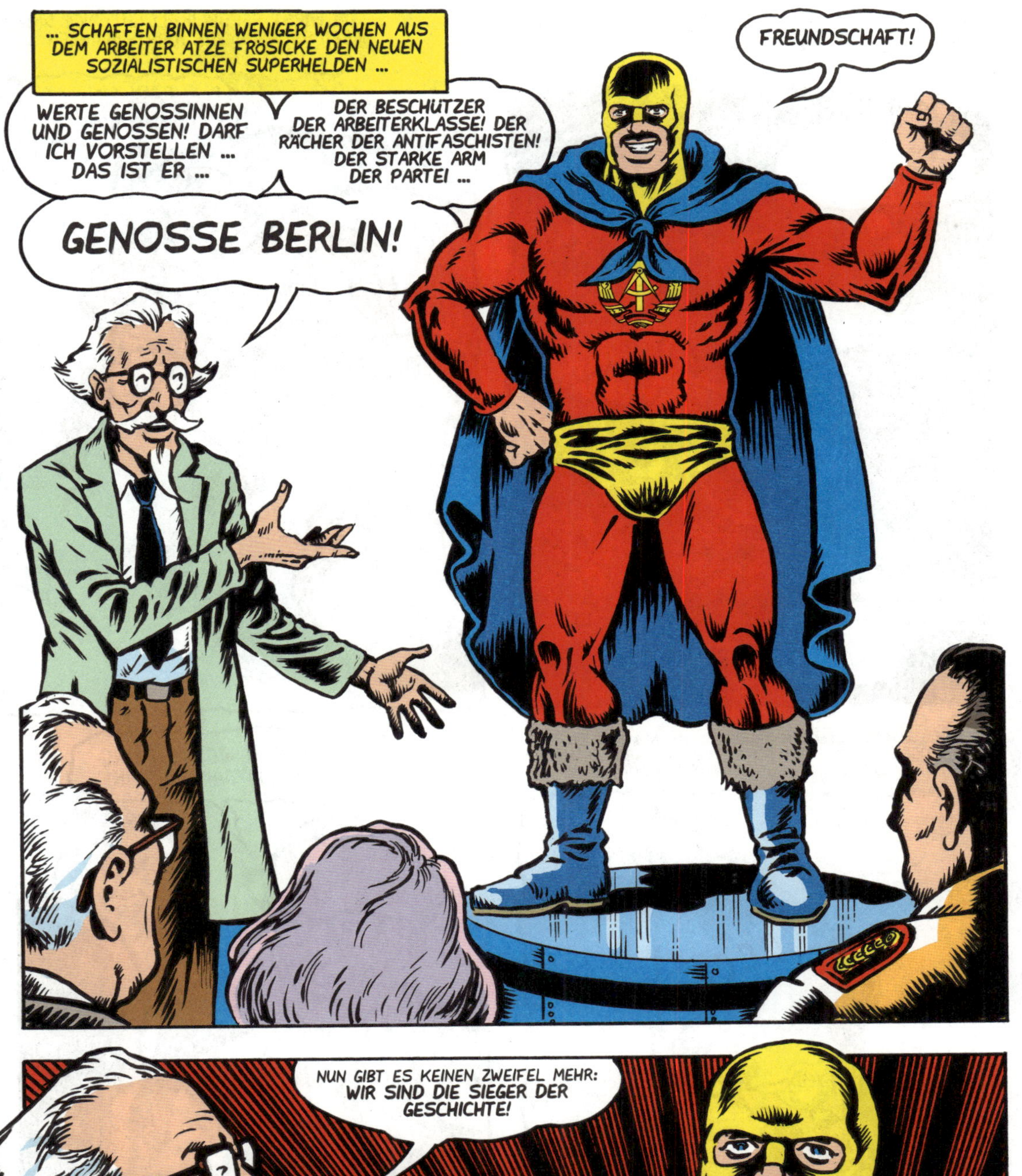
... SCHAFFEN BINNEN WENIGER WOCHEN AUS DEM ARBEITER ATZE FRÖSICKE DEN NEUEN SOZIALISTISCHEN SUPERHELDEN ...
WERTE GENOSSINNEN UND GENOSSEN! DARF ICH VORSTELLEN ... DAS IST ER ...
DER BESCHÜTZER DER ARBEITERKLASSE! DER RÄCHER DER ANTIFASCHISTEN! DER STARKE ARM DER PARTEI ...
GENOSSE BERLIN!
FREUNDSCHAFT!

NUN GIBT ES KEINEN ZWEIFEL MEHR: WIR SIND DIE SIEGER DER GESCHICHTE!
ICH SEHE ES DEUTLICH VOR MIR ... IN BÄLDE WERDEN DEINE HELDENTATEN EIN VORBILD FÜR UNSER VOLK SEIN ...
MEINE GANZE SCHÖPFERKRAFT FÜR DEN SOZIALISMUS!

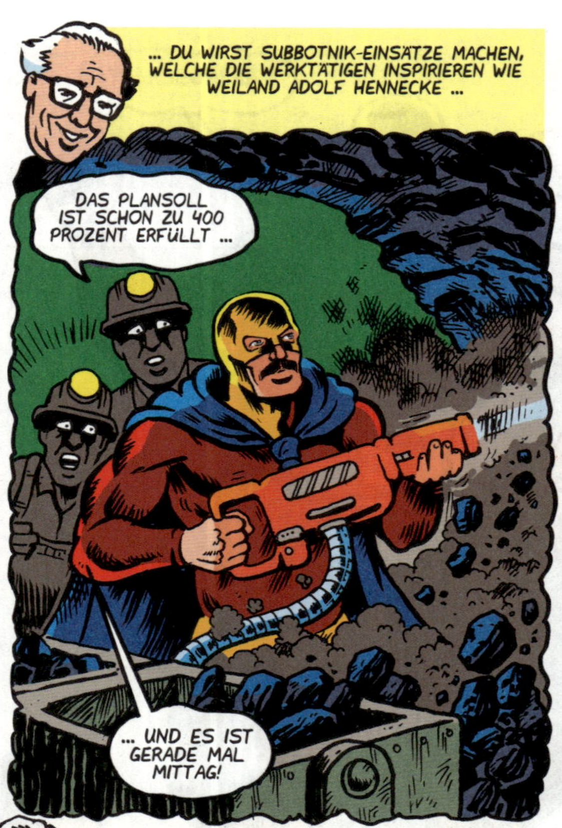
... DU WIRST SUBBOTNIK-EINSÄTZE MACHEN, WELCHE DIE WERKTÄTIGEN INSPIRIEREN WIE WEILAND ADOLF HENNECKE ...
DAS PLANSOLL IST SCHON ZU 400 PROZENT ERFÜLLT ...
... UND ES IST GERADE MAL MITTAG!

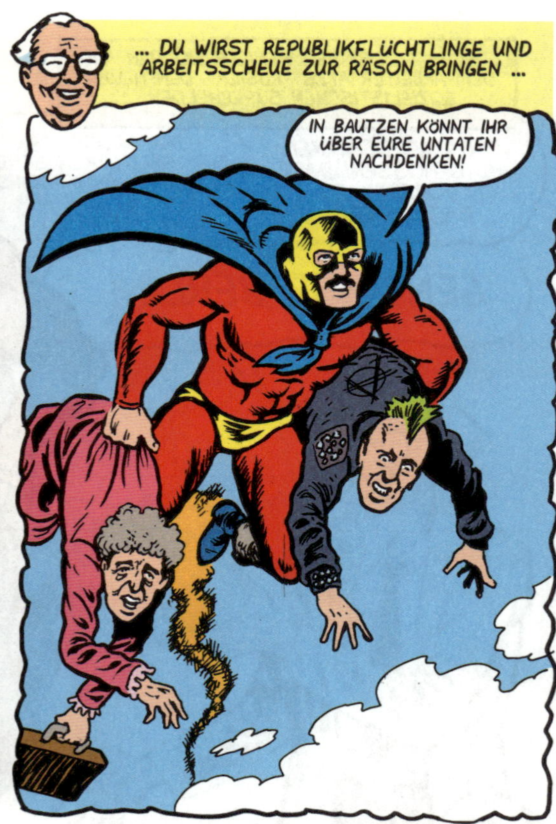
... DU WIRST REPUBLIKFLÜCHTLINGE UND ARBEITSSCHEUE ZUR RÄSON BRINGEN ...
IN BAUTZEN KÖNNT IHR ÜBER EURE UNTATEN NACHDENKEN!

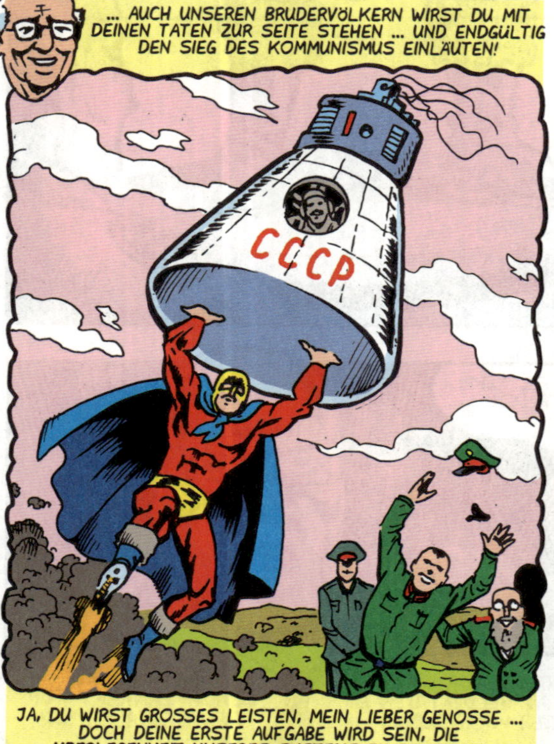
... AUCH UNSEREN BRUDERVÖLKERN WIRST DU MIT DEINEN TATEN ZUR SEITE STEHEN ... UND ENDGÜLTIG DEN SIEG DES KOMMUNISMUS EINLÄUTEN!
CCCP
JA, DU WIRST GROSSES LEISTEN, MEIN LIEBER GENOSSE ... DOCH DEINE ERSTE AUFGABE WIRD SEIN, DIE ÜBERLEGENHEIT UNSERES SYSTEMS ZU BEWEISEN!

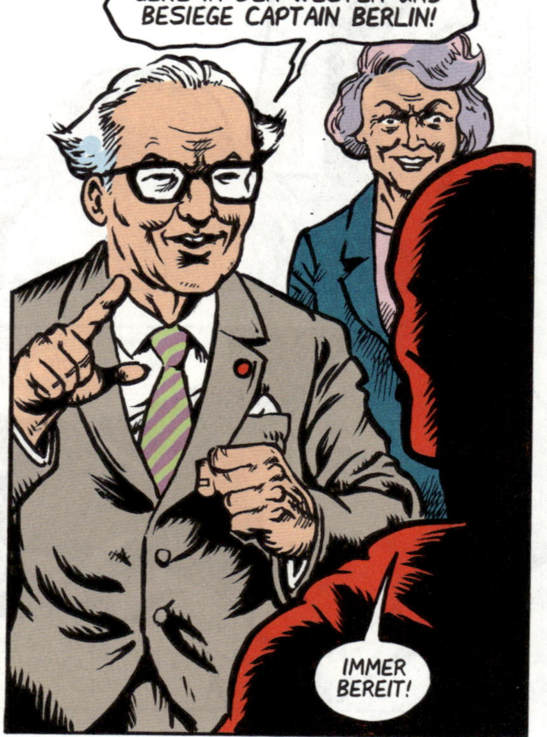
GEHE IN DEN WESTEN UND BESIEGE CAPTAIN BERLIN!
IMMER BEREIT!

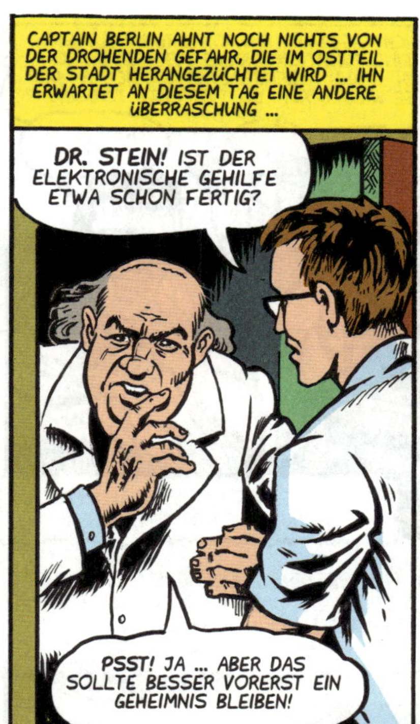

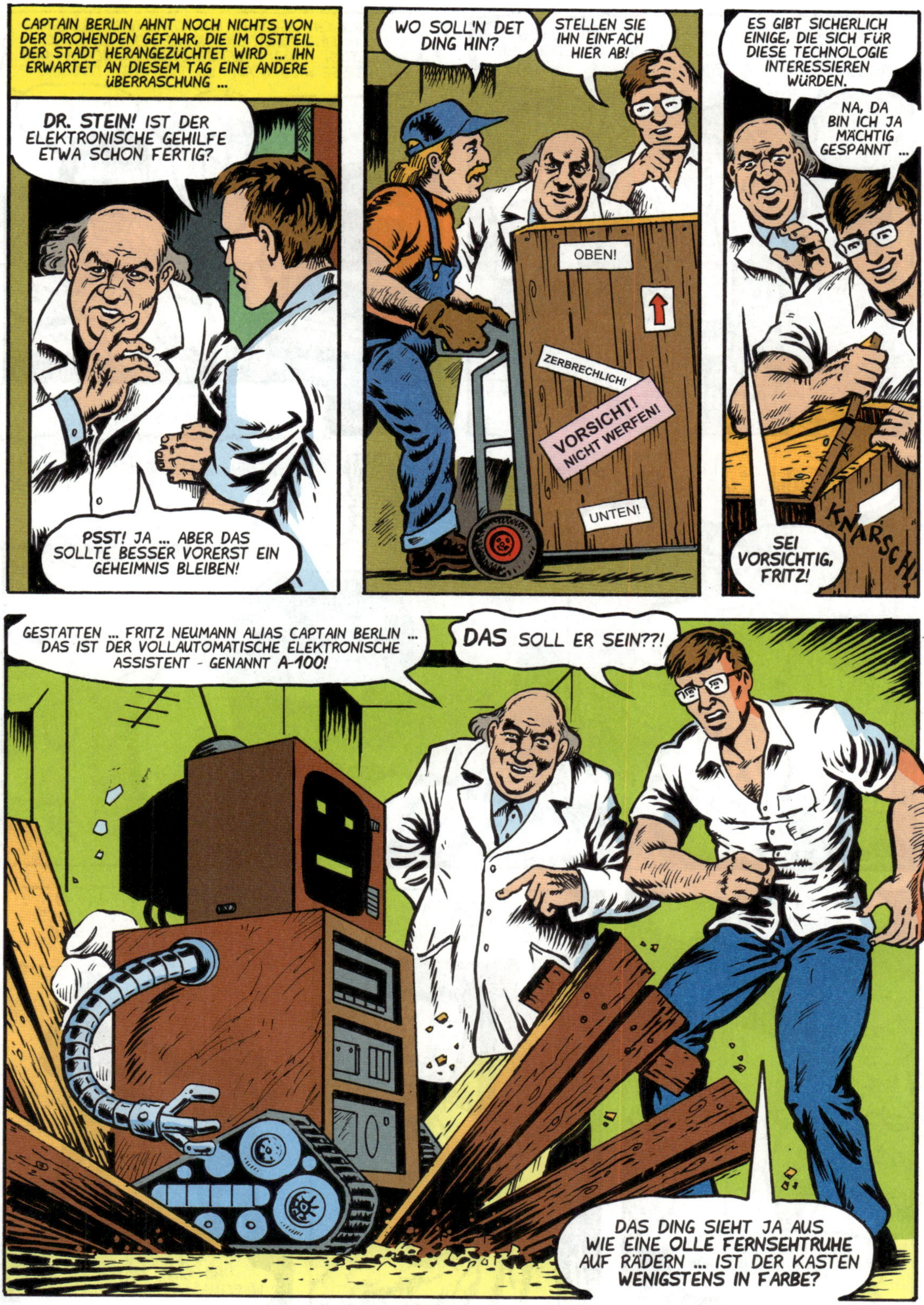

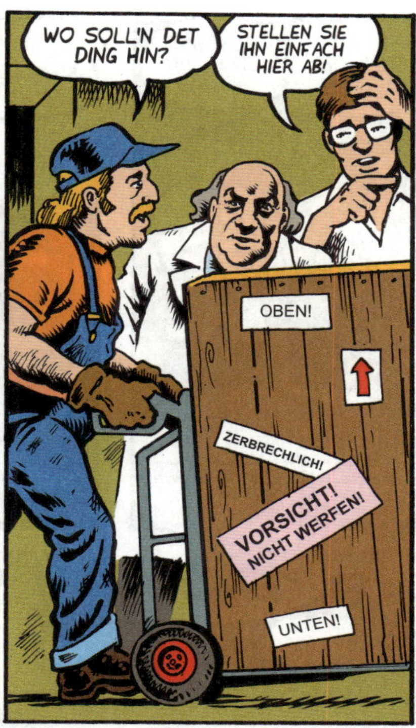

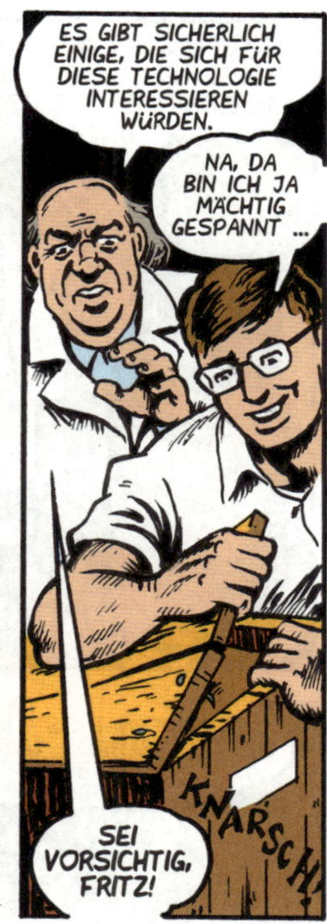

GESTATTEN ... FRITZ NEUMANN ALIAS CAPTAIN BERLIN ... DAS IST DER VOLLAUTOMATISCHE ELEKTRONISCHE ASSISTENT - GENANNT A-100!

DAS SOLL ER SEIN??!

DAS DING SIEHT JA AUS WIE EINE OLLE FERNSEHTRUHE AUF RÄDERN ... IST DER KASTEN WENIGSTENS IN FARBE?

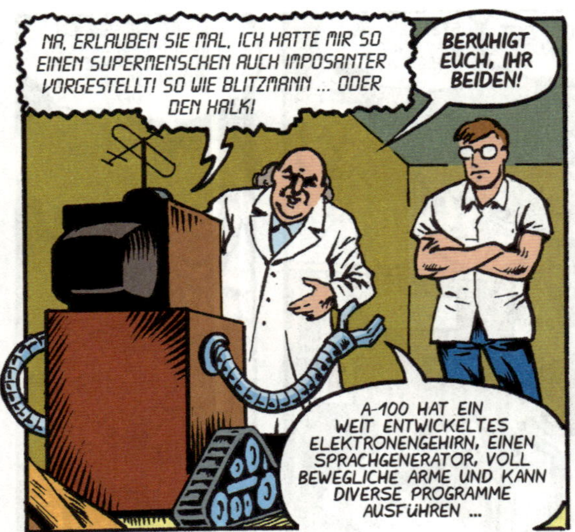
NA, ERLAUBEN SIE MAL, ICH HATTE MIR SO EINEN SUPERMENSCHEN AUCH IMPOSANTER VORGESTELLT! SO WIE BLITZMANN ... ODER DEN HALK!
BERUHIGT EUCH, IHR BEIDEN!
A-100 HAT EIN WEIT ENTWICKELTES ELEKTRONENGEHIRN, EINEN SPRACHGENERATOR, VOLL BEWEGLICHE ARME UND KANN DIVERSE PROGRAMME AUSFÜHREN ...

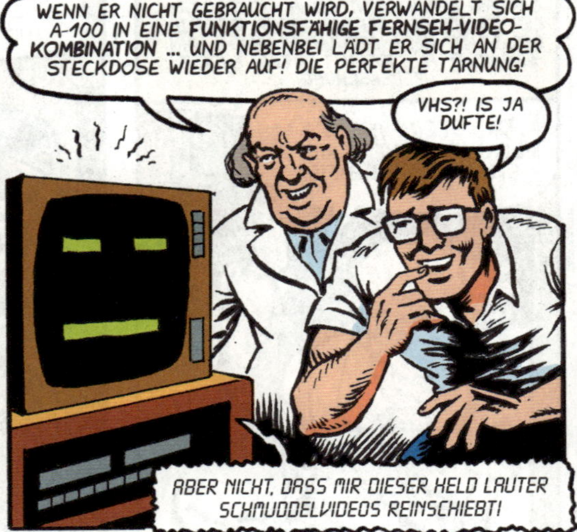
WENN ER NICHT GEBRAUCHT WIRD, VERWANDELT SICH A-100 IN EINE FUNKTIONSFÄHIGE FERNSEH-VIDEO-KOMBINATION ... UND NEBENBEI LÄDT ER SICH AN DER STECKDOSE WIEDER AUF! DIE PERFEKTE TARNUNG!
VHS?! IS JA DUFTE!
ABER NICHT, DASS MIR DIESER HELD LAUTER SCHMUDDELVIDEOS REINSCHIEBT!

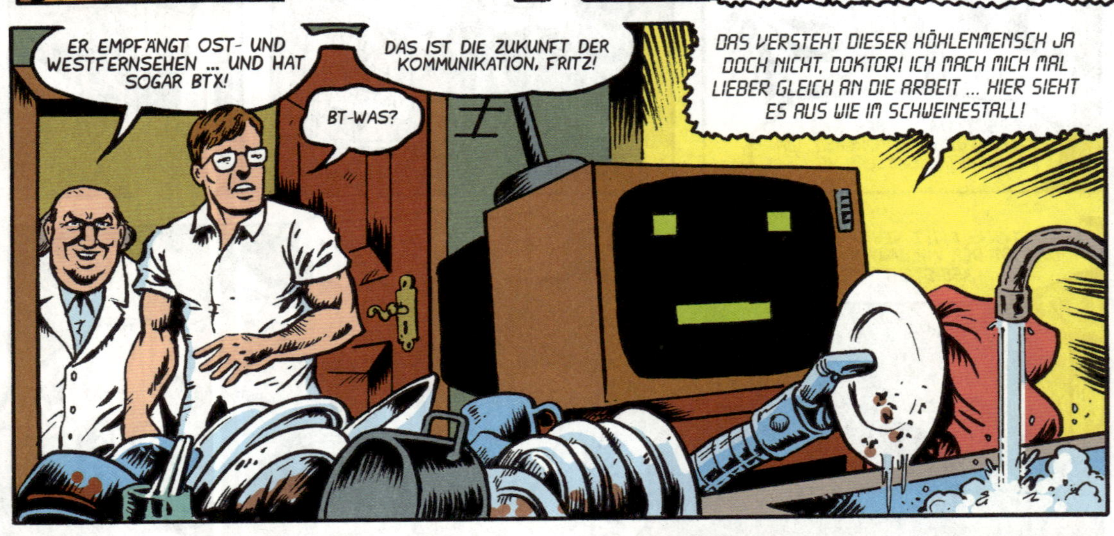
ER EMPFÄNGT OST- UND WESTFERNSEHEN ... UND HAT SOGAR BTX!
DAS IST DIE ZUKUNFT DER KOMMUNIKATION, FRITZ!
BT-WAS?
DAS VERSTEHT DIESER HÖHLENMENSCH JA DOCH NICHT, DOKTOR! ICH MACH MICH MAL LIEBER GLEICH AN DIE ARBEIT ... HIER SIEHT ES AUS WIE IM SCHWEINESTALL!

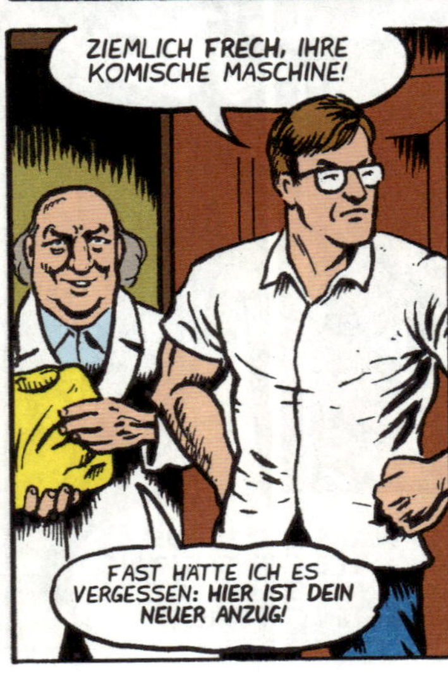
ZIEMLICH FRECH, IHRE KOMISCHE MASCHINE!
FAST HÄTTE ICH ES VERGESSEN: HIER IST DEIN NEUER ANZUG!

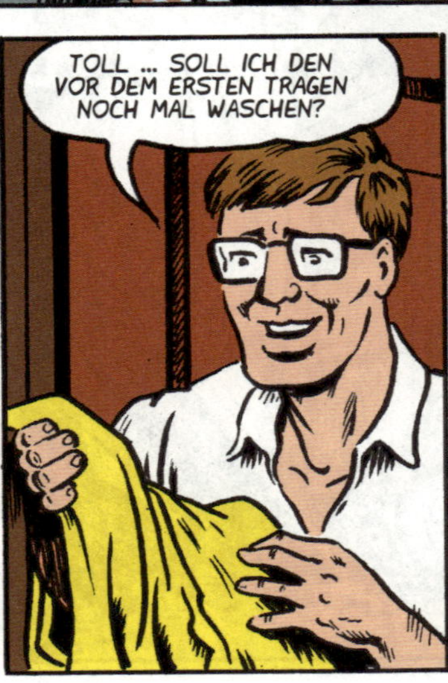
TOLL ... SOLL ICH DEN VOR DEM ERSTEN TRAGEN NOCH MAL WASCHEN?

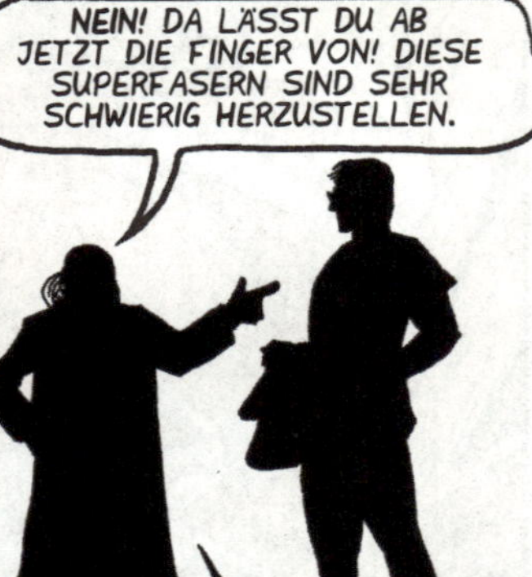
NEIN! DA LÄSST DU AB JETZT DIE FINGER VON! DIESE SUPERFASERN SIND SEHR SCHWIERIG HERZUSTELLEN.
ICH HABE A-100 MIT EINER KORREKTEN WASCHANLEITUNG PROGRAMMIERT!

JA, LIEBE GEN... LESER, WÄHREND CAPTAIN BERLIN SICH GANZ DEN ALLTÄGLICHEN VERRICHTUNGEN DES SUPERHELDENDASEINS WIDMET, SAUST EIN ROTER BLITZ ÜBER DEN TODESSTREIFEN ...

GENOSSE BERLIN GREIFT AN!

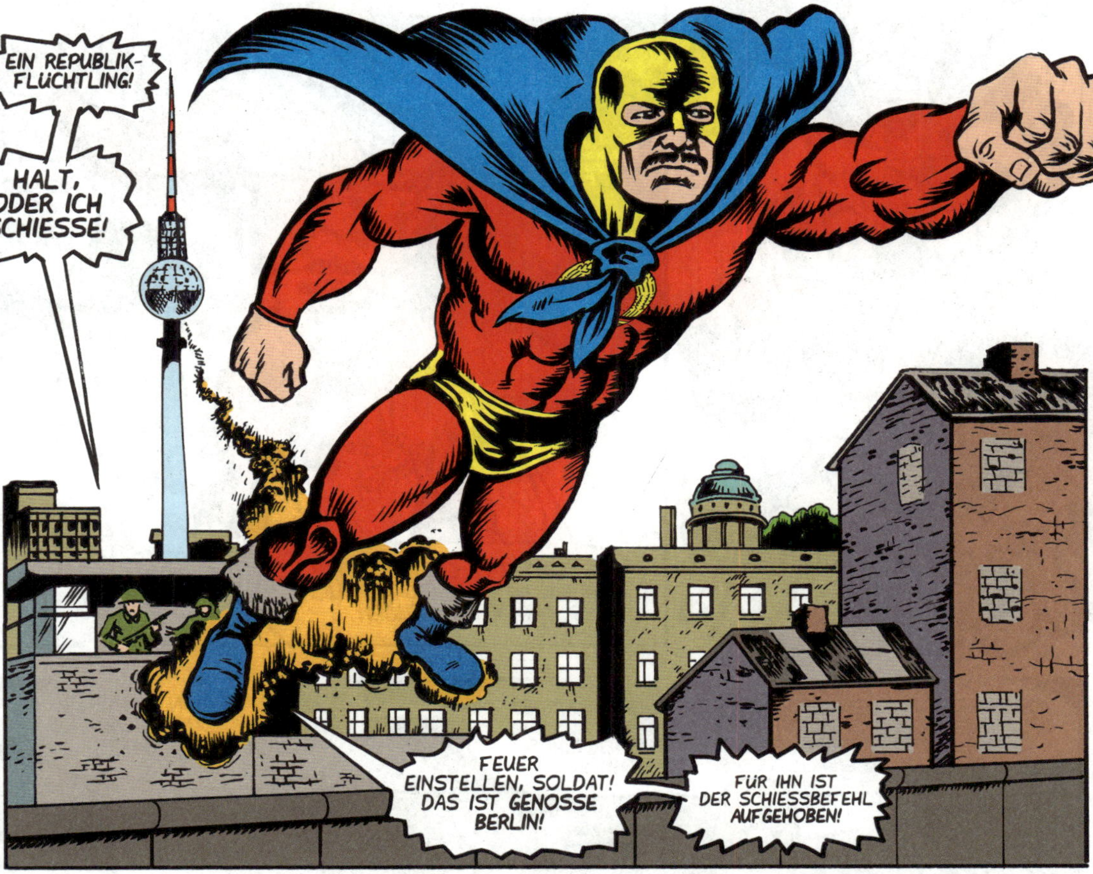

EIN REPUBLIK-FLÜCHTLING!

HALT, ODER ICH SCHIESSE!

FEUER EINSTELLEN, SOLDAT! DAS IST GENOSSE BERLIN!

FÜR IHN IST DER SCHIESSBEFEHL AUFGEHOBEN!

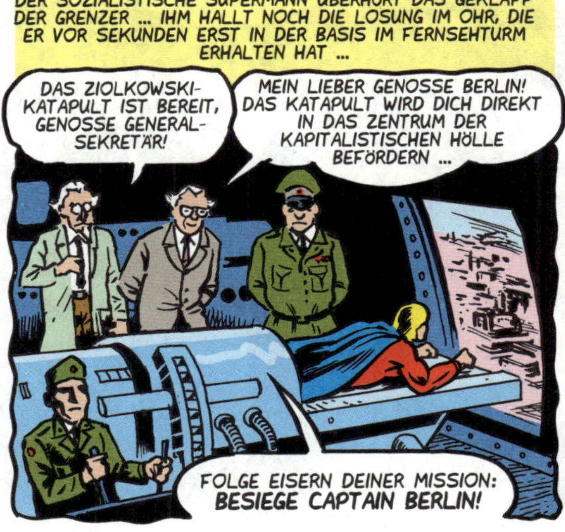

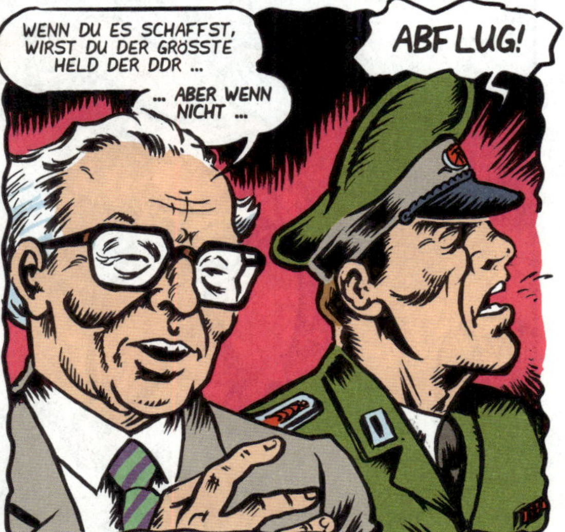

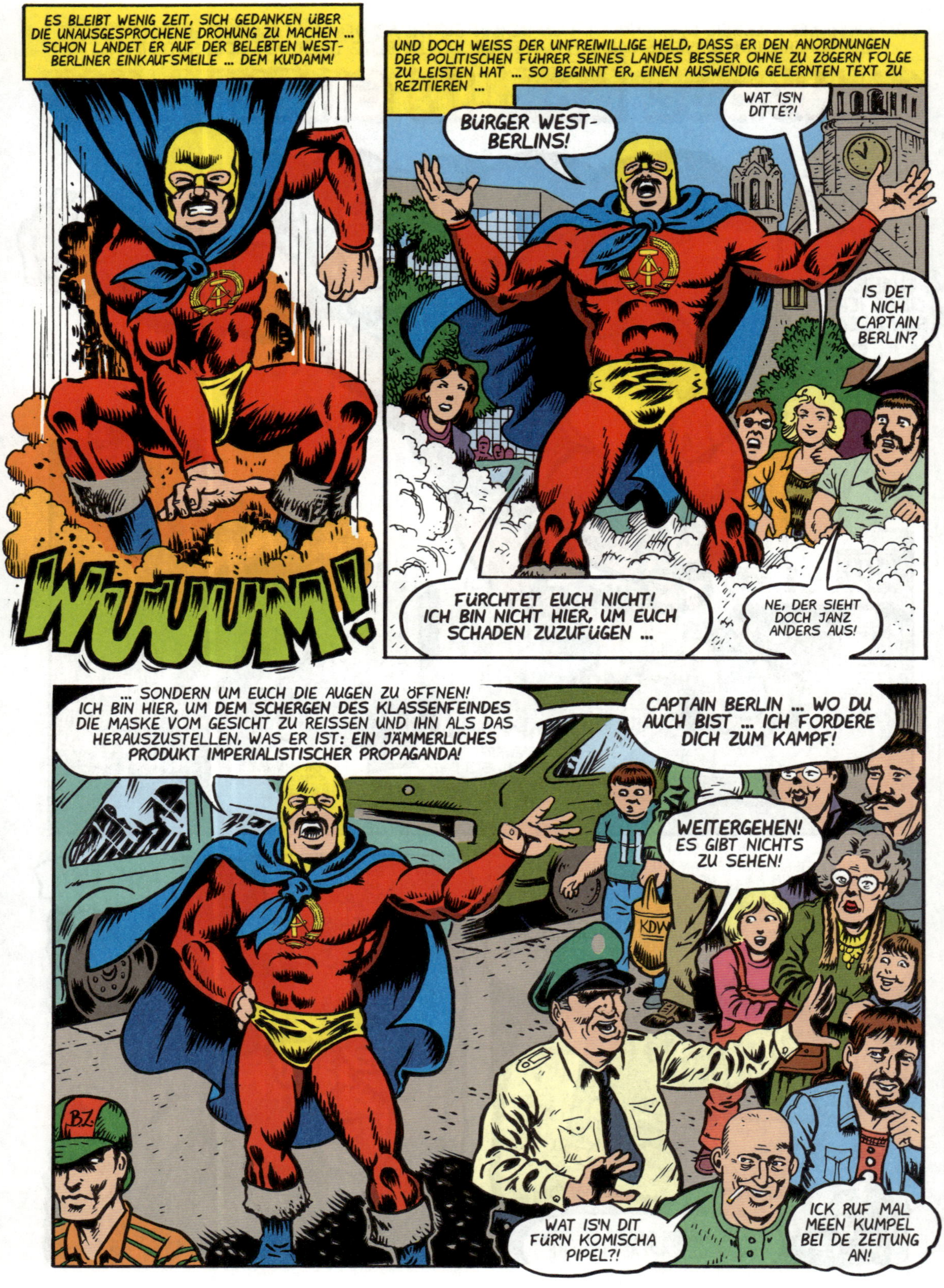

ES BLEIBT WENIG ZEIT, SICH GEDANKEN ÜBER DIE UNAUSGESPROCHENE DROHUNG ZU MACHEN ... SCHON LANDET ER AUF DER BELEBTEN WEST-BERLINER EINKAUFSMEILE ... DEM KU'DAMM!

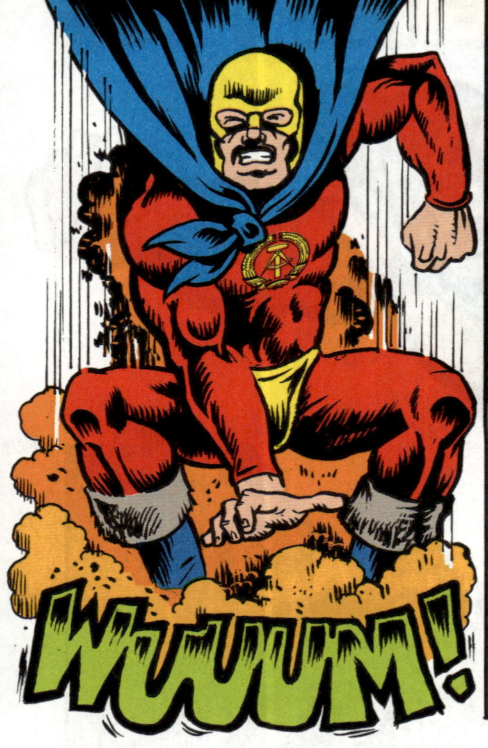

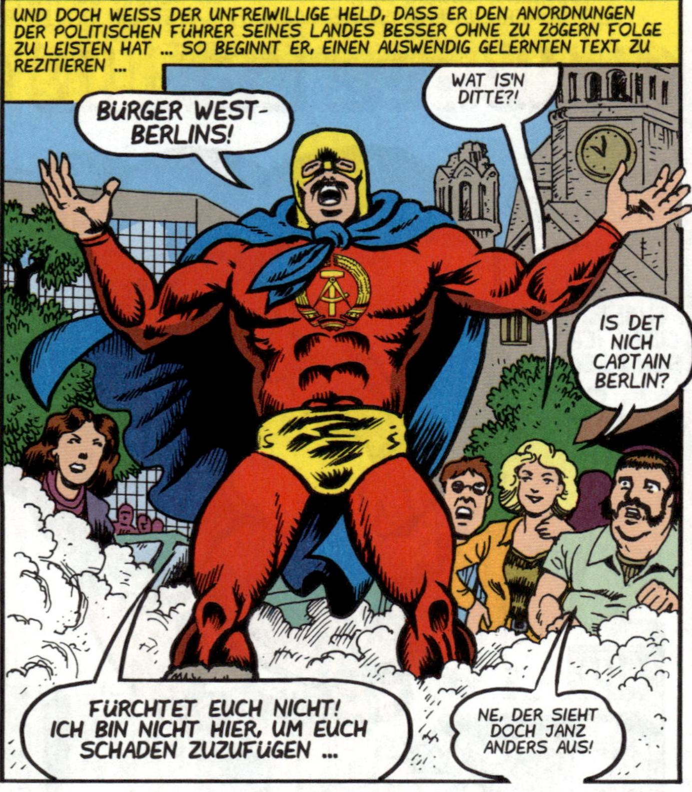

... SONDERN UM EUCH DIE AUGEN ZU ÖFFNEN! ICH BIN HIER, UM DEM SCHERGEN DES KLASSENFEINDES DIE MASKE VOM GESICHT ZU REISSEN UND IHN ALS DAS HERAUSZUSTELLEN, WAS ER IST: EIN JÄMMERLICHES PRODUKT IMPERIALISTISCHER PROPAGANDA!

CAPTAIN BERLIN ... WO DU AUCH BIST ... ICH FORDERE DICH ZUM KAMPF!

WEITERGEHEN! ES GIBT NICHTS ZU SEHEN!

KDW

B.Z.

WAT IS'N DIT FÜR'N KOMISCHA PIPEL?!

ICK RUF MAL MEEN KUMPEL BEI DE ZEITUNG AN!

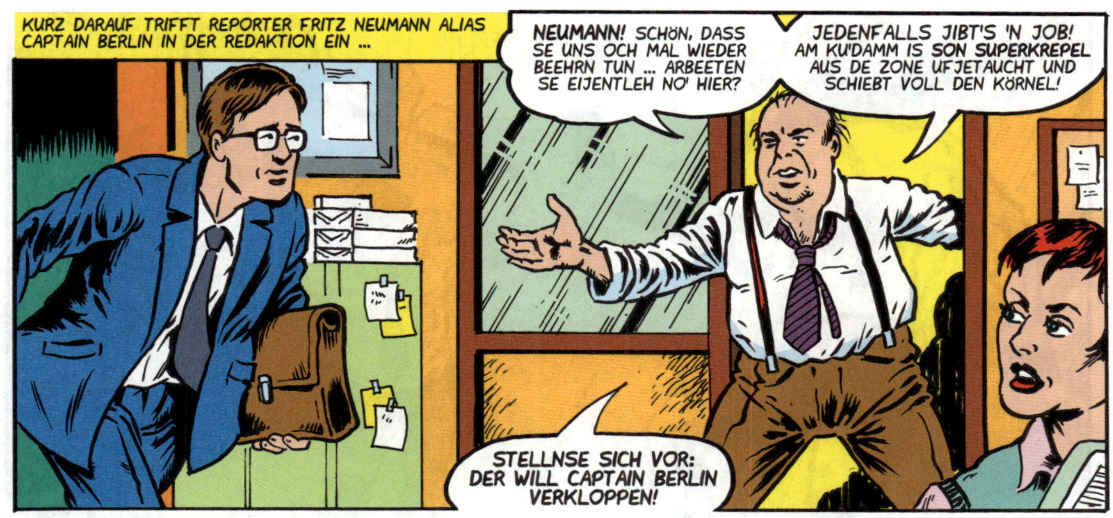
KURZ DARAUF TRIFFT REPORTER FRITZ NEUMANN ALIAS CAPTAIN BERLIN IN DER REDAKTION EIN ...
NEUMANN! SCHÖN, DASS SE UNS OCH MAL WIEDER BEEHRN TUN ... ARBEETEN SE EIJENTLEH NO' HIER?
JEDENFALLS JIBT'S 'N JOB! AM KU'DAMM IS SON SUPERKREPEL AUS DE ZONE UFJETAUCHT UND SCHIEBT VOLL DEN KÖRNEL!
STELLNSE SICH VOR: DER WILL CAPTAIN BERLIN VERKLOPPEN!

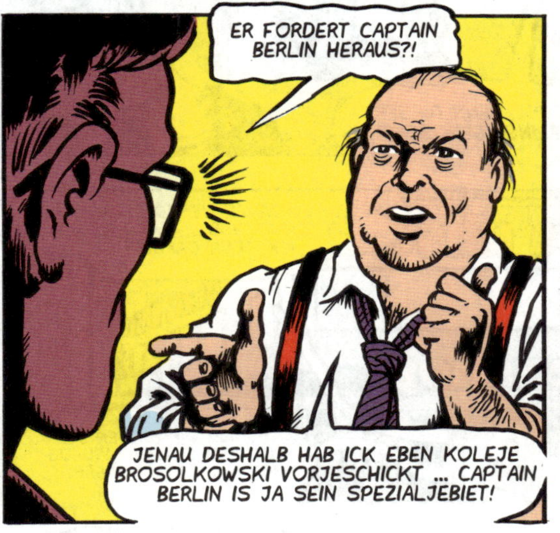
ER FORDERT CAPTAIN BERLIN HERAUS?!
JENAU DESHALB HAB ICK EBEN KOLEJE BROSOLKOWSKI VORJESCHICKT ... CAPTAIN BERLIN IS JA SEIN SPEZIALJEBIET!

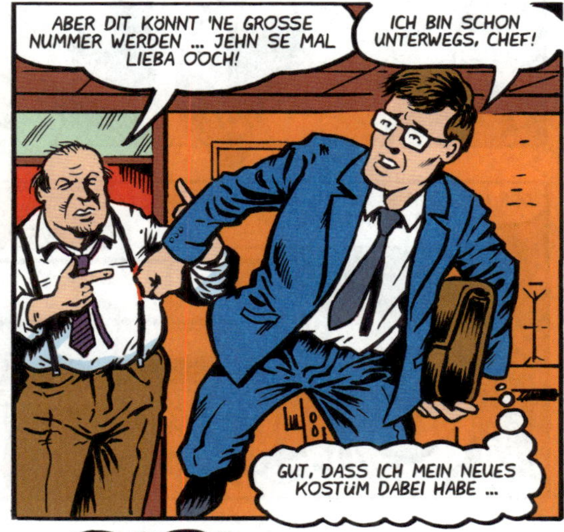
ABER DIT KÖNNT 'NE GROSSE NUMMER WERDEN ... JEHN SE MAL LIEBA OOCH!
ICH BIN SCHON UNTERWEGS, CHEF!
GUT, DASS ICH MEIN NEUES KOSTÜM DABEI HABE ...

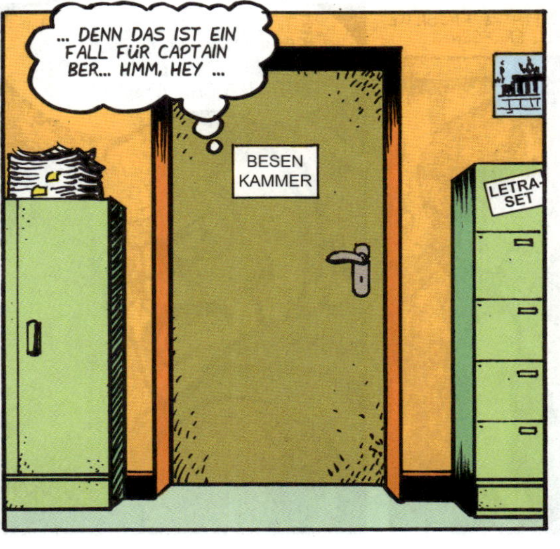
... DENN DAS IST EIN FALL FÜR CAPTAIN BER... HMM, HEY ...
BESEN KAMMER
LETRA-SET

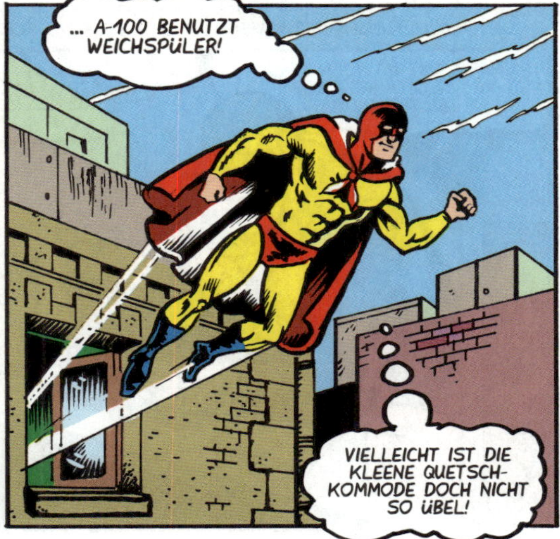
... A-100 BENUTZT WEICHSPÜLER!
VIELLEICHT IST DIE KLEENE QUETSCH-KOMMODE DOCH NICHT SO ÜBEL!

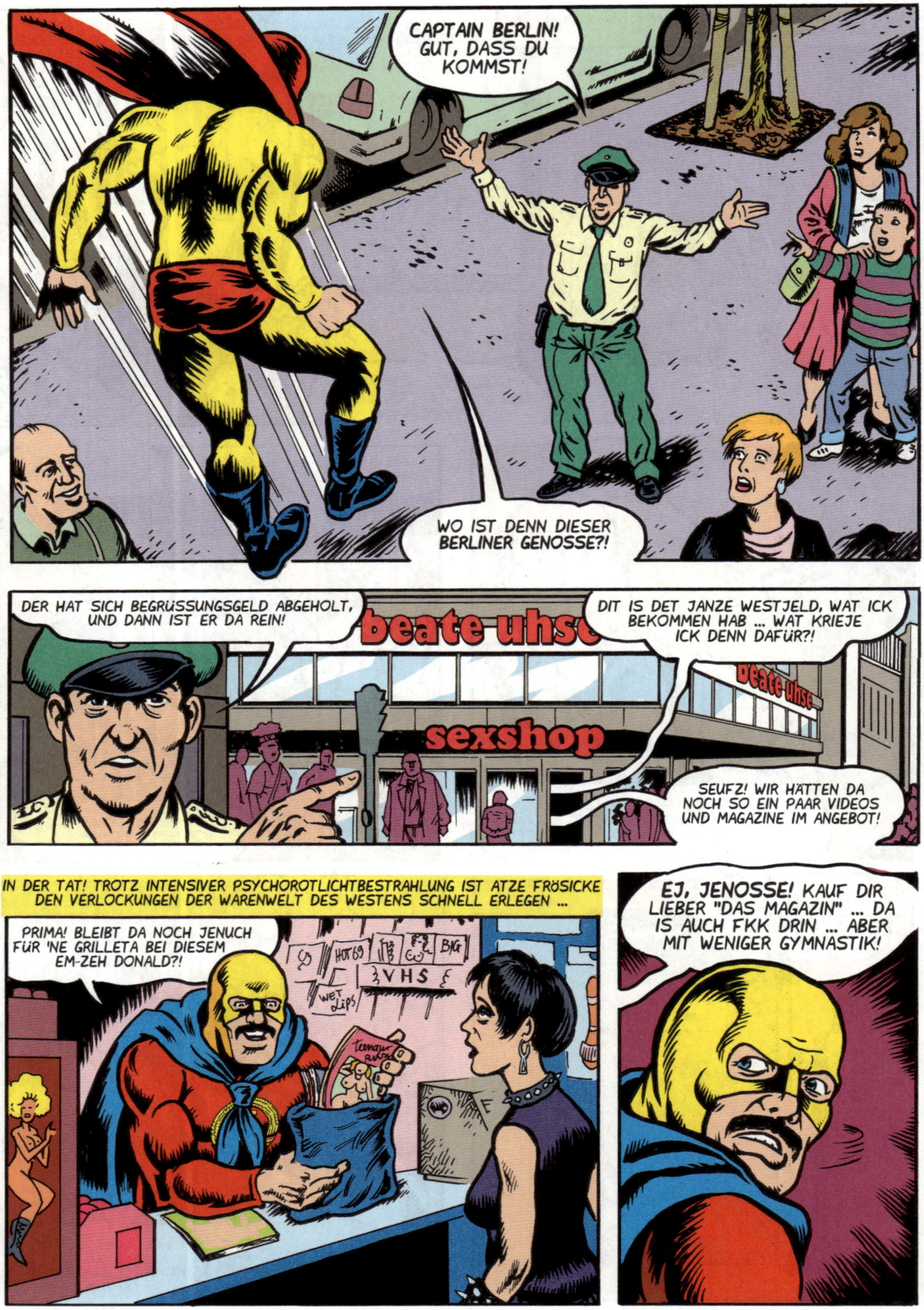

CAPTAIN BERLIN! GUT, DASS DU KOMMST!

WO IST DENN DIESER BERLINER GENOSSE?!

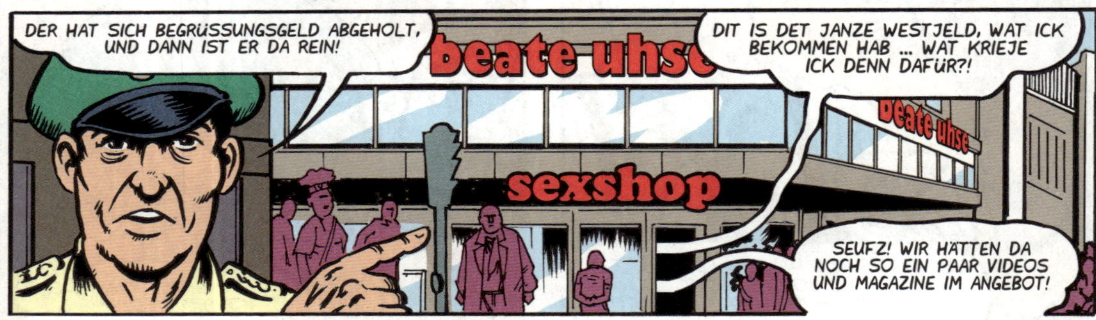

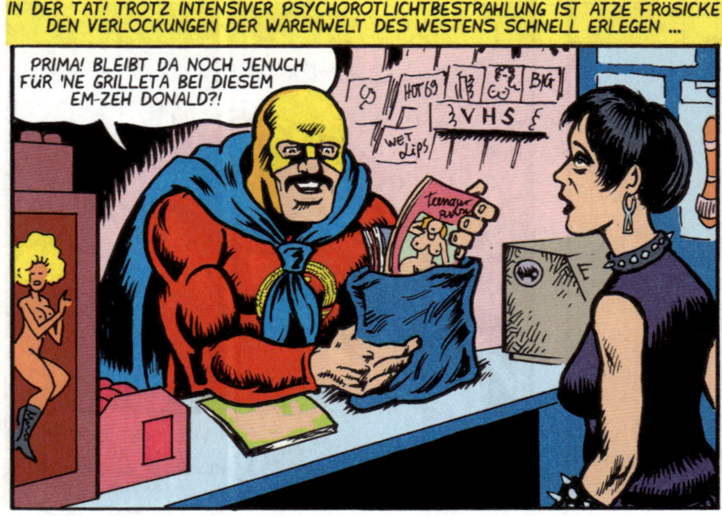

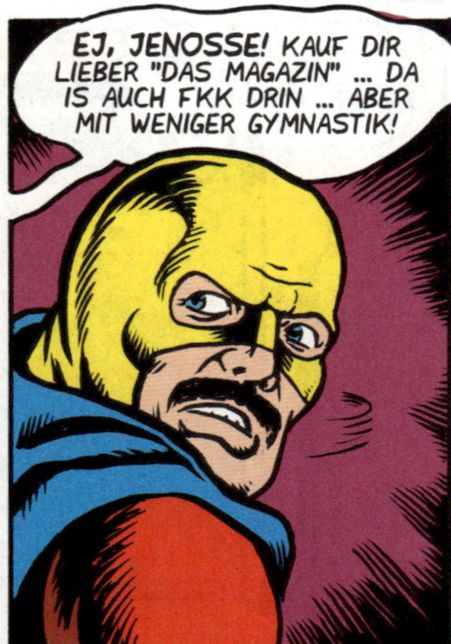

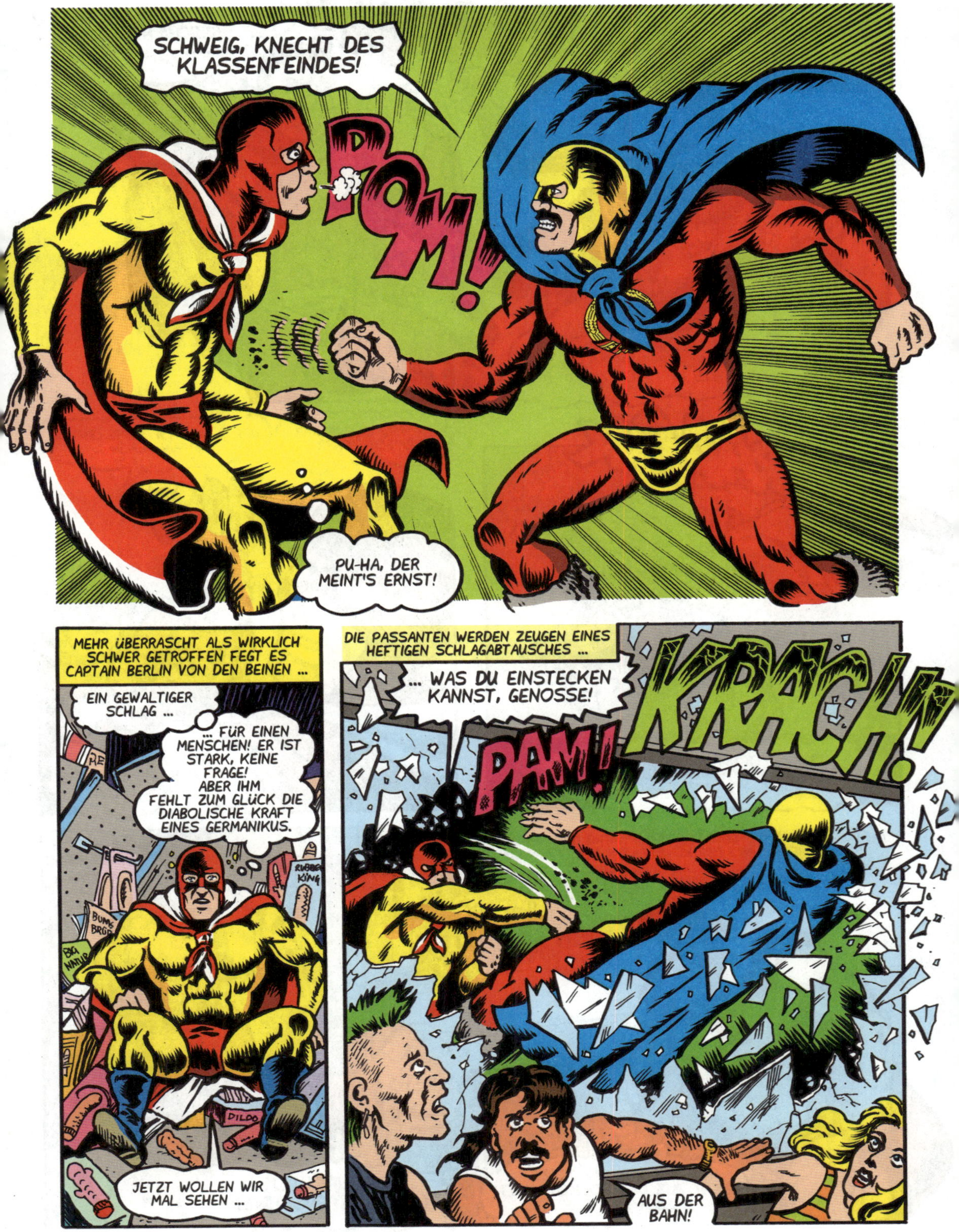

SCHWEIG, KNECHT DES KLASSENFEINDES!

POM!

PU-HA, DER MEINT'S ERNST!

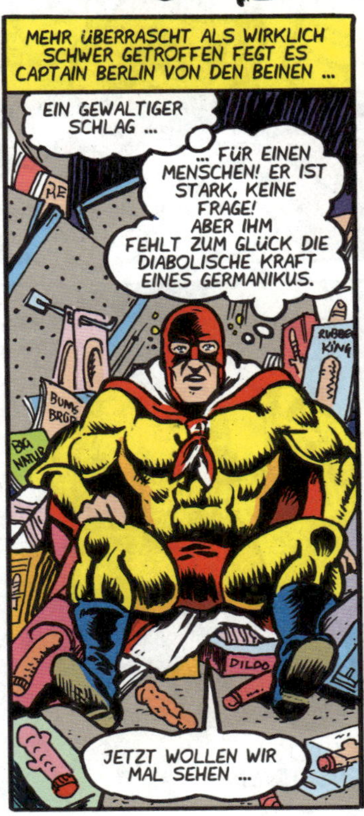

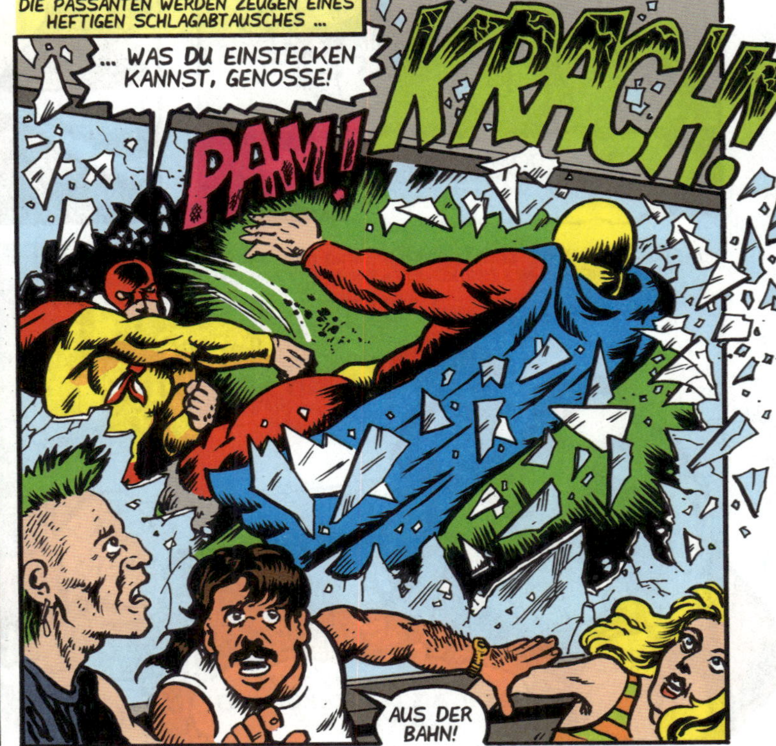

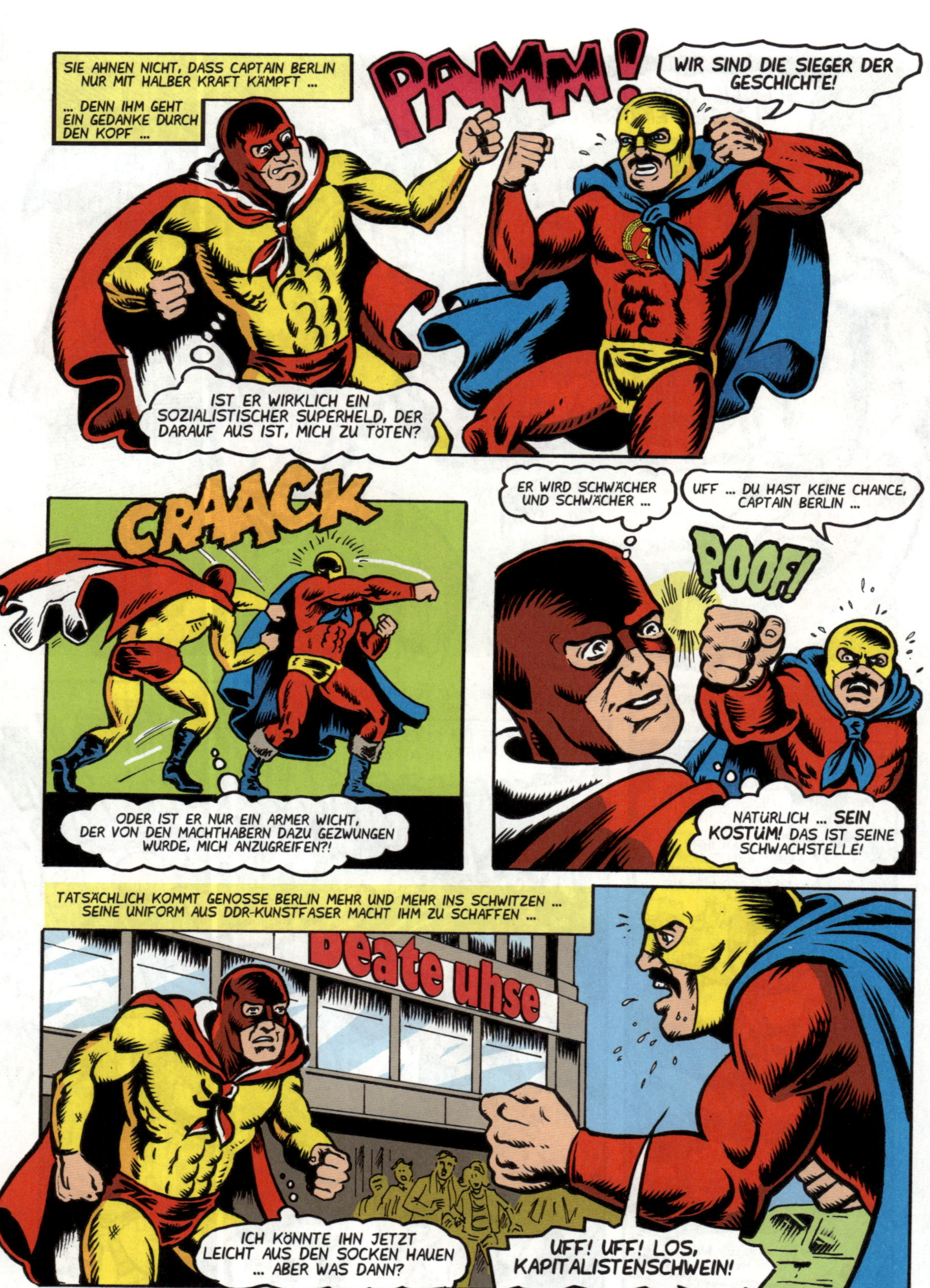
SIE AHNEN NICHT, DASS CAPTAIN BERLIN NUR MIT HALBER KRAFT KÄMPFT ...
... DENN IHM GEHT EIN GEDANKE DURCH DEN KOPF ...
PAMM!
WIR SIND DIE SIEGER DER GESCHICHTE!
IST ER WIRKLICH EIN SOZIALISTISCHER SUPERHELD, DER DARAUF AUS IST, MICH ZU TÖTEN?
CRAACK
ODER IST ER NUR EIN ARMER WICHT, DER VON DEN MACHTHABERN DAZU GEZWUNGEN WURDE, MICH ANZUGREIFEN?!
ER WIRD SCHWÄCHER UND SCHWÄCHER ...
UFF ... DU HAST KEINE CHANCE, CAPTAIN BERLIN ...
POOF!
NATÜRLICH ... SEIN KOSTÜM! DAS IST SEINE SCHWACHSTELLE!
TATSÄCHLICH KOMMT GENOSSE BERLIN MEHR UND MEHR INS SCHWITZEN ... SEINE UNIFORM AUS DDR-KUNSTFASER MACHT IHM ZU SCHAFFEN ...
beate uhse
ICH KÖNNTE IHN JETZT LEICHT AUS DEN SOCKEN HAUEN ... ABER WAS DANN?
UFF! UFF! LOS, KAPITALISTENSCHWEIN!

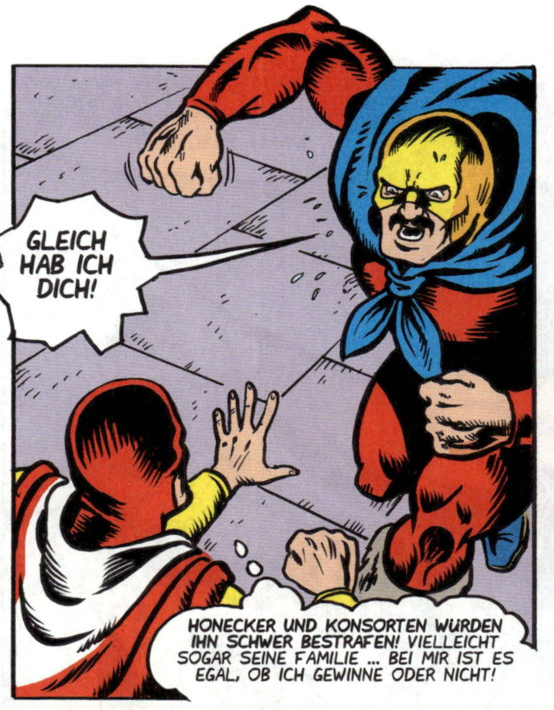
GLEICH HAB ICH DICH!
HONECKER UND KONSORTEN WÜRDEN IHN SCHWER BESTRAFEN! VIELLEICHT SOGAR SEINE FAMILIE ... BEI MIR IST ES EGAL, OB ICH GEWINNE ODER NICHT!

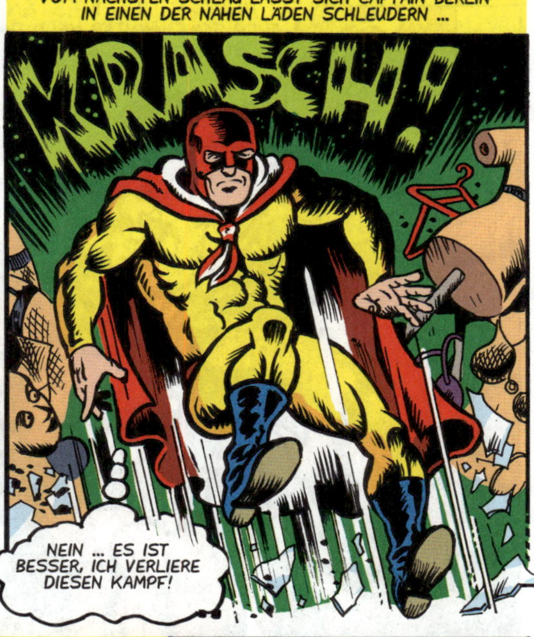
VOM NÄCHSTEN SCHLAG LÄSST SICH CAPTAIN BERLIN IN EINEN DER NAHEN LÄDEN SCHLEUDERN ...
KRASCH!
NEIN ... ES IST BESSER, ICH VERLIERE DIESEN KAMPF!

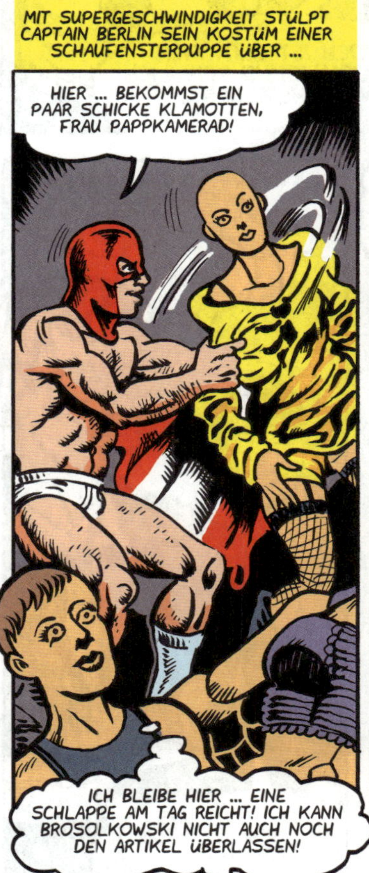
MIT SUPERGESCHWINDIGKEIT STÜLPT CAPTAIN BERLIN SEIN KOSTÜM EINER SCHAUFENSTERPUPPE ÜBER ...
HIER ... BEKOMMST EIN PAAR SCHICKE KLAMOTTEN, FRAU PAPPKAMERAD!
ICH BLEIBE HIER ... EINE SCHLAPPE AM TAG REICHT! ICH KANN BROSOLKOWSKI NICHT AUCH NOCH DEN ARTIKEL ÜBERLASSEN!

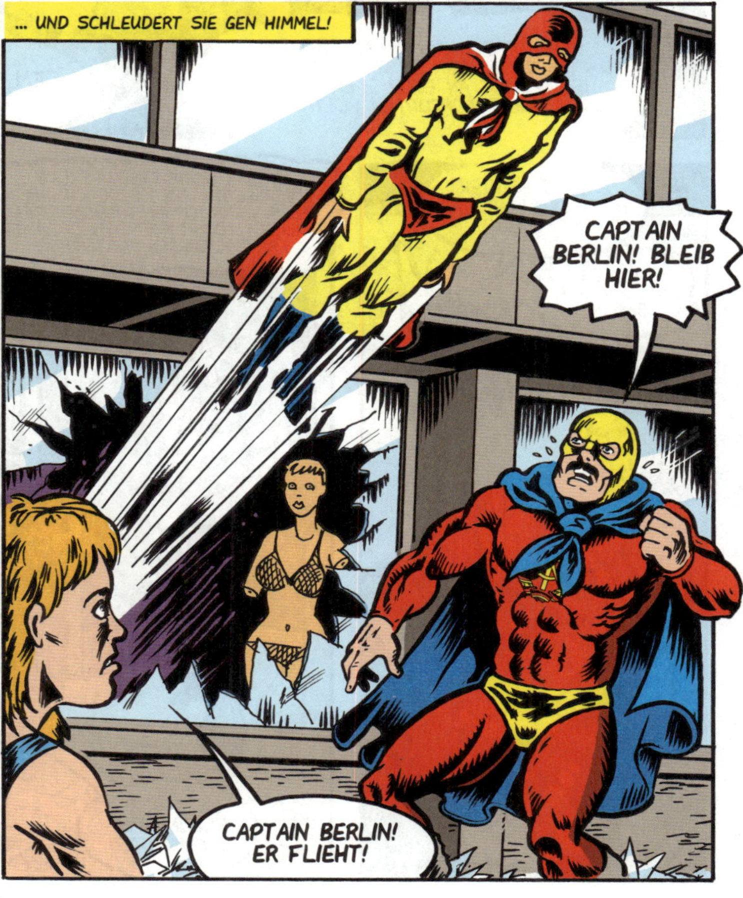
... UND SCHLEUDERT SIE GEN HIMMEL!
CAPTAIN BERLIN! BLEIB HIER!
CAPTAIN BERLIN! ER FLIEHT!

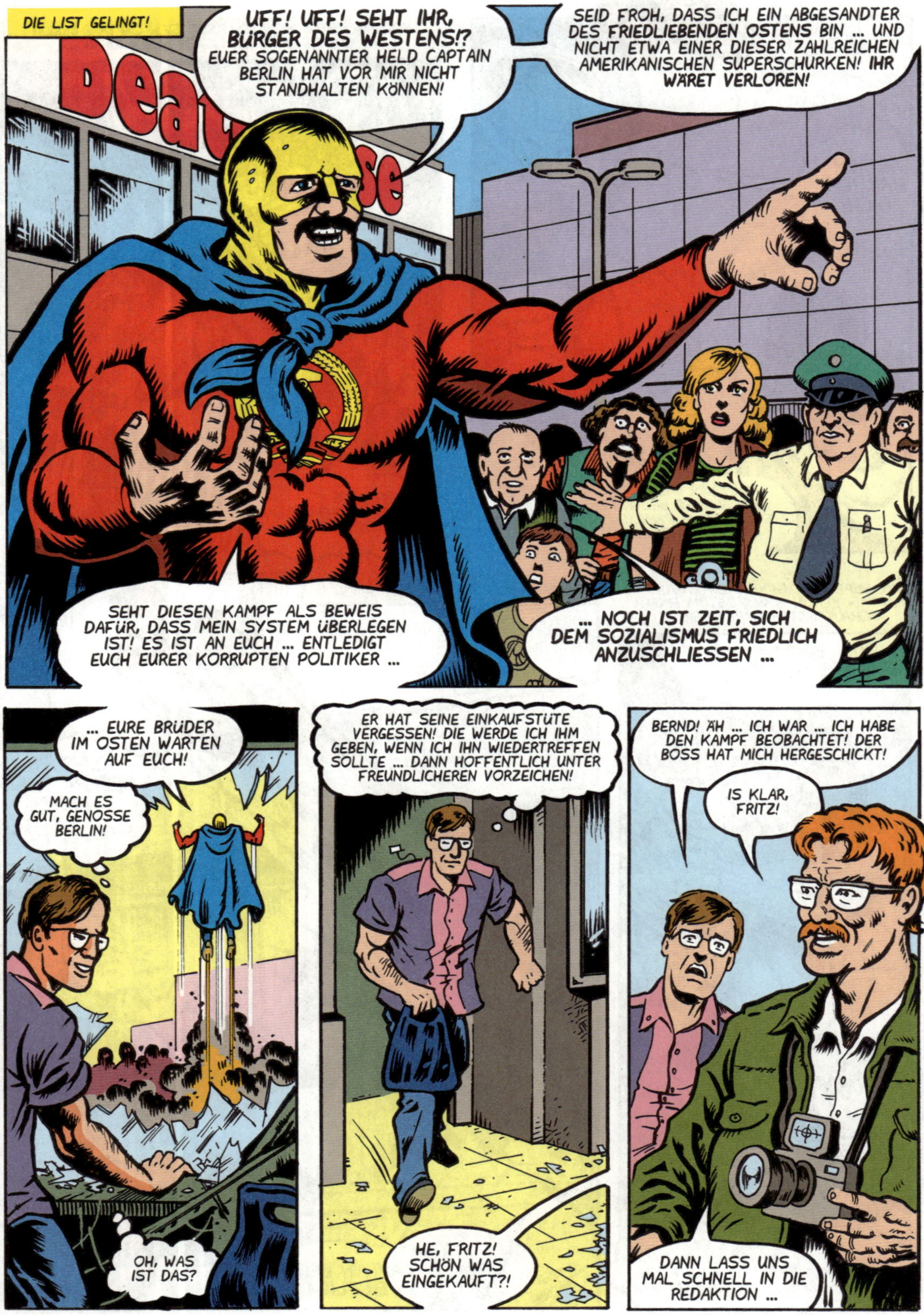

DIE LIST GELINGT!
UFF! UFF! SEHT IHR, BÜRGER DES WESTENS!? EUER SOGENANNTER HELD CAPTAIN BERLIN HAT VOR MIR NICHT STANDHALTEN KÖNNEN!
SEID FROH, DASS ICH EIN ABGESANDTER DES FRIEDLIEBENDEN OSTENS BIN ... UND NICHT ETWA EINER DIESER ZAHLREICHEN AMERIKANISCHEN SUPERSCHURKEN! IHR WÄRET VERLOREN!
SEHT DIESEN KAMPF ALS BEWEIS DAFÜR, DASS MEIN SYSTEM ÜBERLEGEN IST! ES IST AN EUCH ... ENTLEDIGT EUCH EURER KORRUPTEN POLITIKER ...
... NOCH IST ZEIT, SICH DEM SOZIALISMUS FRIEDLICH ANZUSCHLIESSEN ...

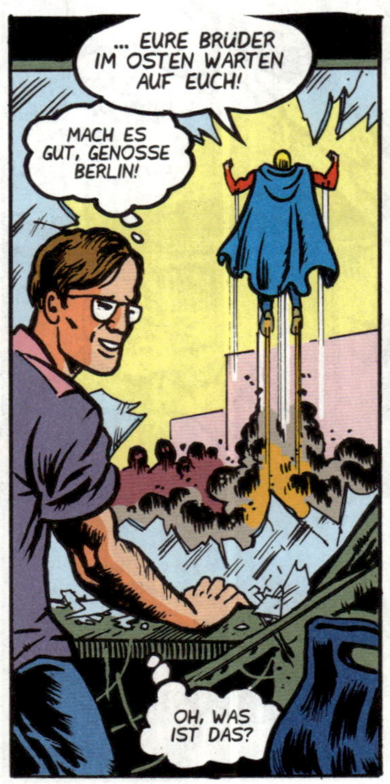

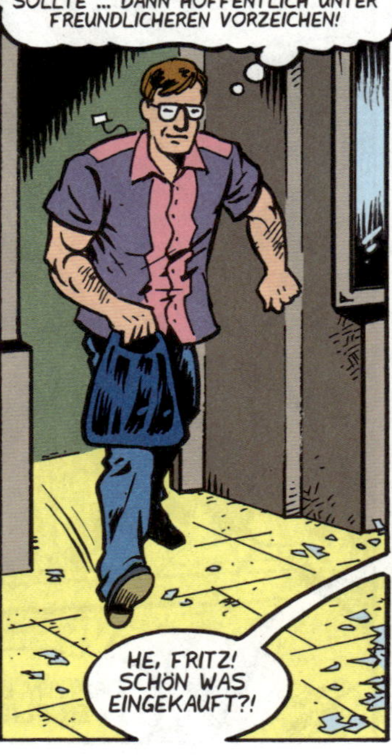

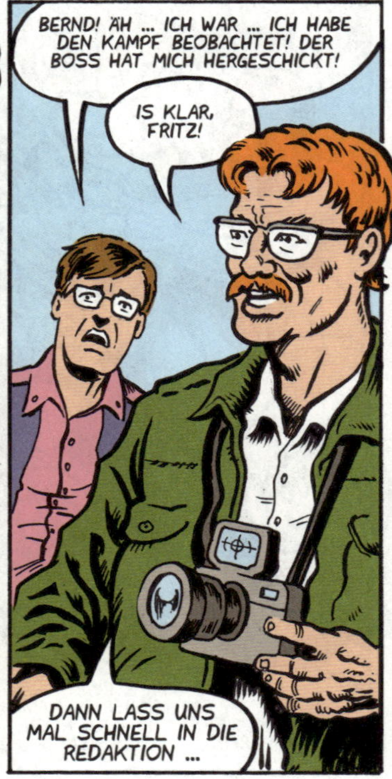

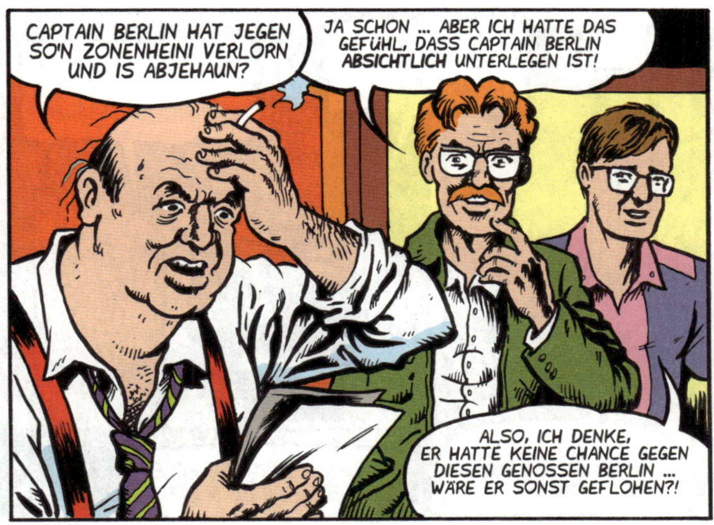
CAPTAIN BERLIN HAT JEGEN SO'N ZONENHEINI VERLORN UND IS ABJEHAUN?
JA SCHON ... ABER ICH HATTE DAS GEFÜHL, DASS CAPTAIN BERLIN ABSICHTLICH UNTERLEGEN IST!
ALSO, ICH DENKE, ER HATTE KEINE CHANCE GEGEN DIESEN GENOSSEN BERLIN ... WÄRE ER SONST GEFLOHEN?!

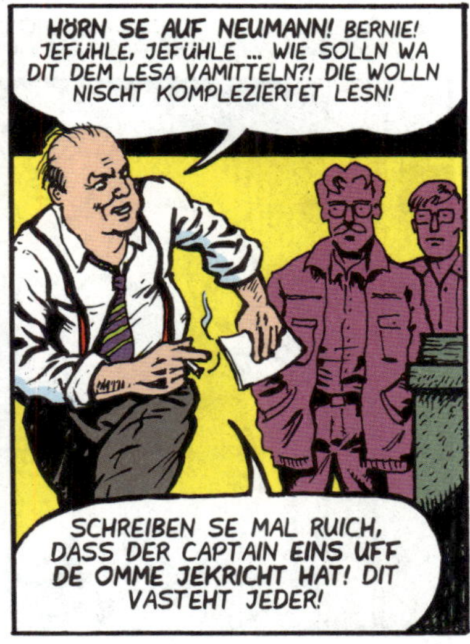
HÖRN SE AUF NEUMANN! BERNIE! JEFÜHLE, JEFÜHLE ... WIE SOLLN WA DIT DEM LESA VAMITTELN?! DIE WOLLN NISCHT KOMPLEZIERTET LESN!
SCHREIBEN SE MAL RUICH, DASS DER CAPTAIN EINS UFF DE OMME JEKRICHT HAT! DIT VASTEHT JEDER!

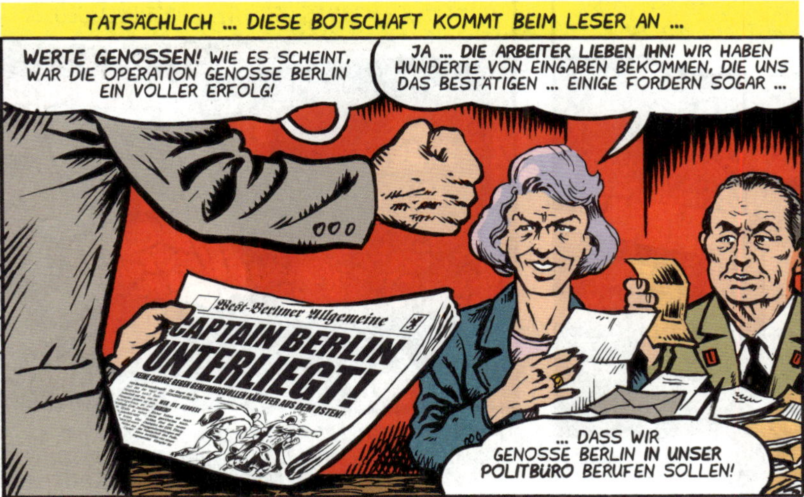
TATSÄCHLICH ... DIESE BOTSCHAFT KOMMT BEIM LESER AN ...
WERTE GENOSSEN! WIE ES SCHEINT, WAR DIE OPERATION GENOSSE BERLIN EIN VOLLER ERFOLG!
JA ... DIE ARBEITER LIEBEN IHN! WIR HABEN HUNDERTE VON EINGABEN BEKOMMEN, DIE UNS DAS BESTÄTIGEN ... EINIGE FORDERN SOGAR ...
West-Berliner Allgemeine
CAPTAIN BERLIN UNTERLIEGT!
... DASS WIR GENOSSE BERLIN IN UNSER POLITBÜRO BERUFEN SOLLEN!

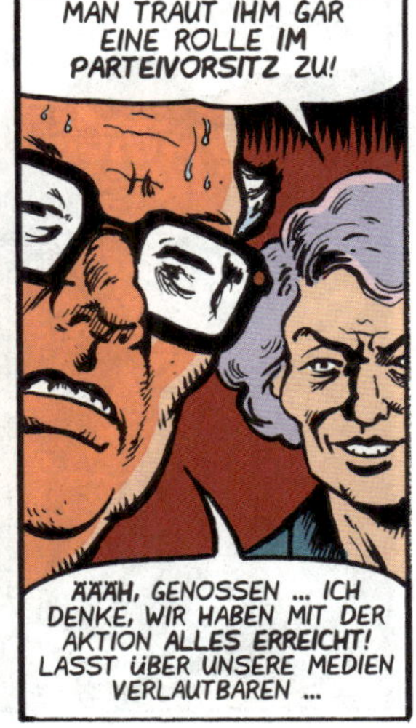
MAN TRAUT IHM GAR EINE ROLLE IM PARTEIVORSITZ ZU!
ÄÄÄH, GENOSSEN ... ICH DENKE, WIR HABEN MIT DER AKTION ALLES ERREICHT! LASST ÜBER UNSERE MEDIEN VERLAUTBAREN ...

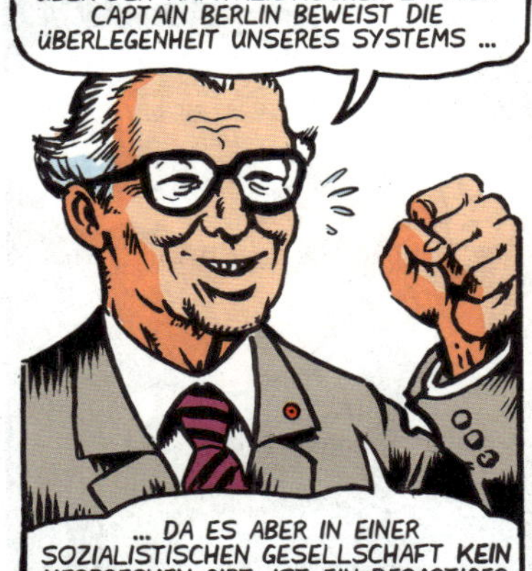
"DER GLORREICHE SIEG UNSERES VOLKSSUPERHELDEN GENOSSE BERLIN ÜBER DEN KAPITALISTISCHEN LAKAIEN CAPTAIN BERLIN BEWEIST DIE ÜBERLEGENHEIT UNSERES SYSTEMS ...
... DA ES ABER IN EINER SOZIALISTISCHEN GESELLSCHAFT KEIN VERBRECHEN GIBT, IST EIN DERARTIGER HELD IN UNSERER DDR ÜBERFLÜSSIG ...

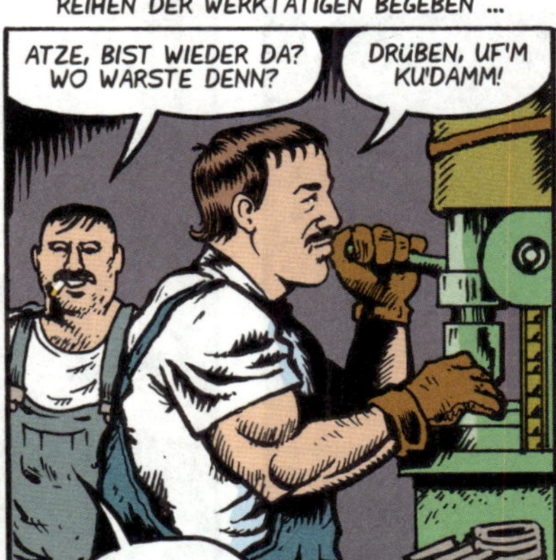
... DAHER WIRD GENOSSE BERLIN SEINEN UMHANG ABLEGEN UND SICH WIEDER IN DIE REIHEN DER WERKTÄTIGEN BEGEBEN ...
ATZE, BIST WIEDER DA? WO WARSTE DENN?
DRÜBEN, UF'M KU'DAMM!
HAHA! ALTA WITZBOLD!

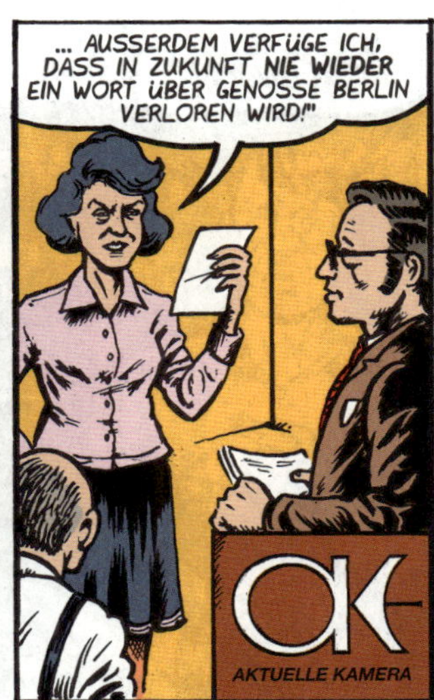
... AUSSERDEM VERFÜGE ICH, DASS IN ZUKUNFT NIE WIEDER EIN WORT ÜBER GENOSSE BERLIN VERLOREN WIRD!"
AKTUELLE KAMERA

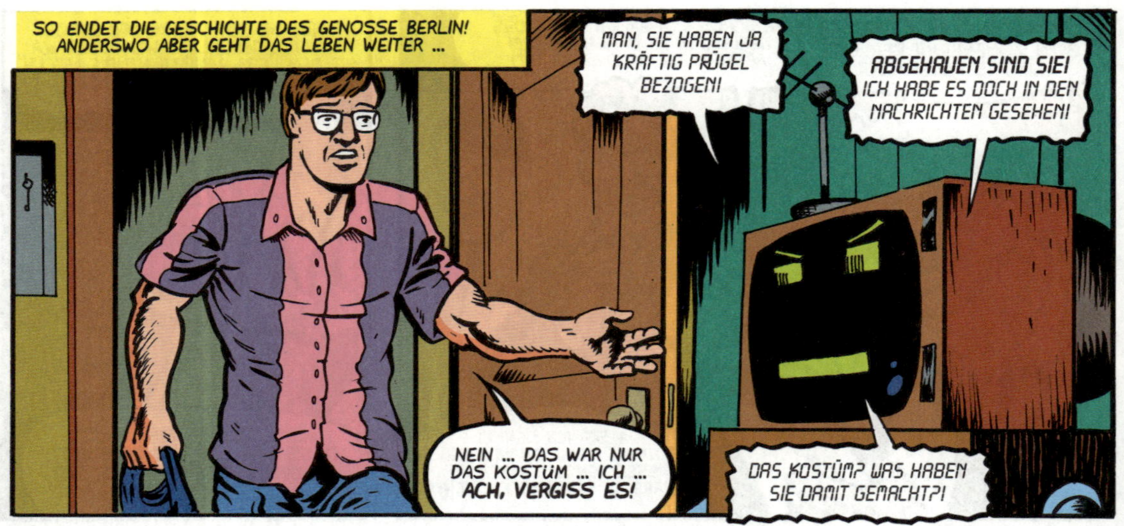

SO ENDET DIE GESCHICHTE DES GENOSSE BERLIN! ANDERSWO ABER GEHT DAS LEBEN WEITER ...
MAN, SIE HABEN JA KRÄFTIG PRÜGEL BEZOGEN!
ABGEHAUEN SIND SIE! ICH HABE ES DOCH IN DEN NACHRICHTEN GESEHEN!
NEIN ... DAS WAR NUR DAS KOSTÜM ... ICH ... ACH, VERGISS ES!
DAS KOSTÜM? WAS HABEN SIE DAMIT GEMACHT?!

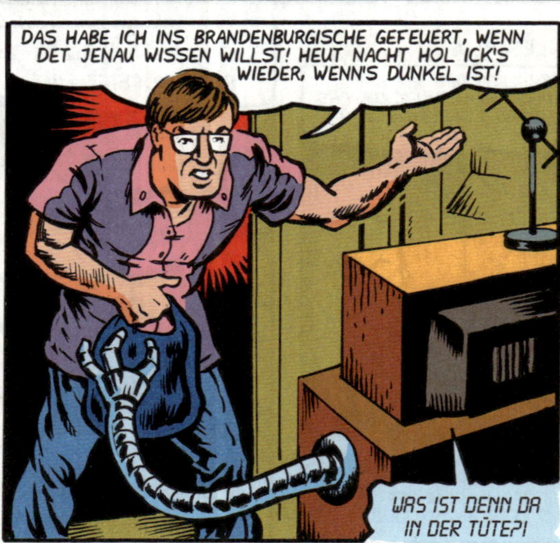

DAS HABE ICH INS BRANDENBURGISCHE GEFEUERT, WENN DET JENAU WISSEN WILLST! HEUT NACHT HOL ICK'S WIEDER, WENN'S DUNKEL IST!
WAS IST DENN DA IN DER TÜTE?!

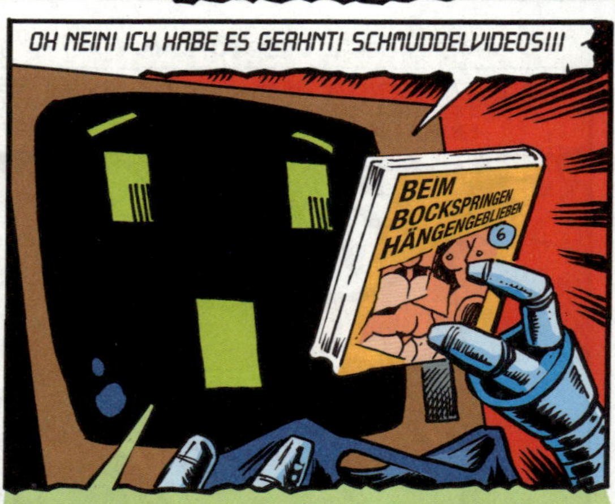

OH NEIN! ICH HABE ES GEAHNT! SCHMUDDELVIDEOS!!!
BEIM BOCKSPRINGEN HÄNGENGEBLIEBEN 6
TYPISCH! IHR MENSCHEN SEID ALLE GLEICH! DA KOMME ICH, EIN WUNDER DER TECHNIK, ZUFÄLLIG MIT VHS DAHER, UND DAS ERSTE, WAS EUCH DAZU EINFÄLLT, SIND SCHMUDDELFILME!

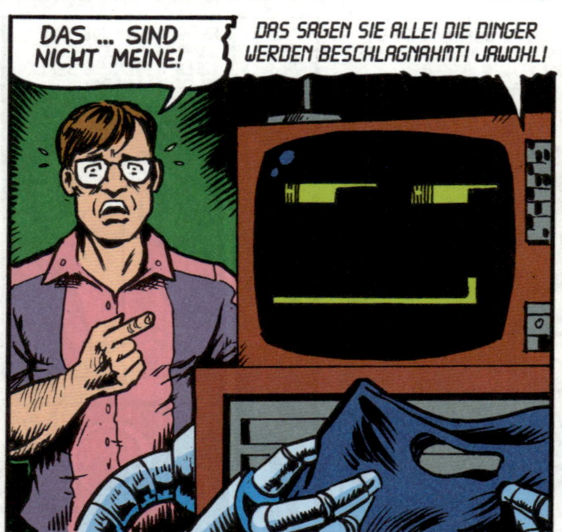

DAS ... SIND NICHT MEINE!
DAS SAGEN SIE ALLE! DIE DINGER WERDEN BESCHLAGNAHMT! JAWOHL!

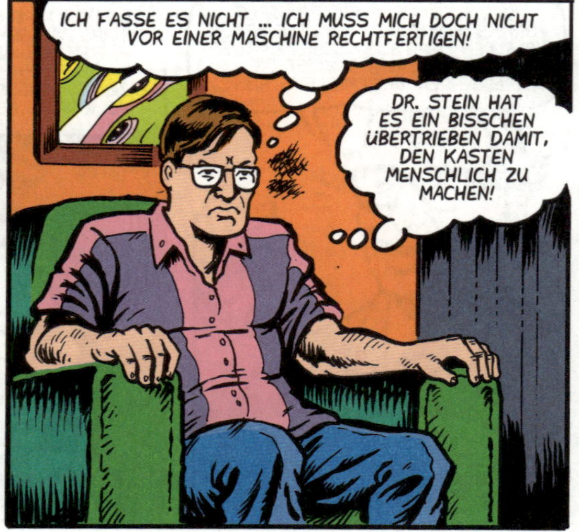

ICH FASSE ES NICHT ... ICH MUSS MICH DOCH NICHT VOR EINER MASCHINE RECHTFERTIGEN!
DR. STEIN HAT ES EIN BISSCHEN ÜBERTRIEBEN DAMIT, DEN KASTEN MENSCHLICH ZU MACHEN!

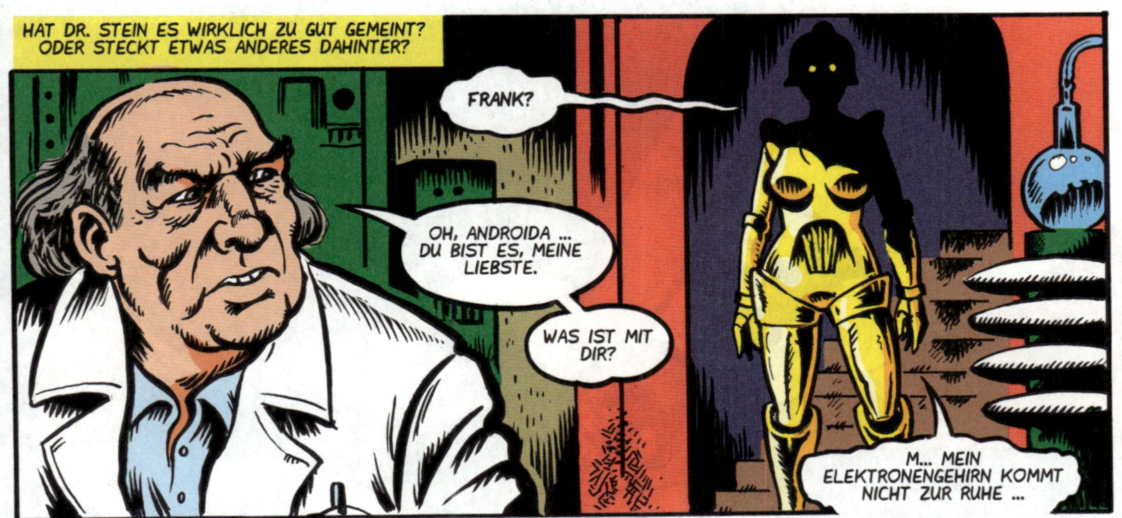

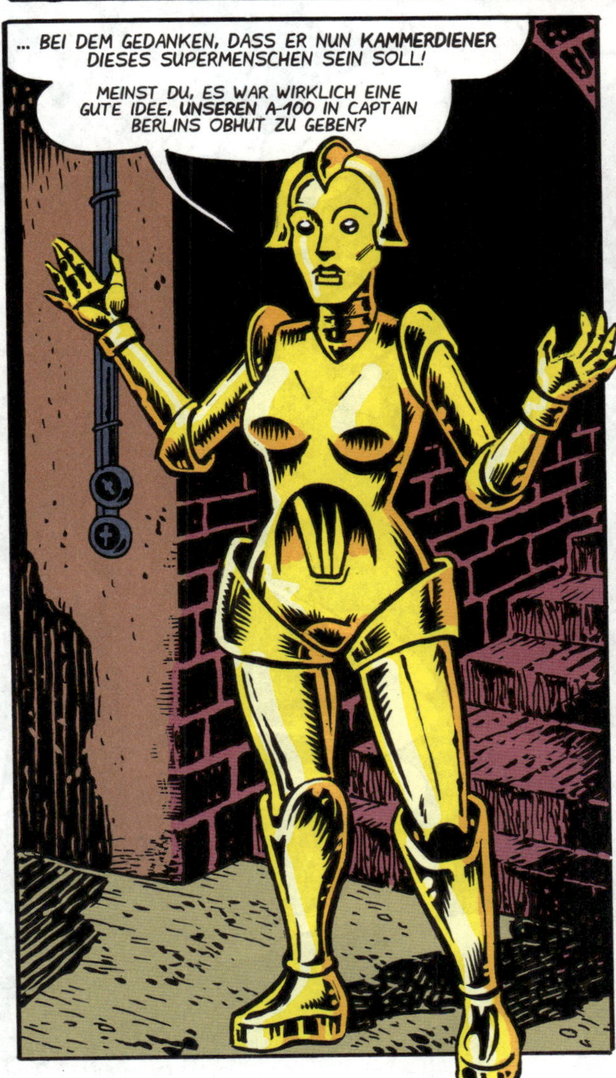

ICH DENKE SCHON! ER IST DER EINZIGE, DER WÜRDIG IST ... UND A-100 MUSS LERNEN. ER IST MEHR ALS EINE ROBOTISCHE BASTELEI ... ER KANN SICH ENTWICKELN.

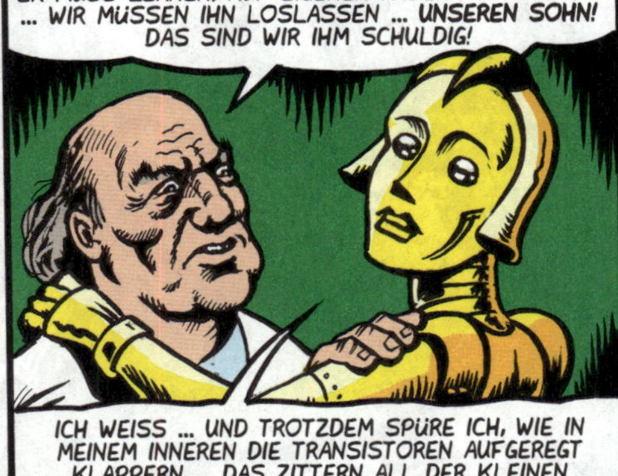

DIE SORGE DER ANDROIDIN IST GERECHTFERTIGT! DENN IN AUSGABE # 7 BEKOMMEN ES **CAPTAIN BERLIN** UND SEIN NEUER **ROBOGEHILFE A-100** MIT DEM HORRIBLEN **VHS-MANN** UND DESSEN HIRNERWEICHENDEN **VIDEODROMSTRAHLEN** ZU TUN!

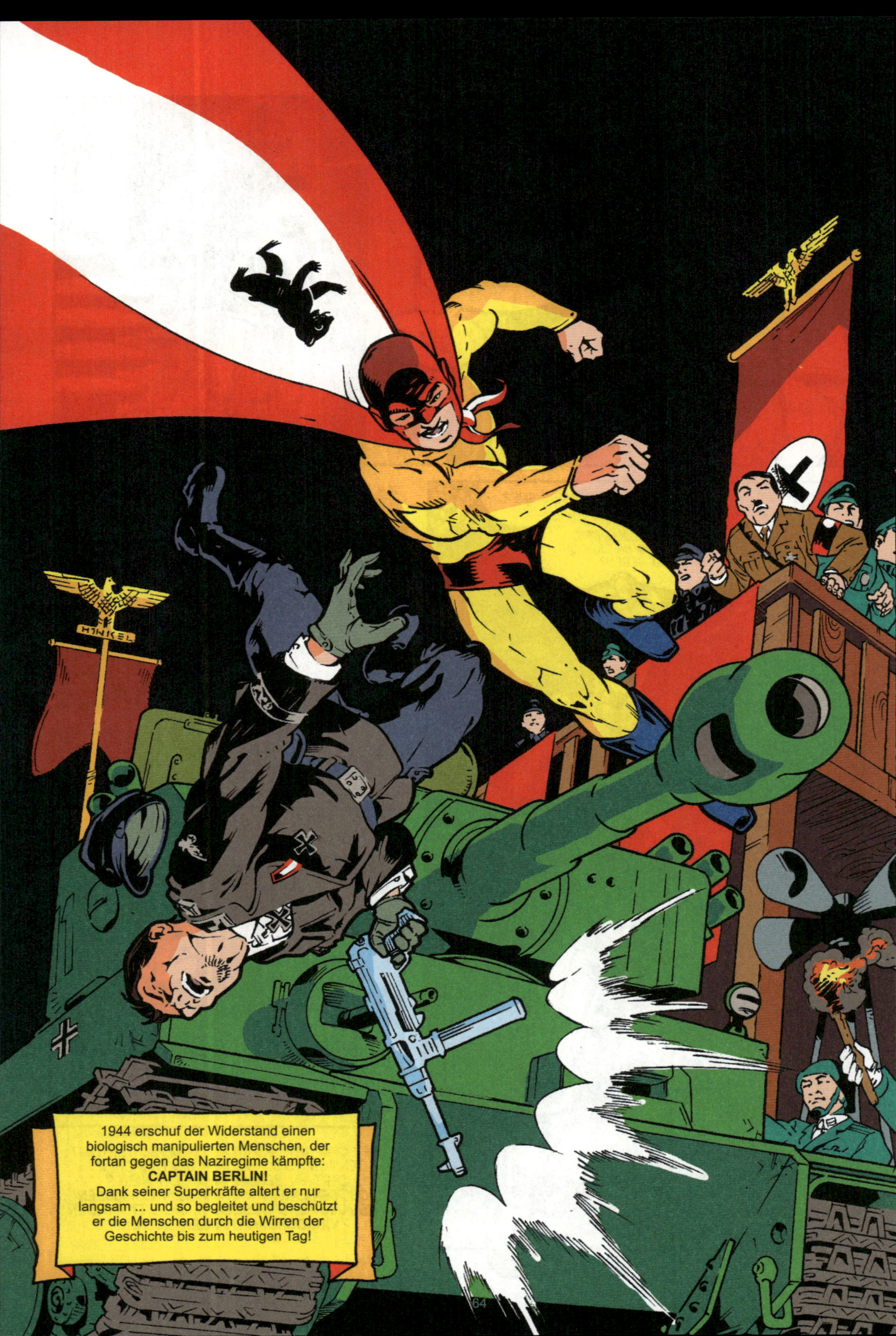
HINKEL
1944 erschuf der Widerstand einen biologisch manipulierten Menschen, der fortan gegen das Naziregime kämpfte:
CAPTAIN BERLIN!
Dank seiner Superkräfte altert er nur langsam ... und so begleitet und beschützt er die Menschen durch die Wirren der Geschichte bis zum heutigen Tag!

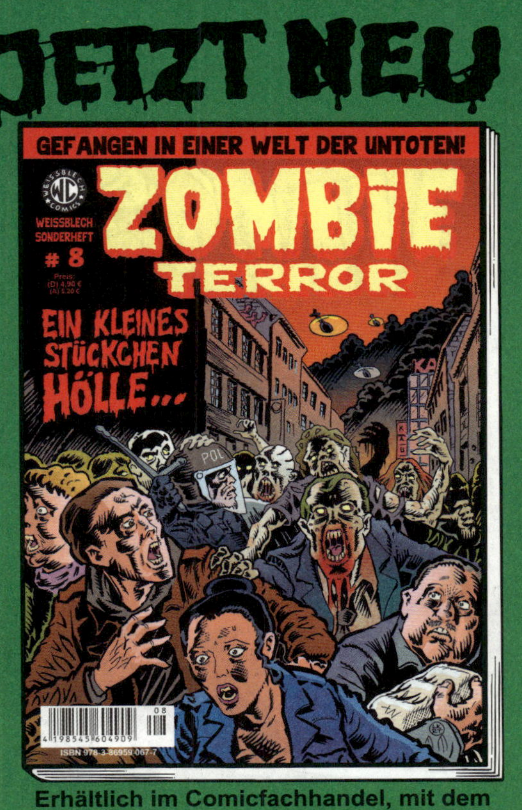
JETZT NEU
GEFANGEN IN EINER WELT DER UNTOTEN!
WEISSBLECH SONDERHEFT # 8
ZOMBIE TERROR
EIN KLEINES STÜCKCHEN HÖLLE...
ISBN 978-3-86959-067-7

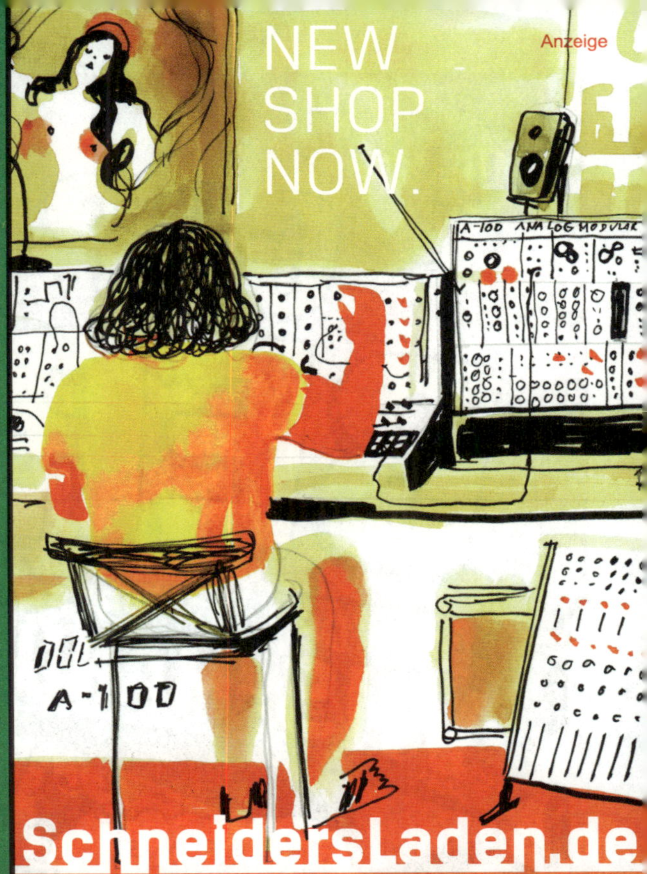
Anzeige
NEW SHOP NOW.
A-100 ANALOG MODULAR
A-100
SchneidersLaden.de

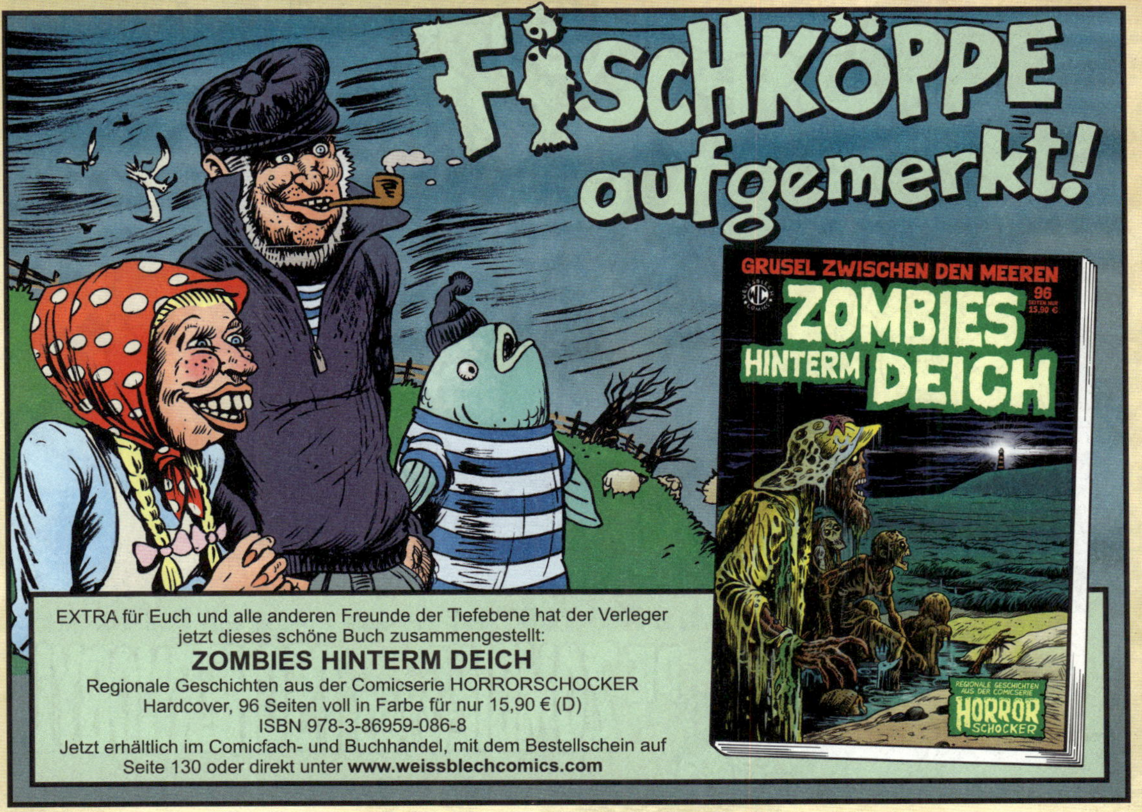

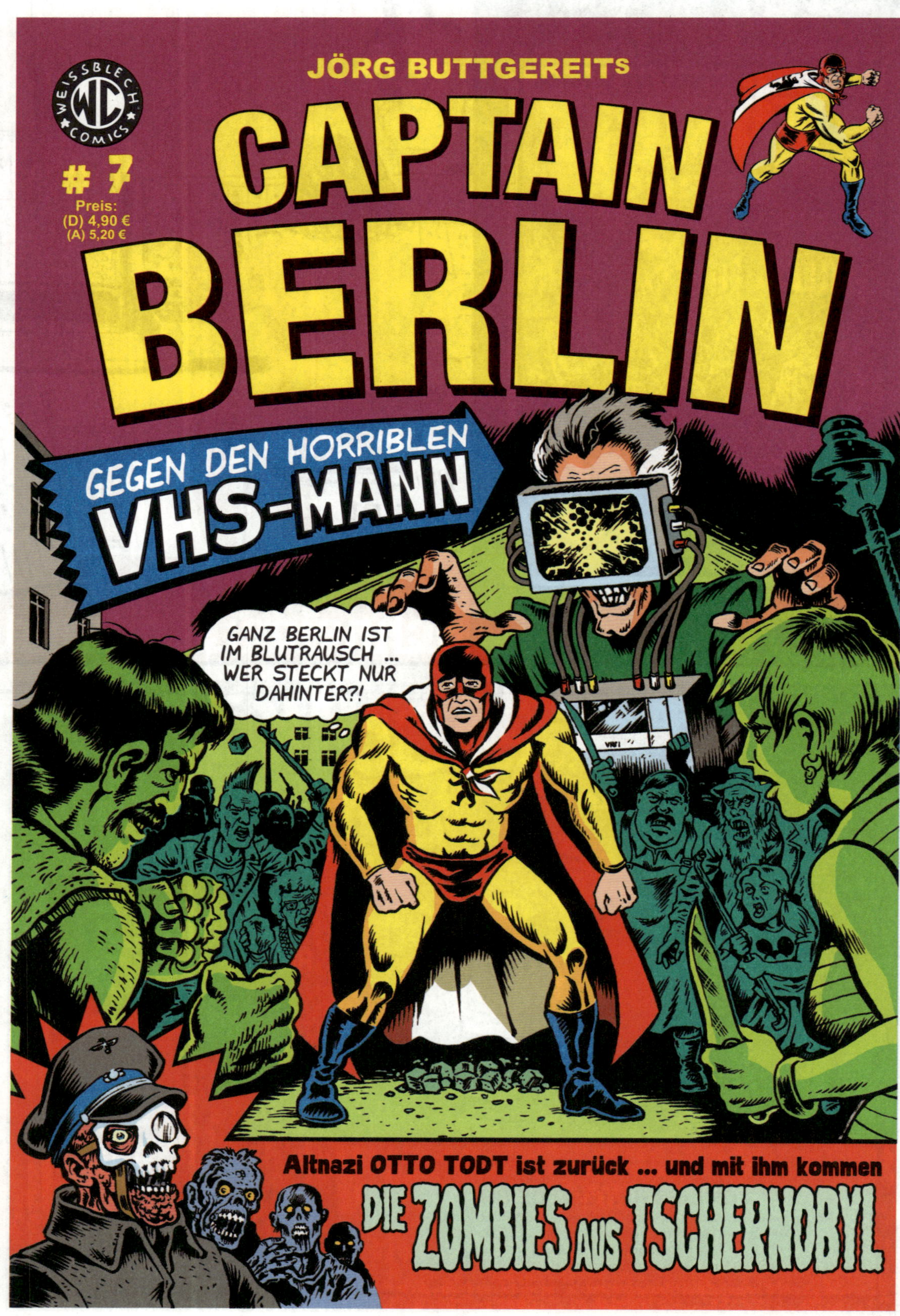

WEISSBLECH COMICS
WC
JÖRG BUTTGEREITS
CAPTAIN BERLIN
7
Preis:
(D) 4,90 €
(A) 5,20 €
GEGEN DEN HORRIBLEN
VHS-MANN
GANZ BERLIN IST IM BLUTRAUSCH ... WER STECKT NUR DAHINTER?!
Altnazi OTTO TODT ist zurück ... und mit ihm kommen
DIE ZOMBIES AUS TSCHERNOBYL

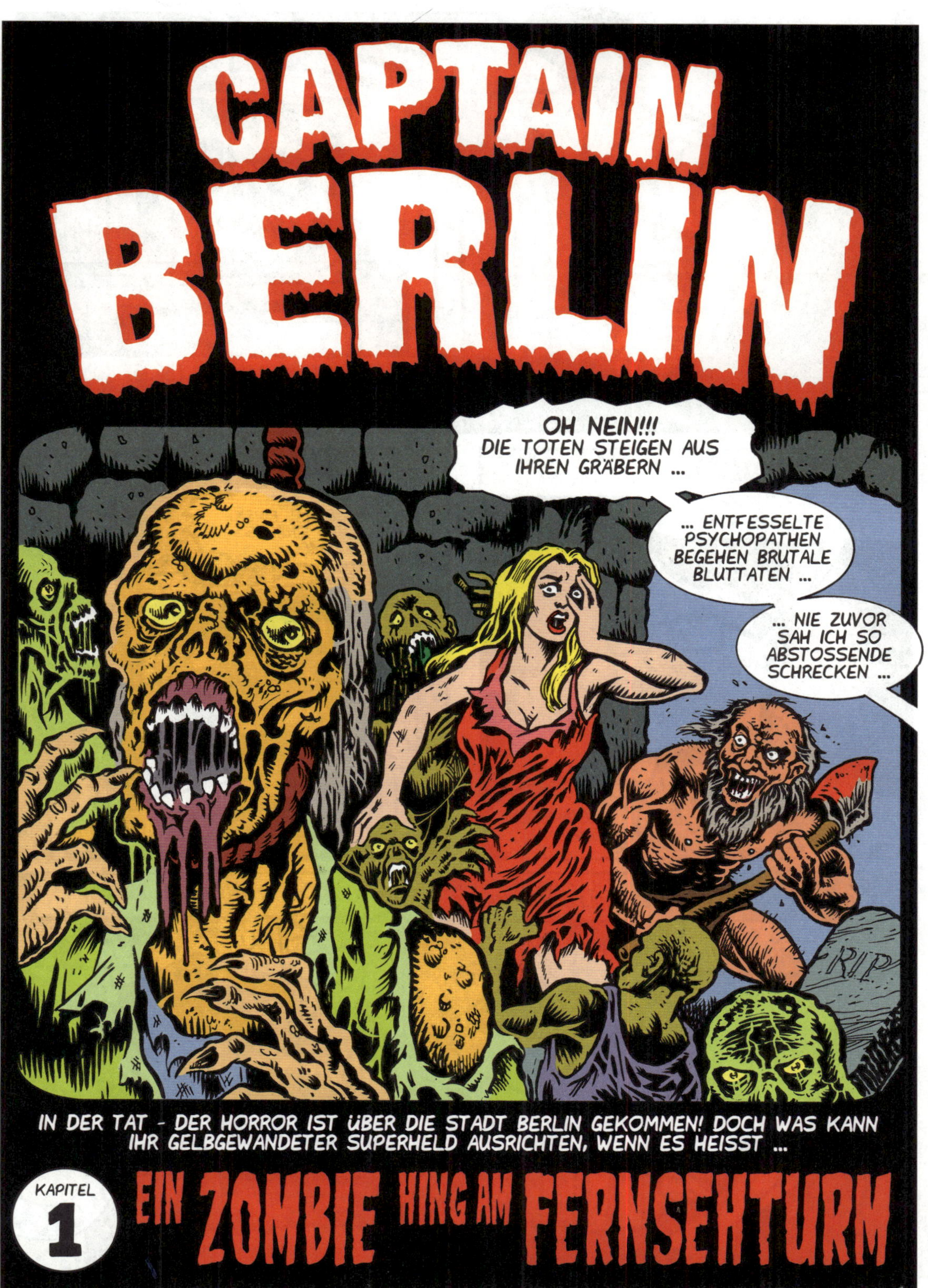
CAPTAIN BERLIN
OH NEIN!!! DIE TOTEN STEIGEN AUS IHREN GRÄBERN ...
... ENTFESSELTE PSYCHOPATHEN BEGEHEN BRUTALE BLUTTATEN ...
... NIE ZUVOR SAH ICH SO ABSTOSSENDE SCHRECKEN ...
R.I.P.
IN DER TAT - DER HORROR IST ÜBER DIE STADT BERLIN GEKOMMEN! DOCH WAS KANN IHR GELBGEWANDETER SUPERHELD AUSRICHTEN, WENN ES HEISST ...
KAPITEL 1
EIN ZOMBIE HING AM FERNSEHTURM

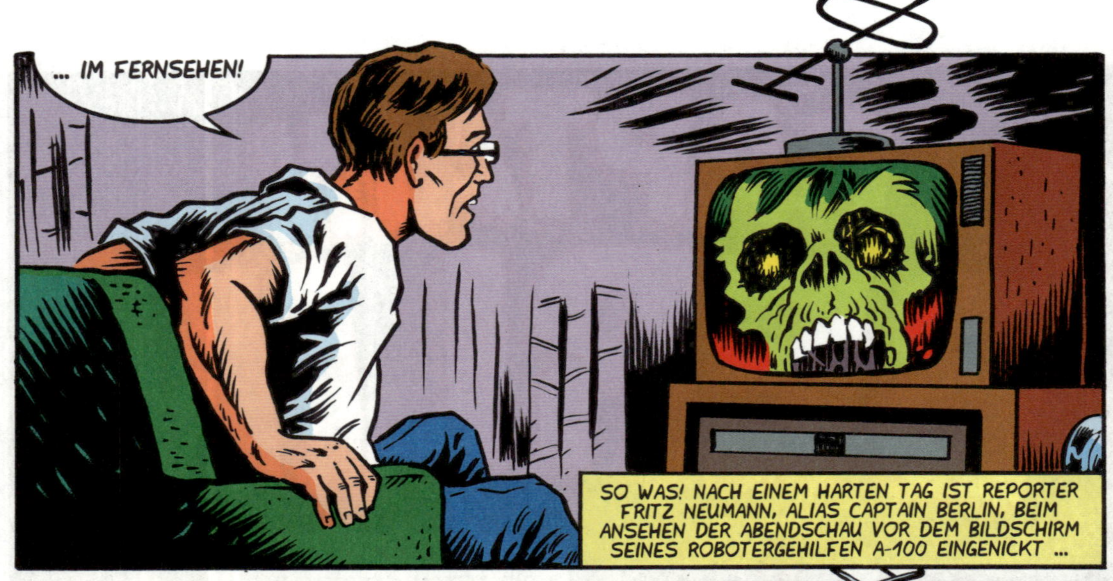
... IM FERNSEHEN!
SO WAS! NACH EINEM HARTEN TAG IST REPORTER FRITZ NEUMANN, ALIAS CAPTAIN BERLIN, BEIM ANSEHEN DER ABENDSCHAU VOR DEM BILDSCHIRM SEINES ROBOTERGEHILFEN A-100 EINGENICKT ...

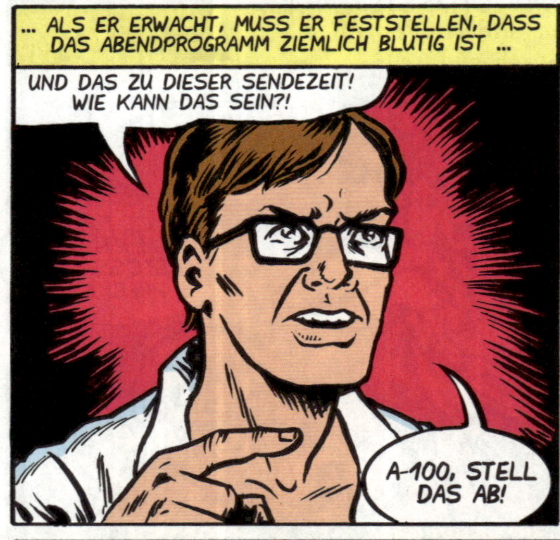
... ALS ER ERWACHT, MUSS ER FESTSTELLEN, DASS DAS ABENDPROGRAMM ZIEMLICH BLUTIG IST ...
UND DAS ZU DIESER SENDEZEIT! WIE KANN DAS SEIN?!
A-100, STELL DAS AB!

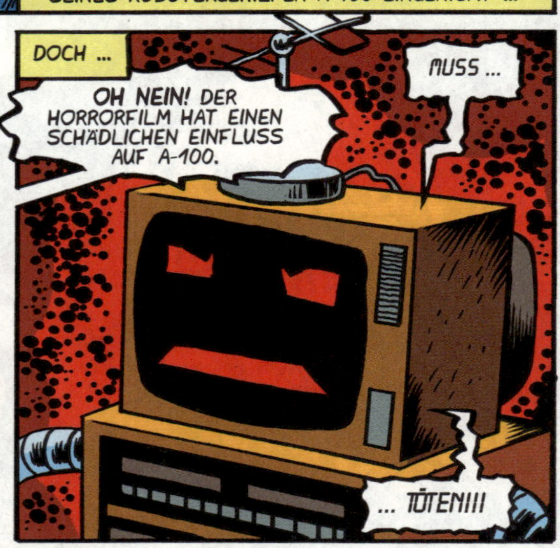
DOCH ...
OH NEIN! DER HORRORFILM HAT EINEN SCHÄDLICHEN EINFLUSS AUF A-100.
MUSS ...
... TÖTEN!!!

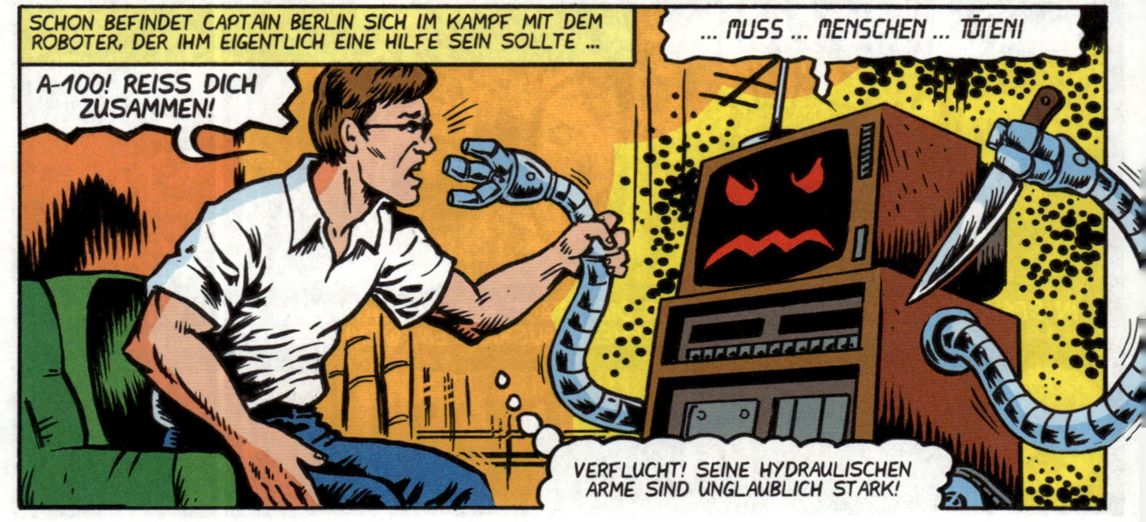
SCHON BEFINDET CAPTAIN BERLIN SICH IM KAMPF MIT DEM ROBOTER, DER IHM EIGENTLICH EINE HILFE SEIN SOLLTE ...
... MUSS ... MENSCHEN ... TÖTEN!
A-100! REISS DICH ZUSAMMEN!
VERFLUCHT! SEINE HYDRAULISCHEN ARME SIND UNGLAUBLICH STARK!

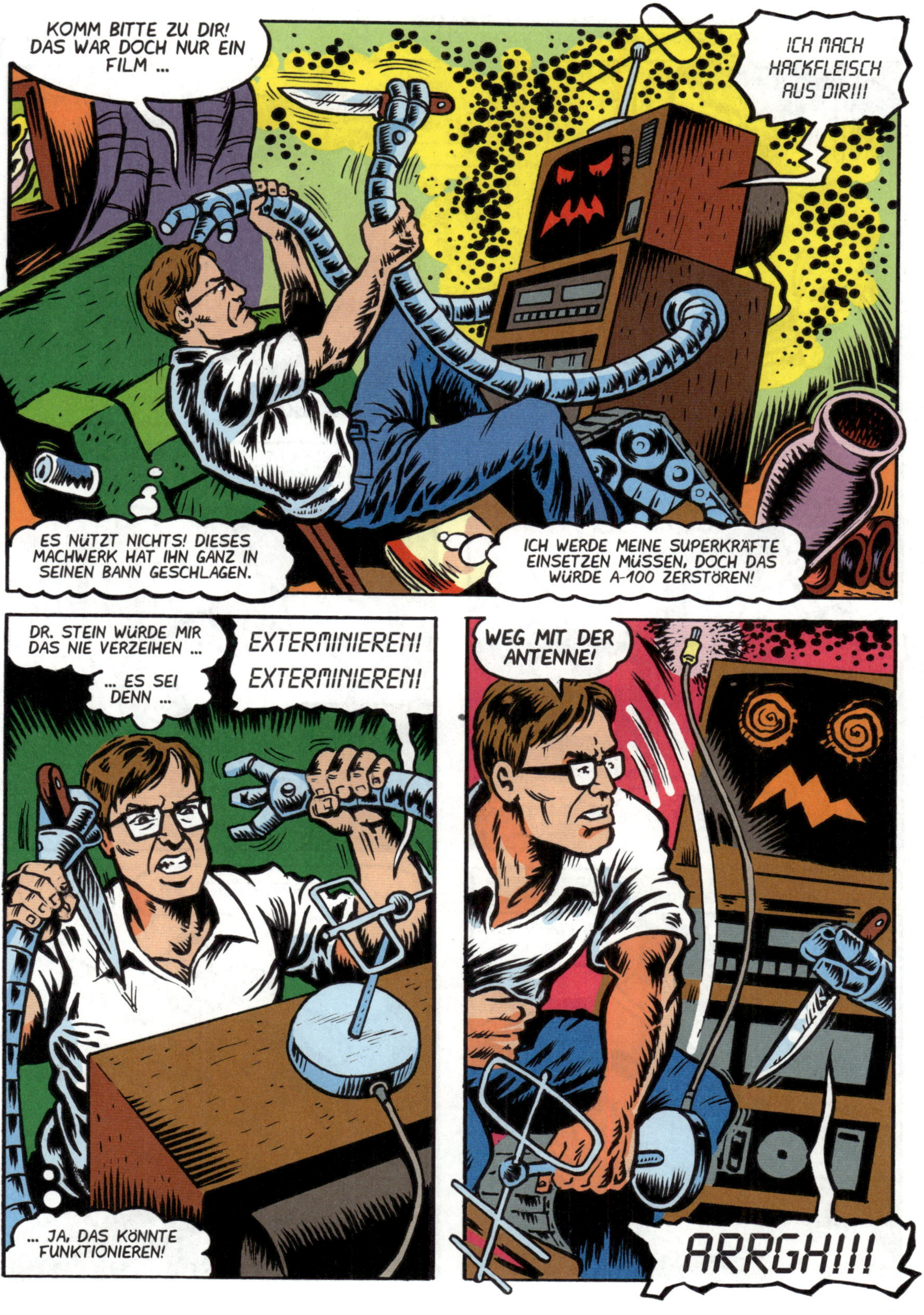

KOMM BITTE ZU DIR! DAS WAR DOCH NUR EIN FILM ...

ICH MACH HACKFLEISCH AUS DIR!!!

ES NÜTZT NICHTS! DIESES MACHWERK HAT IHN GANZ IN SEINEN BANN GESCHLAGEN.

ICH WERDE MEINE SUPERKRÄFTE EINSETZEN MÜSSEN, DOCH DAS WÜRDE A-100 ZERSTÖREN!

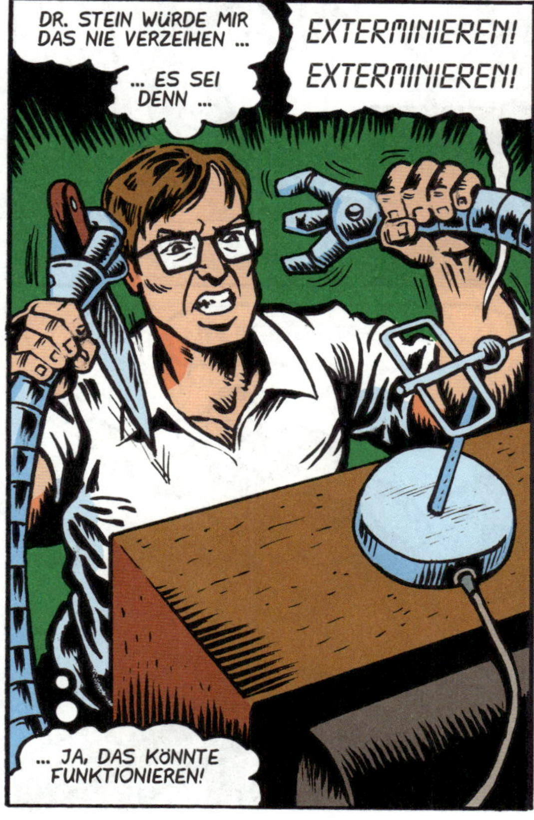

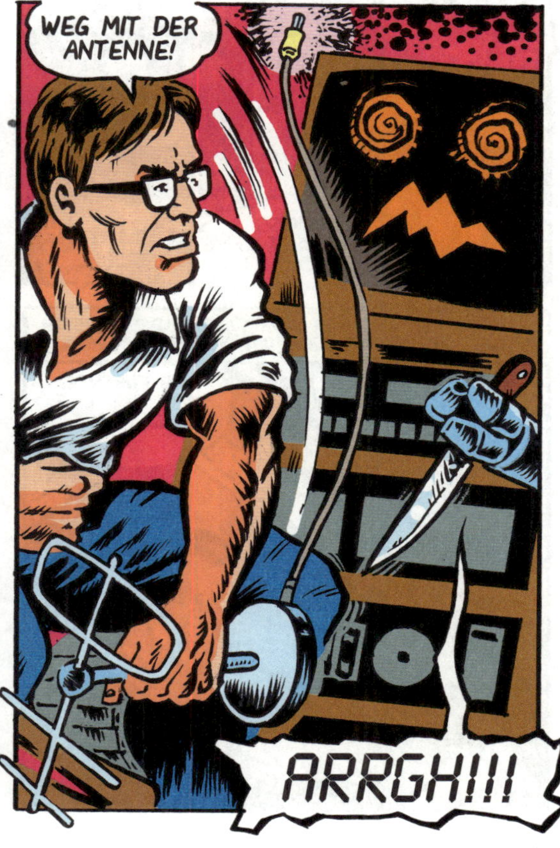

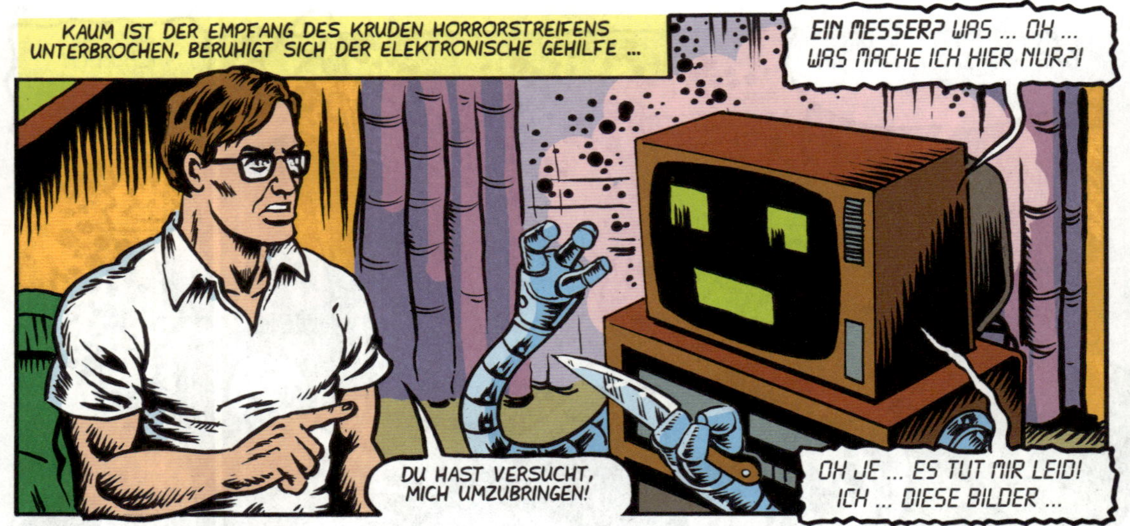
KAUM IST DER EMPFANG DES KRUDEN HORRORSTREIFENS UNTERBROCHEN, BERUHIGT SICH DER ELEKTRONISCHE GEHILFE ...
EIN MESSER? WAS ... OH ... WAS MACHE ICH HIER NUR?!
DU HAST VERSUCHT, MICH UMZUBRINGEN!
OH JE ... ES TUT MIR LEID! ICH ... DIESE BILDER ...

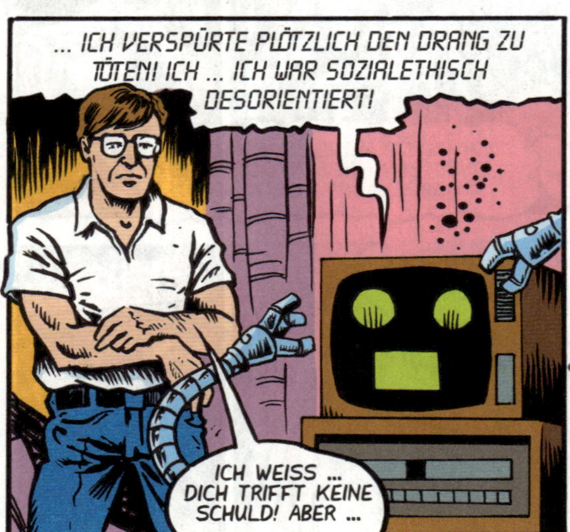
... ICH VERSPÜRTE PLÖTZLICH DEN DRANG ZU TÖTEN! ICH ... ICH WAR SOZIALETHISCH DESORIENTIERT!
ICH WEISS ... DICH TRIFFT KEINE SCHULD! ABER ...

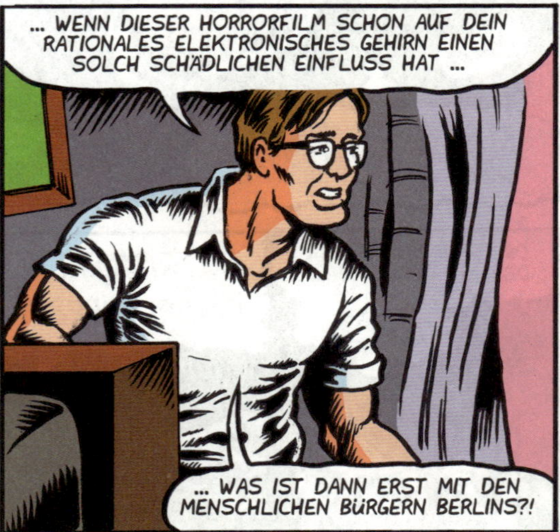
... WENN DIESER HORRORFILM SCHON AUF DEIN RATIONALES ELEKTRONISCHES GEHIRN EINEN SOLCH SCHÄDLICHEN EINFLUSS HAT ...
... WAS IST DANN ERST MIT DEN MENSCHLICHEN BÜRGERN BERLINS?!

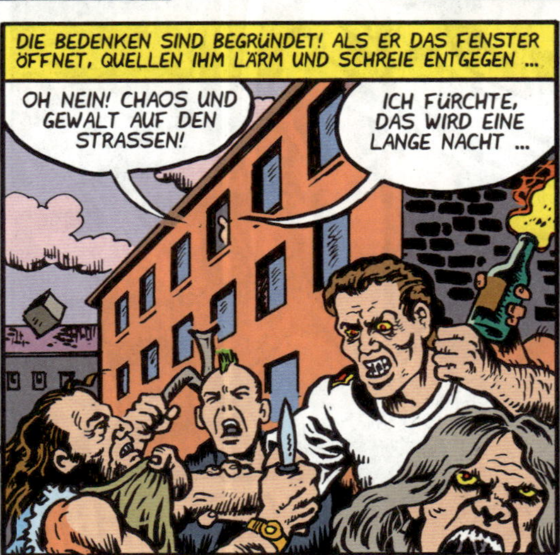
DIE BEDENKEN SIND BEGRÜNDET! ALS ER DAS FENSTER ÖFFNET, QUELLEN IHM LÄRM UND SCHREIE ENTGEGEN ...
OH NEIN! CHAOS UND GEWALT AUF DEN STRASSEN!
ICH FÜRCHTE, DAS WIRD EINE LANGE NACHT ...

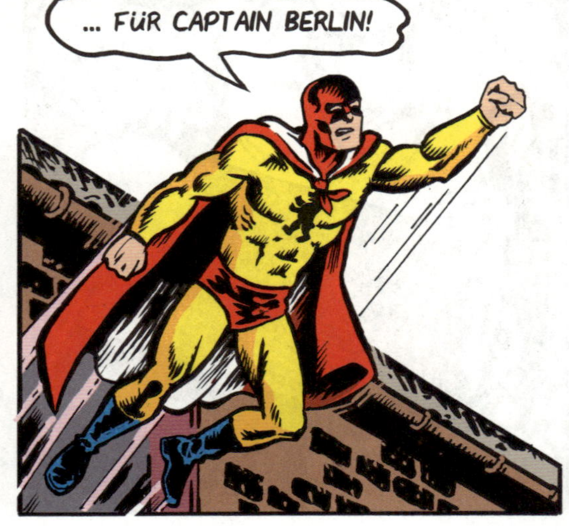
... FÜR CAPTAIN BERLIN!

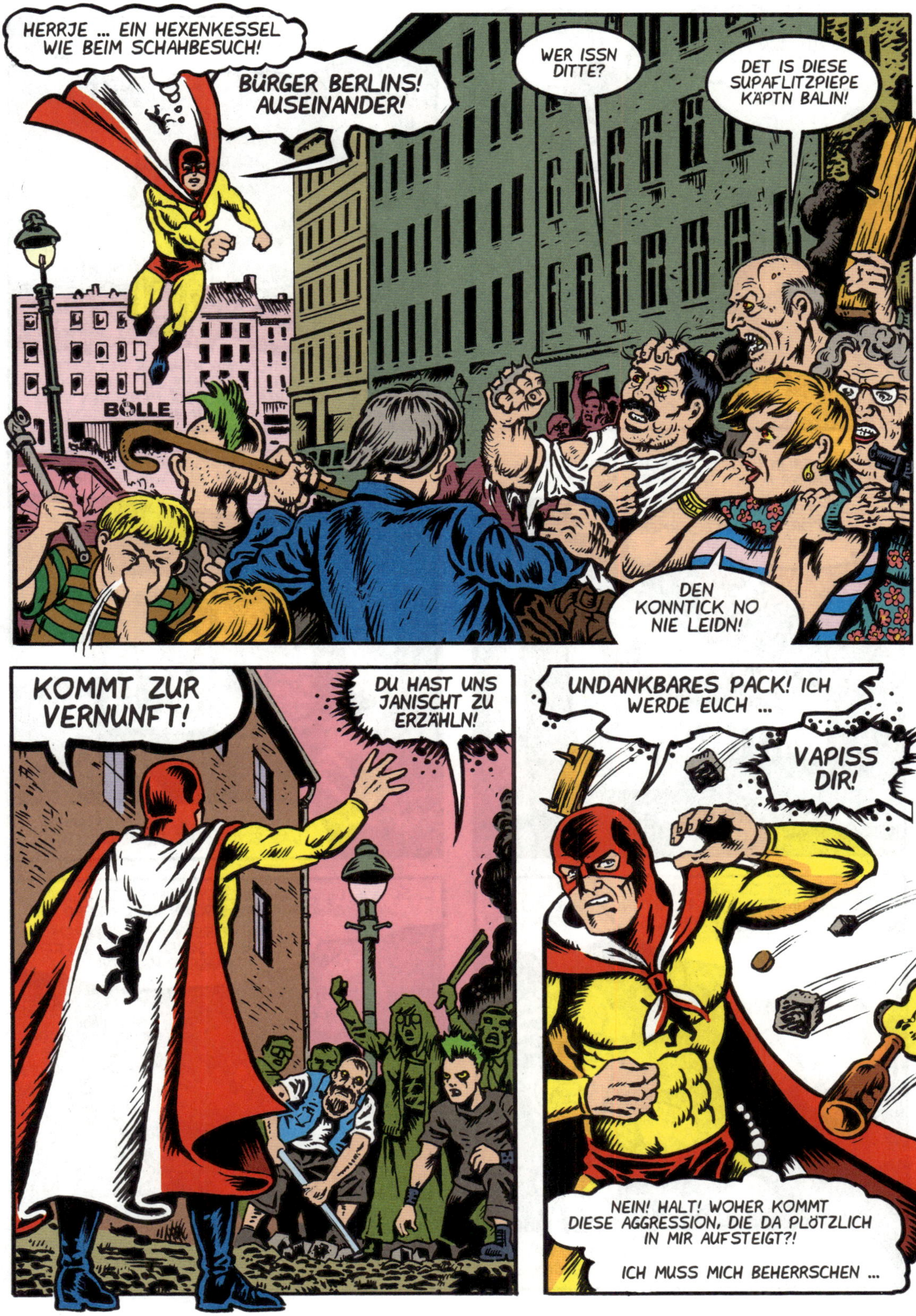

HERRJE ... EIN HEXENKESSEL WIE BEIM SCHAHBESUCH!
BÜRGER BERLINS! AUSEINANDER!
WER ISSN DITTE?
DET IS DIESE SUPAFLITZPIEPE KÄPTN BALIN!
DEN KONNTICK NO NIE LEIDN!
BOLLE

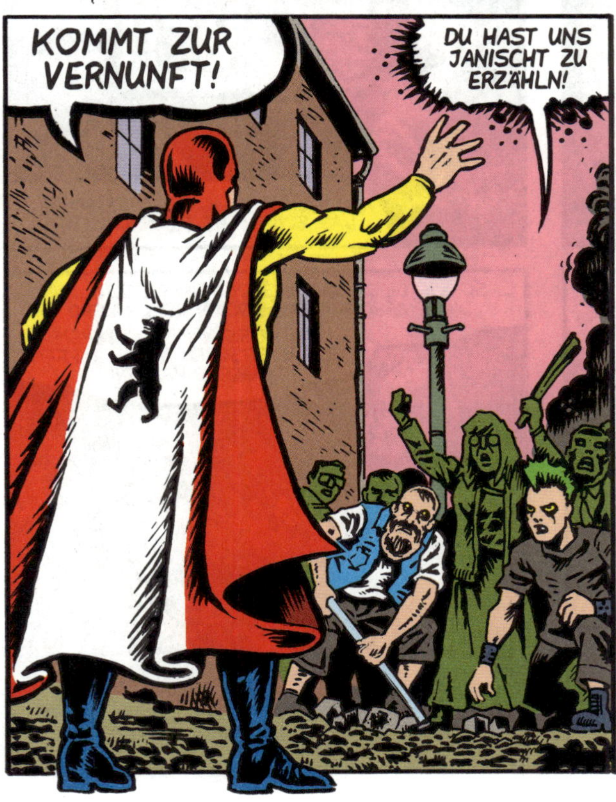
KOMMT ZUR VERNUNFT!
DU HAST UNS JANISCHT ZU ERZÄHLN!

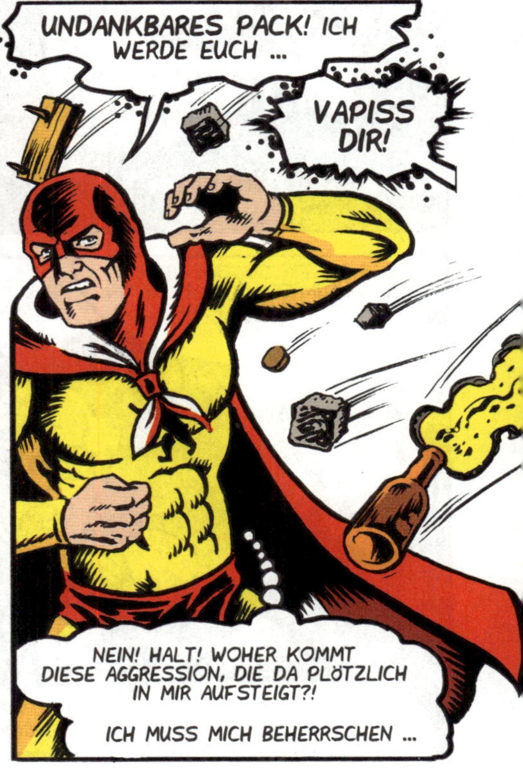
UNDANKBARES PACK! ICH WERDE EUCH ...
VAPISS DIR!
NEIN! HALT! WOHER KOMMT DIESE AGGRESSION, DIE DA PLÖTZLICH IN MIR AUFSTEIGT?!
ICH MUSS MICH BEHERRSCHEN ...

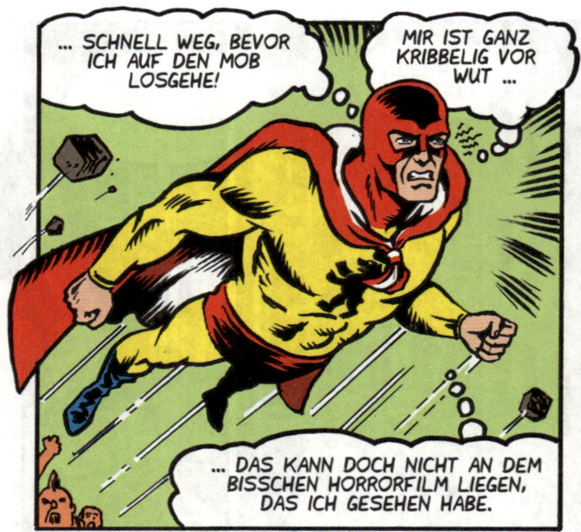
... SCHNELL WEG, BEVOR ICH AUF DEN MOB LOSGEHE!
MIR IST GANZ KRIBBELIG VOR WUT ...
... DAS KANN DOCH NICHT AN DEM BISSCHEN HORRORFILM LIEGEN, DAS ICH GESEHEN HABE.

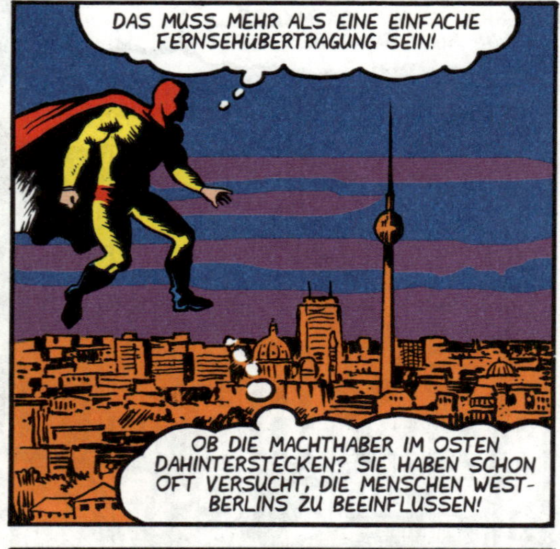
DAS MUSS MEHR ALS EINE EINFACHE FERNSEHÜBERTRAGUNG SEIN!
OB DIE MACHTHABER IM OSTEN DAHINTERSTECKEN? SIE HABEN SCHON OFT VERSUCHT, DIE MENSCHEN WEST-BERLINS ZU BEEINFLUSSEN!

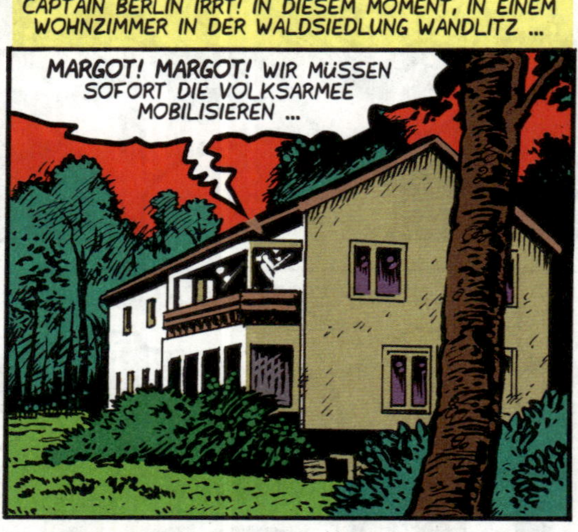
CAPTAIN BERLIN IRRT! IN DIESEM MOMENT, IN EINEM WOHNZIMMER IN DER WALDSIEDLUNG WANDLITZ ...
MARGOT! MARGOT! WIR MÜSSEN SOFORT DIE VOLKSARMEE MOBILISIEREN ...

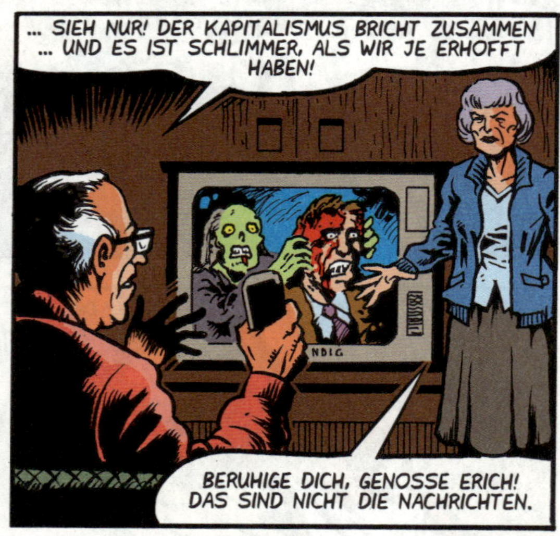
... SIEH NUR! DER KAPITALISMUS BRICHT ZUSAMMEN ... UND ES IST SCHLIMMER, ALS WIR JE ERHOFFT HABEN!
BERUHIGE DICH, GENOSSE ERICH! DAS SIND NICHT DIE NACHRICHTEN.

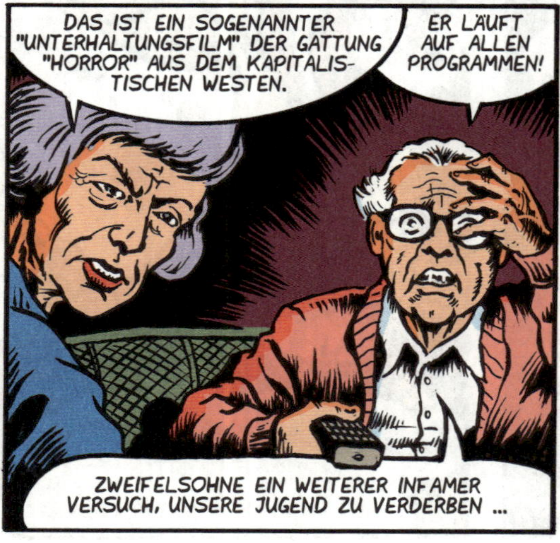
DAS IST EIN SOGENANNTER "UNTERHALTUNGSFILM" DER GATTUNG "HORROR" AUS DEM KAPITALISTISCHEN WESTEN.
ER LÄUFT AUF ALLEN PROGRAMMEN!
ZWEIFELSOHNE EIN WEITERER INFAMER VERSUCH, UNSERE JUGEND ZU VERDERBEN ...

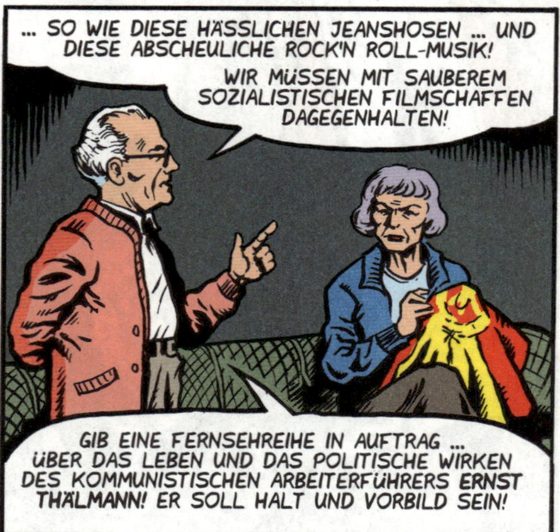
... SO WIE DIESE HÄSSLICHEN JEANSHOSEN ... UND DIESE ABSCHEULICHE ROCK'N ROLL-MUSIK!
WIR MÜSSEN MIT SAUBEREM SOZIALISTISCHEN FILMSCHAFFEN DAGEGENHALTEN!
GIB EINE FERNSEHREIHE IN AUFTRAG ... ÜBER DAS LEBEN UND DAS POLITISCHE WIRKEN DES KOMMUNISTISCHEN ARBEITERFÜHRERS ERNST THÄLMANN! ER SOLL HALT UND VORBILD SEIN!

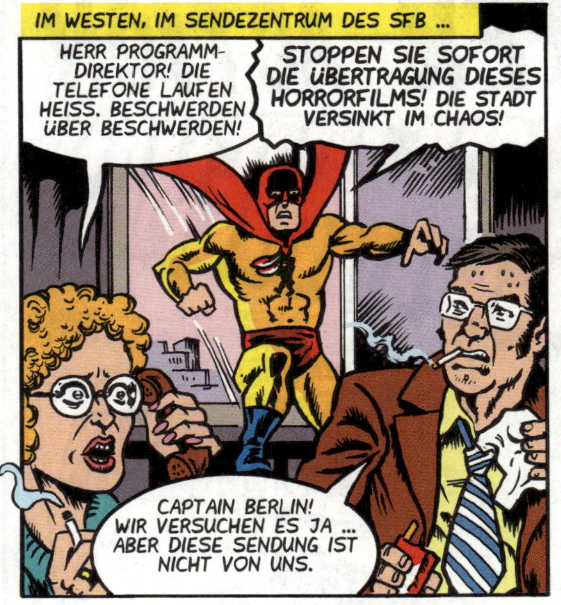
IM WESTEN, IM SENDEZENTRUM DES SFB ...
HERR PROGRAMM-DIREKTOR! DIE TELEFONE LAUFEN HEISS. BESCHWERDEN ÜBER BESCHWERDEN!
STOPPEN SIE SOFORT DIE ÜBERTRAGUNG DIESES HORRORFILMS! DIE STADT VERSINKT IM CHAOS!
CAPTAIN BERLIN! WIR VERSUCHEN ES JA ... ABER DIESE SENDUNG IST NICHT VON UNS.

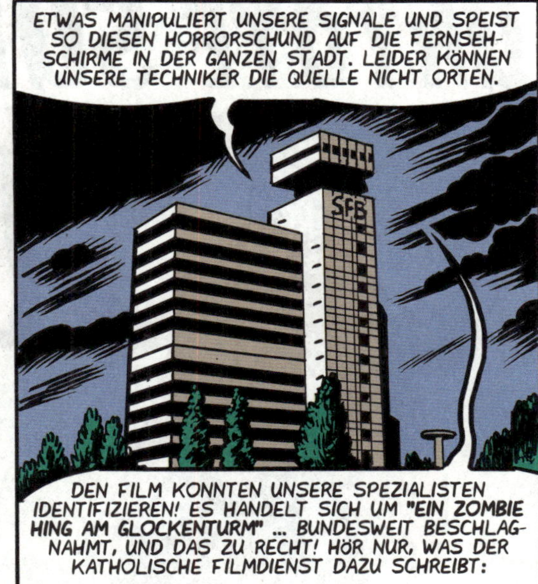
ETWAS MANIPULIERT UNSERE SIGNALE UND SPEIST SO DIESEN HORRORSCHUND AUF DIE FERNSEH-SCHIRME IN DER GANZEN STADT. LEIDER KÖNNEN UNSERE TECHNIKER DIE QUELLE NICHT ORTEN.
SFB
DEN FILM KONNTEN UNSERE SPEZIALISTEN IDENTIFIZIEREN! ES HANDELT SICH UM "EIN ZOMBIE HING AM GLOCKENTURM" ... BUNDESWEIT BESCHLAG-NAHMT, UND DAS ZU RECHT! HÖR NUR, WAS DER KATHOLISCHE FILMDIENST DAZU SCHREIBT:

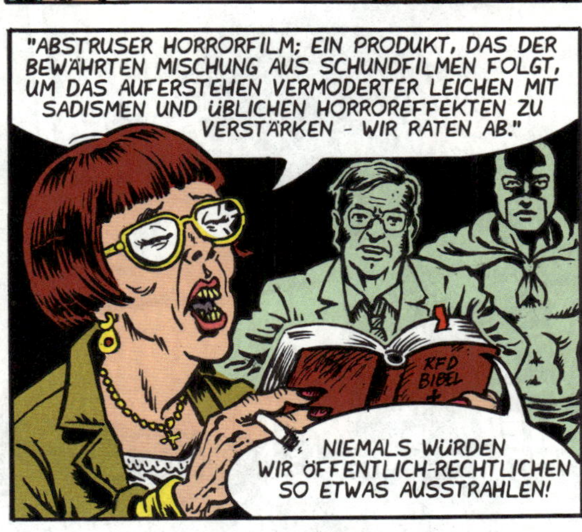
"ABSTRUSER HORRORFILM; EIN PRODUKT, DAS DER BEWÄHRTEN MISCHUNG AUS SCHUNDFILMEN FOLGT, UM DAS AUFERSTEHEN VERMODERTER LEICHEN MIT SADISMEN UND ÜBLICHEN HORROREFFEKTEN ZU VERSTÄRKEN - WIR RATEN AB."
KFD BIBEL
NIEMALS WÜRDEN WIR ÖFFENTLICH-RECHTLICHEN SO ETWAS AUSSTRAHLEN!

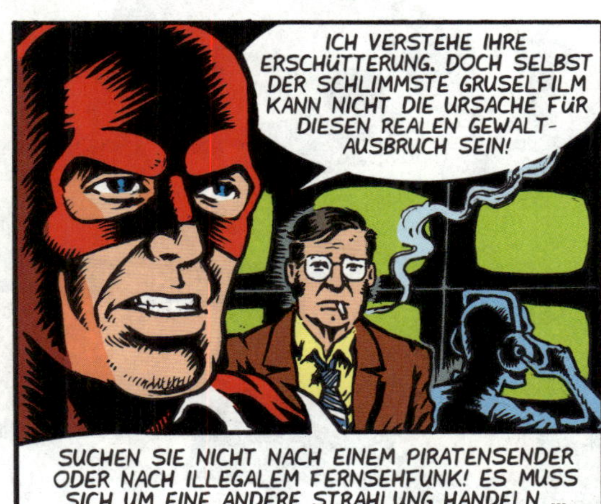
ICH VERSTEHE IHRE ERSCHÜTTERUNG. DOCH SELBST DER SCHLIMMSTE GRUSELFILM KANN NICHT DIE URSACHE FÜR DIESEN REALEN GEWALT-AUSBRUCH SEIN!
SUCHEN SIE NICHT NACH EINEM PIRATENSENDER ODER NACH ILLEGALEM FERNSEHFUNK! ES MUSS SICH UM EINE ANDERE STRAHLUNG HANDELN ...

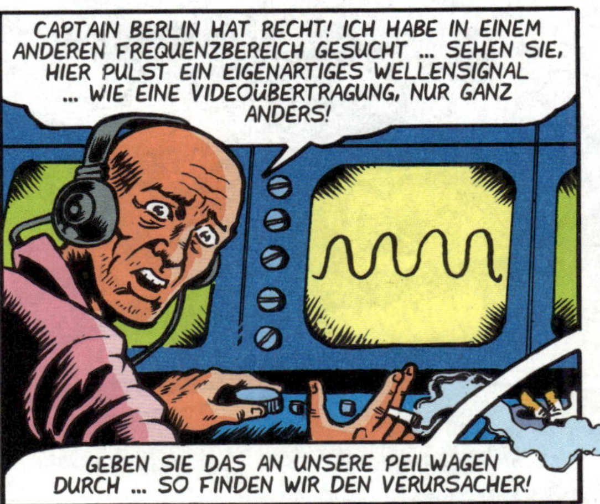
CAPTAIN BERLIN HAT RECHT! ICH HABE IN EINEM ANDEREN FREQUENZBEREICH GESUCHT ... SEHEN SIE, HIER PULST EIN EIGENARTIGES WELLENSIGNAL ... WIE EINE VIDEOÜBERTRAGUNG, NUR GANZ ANDERS!
GEBEN SIE DAS AN UNSERE PEILWAGEN DURCH ... SO FINDEN WIR DEN VERURSACHER!

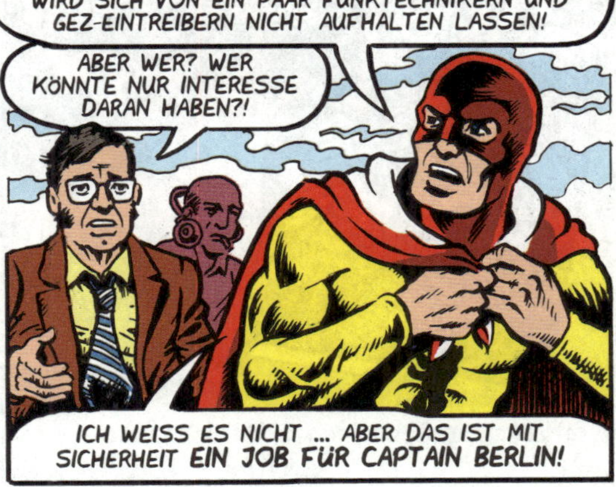
VORSICHT! WER AUCH IMMER DAZU IMSTANDE IST, WIRD SICH VON EIN PAAR FUNKTECHNIKERN UND GEZ-EINTREIBERN NICHT AUFHALTEN LASSEN!
ABER WER? WER KÖNNTE NUR INTERESSE DARAN HABEN?!
ICH WEISS ES NICHT ... ABER DAS IST MIT SICHERHEIT EIN JOB FÜR CAPTAIN BERLIN!

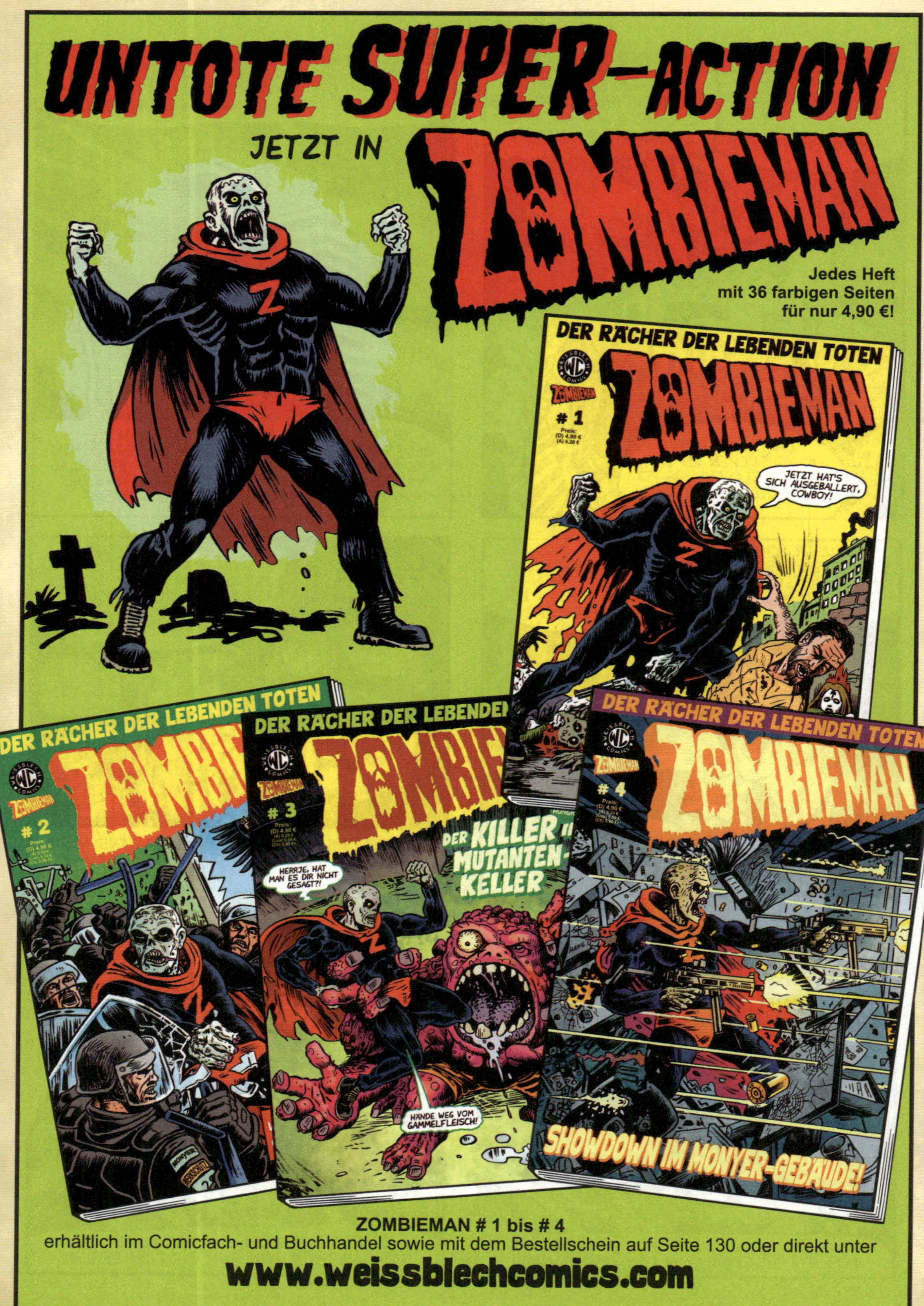
UNTOTE SUPER-ACTION
JETZT IN
ZOMBIEMAN
Jedes Heft
mit 36 farbigen Seiten
für nur 4,90 €!
DER RÄCHER DER LEBENDEN TOTEN
ZOMBIEMAN
1
JETZT HAT'S SICH AUSGEBALLERT, COWBOY!
DER RÄCHER DER LEBENDEN TOTEN
2
DER RÄCHER DER LEBENDEN
3
DER KILLER
MUTANTEN-
KELLER
HERRJE, HAT MAN ES DIR NICHT GESAGT?!
HÄNDE WEG VOM GAMMELFLEISCH!
DER RÄCHER DER LEBENDEN TOTEN
ZOMBIEMAN
4
SHOWDOWN IM MONYER-GEBÄUDE!
ZOMBIEMAN # 1 bis # 4
erhältlich im Comicfach- und Buchhandel sowie mit dem Bestellschein auf Seite 130 oder direkt unter
www.weissblechcomics.com

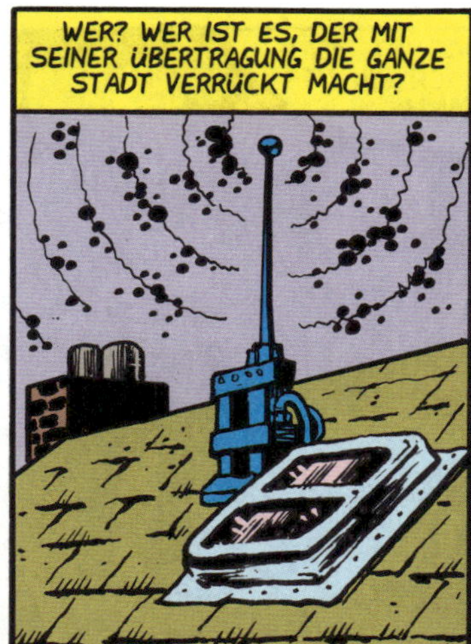
WER? WER IST ES, DER MIT SEINER ÜBERTRAGUNG DIE GANZE STADT VERRÜCKT MACHT?

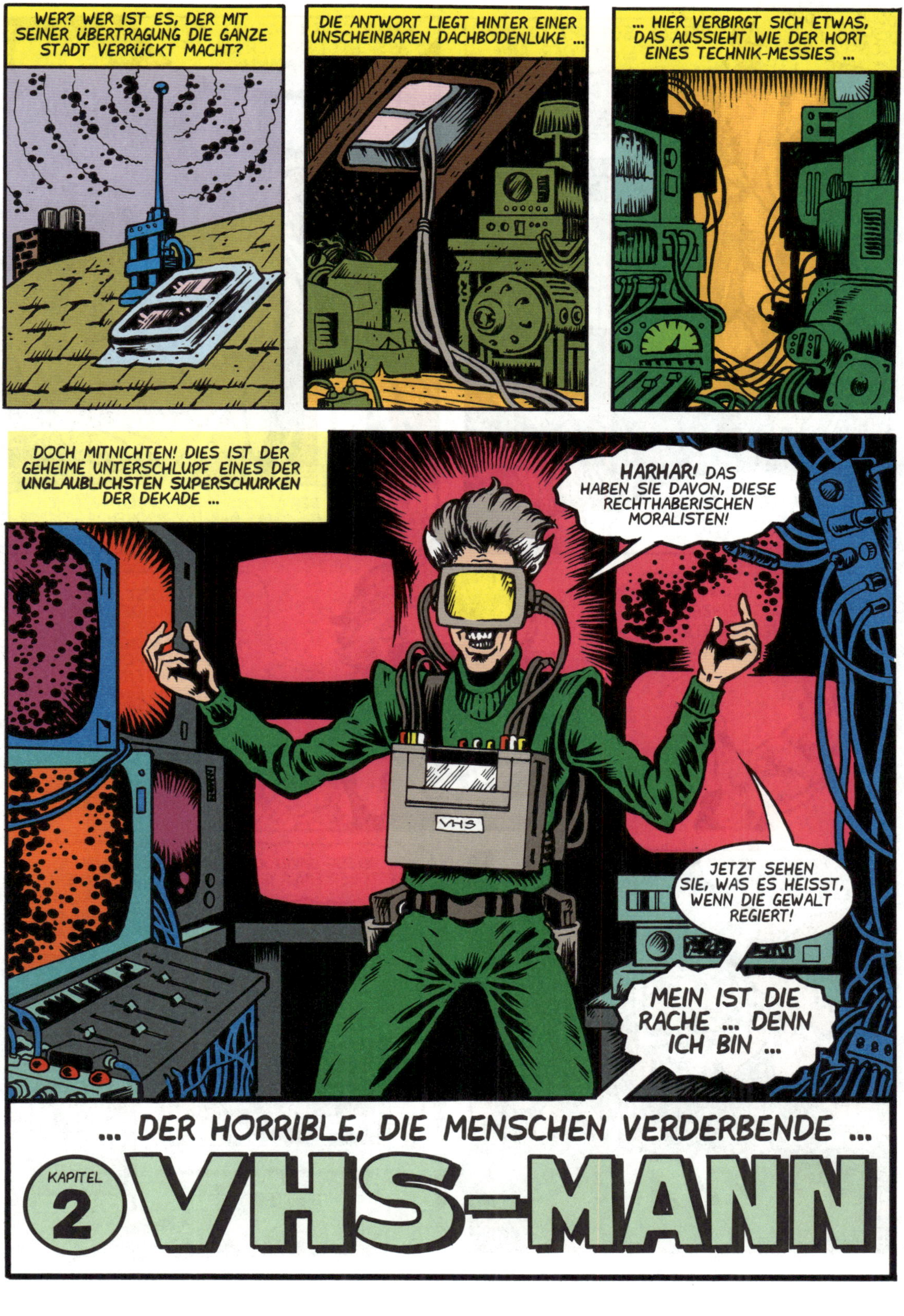

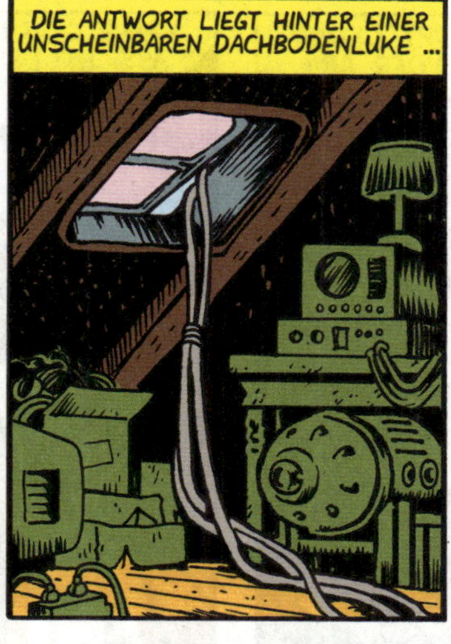
DIE ANTWORT LIEGT HINTER EINER UNSCHEINBAREN DACHBODENLUKE ...

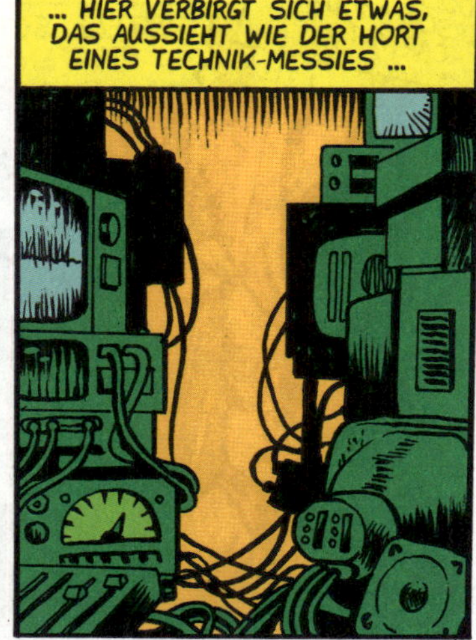
... HIER VERBIRGT SICH ETWAS, DAS AUSSIEHT WIE DER HORT EINES TECHNIK-MESSIES ...

DOCH MITNICHTEN! DIES IST DER GEHEIME UNTERSCHLUPF EINES DER UNGLAUBLICHSTEN SUPERSCHURKEN DER DEKADE ...
HARHAR! DAS HABEN SIE DAVON, DIESE RECHTHABERISCHEN MORALISTEN!
VHS
JETZT SEHEN SIE, WAS ES HEISST, WENN DIE GEWALT REGIERT!
MEIN IST DIE RACHE ... DENN ICH BIN ...
... DER HORRIBLE, DIE MENSCHEN VERDERBENDE ...
KAPITEL 2
VHS-MANN

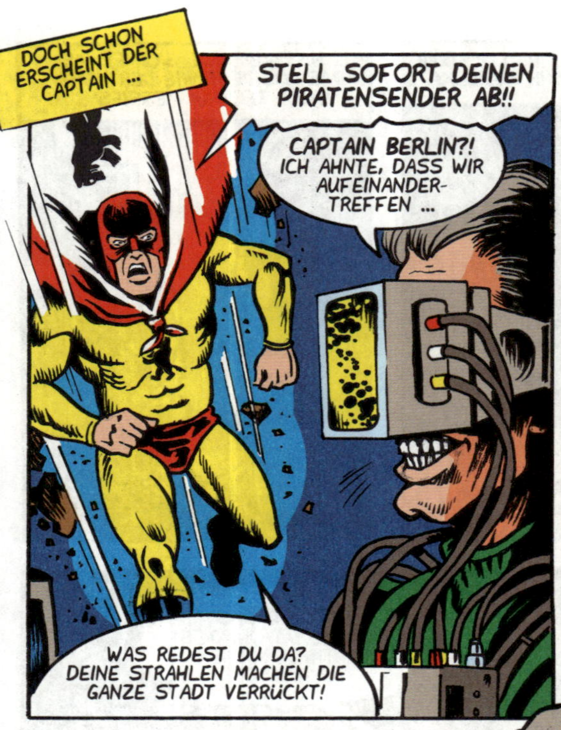
DOCH SCHON ERSCHEINT DER CAPTAIN ...
STELL SOFORT DEINEN PIRATENSENDER AB!!
CAPTAIN BERLIN?! ICH AHNTE, DASS WIR AUFEINANDER-TREFFEN ...
WAS REDEST DU DA? DEINE STRAHLEN MACHEN DIE GANZE STADT VERRÜCKT!

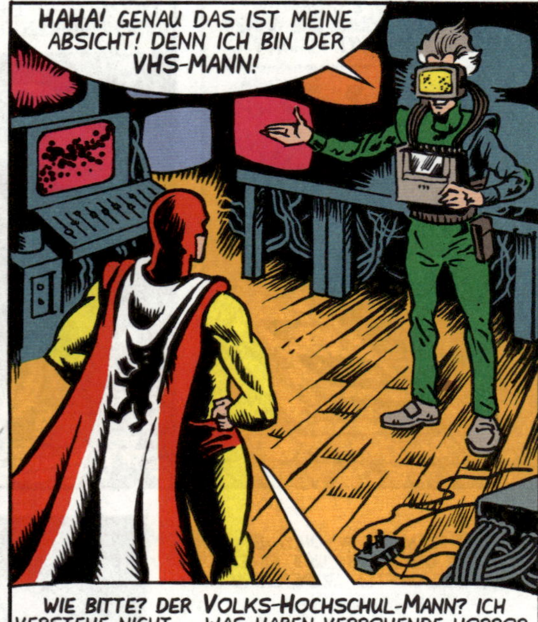
HAHA! GENAU DAS IST MEINE ABSICHT! DENN ICH BIN DER VHS-MANN!
WIE BITTE? DER VOLKS-HOCHSCHUL-MANN? ICH VERSTEHE NICHT ... WAS HABEN VERROHENDE HORROR-FILME MIT ANSTÄNDIGER VOLKSBILDUNG ZU TUN?!

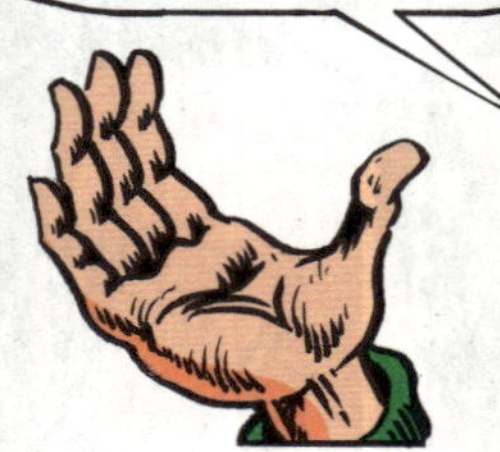
NEIN ... NEIN, DUMMKOPF!! VHS IST DAS KÜRZEL FÜR VIDEO-HEIM-SYSTEM.
DU WEISST SCHON: "DAS WUNDER VIDEO! EIN GANZER SPIELFILM, MILLIONEN VON BILDZEILEN, MILLIARDEN VON FARBIGEN BILDPUNKTEN AUF DEM MAGNETBAND EINER EINZIGEN, KAUM TASCHENBUCHGROSSEN KASSETTE. FÜR DAS GANZ PRIVATE HORROR-VIDEO-KINO IM WOHNZIMMER."

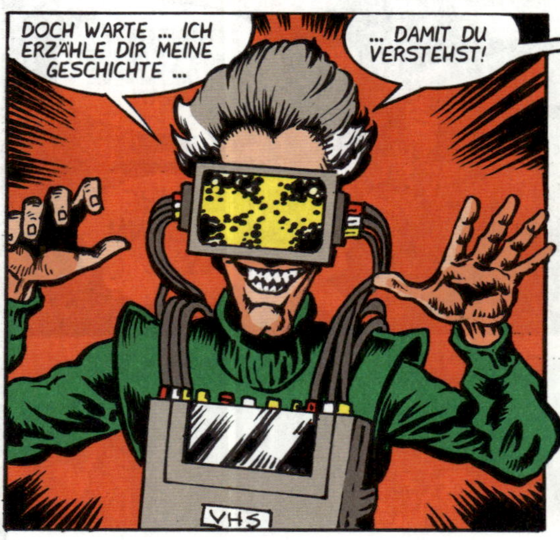
DOCH WARTE ... ICH ERZÄHLE DIR MEINE GESCHICHTE ...
... DAMIT DU VERSTEHST!
VHS

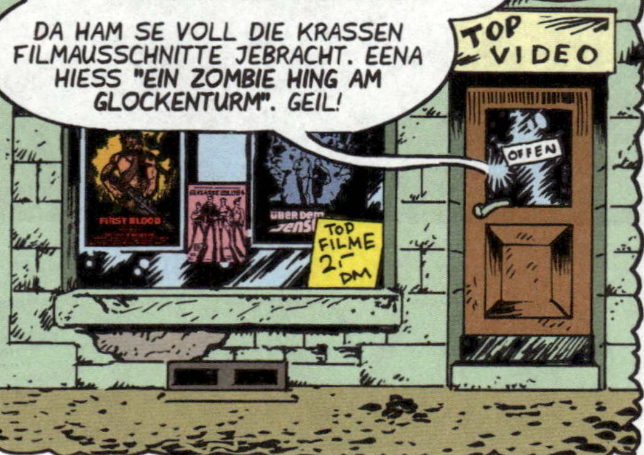
ICH HEISSE DAVID KRONENBURG. EINST WAR ICH BETREIBER EINER GUT SORTIERTEN VIDEOTHEK!
JESTERN ABEND JABS IM ZWEETEN PROGRAMM SON PÄDAGOGISCHN BERICHT ÜBA HORRORFÜLME, "PAPA, MAMA, ZOMBIE" HIESS DER.
DA HAM SE VOLL DIE KRASSEN FILMAUSSCHNITTE JEBRACHT. EENA HIESS "EIN ZOMBIE HING AM GLOCKENTURM". GEIL!
TOP VIDEO
OFFEN
FIRST BLOOD
TOP FILME 2,- DM

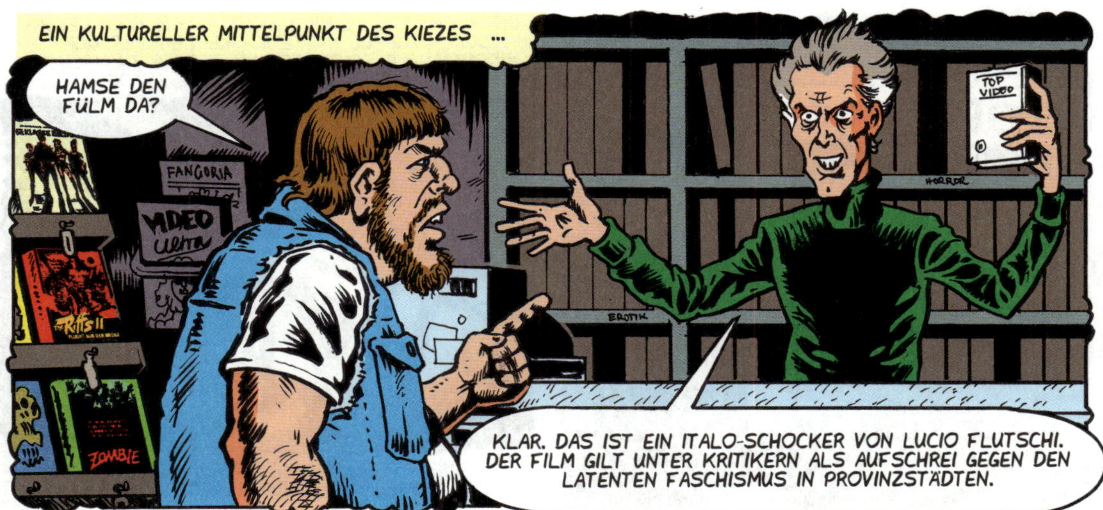
EIN KULTURELLER MITTELPUNKT DES KIEZES ...
HAMSE DEN FÜLM DA?
KLAR. DAS IST EIN ITALO-SCHOCKER VON LUCIO FLUTSCHI. DER FILM GILT UNTER KRITIKERN ALS AUFSCHREI GEGEN DEN LATENTEN FASCHISMUS IN PROVINZSTÄDTEN.

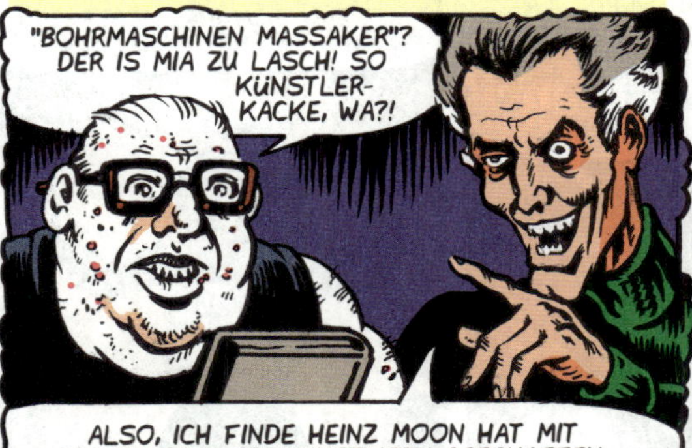
... EIN ORT DER BEGEGNUNG UND DES AUSTAUSCHES FÜR FILMFREUNDE VON NAH UND FERN ...
"BOHRMASCHINEN MASSAKER"? DER IS MIA ZU LASCH! SO KÜNSTLER-KACKE, WA?!
ALSO, ICH FINDE HEINZ MOON HAT MIT DIESEM FILM EIN KUNSTWERK GESCHAFFEN, DAS DIE GRAUSAMKEIT UNSERER SICH IN IHREM ENDSTADIUM BEFINDENDEN GESELLSCHAFT SCHONUNGSLOS AUFDECKT.

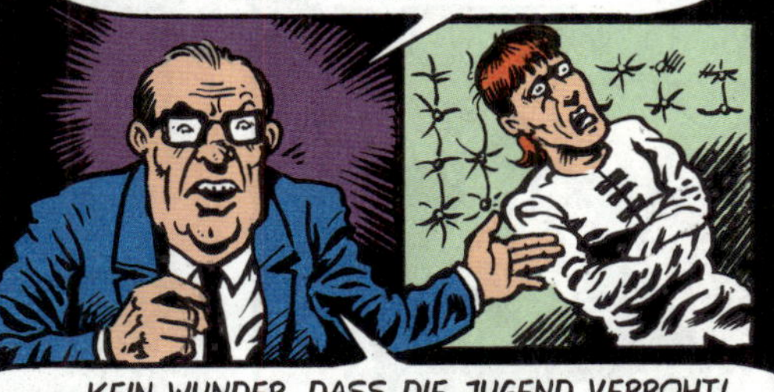
ICH AHNTE NICHT, DASS DER FERNSEHBERICHT ÜBER HORRORVIDEOS DER ANFANG VOM ENDE SEIN SOLLTE! SCHON BALD MACHTEN SICH SELBSTERNANNTE MORALWÄCHTER DARAN, IN HORRORVIDEOS DIE SCHULD AM VERFALL IHRER WERTE ZU SUCHEN ...
IN SOGENANNTEN VIDEOTHEKEN BEKOMMEN MINDERJÄHRIGE ZUGRIFF AUF GRAUSAMSTE GEWALTPORNOGRAFIE ...
... KEIN WUNDER, DASS DIE JUGEND VERROHT! GEFÄNGNISSE UND PSYCHATRIEN QUELLEN ÜBER MIT DEN OPFERN DES VIDEOSCHUNDS!

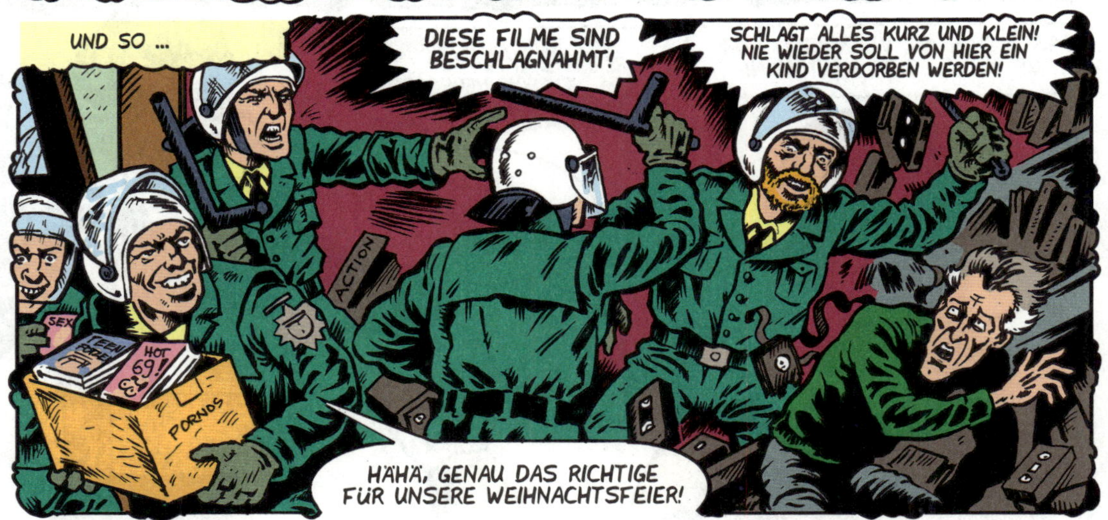
UND SO ...
DIESE FILME SIND BESCHLAGNAHMT!
SCHLAGT ALLES KURZ UND KLEIN! NIE WIEDER SOLL VON HIER EIN KIND VERDORBEN WERDEN!
HÄHÄ, GENAU DAS RICHTIGE FÜR UNSERE WEIHNACHTSFEIER!

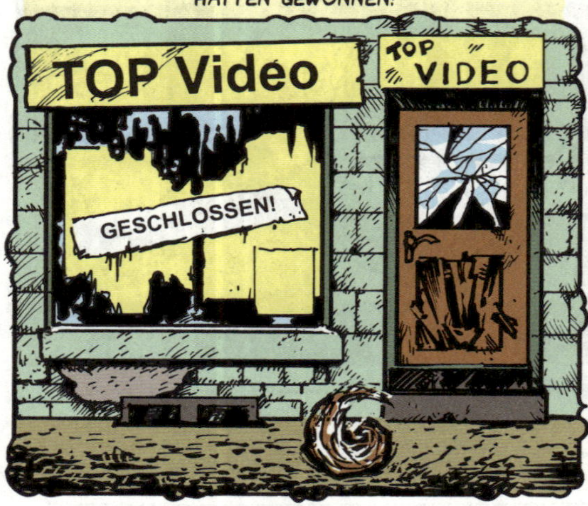
ICH WAR RUINIERT. DIE MORALISTEN UND ZENSOREN HATTEN GEWONNEN!
TOP Video
TOP VIDEO
GESCHLOSSEN!

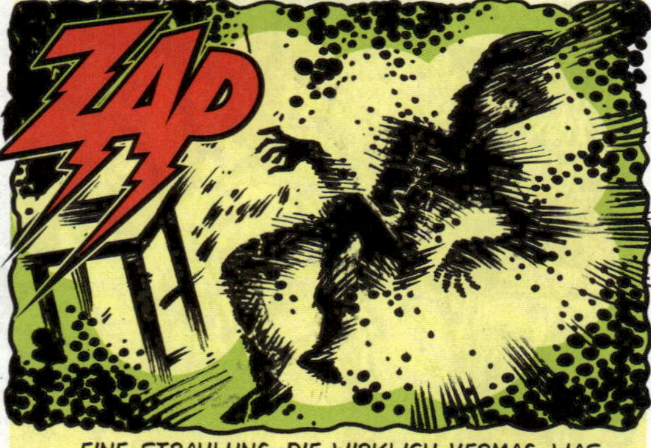
DOCH ICH WOLLTE MICH NICHT GESCHLAGEN GEBEN! DURCH ZUFALL HATTE ICH BEI DEM VERSUCH, VIDEOSIGNALE SCHÄRFER UND BESSER ZU MACHEN, EINE GEHEIMNISVOLLE STRAHLUNG ENTDECKT ...
ZAP
... EINE STRAHLUNG, DIE WIRKLICH VERMAG, WAS DIE MORALAPOSTEL DEN VIDEOS VORWERFEN!

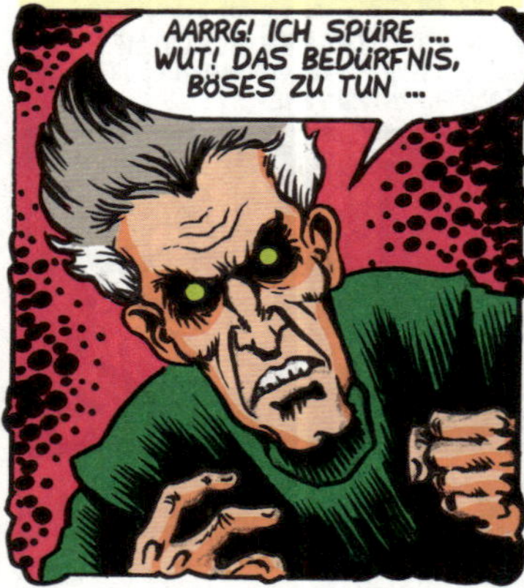
DIESE VIDEODROMSTRAHLEN VERMISCHEN FIKTION UND REALITÄT IM HIRN DES ZUSCHAUERS. DAS FÜHRT ZUR ZWANGHAFTEN NACHAHMUNG DER VIDEOBILDER!
AARRG! ICH SPÜRE ... WUT! DAS BEDÜRFNIS, BÖSES ZU TUN ...

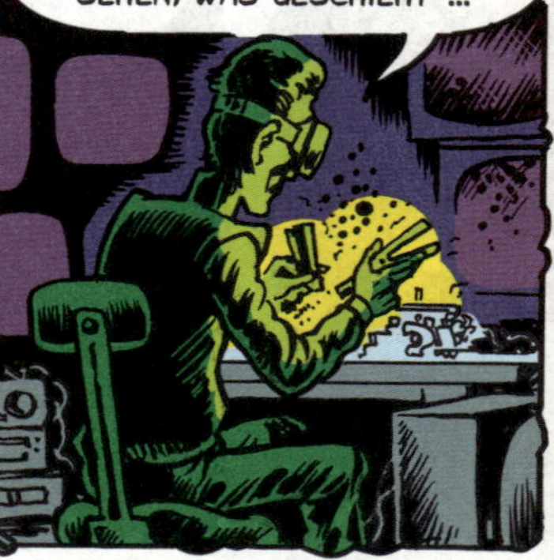
DURCH EXPERIMENTE LERNTE ICH BALD, DIESE STRAHLUNG ZU BEHERRSCHEN. SO WURDE ICH ...
DIE VIDEODROMSTRAHLEN SOLLEN DAS INSTRUMENT MEINER RACHE SEIN! DIE MORALISTEN SOLLEN SEHEN, WAS GESCHIEHT ...

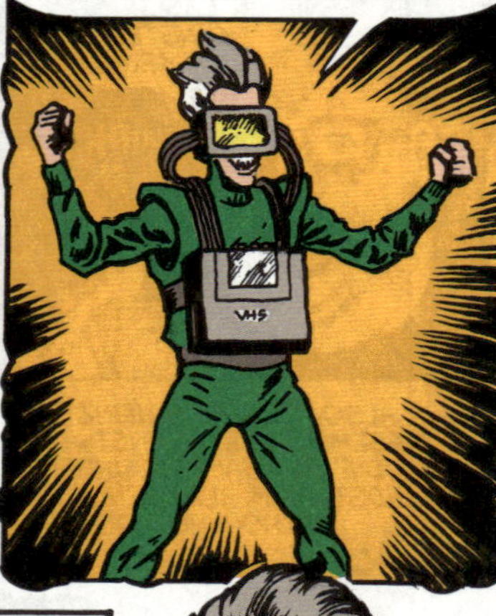
... DER VHS-MANN!
... WENN SICH IHRE ABSTRUSEN PROGNOSEN BESTÄTIGEN! HARHAR!!
VHS

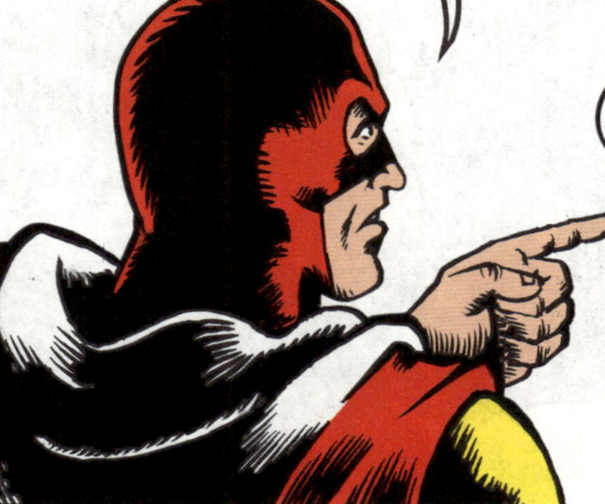
DAS ... DAS IST VERRÜCKT! HÖR AUF MIT DIESEM WAHNSINN!

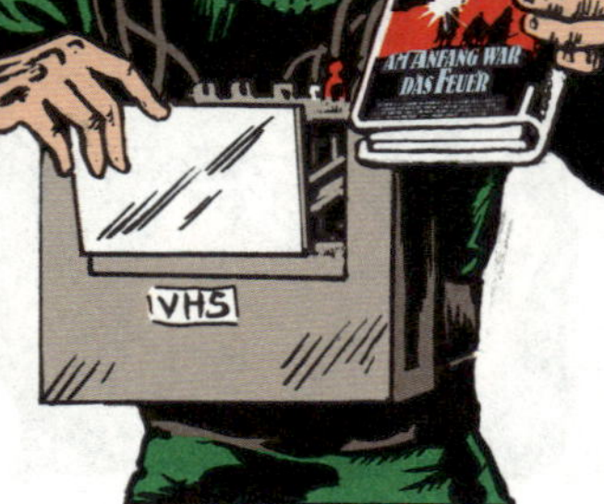
ABER NEIN! SIEH HER, CAPTAIN BERLIN ... EXTRA FÜR DICH LEGE ICH EINE NEUE VIDEO-KASSETTE EIN!
ETWAS ERBAULICHERES, BILDENDES ... HEHEHE!
AM ANFANG WAR DAS FEUER
VHS

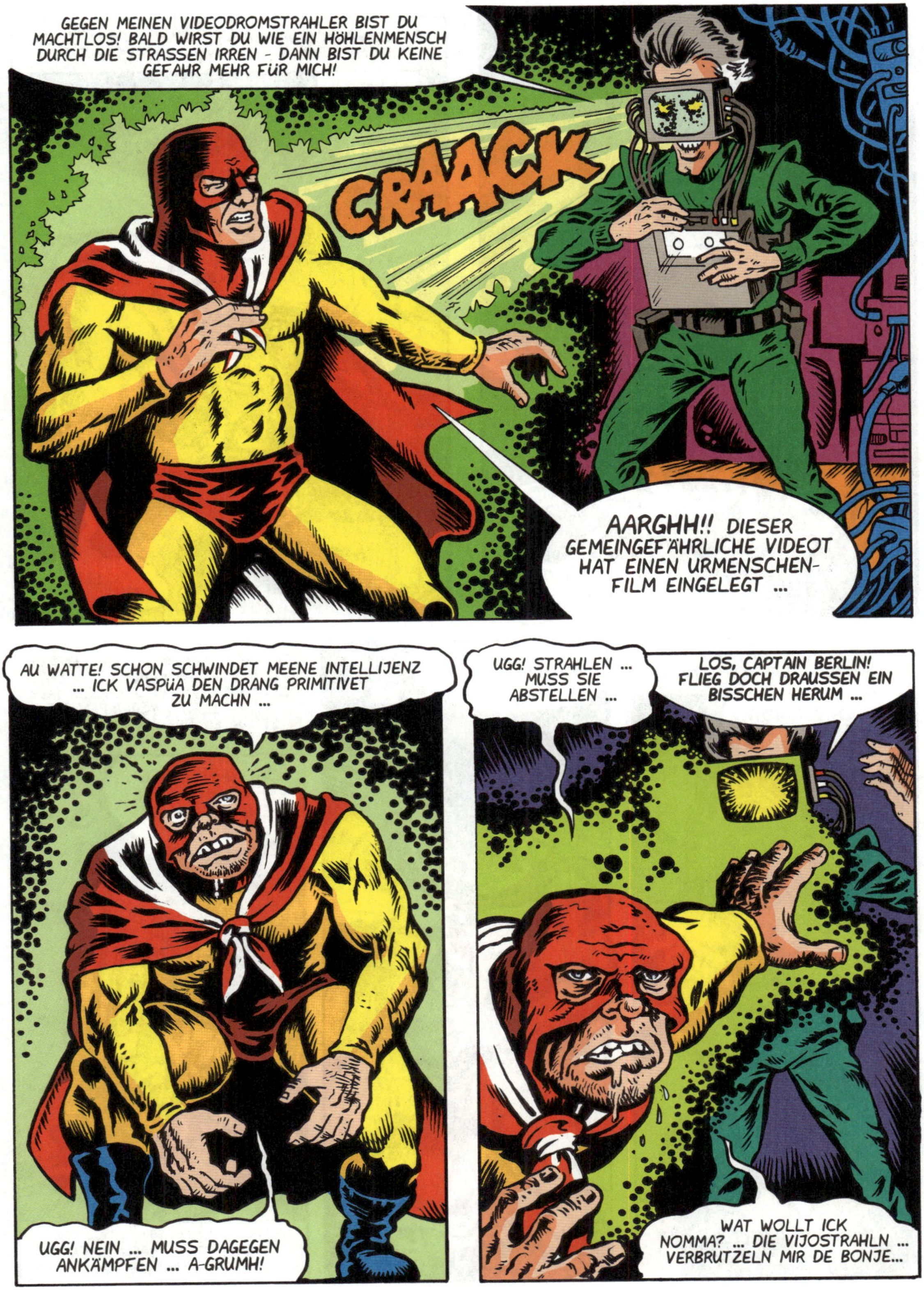

GEGEN MEINEN VIDEODROMSTRAHLER BIST DU MACHTLOS! BALD WIRST DU WIE EIN HÖHLENMENSCH DURCH DIE STRASSEN IRREN - DANN BIST DU KEINE GEFAHR MEHR FÜR MICH!

CRAACK

AARGHH!! DIESER GEMEINGEFÄHRLICHE VIDEOT HAT EINEN URMENSCHEN-FILM EINGELEGT ...

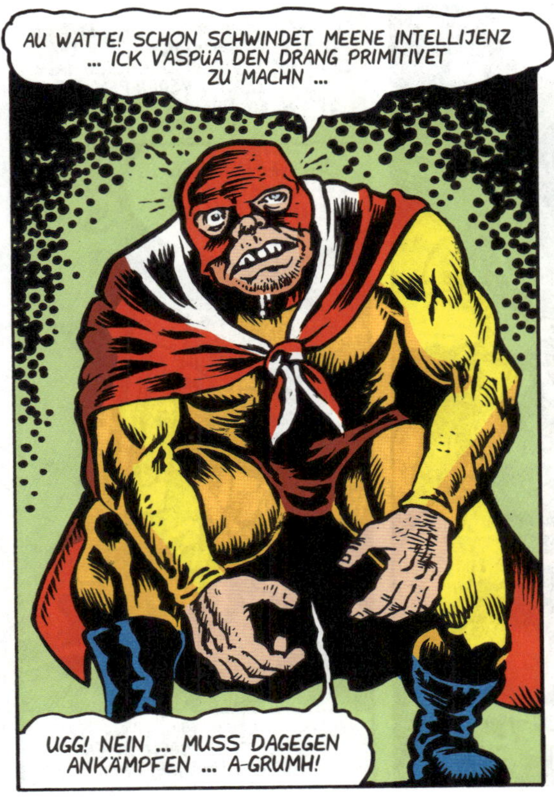

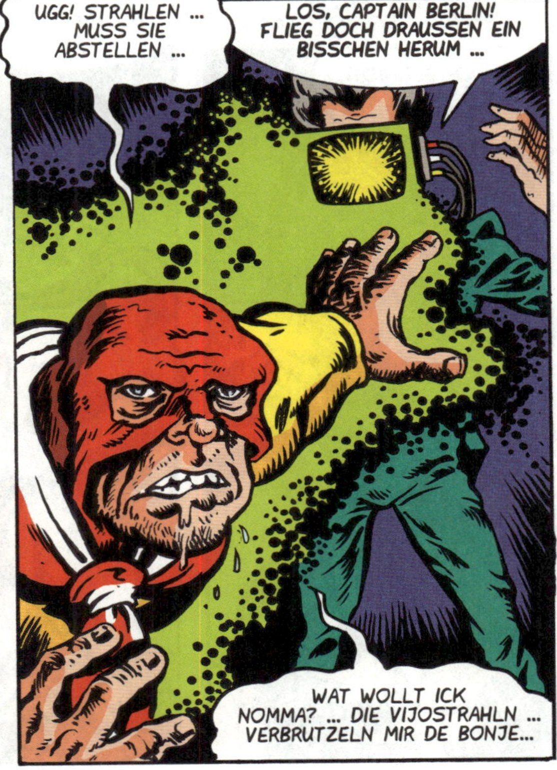

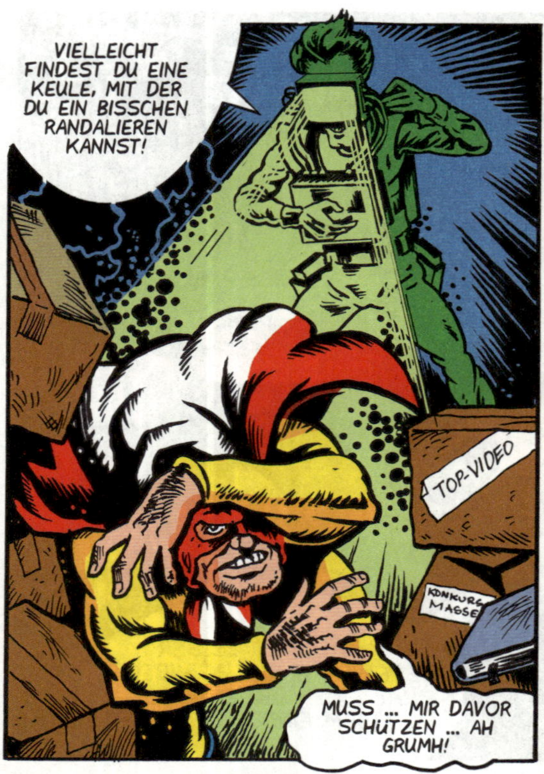

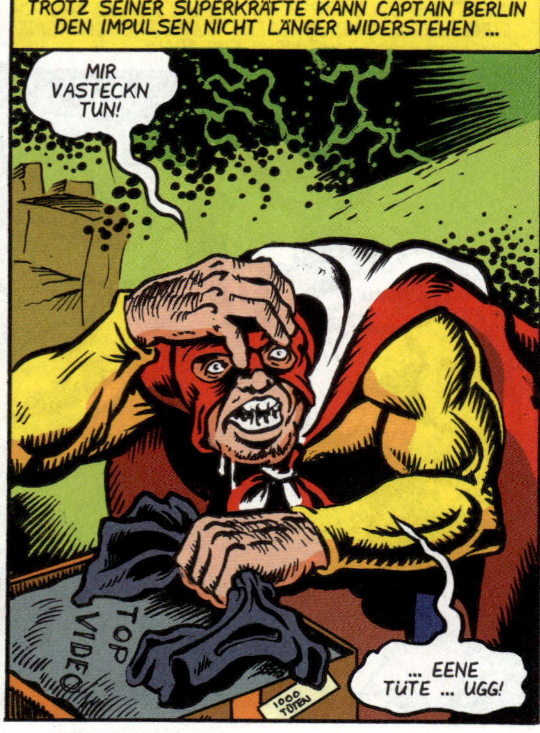

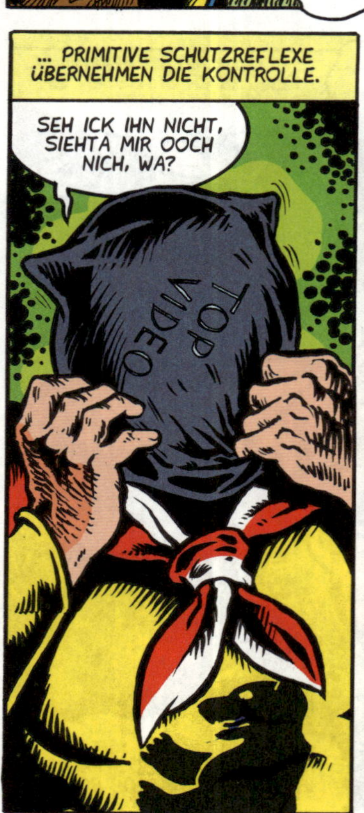

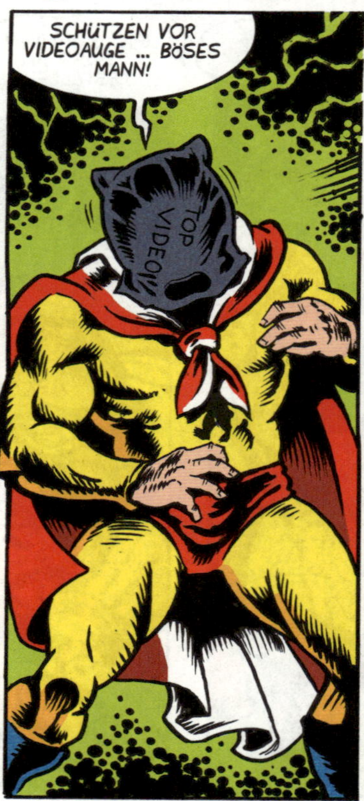

TATSÄCHLICH! IN DEM MOMENT, IN DEM CAPTAIN BERLIN SICH DIE SCHWARZE VIDEOTÜTE ÜBER DEN KOPF ZIEHT*, VERLIEREN DIE STRAHLEN DES VHS-MANNS AN WIRKUNG ...

OH, NEIN! DIESE VERDAMMTE TÜTE SCHIRMT IHN AB.

*LIEBE KINDER, BITTE AUF GAR KEINEN FALL NACHAHMEN! ERSTICKUNGSGEFAHR!

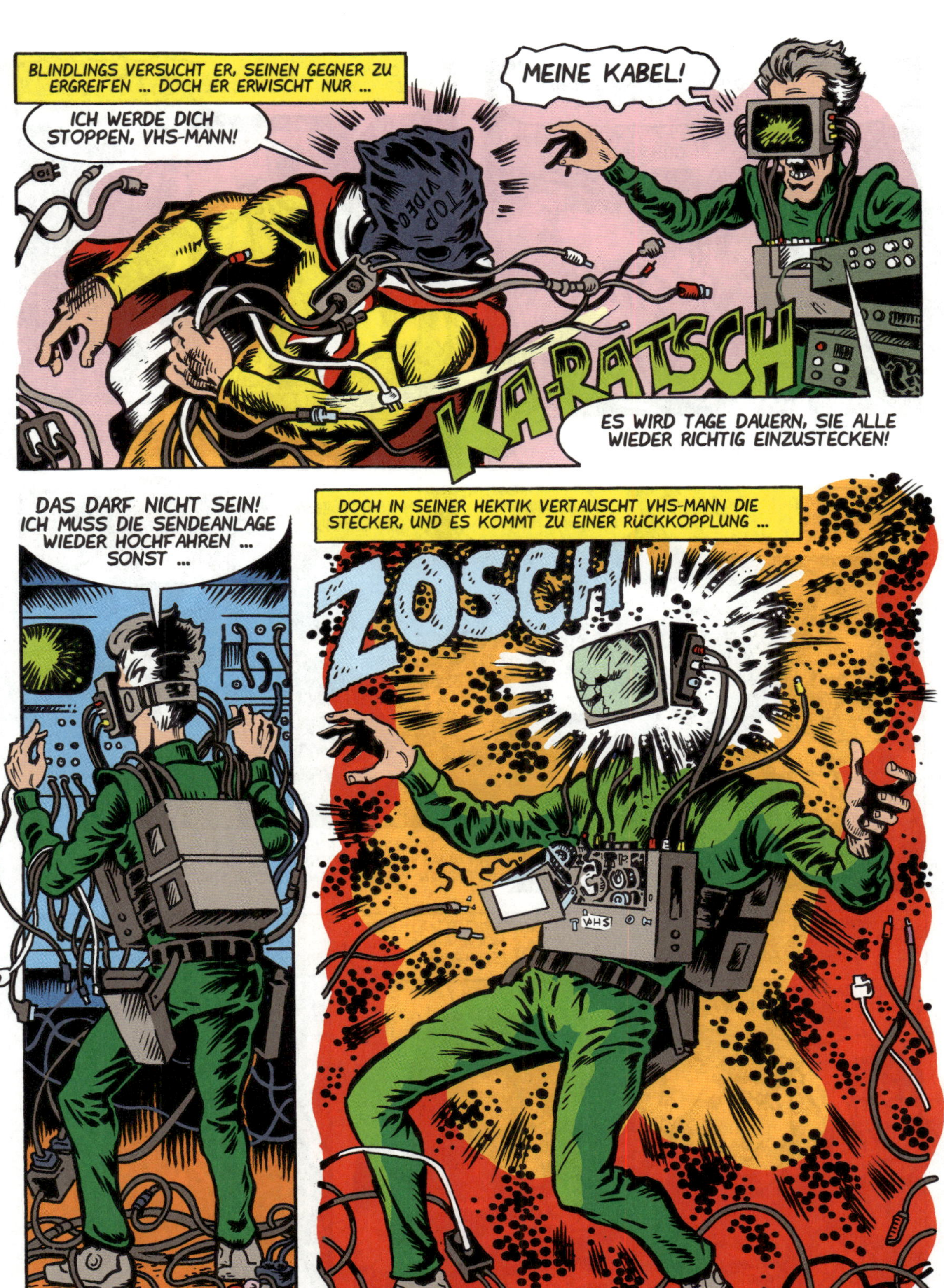
BLINDLINGS VERSUCHT ER, SEINEN GEGNER ZU ERGREIFEN ... DOCH ER ERWISCHT NUR ...
ICH WERDE DICH STOPPEN, VHS-MANN!
MEINE KABEL!
TOP VIDEO
KA-RATSCH
ES WIRD TAGE DAUERN, SIE ALLE WIEDER RICHTIG EINZUSTECKEN!
DAS DARF NICHT SEIN! ICH MUSS DIE SENDEANLAGE WIEDER HOCHFAHREN ... SONST ...
DOCH IN SEINER HEKTIK VERTAUSCHT VHS-MANN DIE STECKER, UND ES KOMMT ZU EINER RÜCKKOPPLUNG ...
ZOSCH
VHS

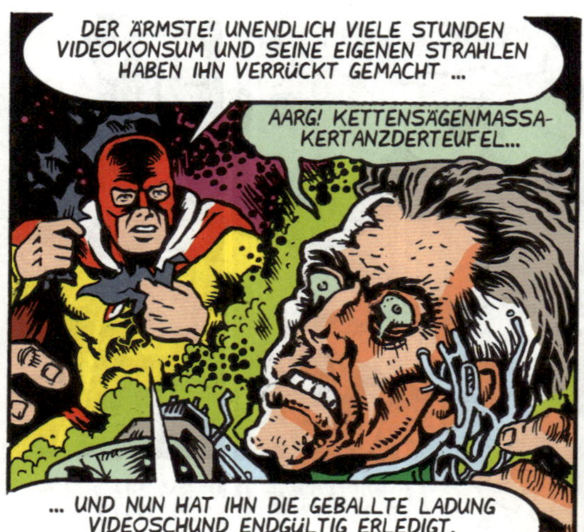
DER ÄRMSTE! UNENDLICH VIELE STUNDEN VIDEOKONSUM UND SEINE EIGENEN STRAHLEN HABEN IHN VERRÜCKT GEMACHT ...
AARG! KETTENSÄGENMASSA-KERTANZDERTEUFEL...
... UND NUN HAT IHN DIE GEBALLTE LADUNG VIDEOSCHUND ENDGÜLTIG ERLEDIGT.

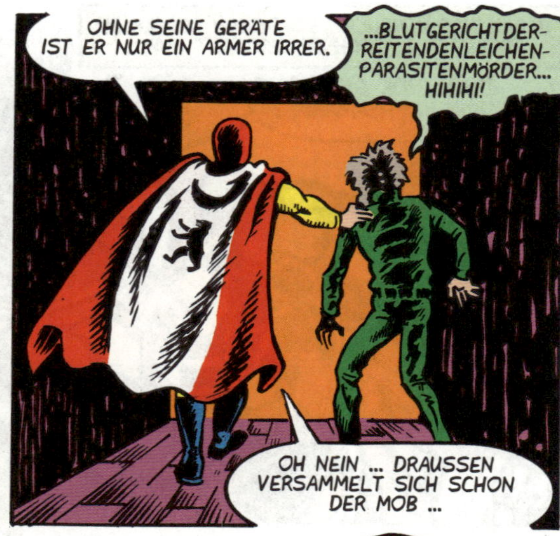
OHNE SEINE GERÄTE IST ER NUR EIN ARMER IRRER.
...BLUTGERICHTDER-REITENDENLEICHEN-PARASITENMÖRDER... HIHIHI!
OH NEIN ... DRAUSSEN VERSAMMELT SICH SCHON DER MOB ...

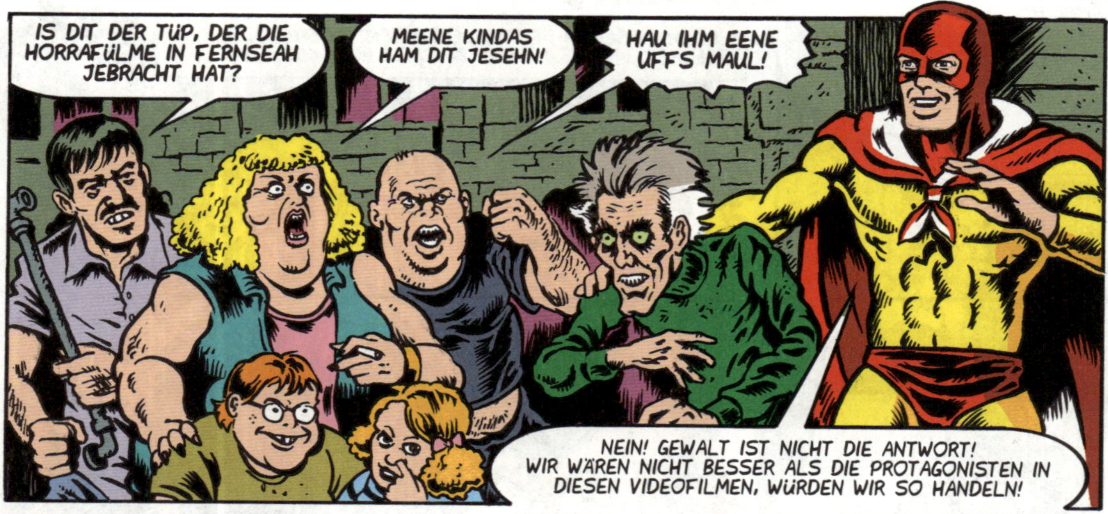
IS DIT DER TÜP, DER DIE HORRAFÜLME IN FERNSEAH JEBRACHT HAT?
MEENE KINDAS HAM DIT JESEHN!
HAU IHM EENE UFFS MAUL!
NEIN! GEWALT IST NICHT DIE ANTWORT! WIR WÄREN NICHT BESSER ALS DIE PROTAGONISTEN IN DIESEN VIDEOFILMEN, WÜRDEN WIR SO HANDELN!

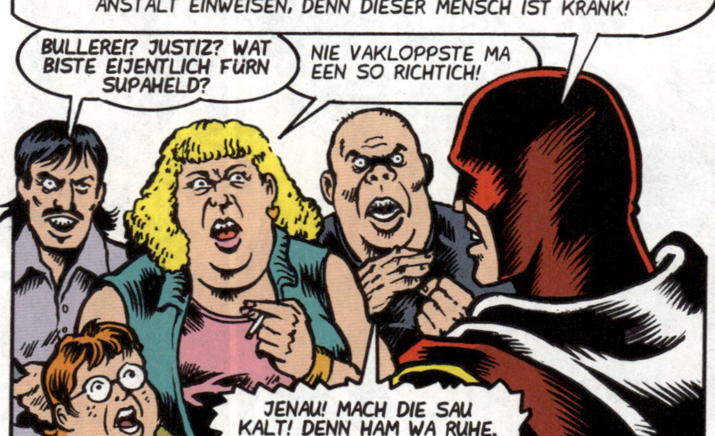
ICH WERDE IHN DER JUSTIZ ÜBERANTWORTEN. EIN GERICHT WIRD FÜR SEINE GERECHTE STRAFE SORGEN ... ODER BESSER NOCH, IHN IN EINE ANSTALT EINWEISEN, DENN DIESER MENSCH IST KRANK!
BULLEREI? JUSTIZ? WAT BISTE EIJENTLICH FÜRN SUPAHELD?
NIE VAKLOPPSTE MA EEN SO RICHTICH!
JENAU! MACH DIE SAU KALT! DENN HAM WA RUHE.

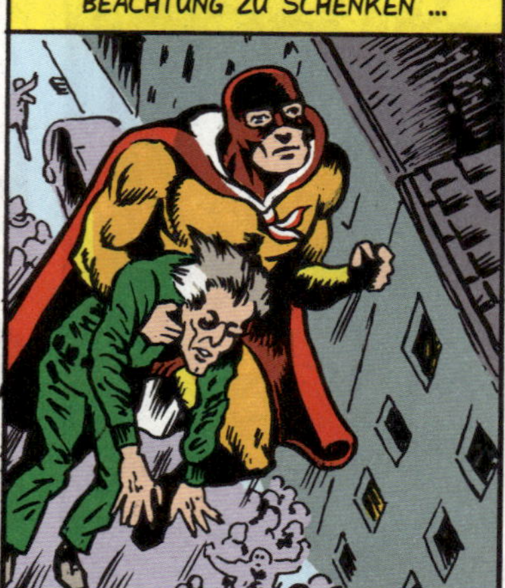
CAPTAIN BERLIN HAT KEINE ZEIT, DEM GEHEUL DES MOBS WEITER BEACHTUNG ZU SCHENKEN ...

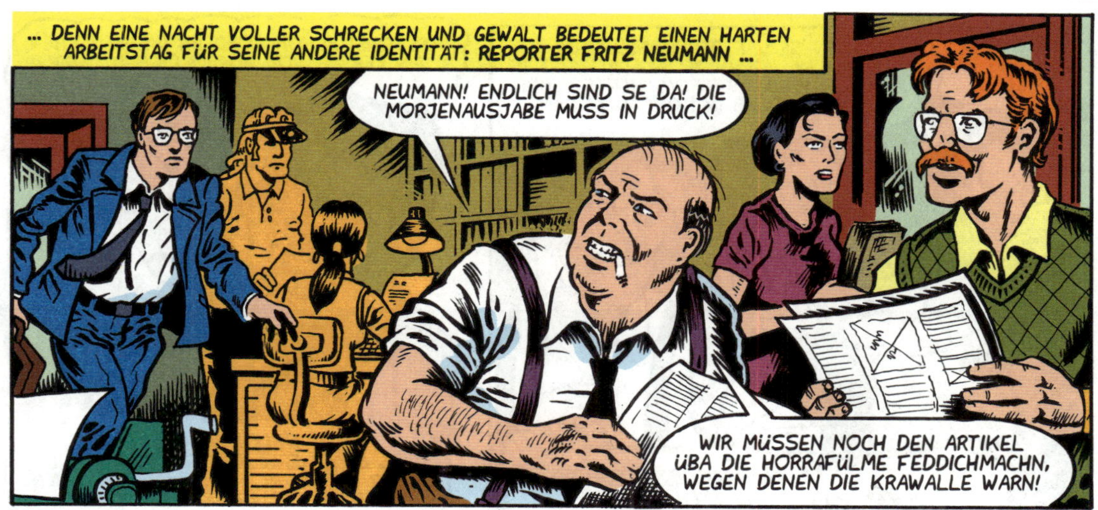

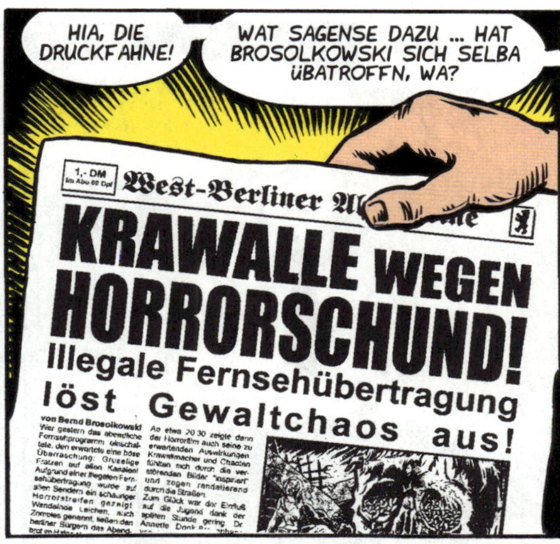

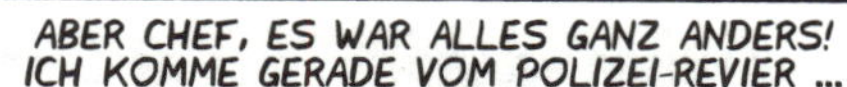

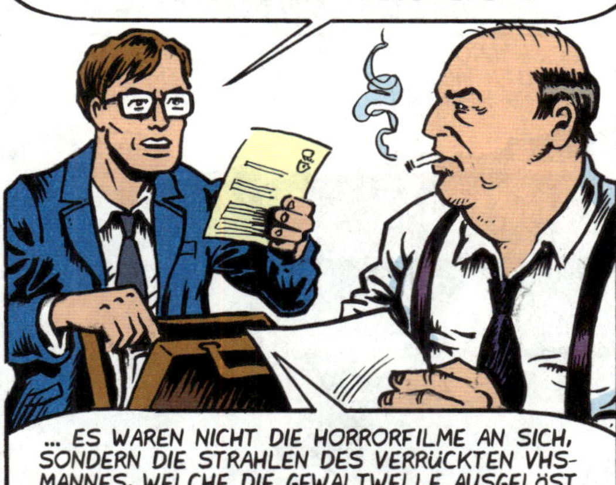

WAT? STRAHLN? VOLKSHOCHSCHULMANN?! NEUMANN, WO NEHM SE BLOSS IMMER SO VERWORRNE IDEEN HER?

ABER ... ICH HAB HIER DEN POLIZEIBERICHT ... ICH ...

ABER FRITZ, JEDER WEISS DOCH, DASS VIDEOFILME GEWALTTÄTIG MACHEN ... HÖR DOCH:

"HORROR-FILME, IN DENEN MENSCHEN GEFOLTERT, GESCHLACHTET UND GEFRESSEN WERDEN, SIND DIE HITS AUF DEM EXPANDIERENDEN VIDEO-MARKT. VOR ALLEM JUGENDLICHE SIND SCHARF DARAUF, SICH EKEL-SCHOCKER ANZUSEHEN. VIDEOTHEKEN NEHMEN ES MIT DER ALTERSKONTROLLE NICHT GENAU. PSYCHOLOGEN UND PÄDAGOGEN SEHEN ZUSAMMENHÄNGE ZWISCHEN GEWALT AUF SCHULHÖFEN UND DEM ROHEN VIDEO-RAMSCH. BONN WILL VERKAUF UND VERLEIH STOPPEN."

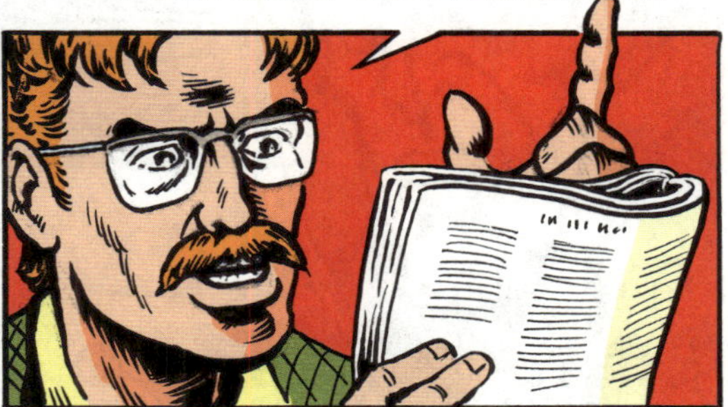

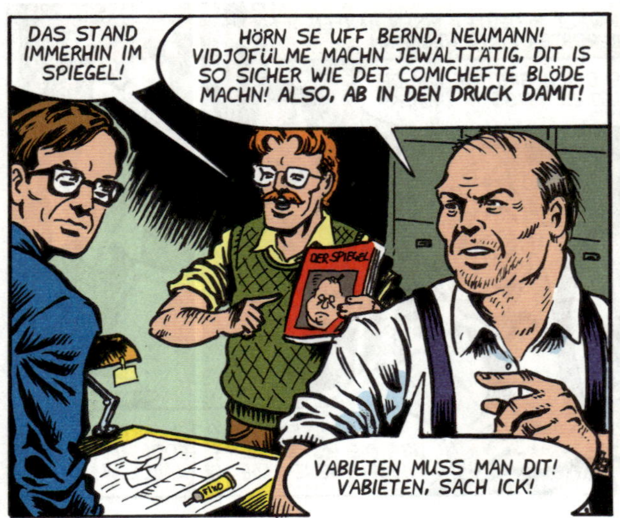
DAS STAND IMMERHIN IM SPIEGEL!
HÖRN SE UFF BERND, NEUMANN! VIDJOFÜLME MACHN JEWALTTÄTIG, DIT IS SO SICHER WIE DET COMICHEFTE BLÖDE MACHN! ALSO, AB IN DEN DRUCK DAMIT!
DER SPIEGEL
VABIETEN MUSS MAN DIT! VABIETEN, SACH ICK!

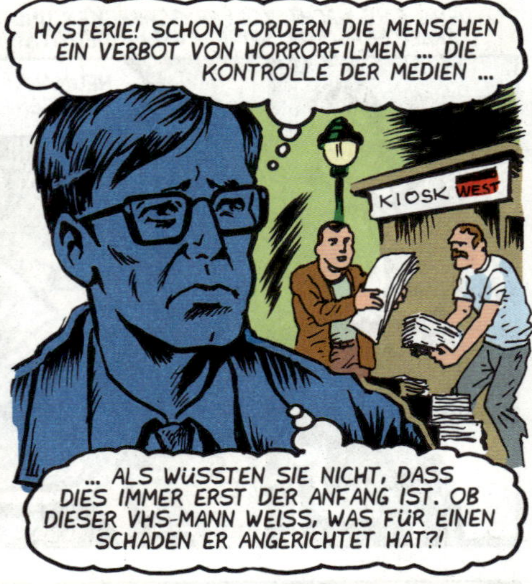
HYSTERIE! SCHON FORDERN DIE MENSCHEN EIN VERBOT VON HORRORFILMEN ... DIE KONTROLLE DER MEDIEN ...
KIOSK WEST
... ALS WÜSSTEN SIE NICHT, DASS DIES IMMER ERST DER ANFANG IST. OB DIESER VHS-MANN WEISS, WAS FÜR EINEN SCHADEN ER ANGERICHTET HAT?!

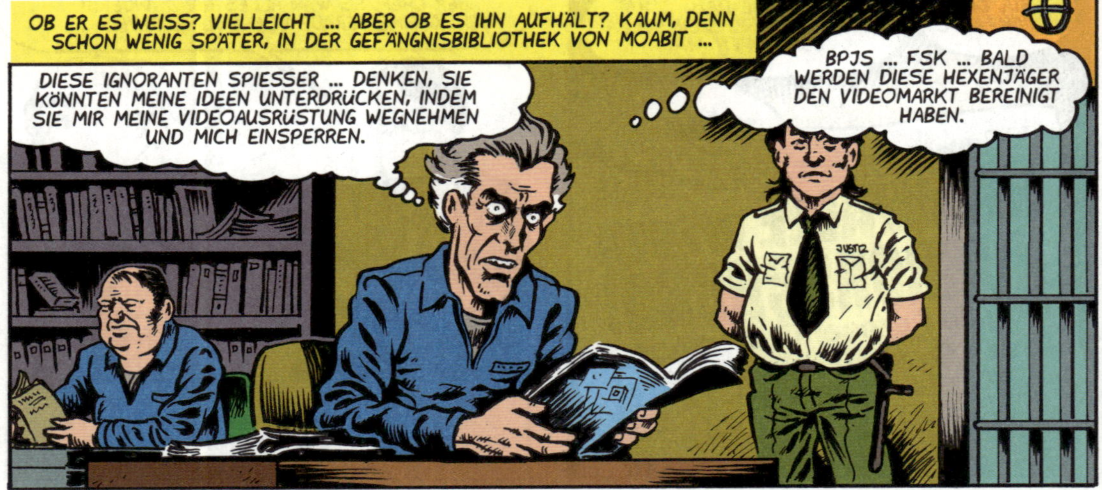
OB ER ES WEISS? VIELLEICHT ... ABER OB ES IHN AUFHÄLT? KAUM, DENN SCHON WENIG SPÄTER, IN DER GEFÄNGNISBIBLIOTHEK VON MOABIT ...
DIESE IGNORANTEN SPIESSER ... DENKEN, SIE KÖNNTEN MEINE IDEEN UNTERDRÜCKEN, INDEM SIE MIR MEINE VIDEOAUSRÜSTUNG WEGNEHMEN UND MICH EINSPERREN.
BPJS ... FSK ... BALD WERDEN DIESE HEXENJÄGER DEN VIDEOMARKT BEREINIGT HABEN.

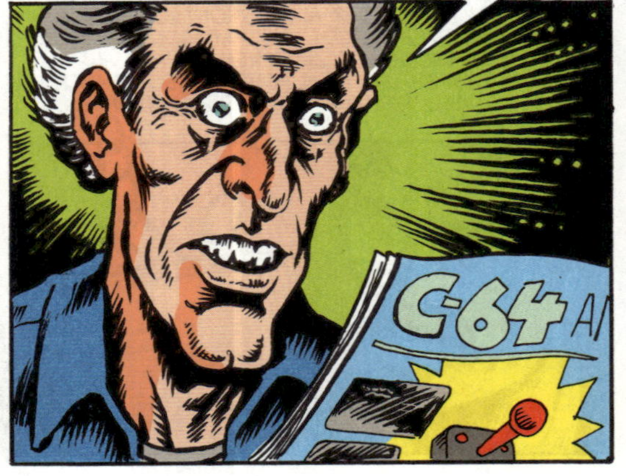
ABER SIE AHNEN NICHT, WIE WEIT ICH IHNEN VORAUS BIN ... SCHON REIFT EINE NEUE IDEE IN MEINEM GENIALEN GEHIRN, WELCHE DIE WELT DER ZENSOREN ERZITTERN LASSEN WIRD!
C-64

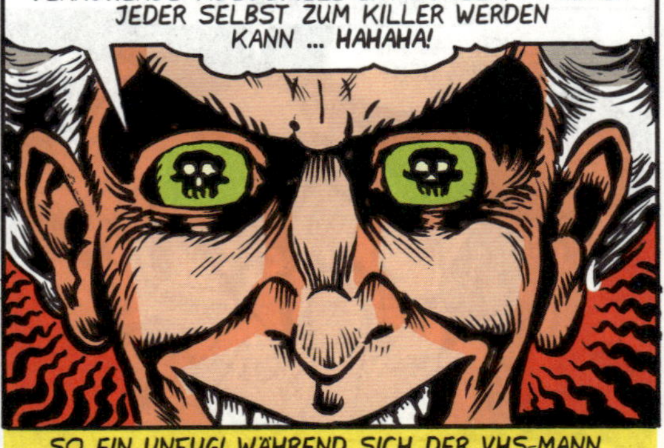
VIDEOFILME SIND VON GESTERN! ICH WERDE VERROHENDE VIDEOSPIELE ENTWICKELN, IN DENEN JEDER SELBST ZUM KILLER WERDEN KANN ... HAHAHA!
SO EIN UNFUG! WÄHREND SICH DER VHS-MANN JAHRELANG AN DER ERFINDUNG DER EGO-SHOOTER ABARBEITEN WIRD, DÜRFEN WIR GLEICH EIN WEITERES ABENTEUER MIT CAPTAIN BERLIN ERLEBEN ... BLÄTTERT EINFACH UM UND LOS GEHT'S!

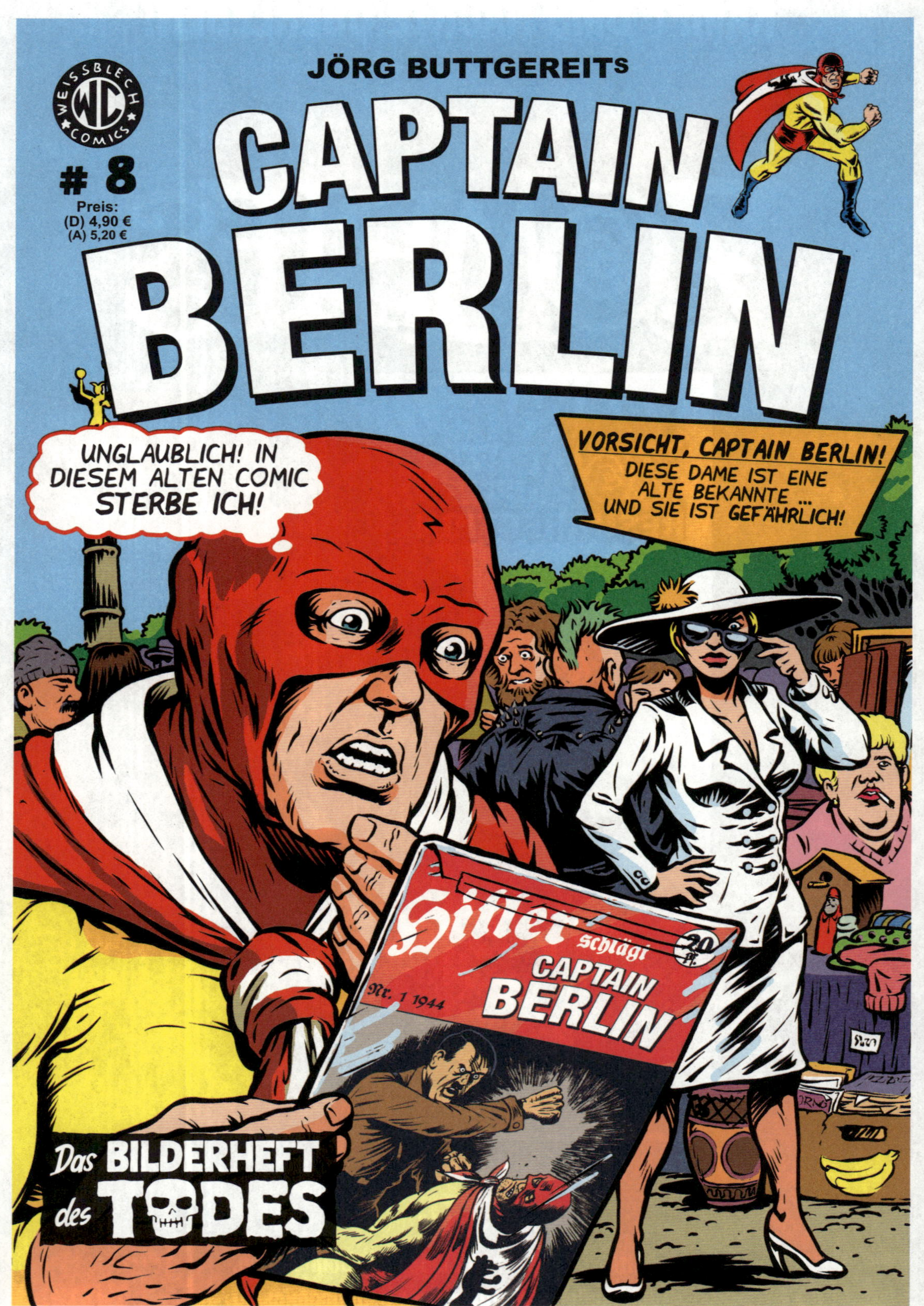
JÖRG BUTTGEREITS
CAPTAIN BERLIN
WEISSBLECH COMICS
8
Preis:
(D) 4,90 €
(A) 5,20 €
UNGLAUBLICH! IN DIESEM ALTEN COMIC STERBE ICH!
VORSICHT, CAPTAIN BERLIN!
DIESE DAME IST EINE ALTE BEKANNTE ... UND SIE IST GEFÄHRLICH!
Hitler schlägt CAPTAIN BERLIN
Nr. 1 1944
20 Pf.
Das BILDERHEFT des TODES

COMICS ... EIN HARMLOSER SPASS FÜR JUNG UND ALT. DOCH UNSER HELD MUSS ERFAHREN, DASS ES AUCH GANZ ANDERS SEIN KANN ...

Das BILDERHEFT des TODES

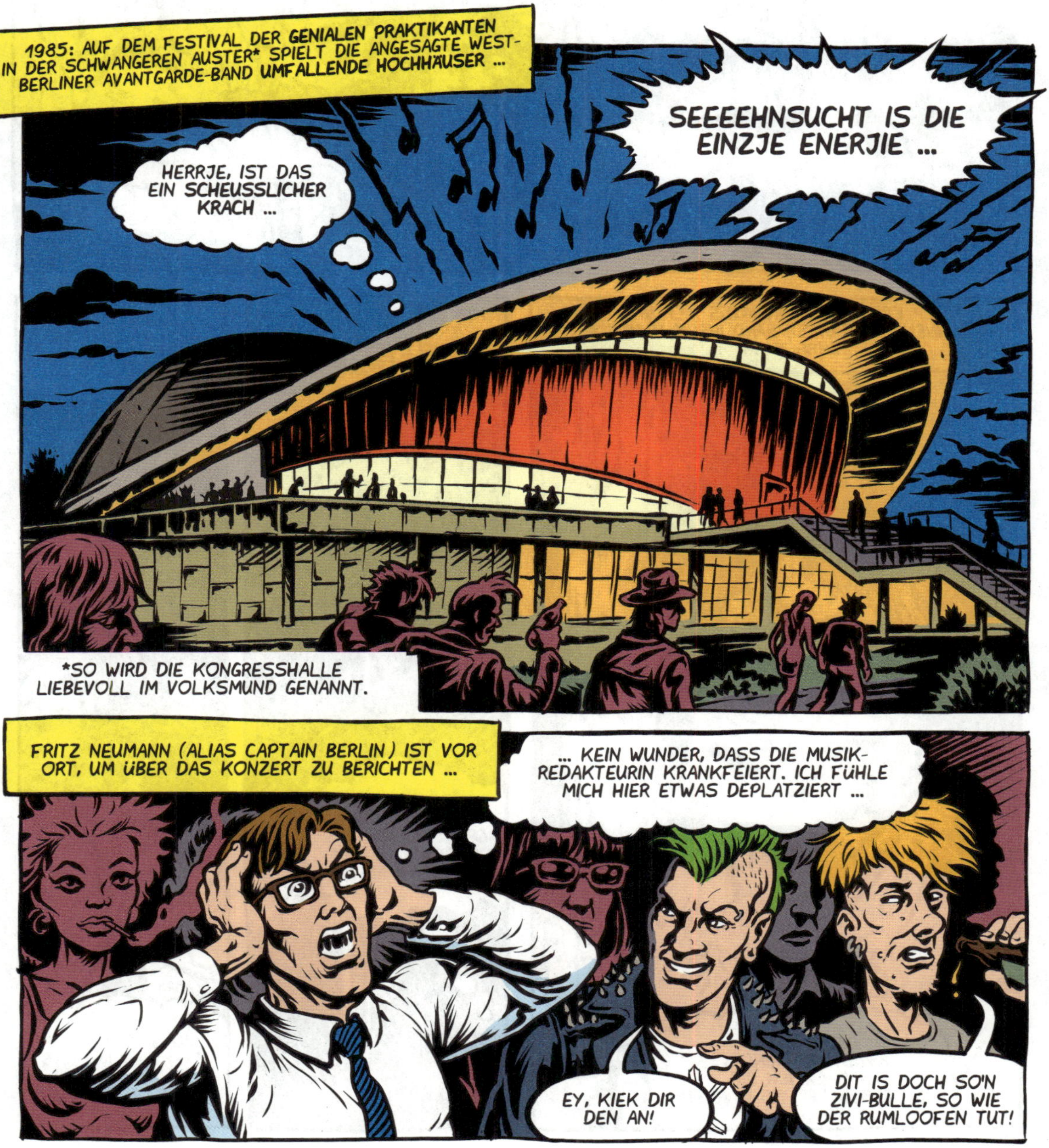

1985: AUF DEM FESTIVAL DER GENIALEN PRAKTIKANTEN IN DER SCHWANGEREN AUSTER* SPIELT DIE ANGESAGTE WEST-BERLINER AVANTGARDE-BAND UMFALLENDE HOCHHÄUSER ...

HERRJE, IST DAS EIN SCHEUSSLICHER KRACH ...

SEEEEHNSUCHT IS DIE EINZJE ENERJIE ...

*SO WIRD DIE KONGRESSHALLE LIEBEVOLL IM VOLKSMUND GENANNT.

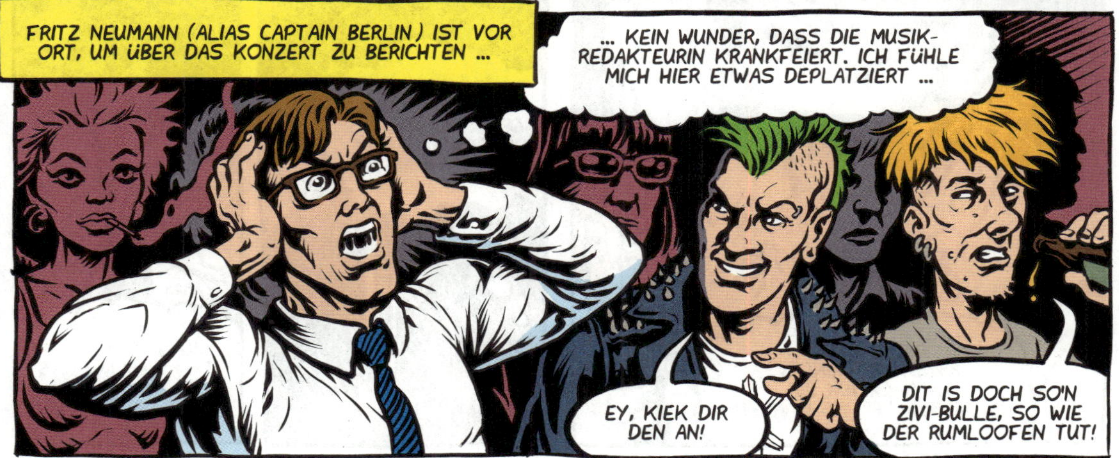

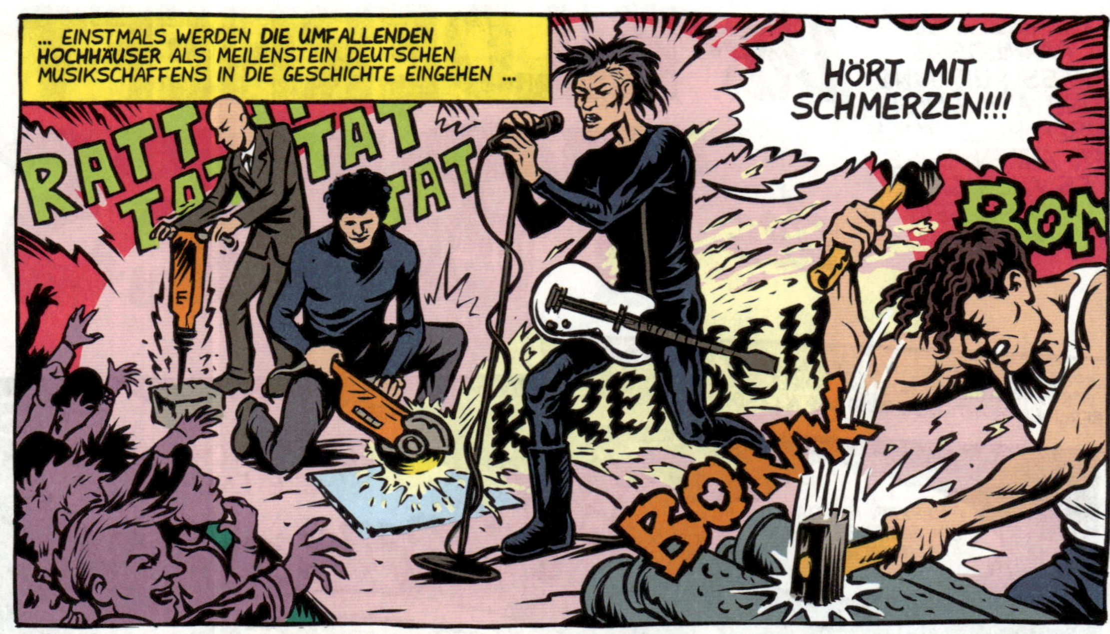

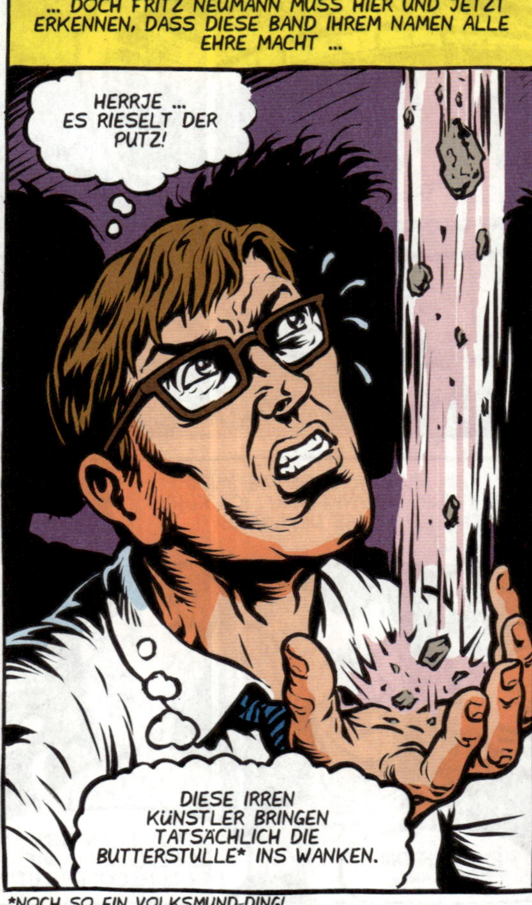

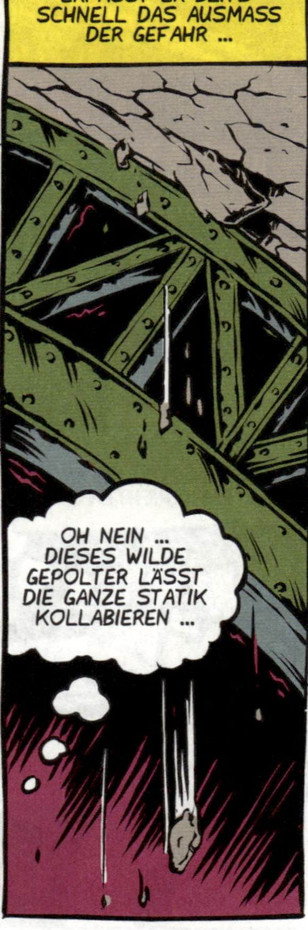

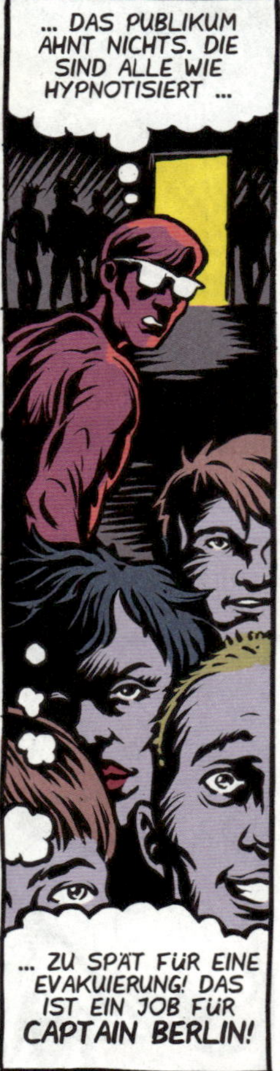

*NOCH SO EIN VOLKSMUND-DING!

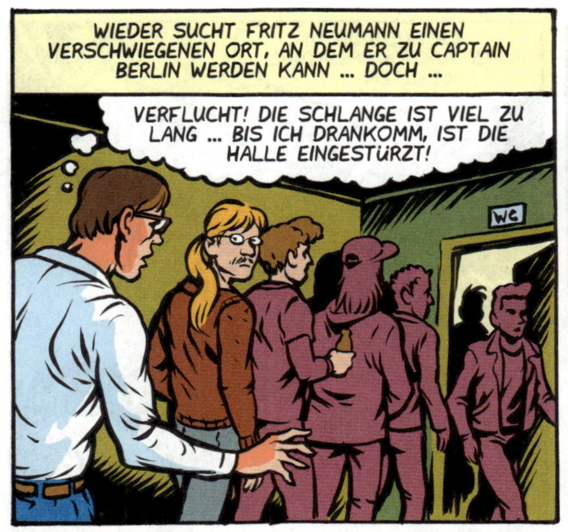
WIEDER SUCHT FRITZ NEUMANN EINEN VERSCHWIEGENEN ORT, AN DEM ER ZU CAPTAIN BERLIN WERDEN KANN ... DOCH ...
VERFLUCHT! DIE SCHLANGE IST VIEL ZU LANG ... BIS ICH DRANKOMM, IST DIE HALLE EINGESTÜRZT!
WC

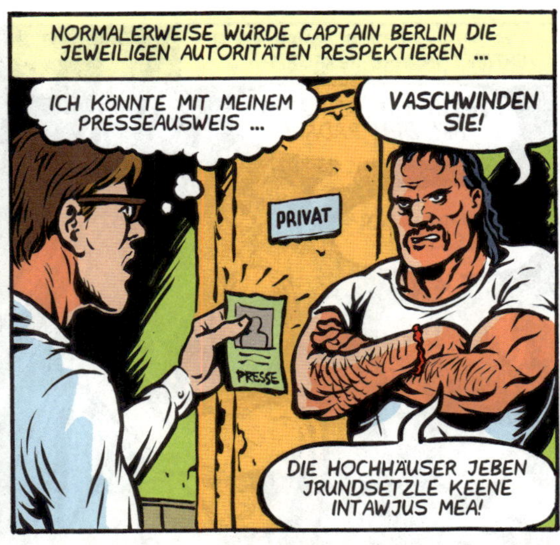
NORMALERWEISE WÜRDE CAPTAIN BERLIN DIE JEWEILIGEN AUTORITÄTEN RESPEKTIEREN ...
ICH KÖNNTE MIT MEINEM PRESSEAUSWEIS ...
VASCHWINDEN SIE!
PRIVAT
PRESSE
DIE HOCHHÄUSER JEBEN JRUNDSETZLE KEENE INTAWJUS MEA!

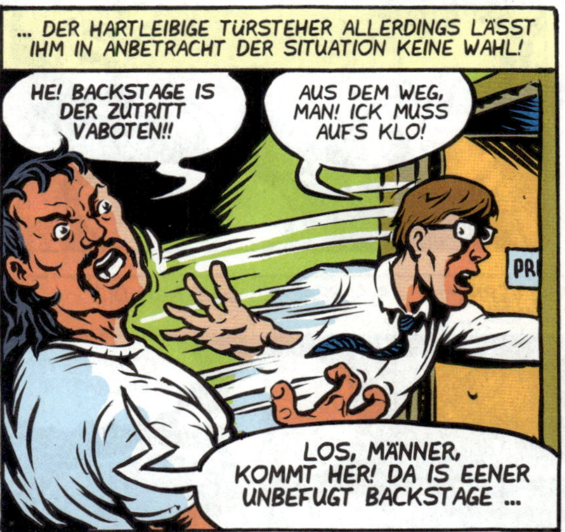
... DER HARTLEIBIGE TÜRSTEHER ALLERDINGS LÄSST IHM IN ANBETRACHT DER SITUATION KEINE WAHL!
HE! BACKSTAGE IS DER ZUTRITT VABOTEN!!
AUS DEM WEG, MAN! ICK MUSS AUFS KLO!
LOS, MÄNNER, KOMMT HER! DA IS EENER UNBEFUGT BACKSTAGE ...

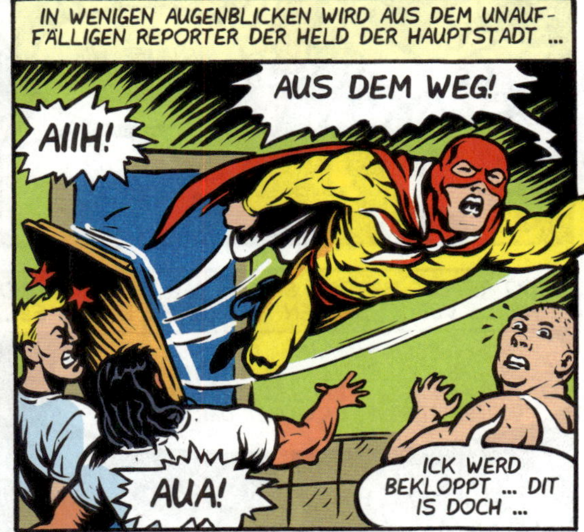
IN WENIGEN AUGENBLICKEN WIRD AUS DEM UNAUFFÄLLIGEN REPORTER DER HELD DER HAUPTSTADT ...
AUS DEM WEG!
AIIH!
AUA!
ICK WERD BEKLOPPT ... DIT IS DOCH ...

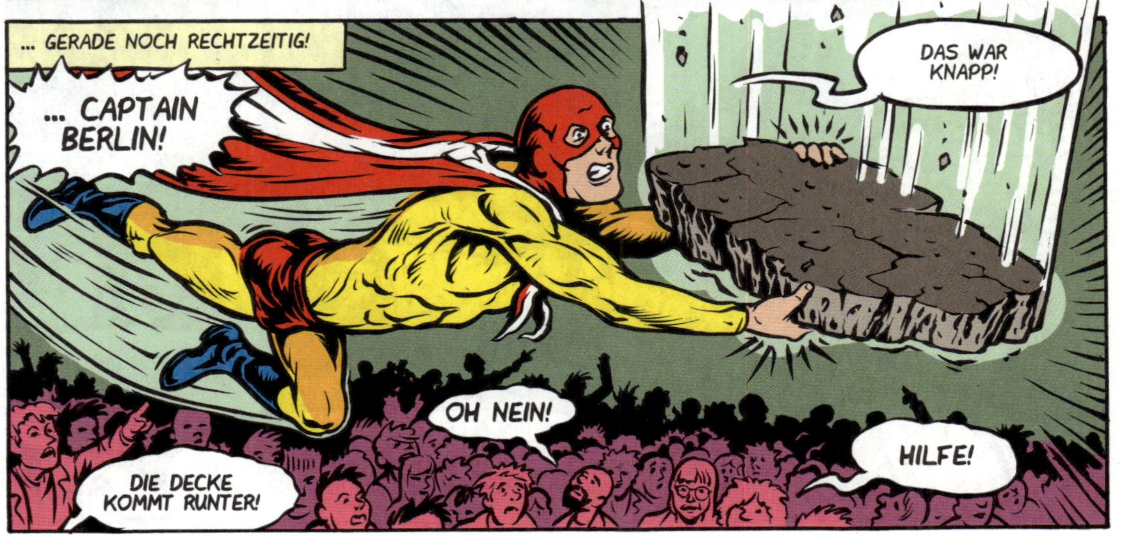
... GERADE NOCH RECHTZEITIG!
... CAPTAIN BERLIN!
DAS WAR KNAPP!
OH NEIN!
HILFE!
DIE DECKE KOMMT RUNTER!

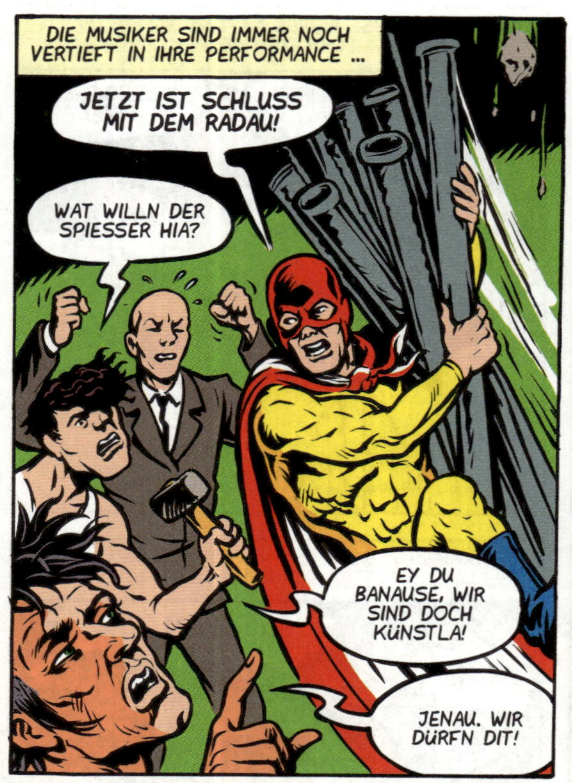
DIE MUSIKER SIND IMMER NOCH VERTIEFT IN IHRE PERFORMANCE ...
JETZT IST SCHLUSS MIT DEM RADAU!
WAT WILLN DER SPIESSER HIA?
EY DU BANAUSE, WIR SIND DOCH KÜNSTLA!
JENAU. WIR DÜRFN DIT!

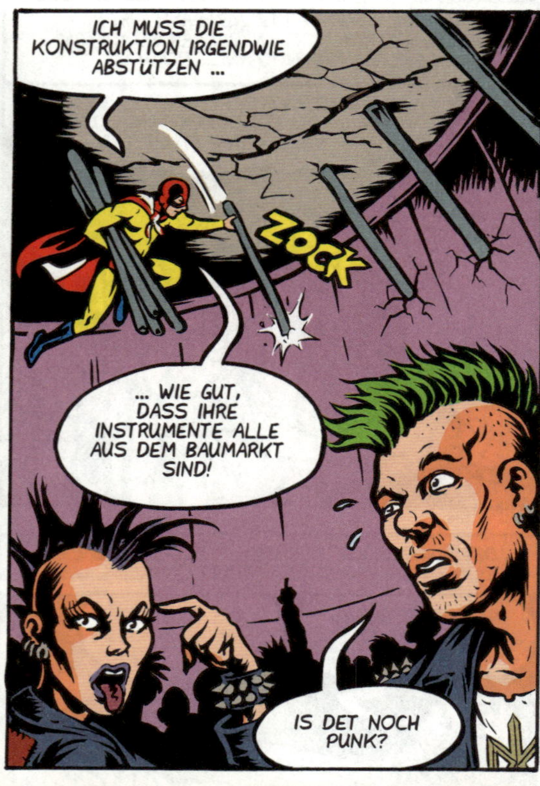
ICH MUSS DIE KONSTRUKTION IRGENDWIE ABSTÜTZEN ...
ZOCK
... WIE GUT, DASS IHRE INSTRUMENTE ALLE AUS DEM BAUMARKT SIND!
IS DET NOCH PUNK?

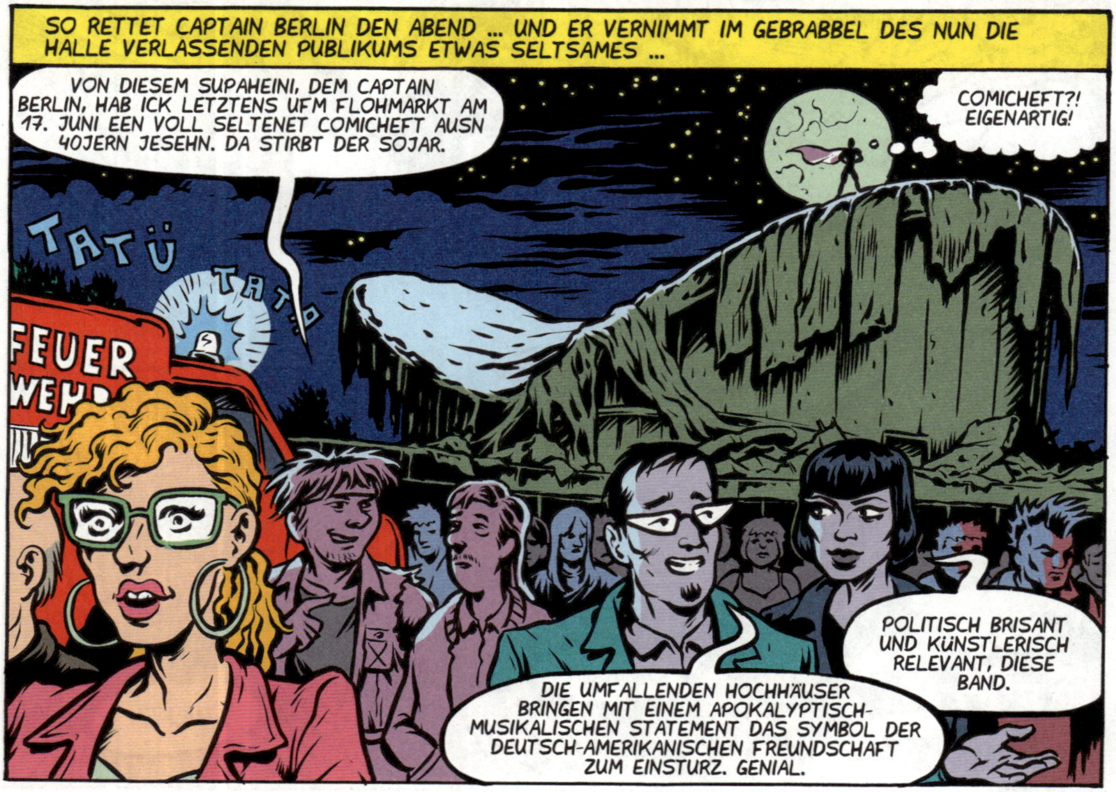

SO RETTET CAPTAIN BERLIN DEN ABEND ... UND ER VERNIMMT IM GEBRABBEL DES NUN DIE HALLE VERLASSENDEN PUBLIKUMS ETWAS SELTSAMES ...
VON DIESEM SUPAHEINI, DEM CAPTAIN BERLIN, HAB ICK LETZTENS UFM FLOHMARKT AM 17. JUNI EEN VOLL SELTENET COMICHEFT AUSN 40JERN JESEHN. DA STIRBT DER SOJAR.
COMICHEFT?! EIGENARTIG!
TATÜ
TATA
FEUER WEHR
POLITISCH BRISANT UND KÜNSTLERISCH RELEVANT, DIESE BAND.
DIE UMFALLENDEN HOCHHÄUSER BRINGEN MIT EINEM APOKALYPTISCH-MUSIKALISCHEN STATEMENT DAS SYMBOL DER DEUTSCH-AMERIKANISCHEN FREUNDSCHAFT ZUM EINSTURZ. GENIAL.

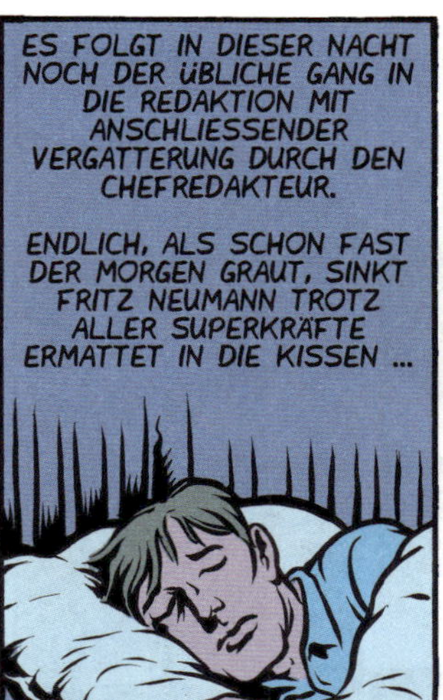
ES FOLGT IN DIESER NACHT NOCH DER ÜBLICHE GANG IN DIE REDAKTION MIT ANSCHLIESSENDER VERGATTERUNG DURCH DEN CHEFREDAKTEUR.
ENDLICH, ALS SCHON FAST DER MORGEN GRAUT, SINKT FRITZ NEUMANN TROTZ ALLER SUPERKRÄFTE ERMATTET IN DIE KISSEN ...

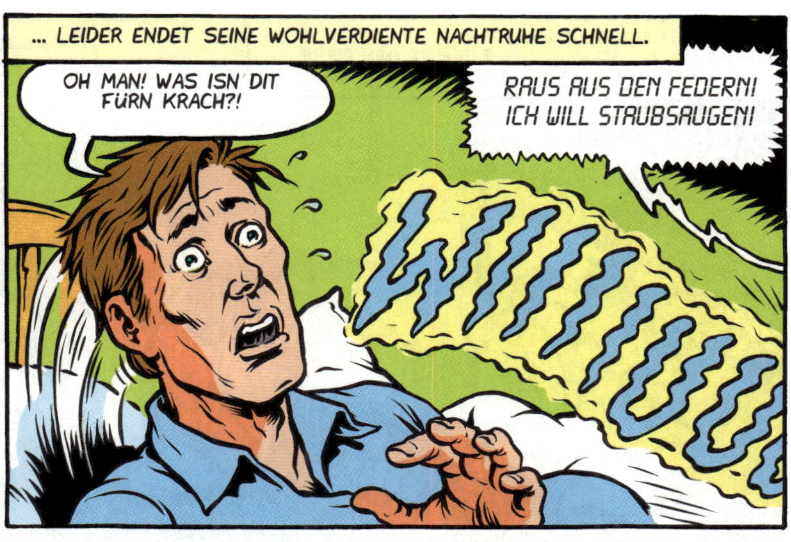
... LEIDER ENDET SEINE WOHLVERDIENTE NACHTRUHE SCHNELL.
OH MAN! WAS ISN DIT FÜRN KRACH?!
RAUS AUS DEN FEDERN! ICH WILL STAUBSAUGEN!
WIIIIUUU

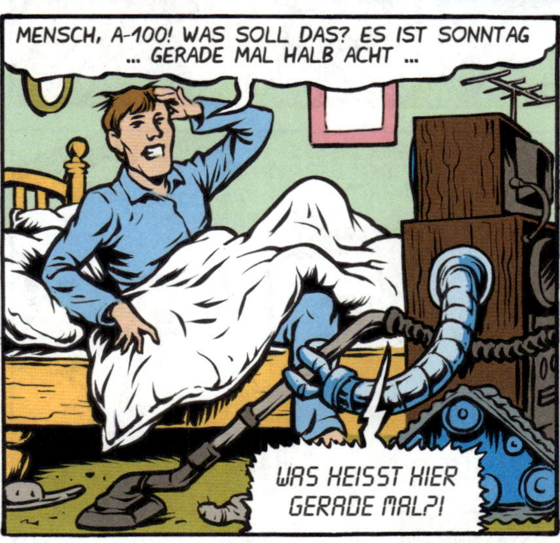
MENSCH, A-100! WAS SOLL DAS? ES IST SONNTAG ... GERADE MAL HALB ACHT ...
WAS HEISST HIER GERADE MAL?!

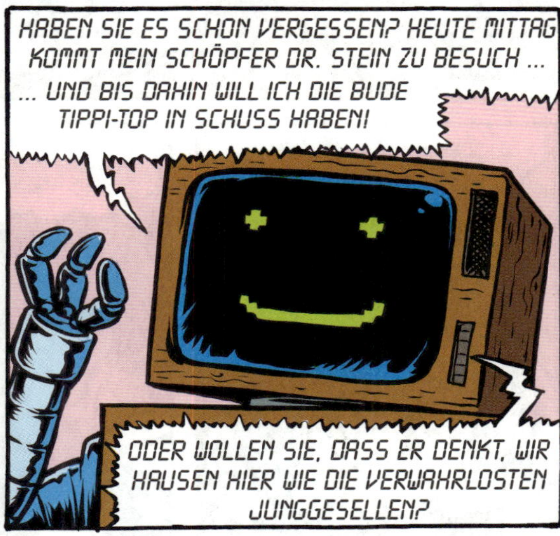
HABEN SIE ES SCHON VERGESSEN? HEUTE MITTAG KOMMT MEIN SCHÖPFER DR. STEIN ZU BESUCH ...
... UND BIS DAHIN WILL ICH DIE BUDE TIPPI-TOP IN SCHUSS HABEN!
ODER WOLLEN SIE, DASS ER DENKT, WIR HAUSEN HIER WIE DIE VERWAHRLOSTEN JUNGGESELLEN?

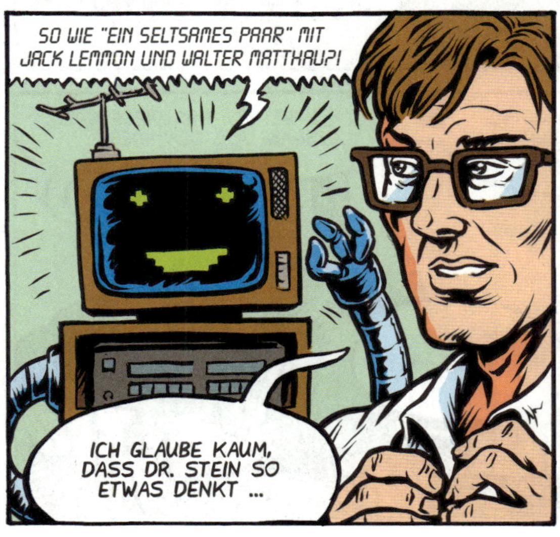
SO WIE "EIN SELTSAMES PAAR" MIT JACK LEMMON UND WALTER MATTHAU?!
ICH GLAUBE KAUM, DASS DR. STEIN SO ETWAS DENKT ...

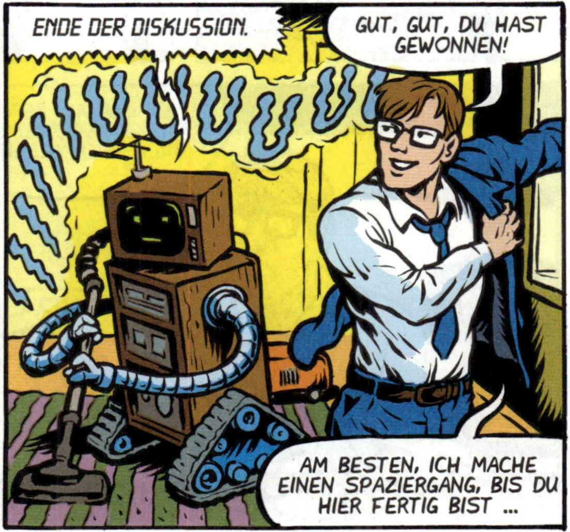
ENDE DER DISKUSSION.
GUT, GUT, DU HAST GEWONNEN!
IIIIUUUUUUUU
AM BESTEN, ICH MACHE EINEN SPAZIERGANG, BIS DU HIER FERTIG BIST ...

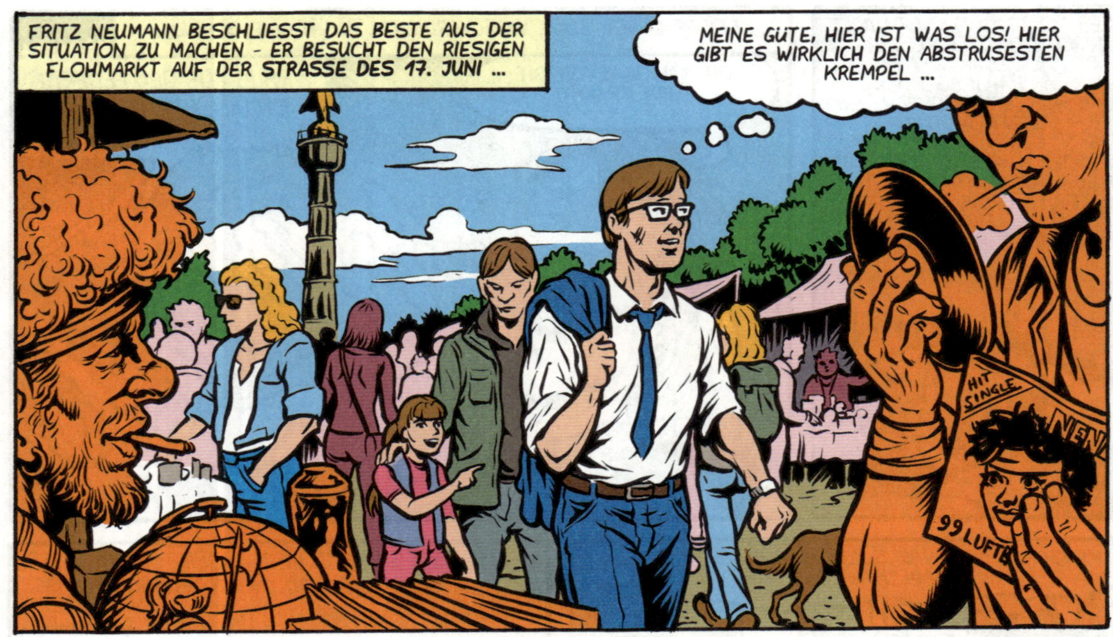
FRITZ NEUMANN BESCHLIESST DAS BESTE AUS DER SITUATION ZU MACHEN - ER BESUCHT DEN RIESIGEN FLOHMARKT AUF DER STRASSE DES 17. JUNI ...
MEINE GÜTE, HIER IST WAS LOS! HIER GIBT ES WIRKLICH DEN ABSTRUSESTEN KREMPEL ...
HIT SINGLE
99 LUFT

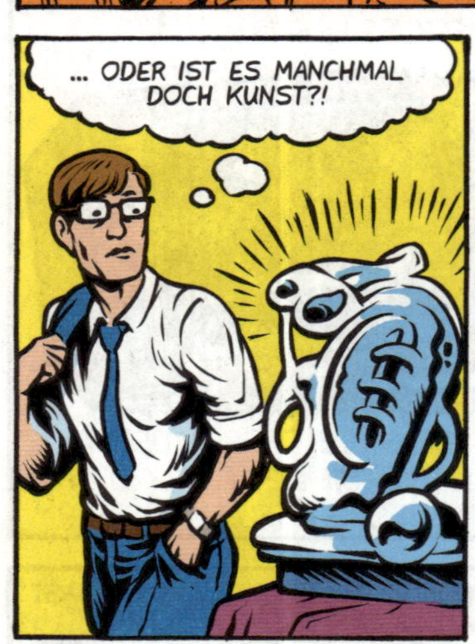
... ODER IST ES MANCHMAL DOCH KUNST?!

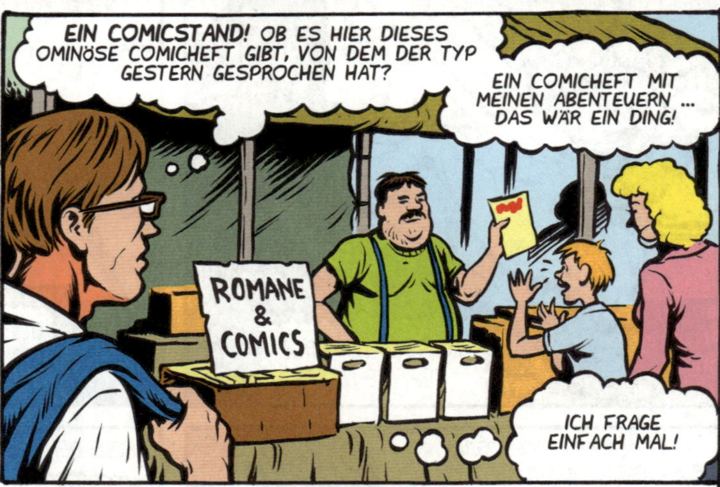
EIN COMICSTAND! OB ES HIER DIESES OMINÖSE COMICHEFT GIBT, VON DEM DER TYP GESTERN GESPROCHEN HAT?
EIN COMICHEFT MIT MEINEN ABENTEUERN ... DAS WÄR EIN DING!
ROMANE & COMICS
ICH FRAGE EINFACH MAL!

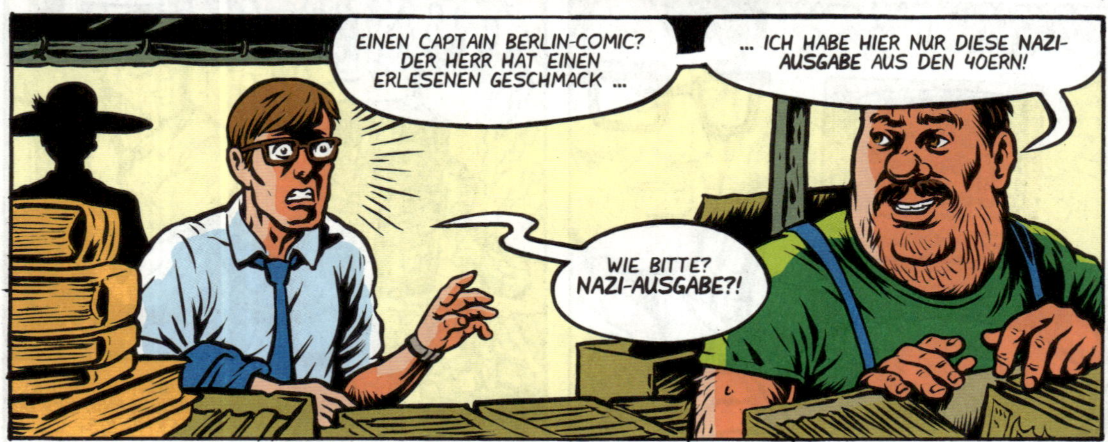
EINEN CAPTAIN BERLIN-COMIC? DER HERR HAT EINEN ERLESENEN GESCHMACK ...
... ICH HABE HIER NUR DIESE NAZI-AUSGABE AUS DEN 40ERN!
WIE BITTE? NAZI-AUSGABE?!

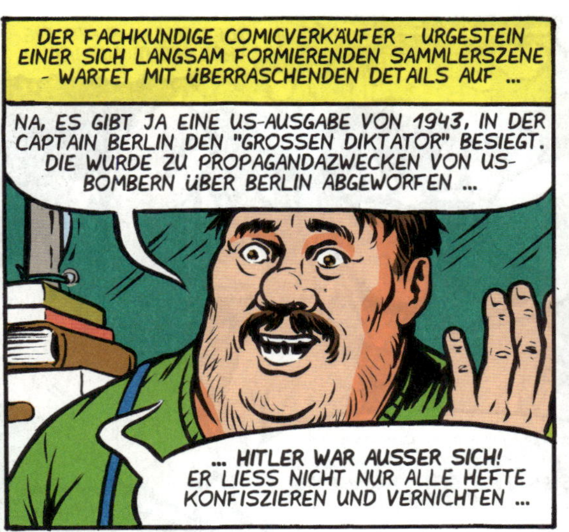
DER FACHKUNDIGE COMICVERKÄUFER - URGESTEIN EINER SICH LANGSAM FORMIERENDEN SAMMLERSZENE - WARTET MIT ÜBERRASCHENDEN DETAILS AUF ...
NA, ES GIBT JA EINE US-AUSGABE VON 1943, IN DER CAPTAIN BERLIN DEN "GROSSEN DIKTATOR" BESIEGT. DIE WURDE ZU PROPAGANDAZWECKEN VON US-BOMBERN ÜBER BERLIN ABGEWORFEN ...
... HITLER WAR AUSSER SICH! ER LIESS NICHT NUR ALLE HEFTE KONFISZIEREN UND VERNICHTEN ...

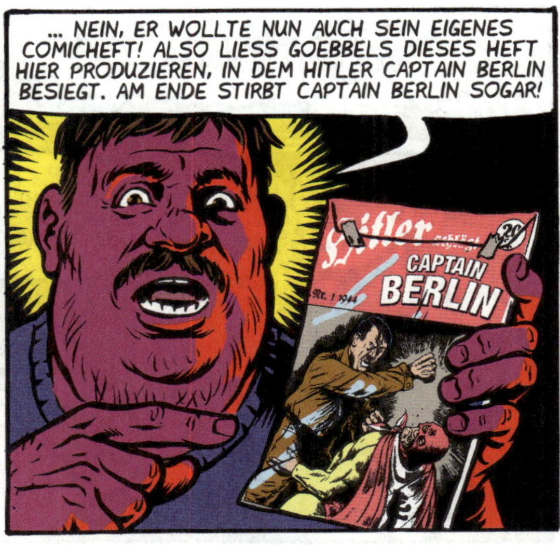
... NEIN, ER WOLLTE NUN AUCH SEIN EIGENES COMICHEFT! ALSO LIESS GOEBBELS DIESES HEFT HIER PRODUZIEREN, IN DEM HITLER CAPTAIN BERLIN BESIEGT. AM ENDE STIRBT CAPTAIN BERLIN SOGAR!
CAPTAIN
BERLIN

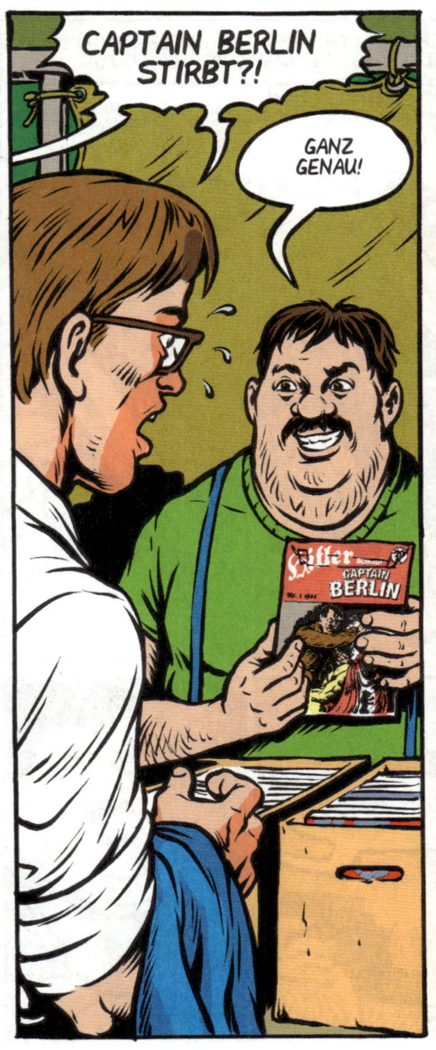
CAPTAIN BERLIN STIRBT?!
GANZ GENAU!
CAPTAIN
BERLIN

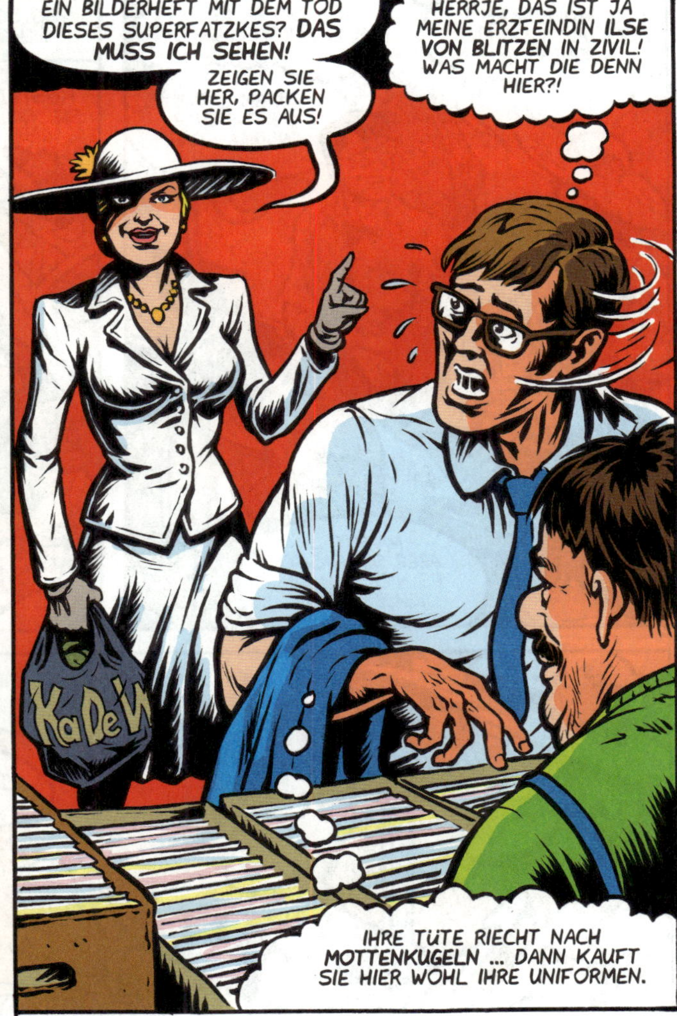
EIN BILDERHEFT MIT DEM TOD DIESES SUPERFATZKES? DAS MUSS ICH SEHEN!
ZEIGEN SIE HER, PACKEN SIE ES AUS!
HERRJE, DAS IST JA MEINE ERZFEINDIN ILSE VON BLITZEN IN ZIVIL! WAS MACHT DIE DENN HIER?!
KaDeW
IHRE TÜTE RIECHT NACH MOTTENKUGELN ... DANN KAUFT SIE HIER WOHL IHRE UNIFORMEN.

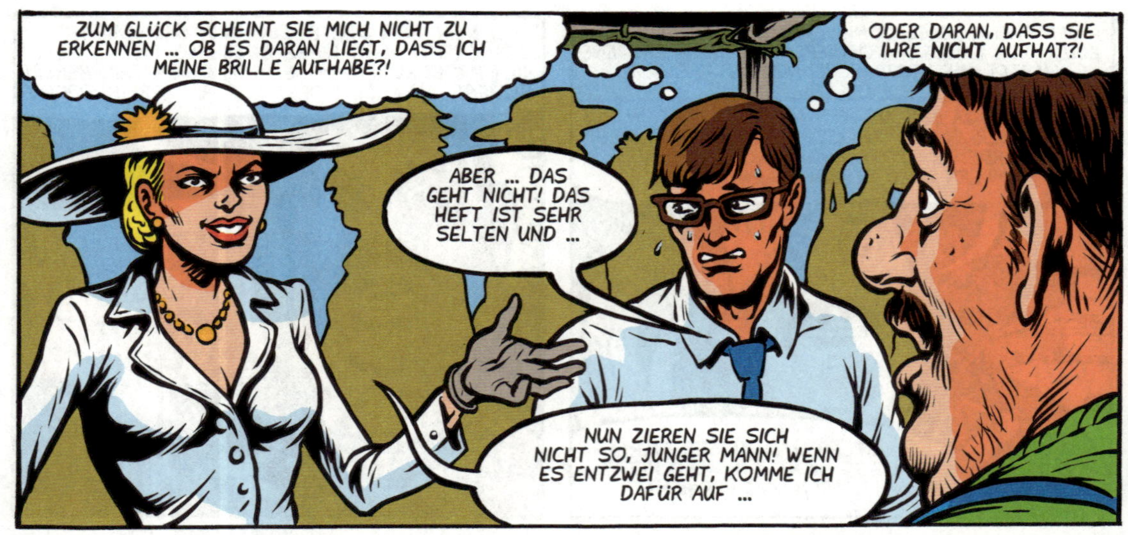
ZUM GLÜCK SCHEINT SIE MICH NICHT ZU ERKENNEN ... OB ES DARAN LIEGT, DASS ICH MEINE BRILLE AUFHABE?!
ODER DARAN, DASS SIE IHRE NICHT AUFHAT?!
ABER ... DAS GEHT NICHT! DAS HEFT IST SEHR SELTEN UND ...
NUN ZIEREN SIE SICH NICHT SO, JUNGER MANN! WENN ES ENTZWEI GEHT, KOMME ICH DAFÜR AUF ...

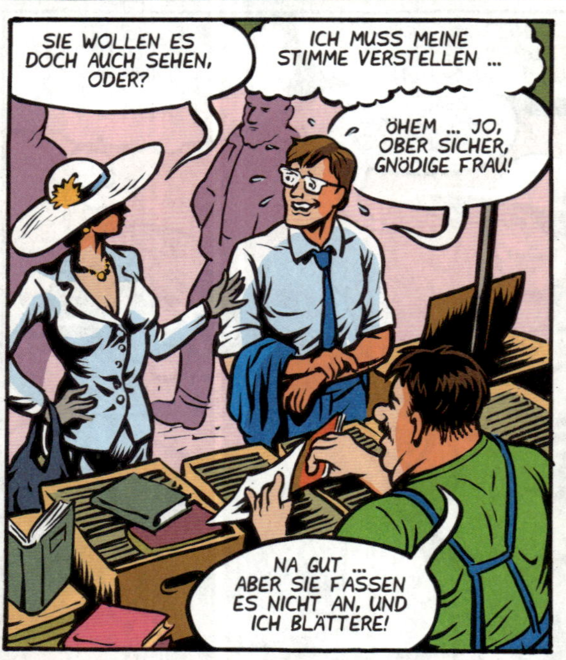
SIE WOLLEN ES DOCH AUCH SEHEN, ODER?
ICH MUSS MEINE STIMME VERSTELLEN ...
ÖHEM ... JO, OBER SICHER, GNÖDIGE FRAU!
NA GUT ... ABER SIE FASSEN ES NICHT AN, UND ICH BLÄTTERE!

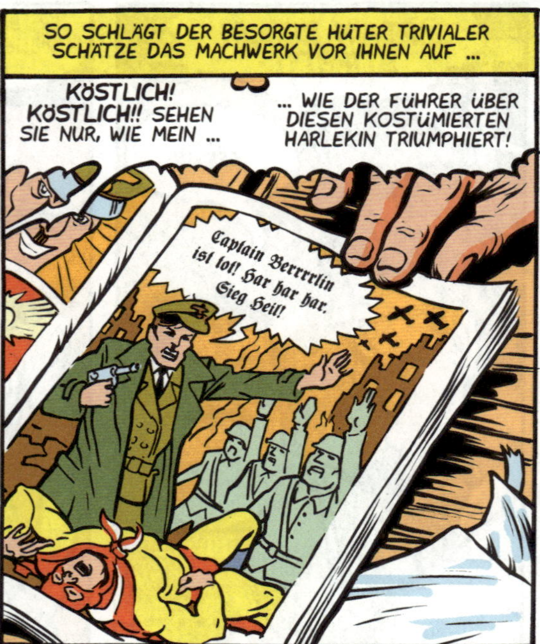
SO SCHLÄGT DER BESORGTE HÜTER TRIVIALER SCHÄTZE DAS MACHWERK VOR IHNEN AUF ...
KÖSTLICH! KÖSTLICH!! SEHEN SIE NUR, WIE MEIN ...
... WIE DER FÜHRER ÜBER DIESEN KOSTÜMIERTEN HARLEKIN TRIUMPHIERT!
Captain Berrrrlin ist tot! Har har har. Sieg Heil!

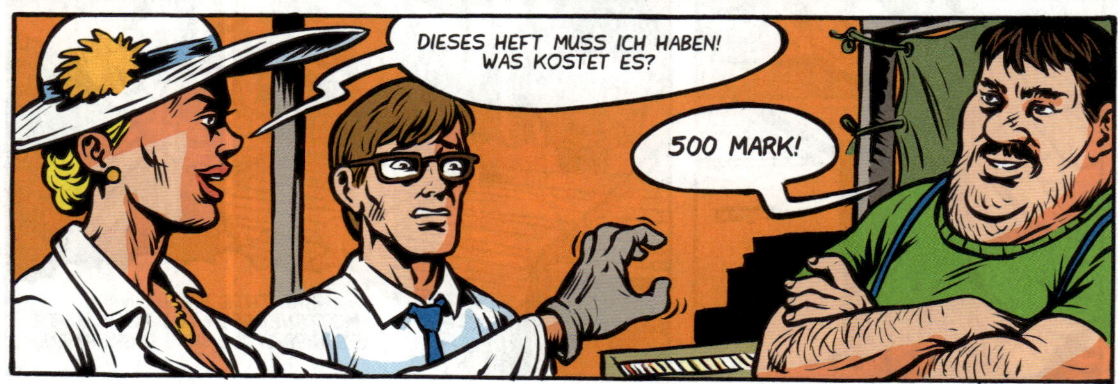
DIESES HEFT MUSS ICH HABEN! WAS KOSTET ES?
500 MARK!

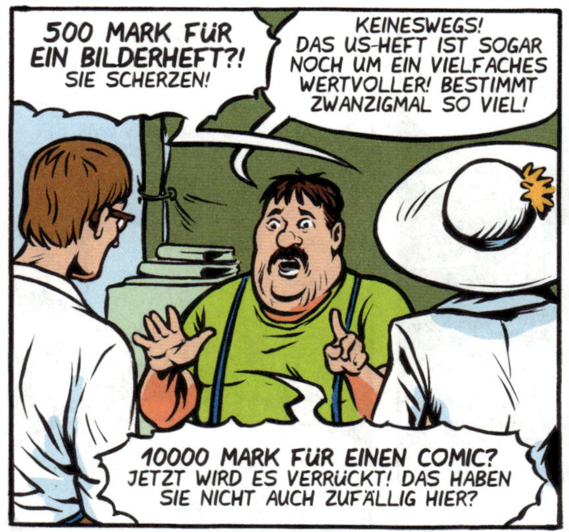
500 MARK FÜR EIN BILDERHEFT?! SIE SCHERZEN!
KEINESWEGS! DAS US-HEFT IST SOGAR NOCH UM EIN VIELFACHES WERTVOLLER! BESTIMMT ZWANZIGMAL SO VIEL!
10000 MARK FÜR EINEN COMIC? JETZT WIRD ES VERRÜCKT! DAS HABEN SIE NICHT AUCH ZUFÄLLIG HIER?

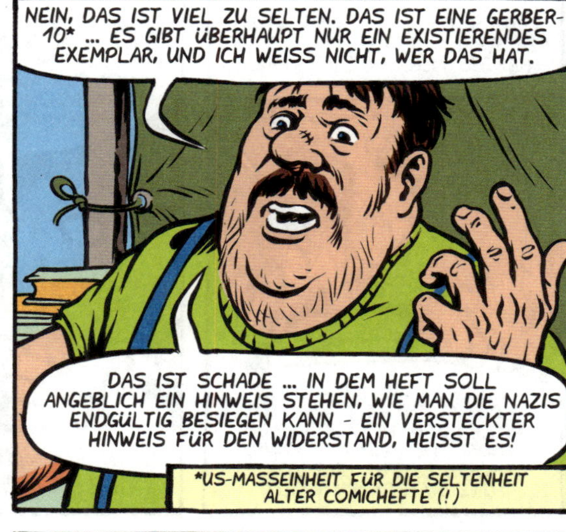
NEIN, DAS IST VIEL ZU SELTEN. DAS IST EINE GERBER-10* ... ES GIBT ÜBERHAUPT NUR EIN EXISTIERENDES EXEMPLAR, UND ICH WEISS NICHT, WER DAS HAT.
DAS IST SCHADE ... IN DEM HEFT SOLL ANGEBLICH EIN HINWEIS STEHEN, WIE MAN DIE NAZIS ENDGÜLTIG BESIEGEN KANN - EIN VERSTECKTER HINWEIS FÜR DEN WIDERSTAND, HEISST ES!
*US-MASSEINHEIT FÜR DIE SELTENHEIT ALTER COMICHEFTE (!)

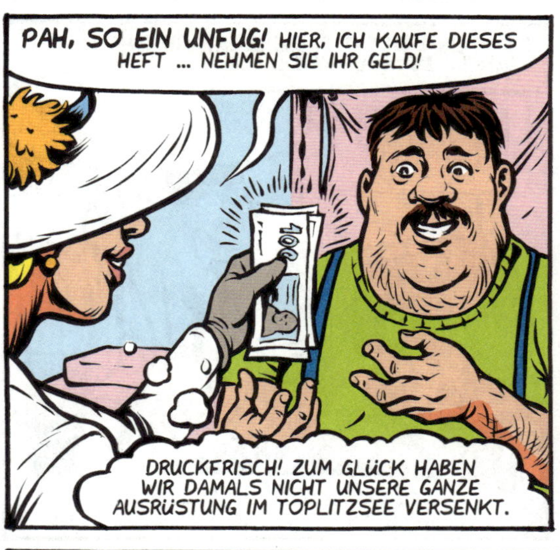
PAH, SO EIN UNFUG! HIER, ICH KAUFE DIESES HEFT ... NEHMEN SIE IHR GELD!
100
DRUCKFRISCH! ZUM GLÜCK HABEN WIR DAMALS NICHT UNSERE GANZE AUSRÜSTUNG IM TOPLITZSEE VERSENKT.

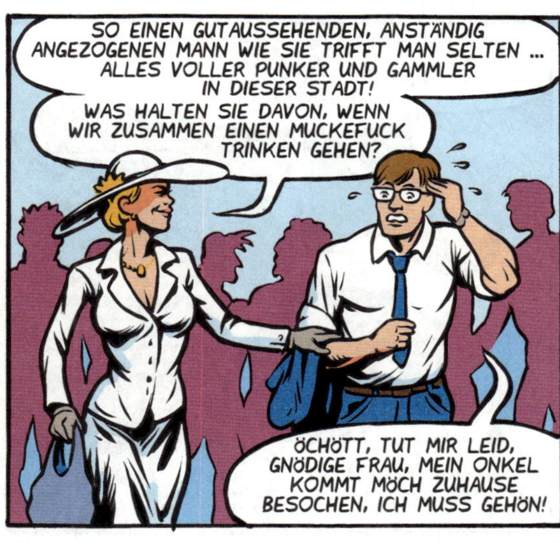
SO EINEN GUTAUSSEHENDEN, ANSTÄNDIG ANGEZOGENEN MANN WIE SIE TRIFFT MAN SELTEN ... ALLES VOLLER PUNKER UND GAMMLER IN DIESER STADT!
WAS HALTEN SIE DAVON, WENN WIR ZUSAMMEN EINEN MUCKEFUCK TRINKEN GEHEN?
ÖCHÖTT, TUT MIR LEID, GNÖDIGE FRAU, MEIN ONKEL KOMMT MÖCH ZUHAUSE BESOCHEN, ICH MUSS GEHÖN!

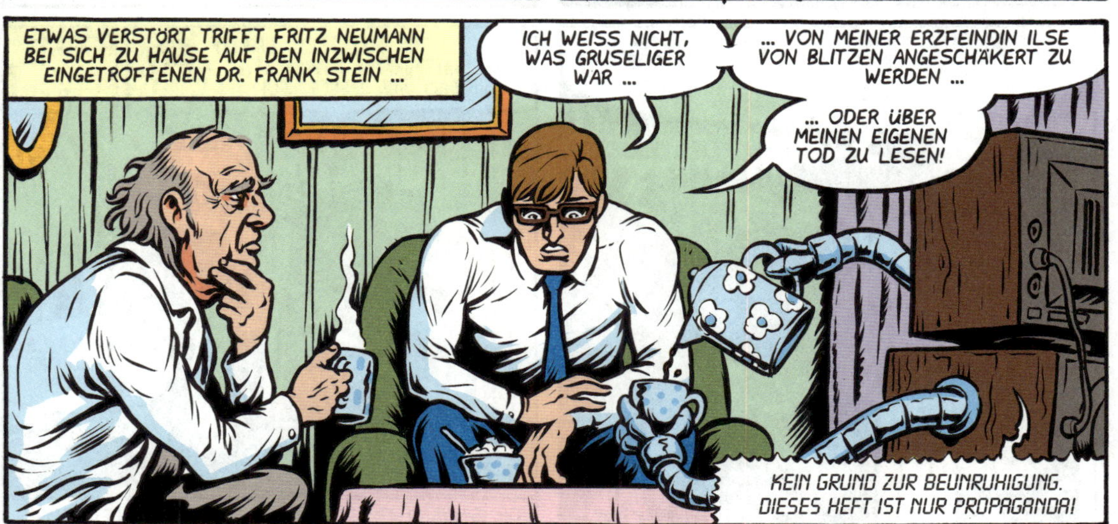
ETWAS VERSTÖRT TRIFFT FRITZ NEUMANN BEI SICH ZU HAUSE AUF DEN INZWISCHEN EINGETROFFENEN DR. FRANK STEIN ...
ICH WEISS NICHT, WAS GRUSELIGER WAR ...
... VON MEINER ERZFEINDIN ILSE VON BLITZEN ANGESCHÄKERT ZU WERDEN ...
... ODER ÜBER MEINEN EIGENEN TOD ZU LESEN!
KEIN GRUND ZUR BEUNRUHIGUNG. DIESES HEFT IST NUR PROPAGANDA!

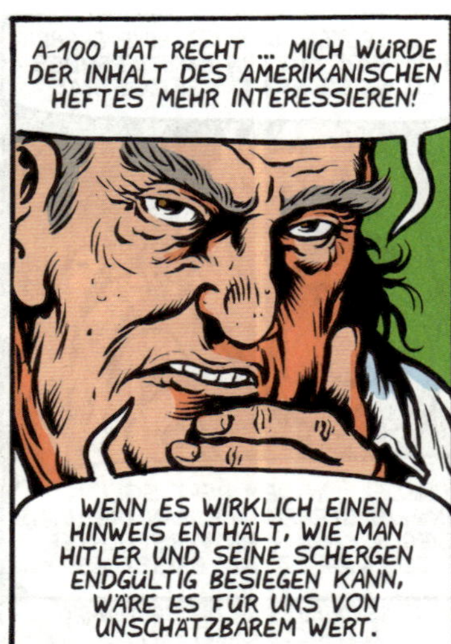
A-100 HAT RECHT ... MICH WÜRDE DER INHALT DES AMERIKANISCHEN HEFTES MEHR INTERESSIEREN!
WENN ES WIRKLICH EINEN HINWEIS ENTHÄLT, WIE MAN HITLER UND SEINE SCHERGEN ENDGÜLTIG BESIEGEN KANN, WÄRE ES FÜR UNS VON UNSCHÄTZBAREM WERT.

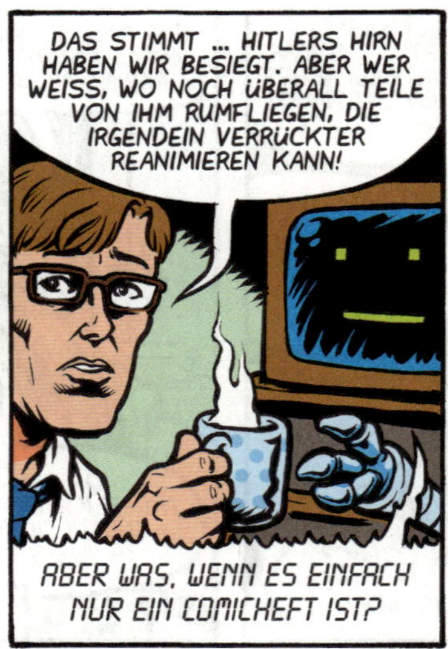
DAS STIMMT ... HITLERS HIRN HABEN WIR BESIEGT. ABER WER WEISS, WO NOCH ÜBERALL TEILE VON IHM RUMFLIEGEN, DIE IRGENDEIN VERRÜCKTER REANIMIEREN KANN!
ABER WAS, WENN ES EINFACH NUR EIN COMICHEFT IST?

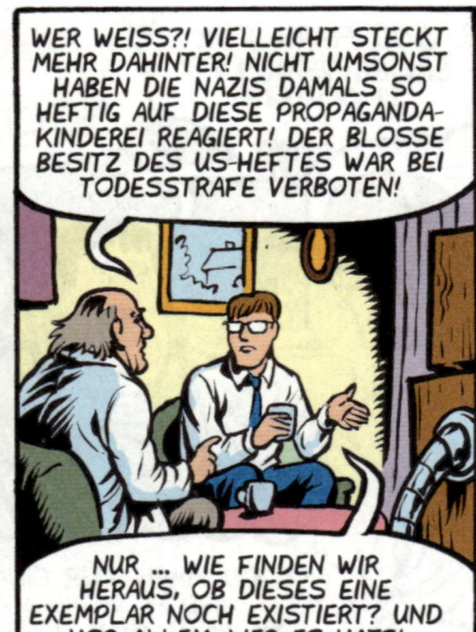
WER WEISS?! VIELLEICHT STECKT MEHR DAHINTER! NICHT UMSONST HABEN DIE NAZIS DAMALS SO HEFTIG AUF DIESE PROPAGANDA-KINDEREI REAGIERT! DER BLOSSE BESITZ DES US-HEFTES WAR BEI TODESSTRAFE VERBOTEN!
NUR ... WIE FINDEN WIR HERAUS, OB DIESES EINE EXEMPLAR NOCH EXISTIERT? UND VOR ALLEM, WER ES HAT?!

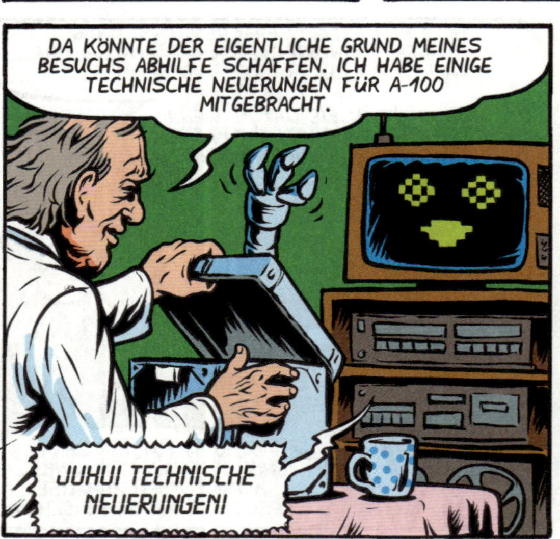
DA KÖNNTE DER EIGENTLICHE GRUND MEINES BESUCHS ABHILFE SCHAFFEN. ICH HABE EINIGE TECHNISCHE NEUERUNGEN FÜR A-100 MITGEBRACHT.
JUHU! TECHNISCHE NEUERUNGEN!

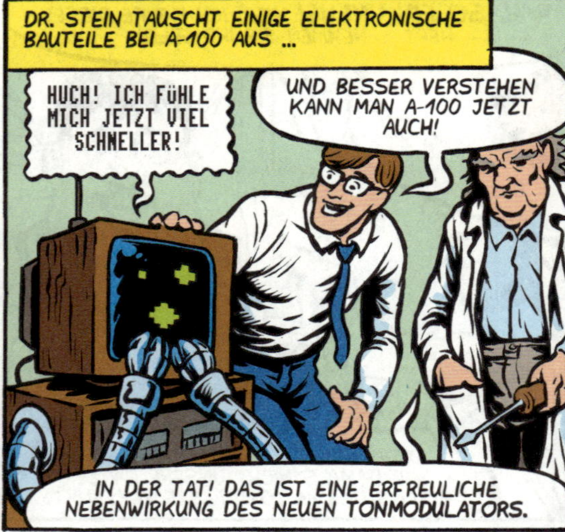
DR. STEIN TAUSCHT EINIGE ELEKTRONISCHE BAUTEILE BEI A-100 AUS ...
HUCH! ICH FÜHLE MICH JETZT VIEL SCHNELLER!
UND BESSER VERSTEHEN KANN MAN A-100 JETZT AUCH!
IN DER TAT! DAS IST EINE ERFREULICHE NEBENWIRKUNG DES NEUEN TONMODULATORS.

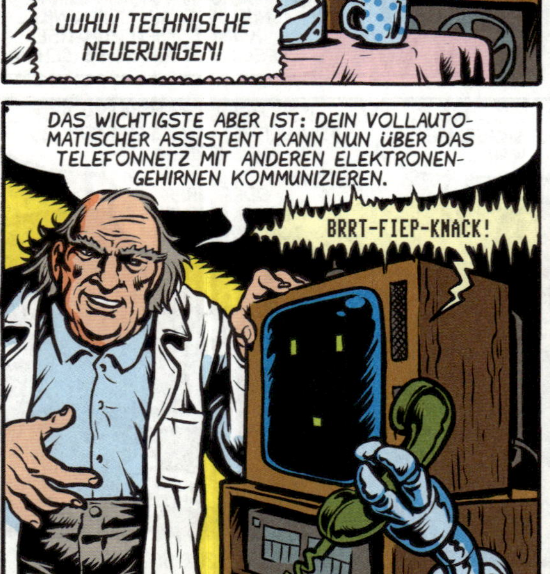
DAS WICHTIGSTE ABER IST: DEIN VOLLAUTOMATISCHER ASSISTENT KANN NUN ÜBER DAS TELEFONNETZ MIT ANDEREN ELEKTRONEN-GEHIRNEN KOMMUNIZIEREN.
BRRT-FIEP-KNACK!

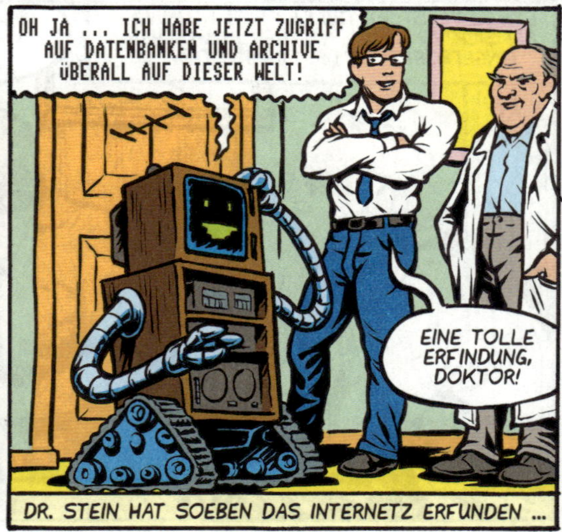
OH JA ... ICH HABE JETZT ZUGRIFF AUF DATENBANKEN UND ARCHIVE ÜBERALL AUF DIESER WELT!
EINE TOLLE ERFINDUNG, DOKTOR!
DR. STEIN HAT SOEBEN DAS INTERNETZ ERFUNDEN ...

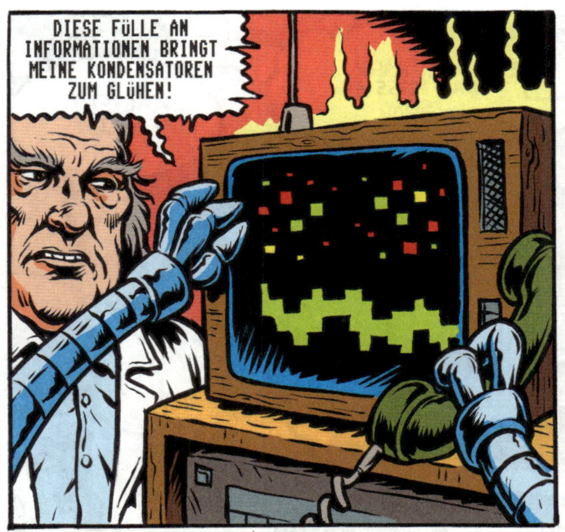

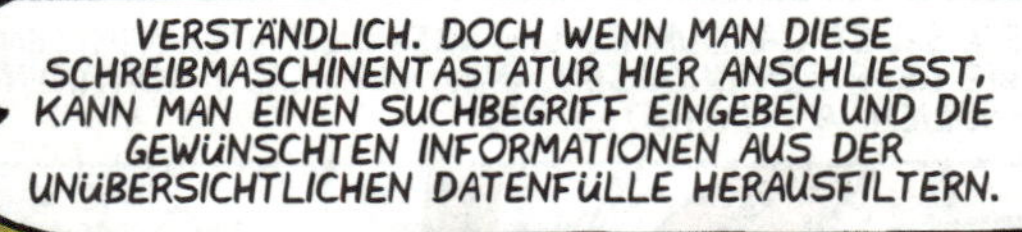

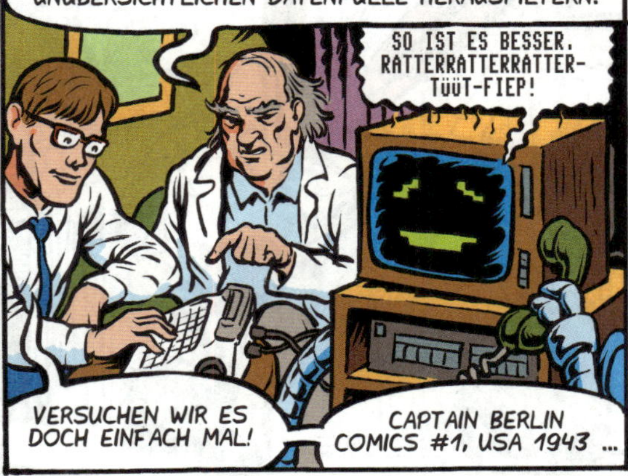

... UND DIE ERSTE SUCHMASCHINE AUCH NOCH.

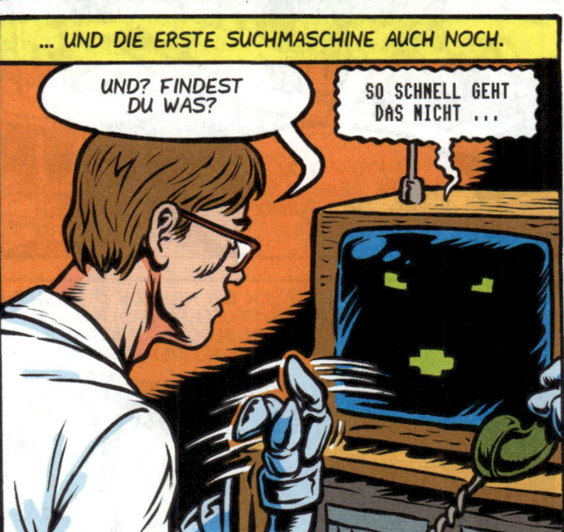

BIT FÜR BIT WÜHLT SICH A-100 DURCH DIE DATENBERGE. ENDLICH, NACH STUNDEN ...

AHA! SOSO ... IN DIESER KREDITKARTENABRECHNUNG FÜR EIN AUKTIONSHAUS HAB ICH TATSÄCHLICH WAS GEFUNDEN: DAS EINZIG EXISTIERENDE EXEMPLAR SCHEINT IM BESITZ EINES BETUCHTEN AMERIKANISCHEN SAMMLERS ZU SEIN ... RATTERRATTER ...

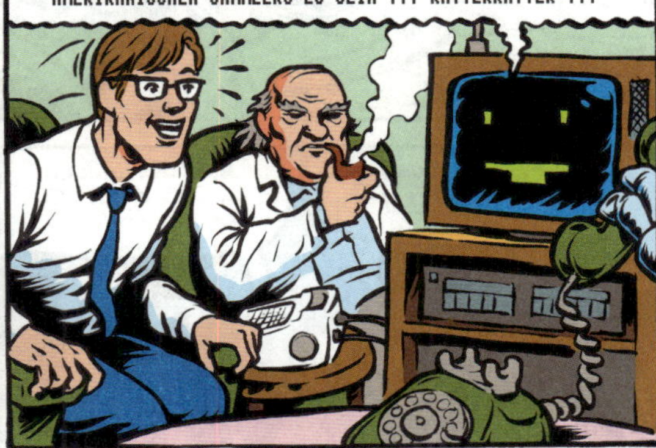

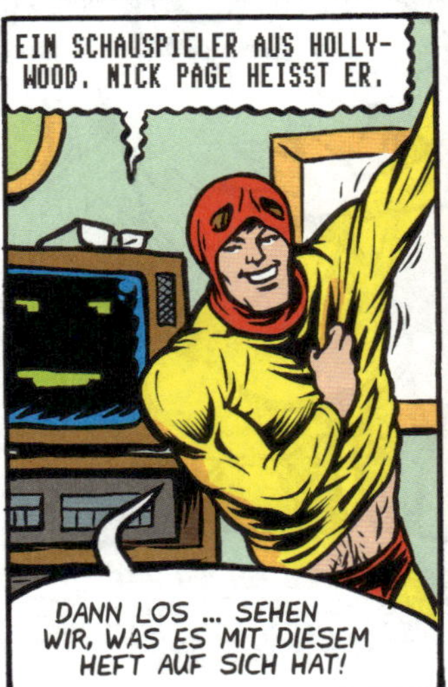

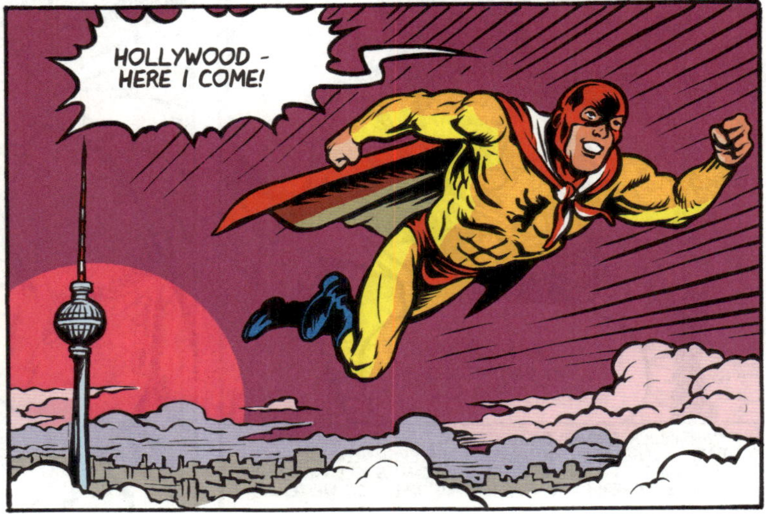

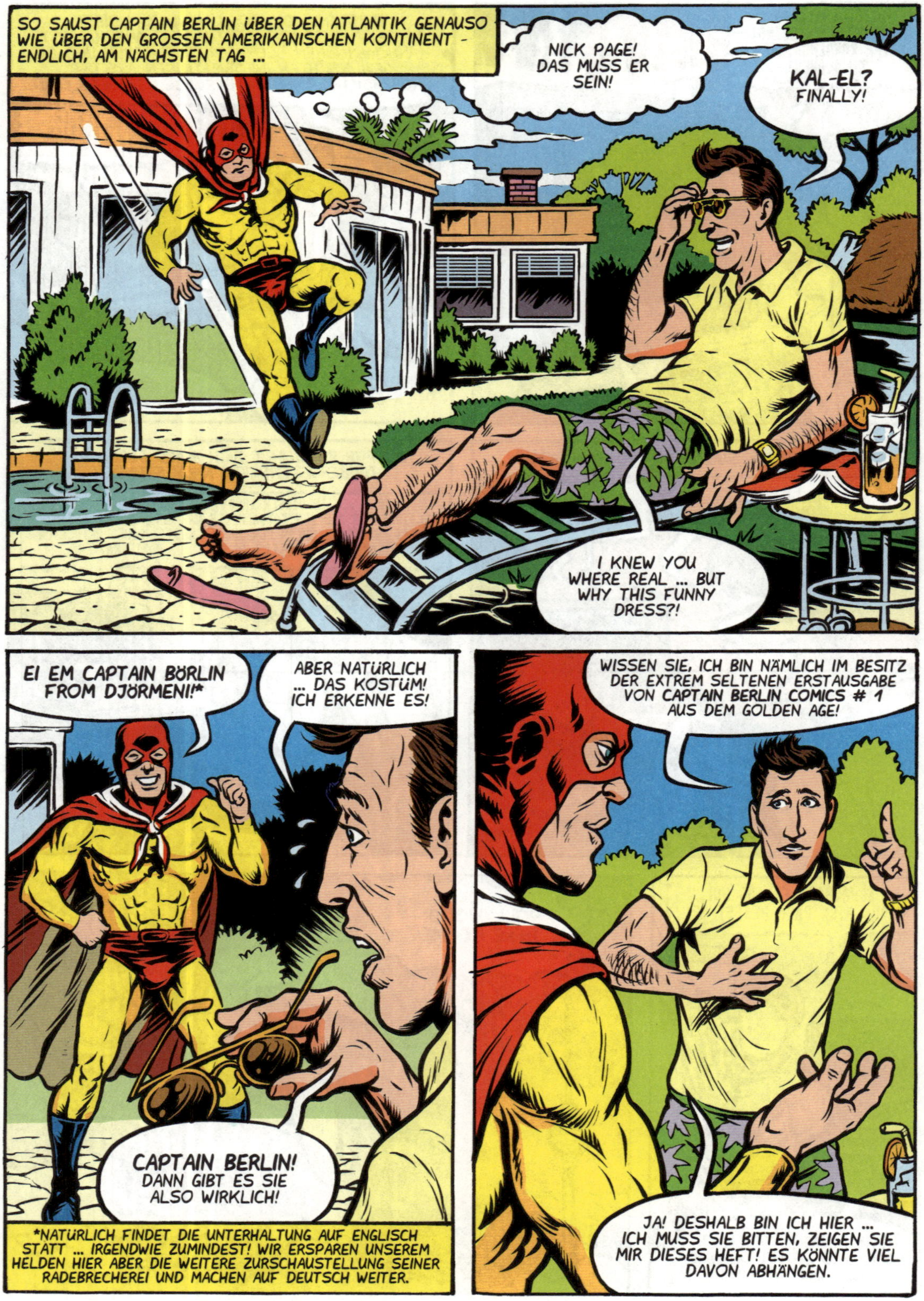

SO SAUST CAPTAIN BERLIN ÜBER DEN ATLANTIK GENAUSO WIE ÜBER DEN GROSSEN AMERIKANISCHEN KONTINENT - ENDLICH, AM NÄCHSTEN TAG ...

NICK PAGE! DAS MUSS ER SEIN!

KAL-EL? FINALLY!

I KNEW YOU WHERE REAL ... BUT WHY THIS FUNNY DRESS?!

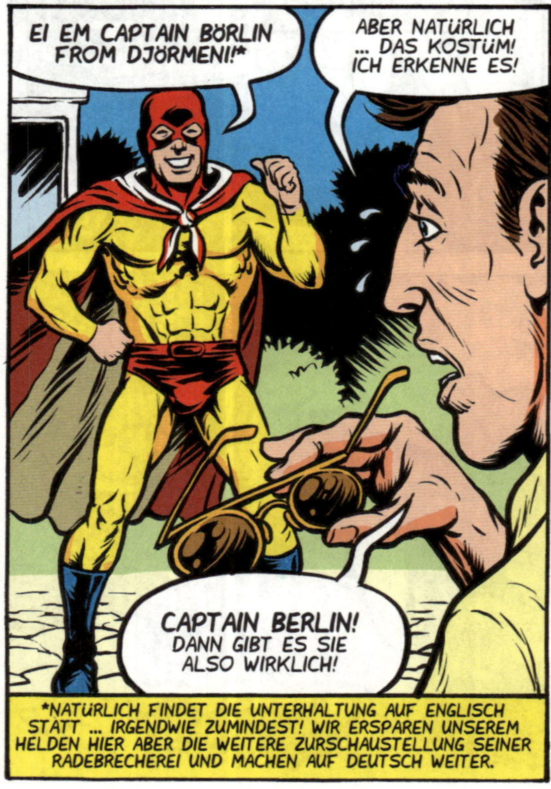

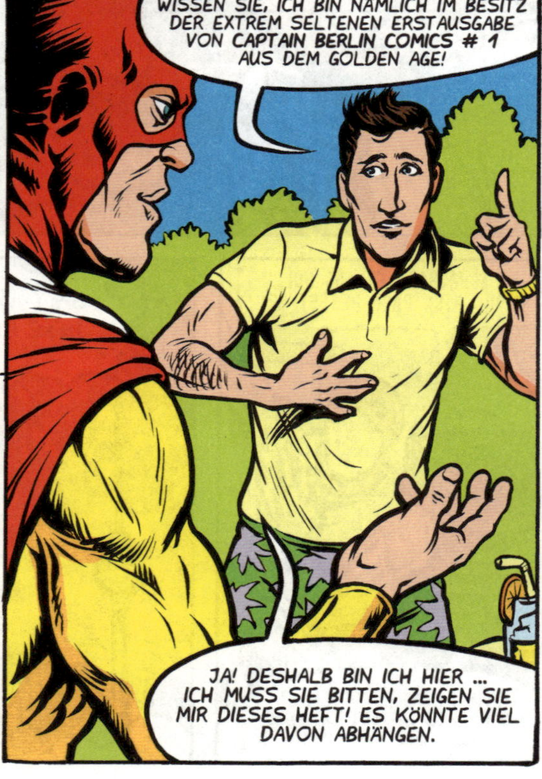

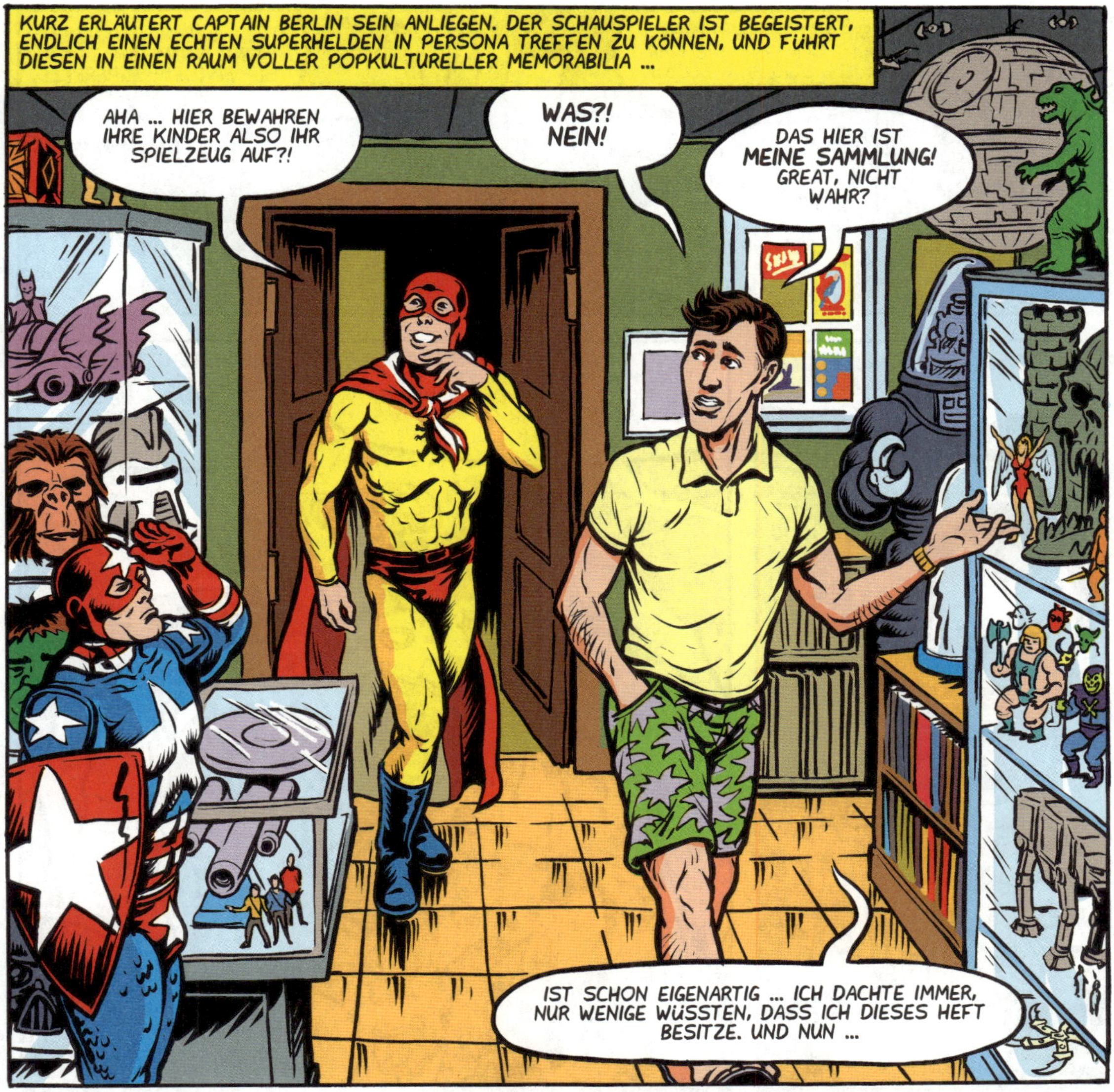

KURZ ERLÄUTERT CAPTAIN BERLIN SEIN ANLIEGEN. DER SCHAUSPIELER IST BEGEISTERT, ENDLICH EINEN ECHTEN SUPERHELDEN IN PERSONA TREFFEN ZU KÖNNEN, UND FÜHRT DIESEN IN EINEN RAUM VOLLER POPKULTURELLER MEMORABILIA ...

AHA ... HIER BEWAHREN IHRE KINDER ALSO IHR SPIELZEUG AUF?!

WAS?! NEIN!

DAS HIER IST **MEINE SAMMLUNG!** GREAT, NICHT WAHR?

IST SCHON EIGENARTIG ... ICH DACHTE IMMER, NUR WENIGE WÜSSTEN, DASS ICH DIESES HEFT BESITZE. UND NUN ...

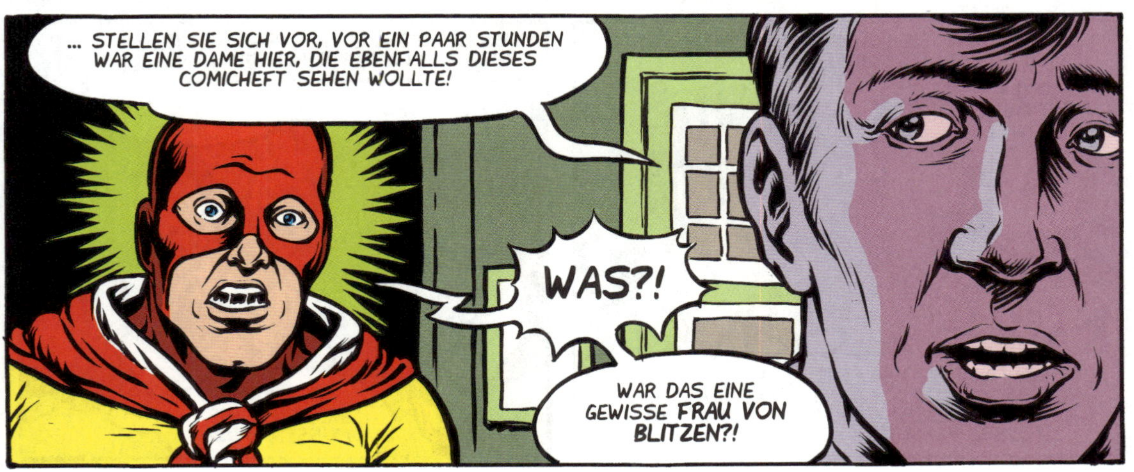

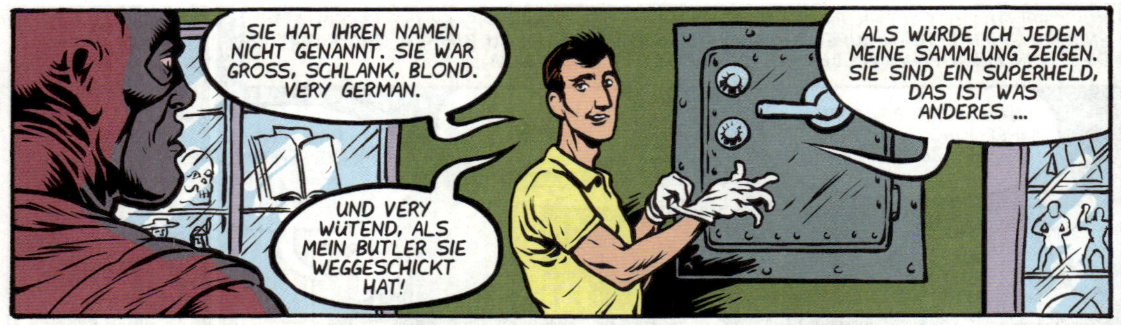
SIE HAT IHREN NAMEN NICHT GENANNT. SIE WAR GROSS, SCHLANK, BLOND. VERY GERMAN.
UND VERY WÜTEND, ALS MEIN BUTLER SIE WEGGESCHICKT HAT!
ALS WÜRDE ICH JEDEM MEINE SAMMLUNG ZEIGEN. SIE SIND EIN SUPERHELD, DAS IST WAS ANDERES ...

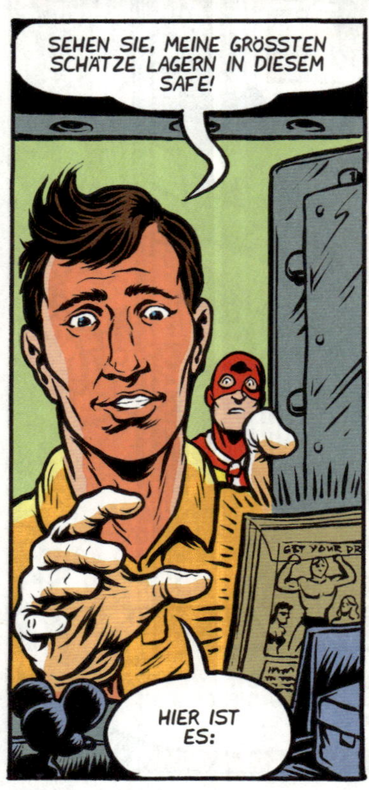
SEHEN SIE, MEINE GRÖSSTEN SCHÄTZE LAGERN IN DIESEM SAFE!
HIER IST ES:

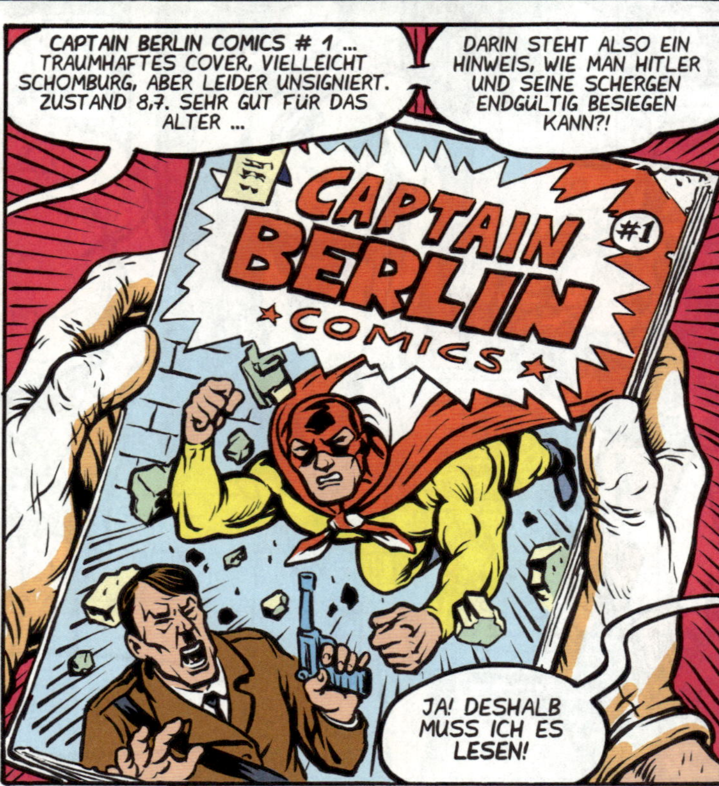
CAPTAIN BERLIN COMICS # 1 ... TRAUMHAFTES COVER, VIELLEICHT SCHOMBURG, ABER LEIDER UNSIGNIERT. ZUSTAND 8,7. SEHR GUT FÜR DAS ALTER ...
DARIN STEHT ALSO EIN HINWEIS, WIE MAN HITLER UND SEINE SCHERGEN ENDGÜLTIG BESIEGEN KANN?!
CAPTAIN BERLIN #1 COMICS
JA! DESHALB MUSS ICH ES LESEN!

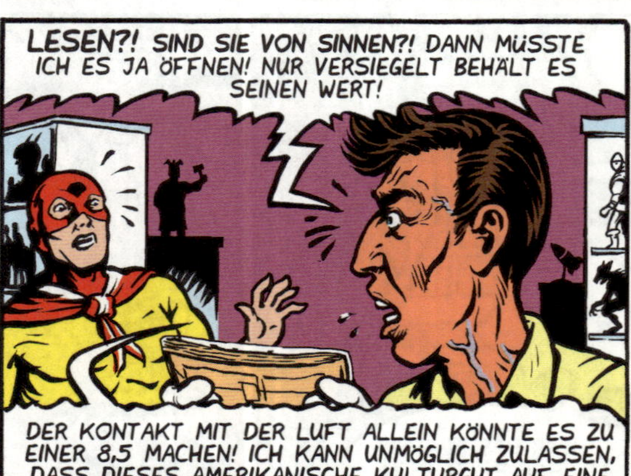
LESEN?! SIND SIE VON SINNEN?! DANN MÜSSTE ICH ES JA ÖFFNEN! NUR VERSIEGELT BEHÄLT ES SEINEN WERT!
DER KONTAKT MIT DER LUFT ALLEIN KÖNNTE ES ZU EINER 8,5 MACHEN! ICH KANN UNMÖGLICH ZULASSEN, DASS DIESES AMERIKANISCHE KULTURGUT AUF EINE BLOSSE VERMUTUNG HIN SCHADEN NIMMT!

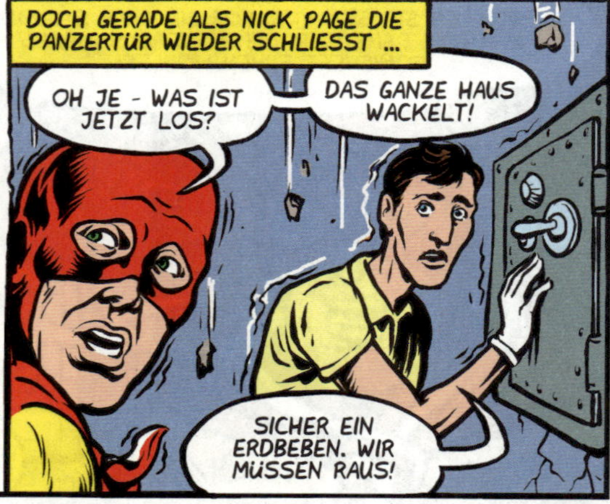
DOCH GERADE ALS NICK PAGE DIE PANZERTÜR WIEDER SCHLIESST ...
OH JE - WAS IST JETZT LOS?
DAS GANZE HAUS WACKELT!
SICHER EIN ERDBEBEN. WIR MÜSSEN RAUS!

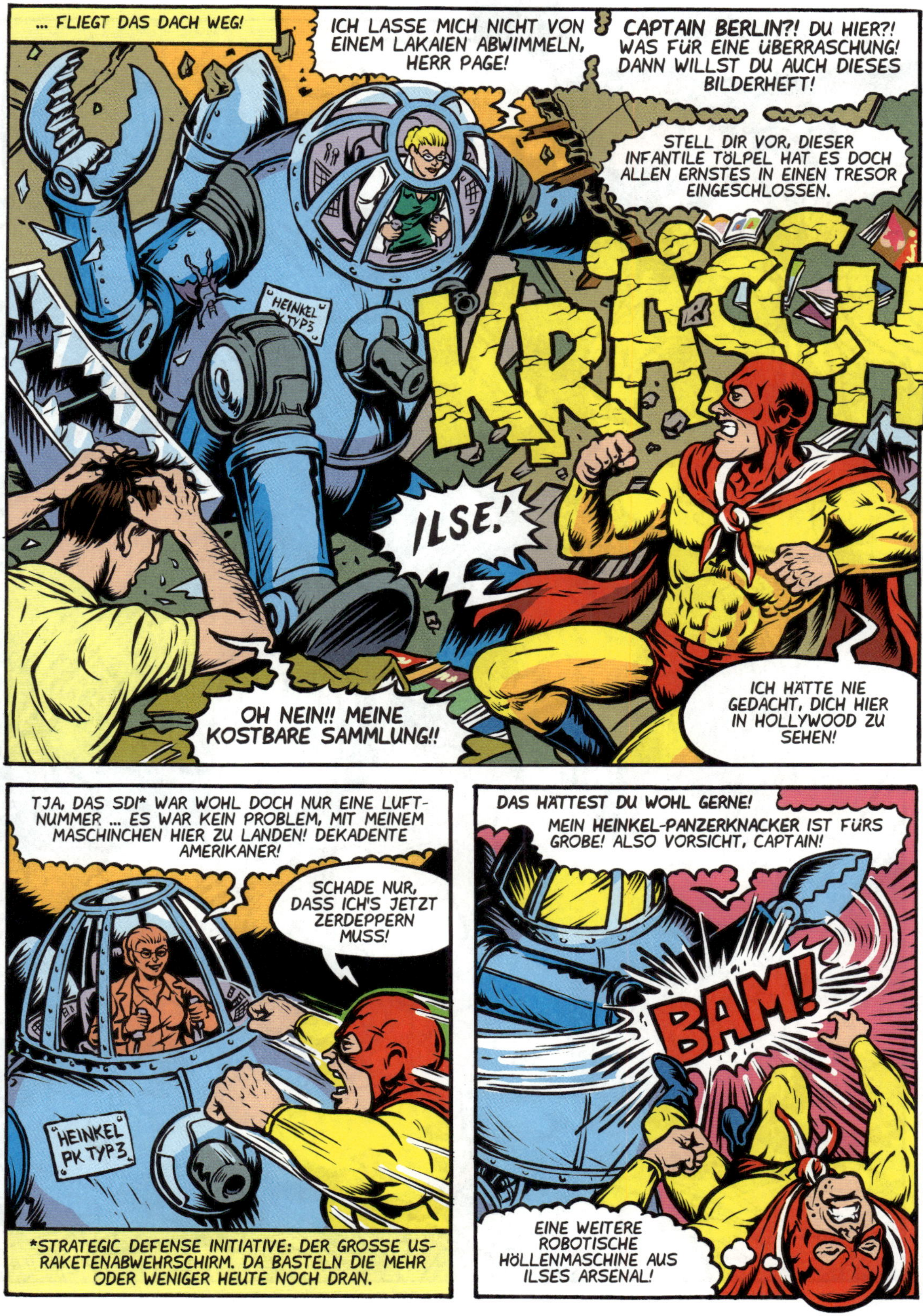

... FLIEGT DAS DACH WEG!
ICH LASSE MICH NICHT VON EINEM LAKAIEN ABWIMMELN, HERR PAGE!
CAPTAIN BERLIN?! DU HIER?! WAS FÜR EINE ÜBERRASCHUNG! DANN WILLST DU AUCH DIESES BILDERHEFT!
STELL DIR VOR, DIESER INFANTILE TÖLPEL HAT ES DOCH ALLEN ERNSTES IN EINEN TRESOR EINGESCHLOSSEN.
KRASCH
HEINKEL PK TYP3
ILSE!
OH NEIN!! MEINE KOSTBARE SAMMLUNG!!
ICH HÄTTE NIE GEDACHT, DICH HIER IN HOLLYWOOD ZU SEHEN!

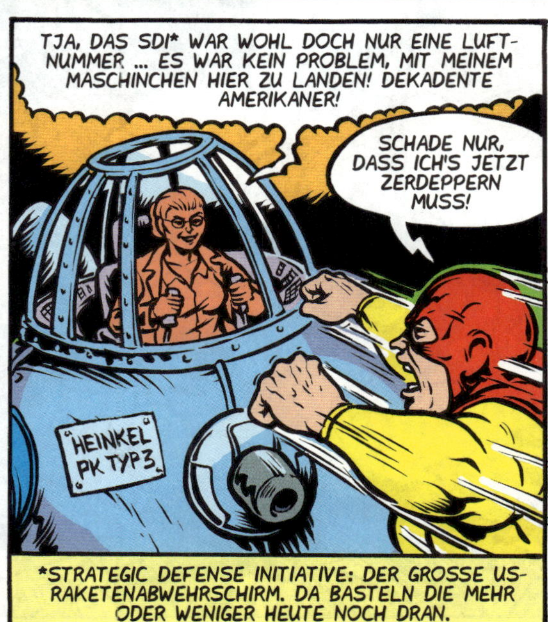

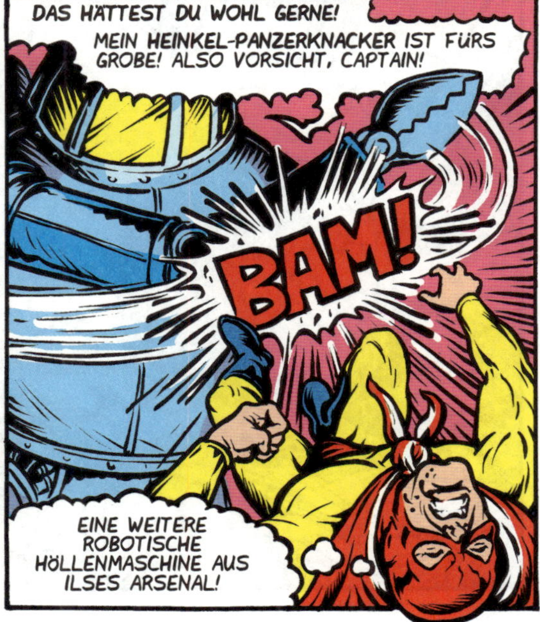

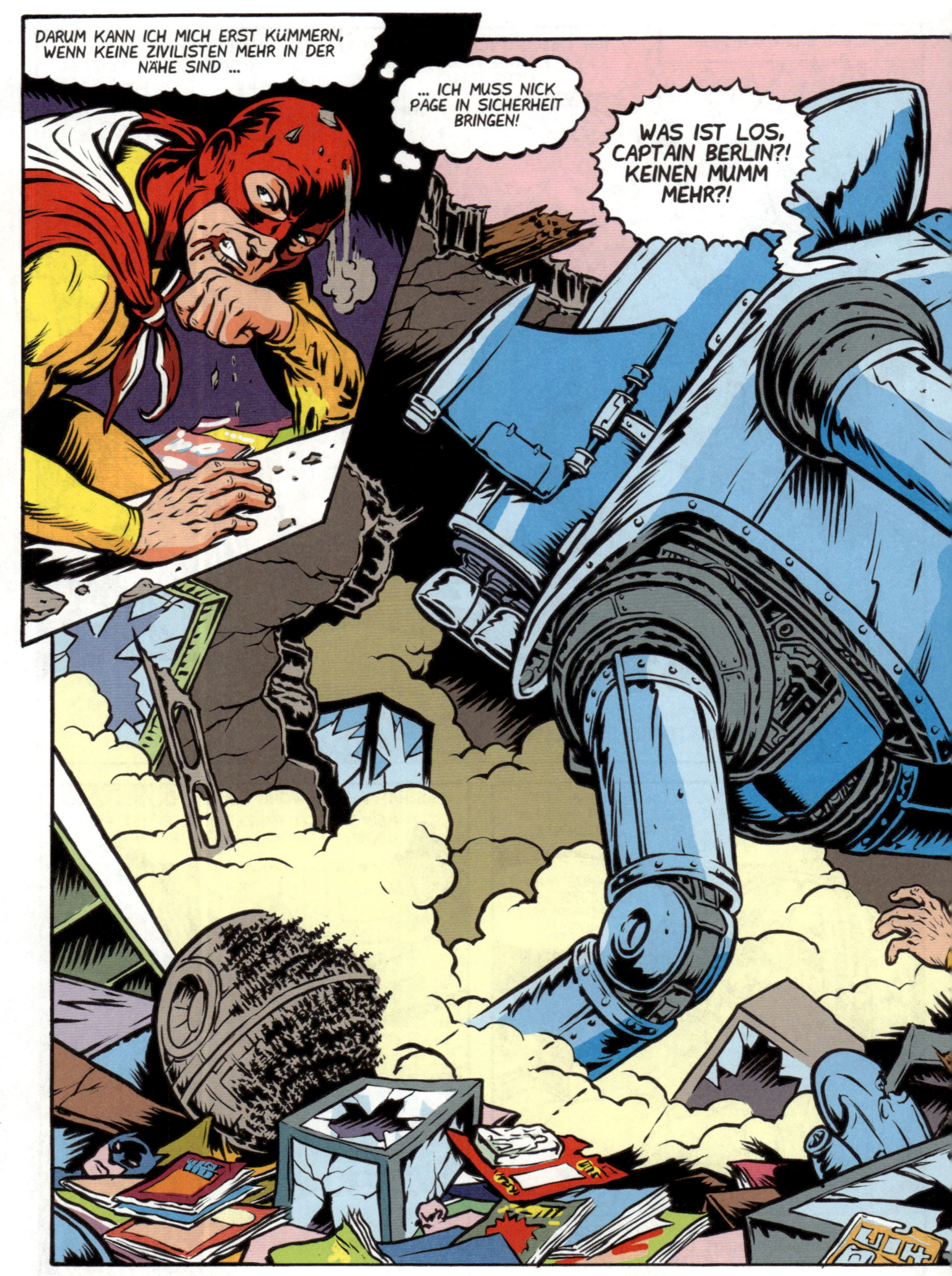
DARUM KANN ICH MICH ERST KÜMMERN, WENN KEINE ZIVILISTEN MEHR IN DER NÄHE SIND ...
... ICH MUSS NICK PAGE IN SICHERHEIT BRINGEN!
WAS IST LOS, CAPTAIN BERLIN?! KEINEN MUMM MEHR?!

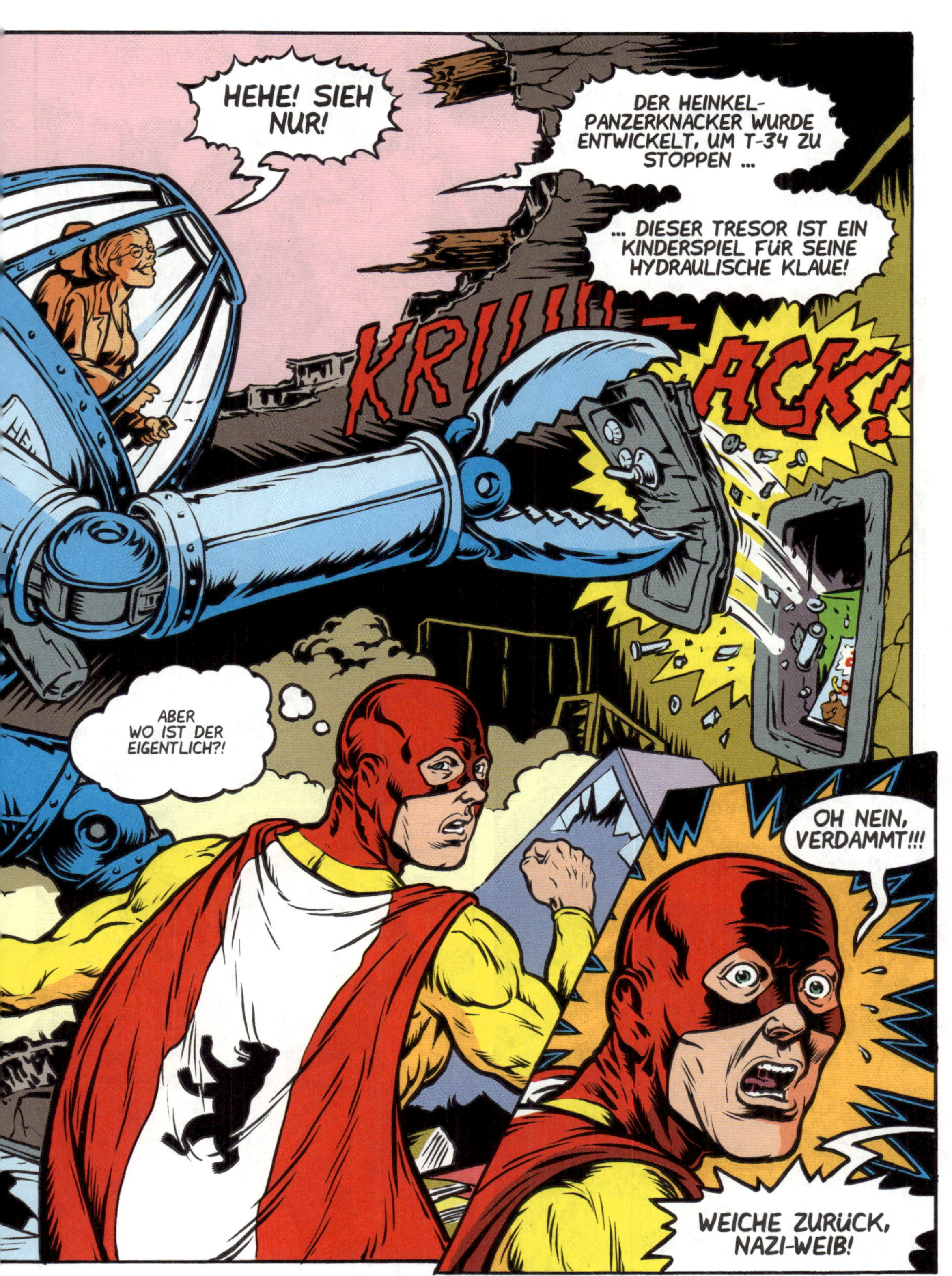
HEHE! SIEH NUR!
DER HEINKEL-PANZERKNACKER WURDE ENTWICKELT, UM T-34 ZU STOPPEN ...
... DIESER TRESOR IST EIN KINDERSPIEL FÜR SEINE HYDRAULISCHE KLAUE!
KRUUU-ACK!!
ABER WO IST DER EIGENTLICH?!
OH NEIN, VERDAMMT!!!
WEICHE ZURÜCK, NAZI-WEIB!

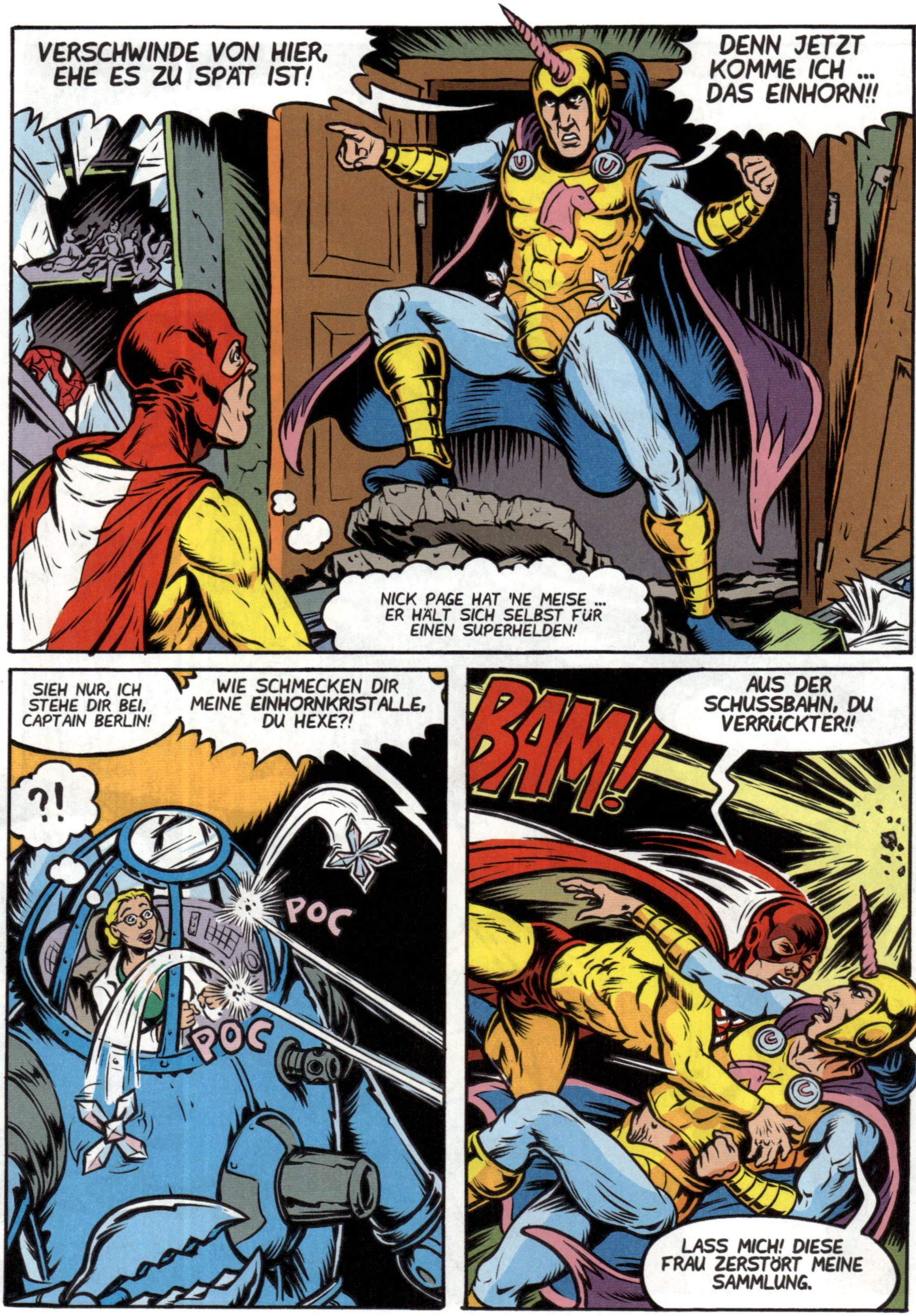

VERSCHWINDE VON HIER, EHE ES ZU SPÄT IST!
DENN JETZT KOMME ICH ... DAS EINHORN!!
NICK PAGE HAT 'NE MEISE ... ER HÄLT SICH SELBST FÜR EINEN SUPERHELDEN!

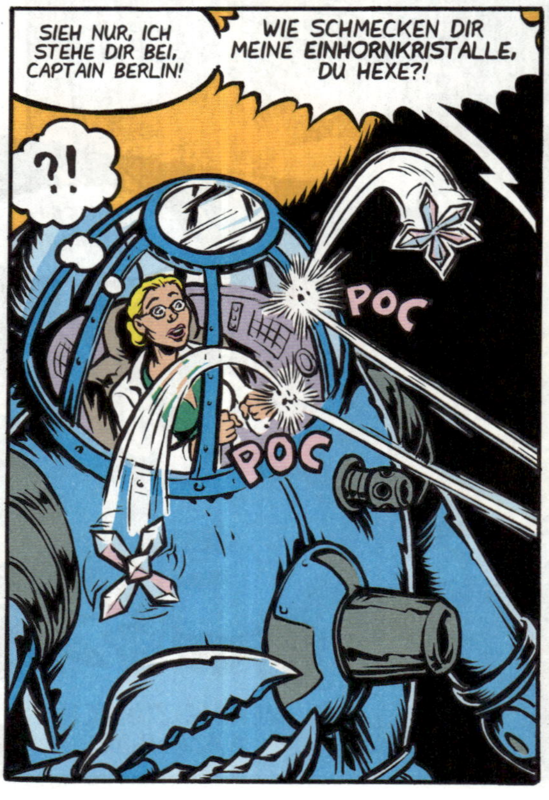
SIEH NUR, ICH STEHE DIR BEI, CAPTAIN BERLIN!
WIE SCHMECKEN DIR MEINE EINHORNKRISTALLE, DU HEXE?!
?!
POC
POC

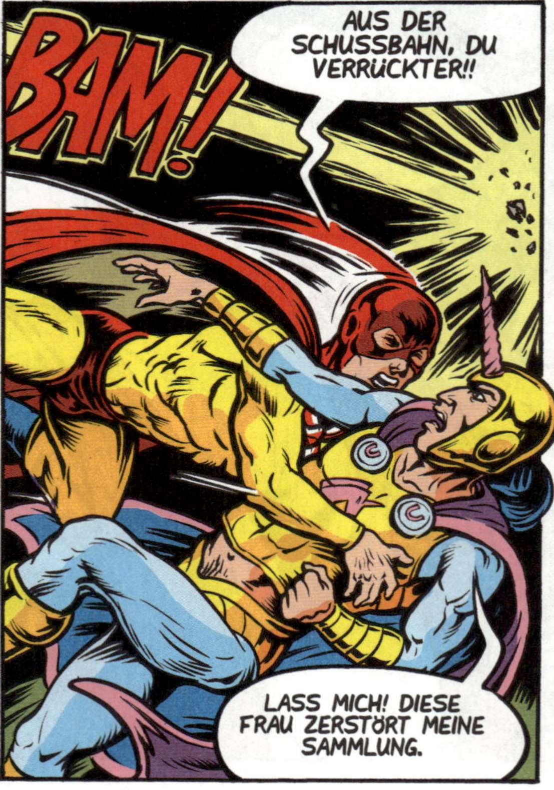
BAM!
AUS DER SCHUSSBAHN, DU VERRÜCKTER!!
LASS MICH! DIESE FRAU ZERSTÖRT MEINE SAMMLUNG.

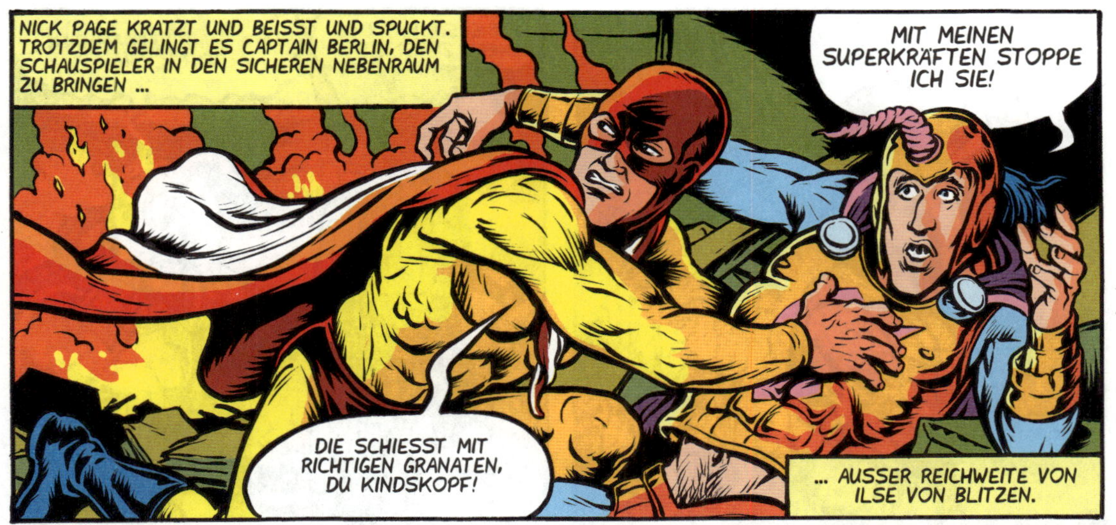
NICK PAGE KRATZT UND BEISST UND SPUCKT. TROTZDEM GELINGT ES CAPTAIN BERLIN, DEN SCHAUSPIELER IN DEN SICHEREN NEBENRAUM ZU BRINGEN ...
MIT MEINEN SUPERKRÄFTEN STOPPE ICH SIE!
DIE SCHIESST MIT RICHTIGEN GRANATEN, DU KINDSKOPF!
... AUSSER REICHWEITE VON ILSE VON BLITZEN.

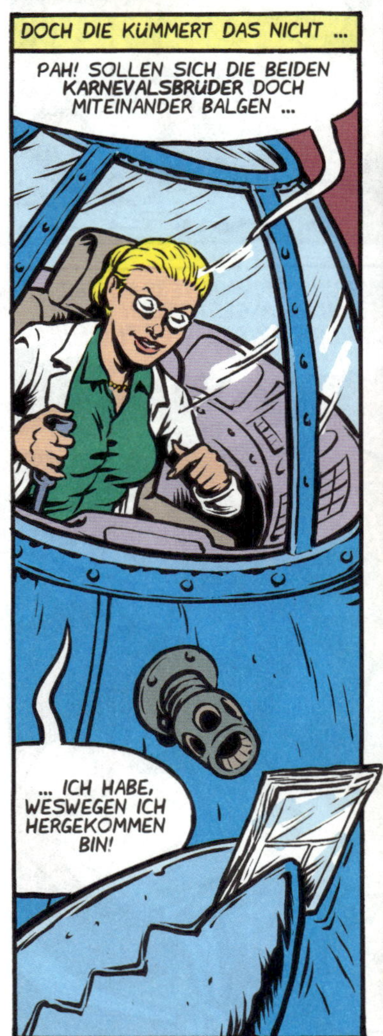
DOCH DIE KÜMMERT DAS NICHT ...
PAH! SOLLEN SICH DIE BEIDEN KARNEVALSBRÜDER DOCH MITEINANDER BALGEN ...
... ICH HABE, WESWEGEN ICH HERGEKOMMEN BIN!

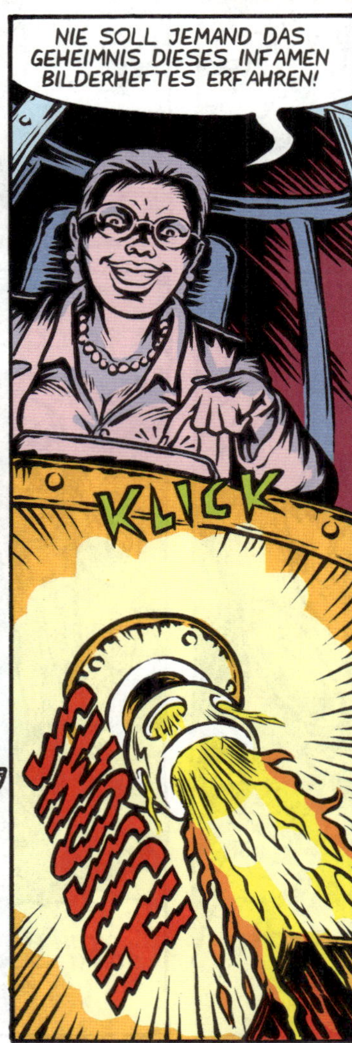
NIE SOLL JEMAND DAS GEHEIMNIS DIESES INFAMEN BILDERHEFTES ERFAHREN!
KLICK
SWOOSCH

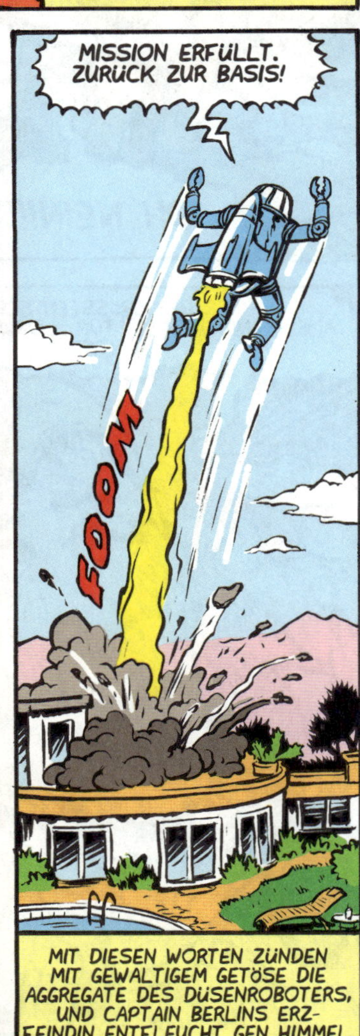
MISSION ERFÜLLT. ZURÜCK ZUR BASIS!
FOOOM
MIT DIESEN WORTEN ZÜNDEN MIT GEWALTIGEM GETÖSE DIE AGGREGATE DES DÜSENROBOTERS, UND CAPTAIN BERLINS ERZ-FEINDIN ENTFLEUCHT GEN HIMMEL.

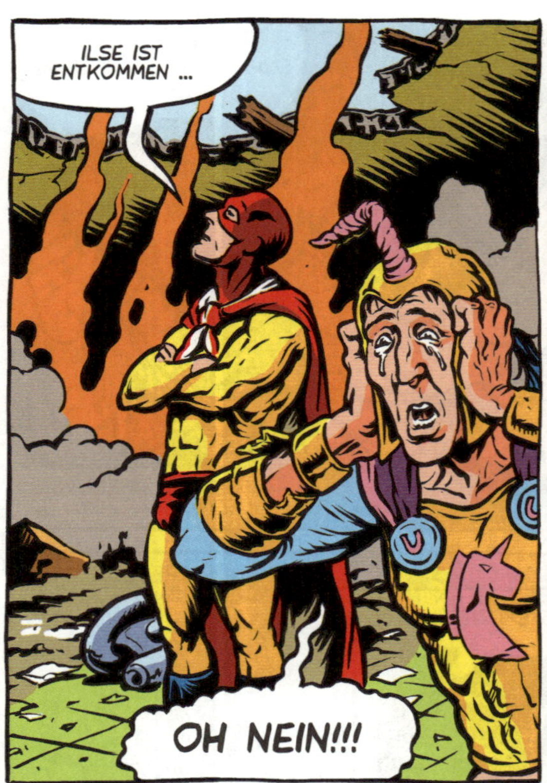
ILSE IST ENTKOMMEN ...
OH NEIN!!!
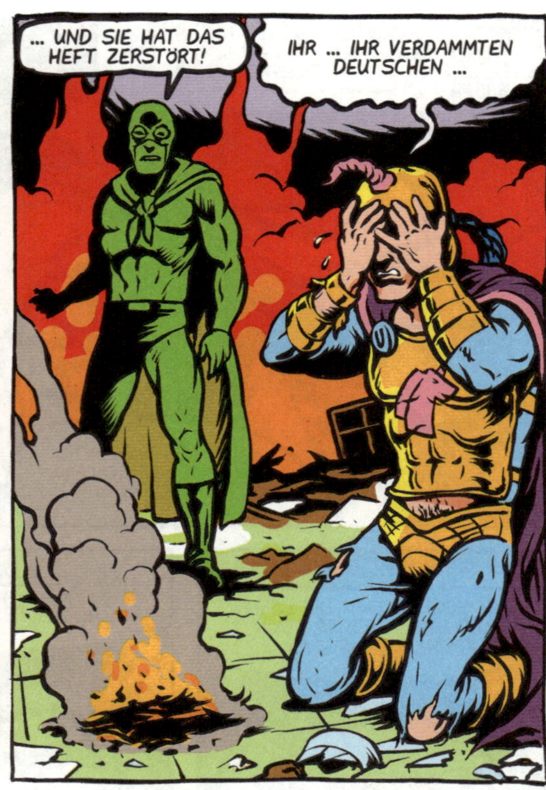
... UND SIE HAT DAS HEFT ZERSTÖRT!
IHR ... IHR VERDAMMTEN DEUTSCHEN ...
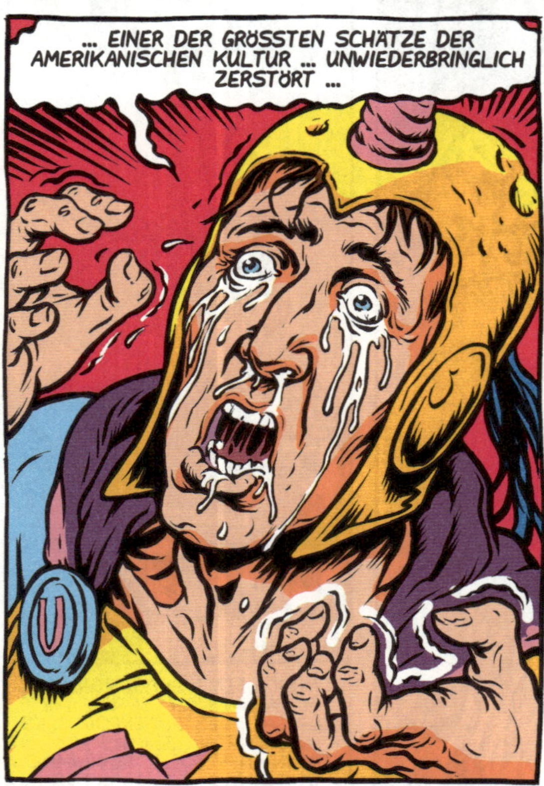
... EINER DER GRÖSSTEN SCHÄTZE DER AMERIKANISCHEN KULTUR ... UNWIEDERBRINGLICH ZERSTÖRT ...
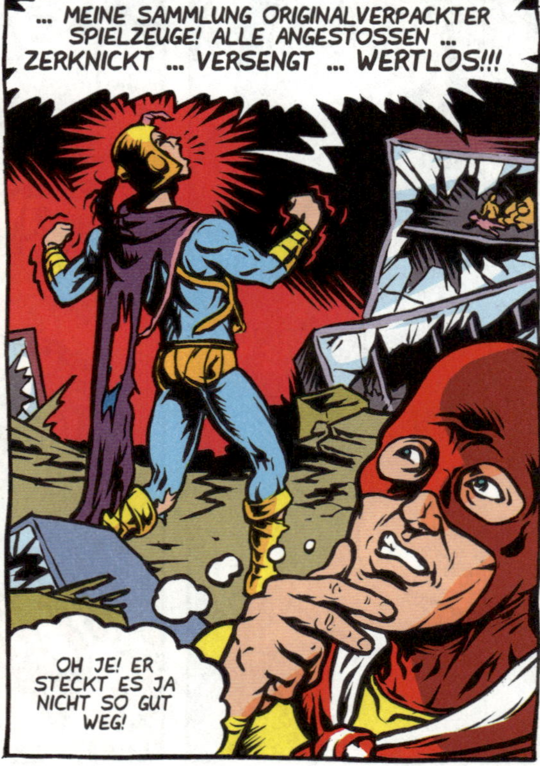
... MEINE SAMMLUNG ORIGINALVERPACKTER SPIELZEUGE! ALLE ANGESTOSSEN ... ZERKNICKT ... VERSENGT ... WERTLOS!!!
OH JE! ER STECKT ES JA NICHT SO GUT WEG!

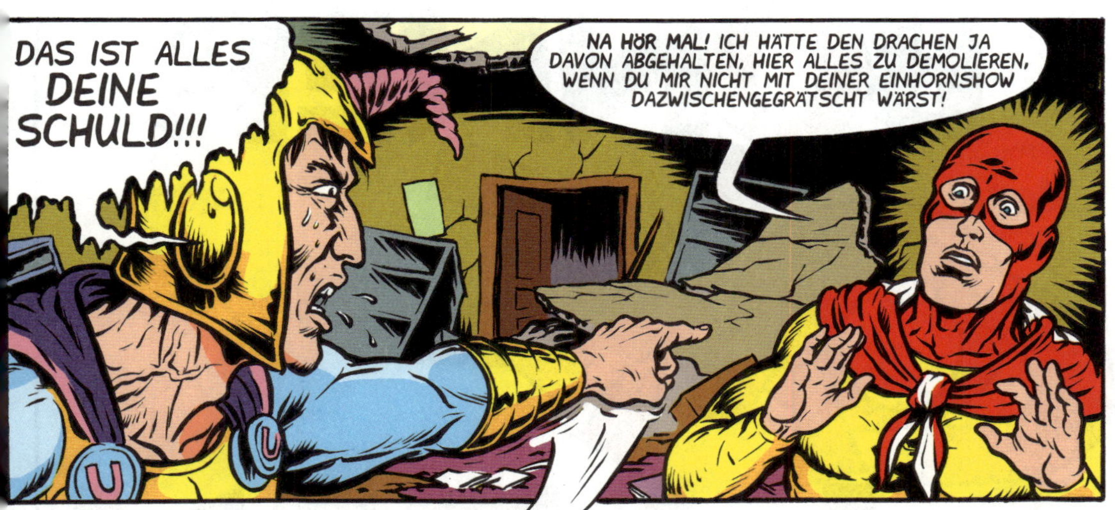
DAS IST ALLES DEINE SCHULD!!!
NA HÖR MAL! ICH HÄTTE DEN DRACHEN JA DAVON ABGEHALTEN, HIER ALLES ZU DEMOLIEREN, WENN DU MIR NICHT MIT DEINER EINHORNSHOW DAZWISCHENGEGRÄTSCHT WÄRST!

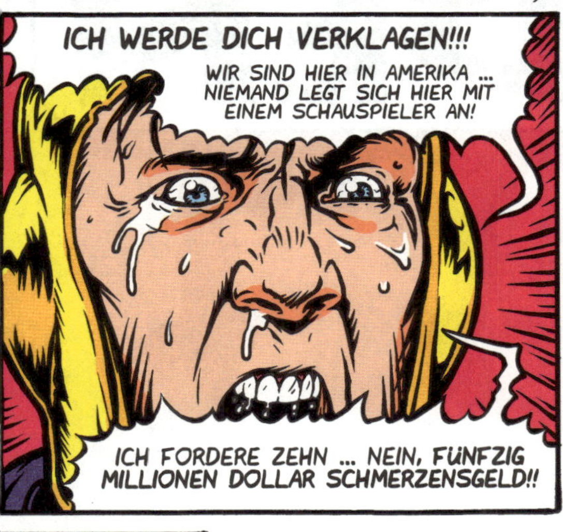
ICH WERDE DICH VERKLAGEN!!!
WIR SIND HIER IN AMERIKA ... NIEMAND LEGT SICH HIER MIT EINEM SCHAUSPIELER AN!
ICH FORDERE ZEHN ... NEIN, FÜNFZIG MILLIONEN DOLLAR SCHMERZENSGELD!!

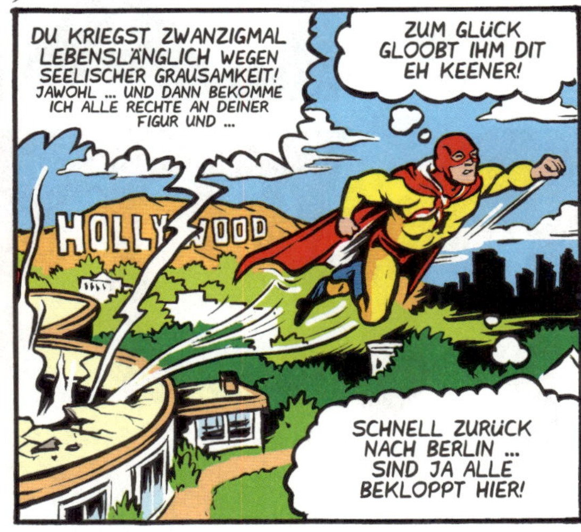
DU KRIEGST ZWANZIGMAL LEBENSLÄNGLICH WEGEN SEELISCHER GRAUSAMKEIT! JAWOHL ... UND DANN BEKOMME ICH ALLE RECHTE AN DEINER FIGUR UND ...
ZUM GLÜCK GLOOBT IHM DIT EH KEENER!
HOLLYWOOD
SCHNELL ZURÜCK NACH BERLIN ... SIND JA ALLE BEKLOPPT HIER!

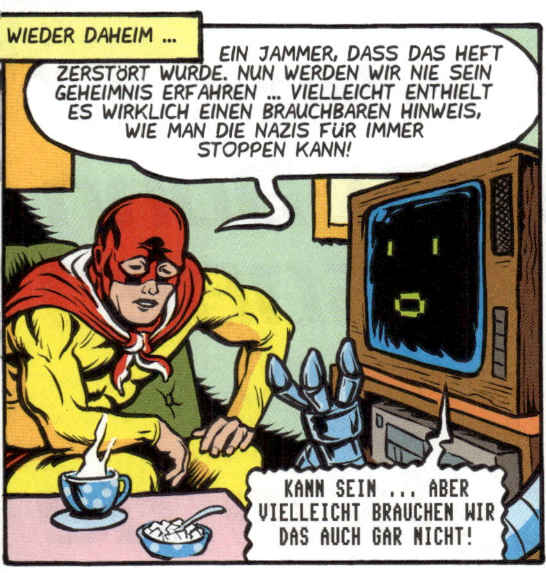
WIEDER DAHEIM ...
EIN JAMMER, DASS DAS HEFT ZERSTÖRT WURDE. NUN WERDEN WIR NIE SEIN GEHEIMNIS ERFAHREN ... VIELLEICHT ENTHIELT ES WIRKLICH EINEN BRAUCHBAREN HINWEIS, WIE MAN DIE NAZIS FÜR IMMER STOPPEN KANN!
KANN SEIN ... ABER VIELLEICHT BRAUCHEN WIR DAS AUCH GAR NICHT!

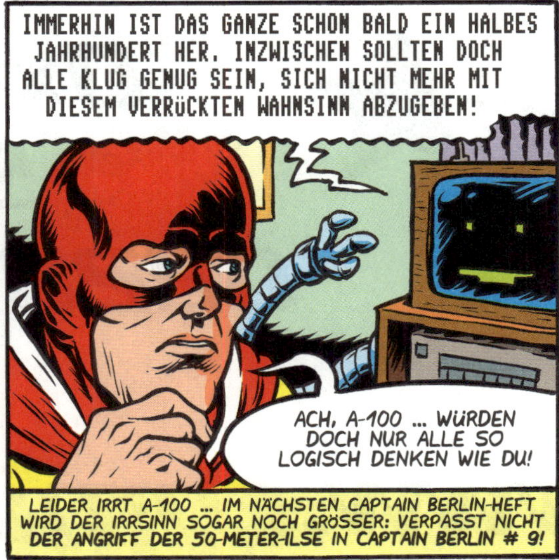
IMMERHIN IST DAS GANZE SCHON BALD EIN HALBES JAHRHUNDERT HER. INZWISCHEN SOLLTEN DOCH ALLE KLUG GENUG SEIN, SICH NICHT MEHR MIT DIESEM VERRÜCKTEN WAHNSINN ABZUGEBEN!
ACH, A-100 ... WÜRDEN DOCH NUR ALLE SO LOGISCH DENKEN WIE DU!
LEIDER IRRT A-100 ... IM NÄCHSTEN CAPTAIN BERLIN-HEFT WIRD DER IRRSINN SOGAR NOCH GRÖSSER: VERPASST NICHT DER ANGRIFF DER 50-METER-ILSE IN CAPTAIN BERLIN # 9!

HABT IHR EUCH AUCH SCHON GEFRAGT, WAS A-100 EIGENTLICH DEN GANZEN TAG MACHT, WENN FRITZ NEUMANN ALIAS CAPTAIN BERLIN NICHT IN DER WOHNUNG IST?! NUN, WIR BEANTWORTEN DIESE FRAGE UND SCHAUEN DEM FLEISSIGEN ELEKTRONISCHEN GEHILFEN MAL ÜBER DIE MECHANISCHEN SCHULTERN ...

EIN TAG MIT A-100

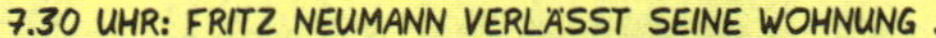

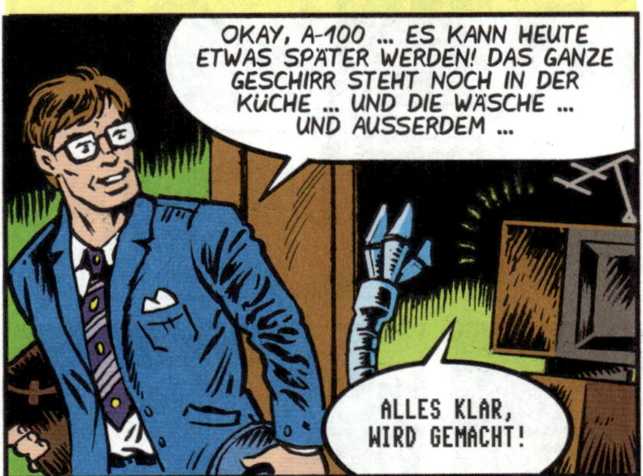

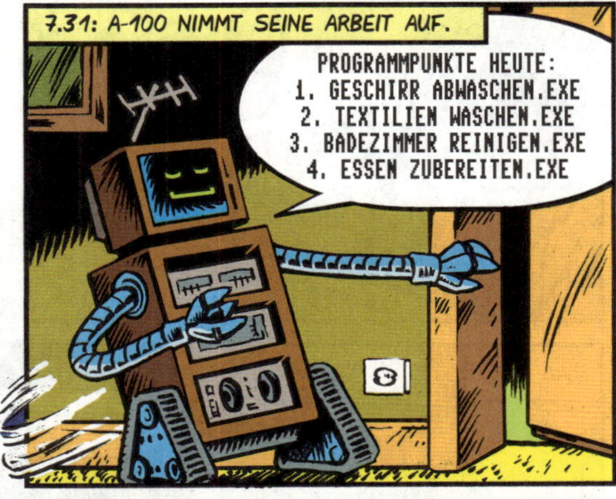

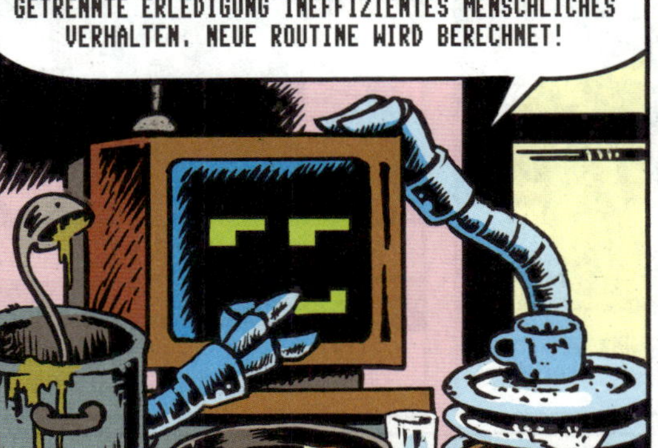

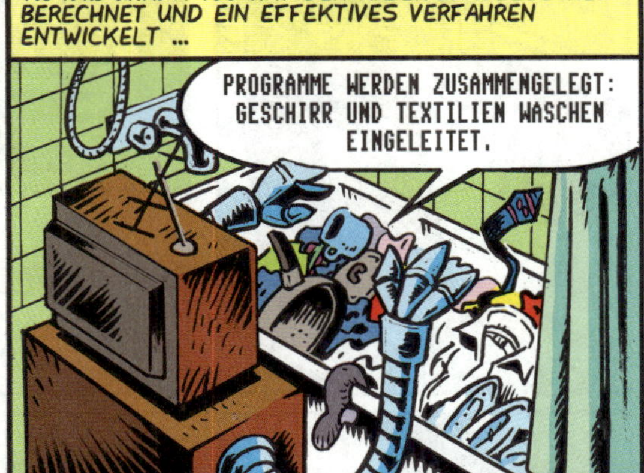

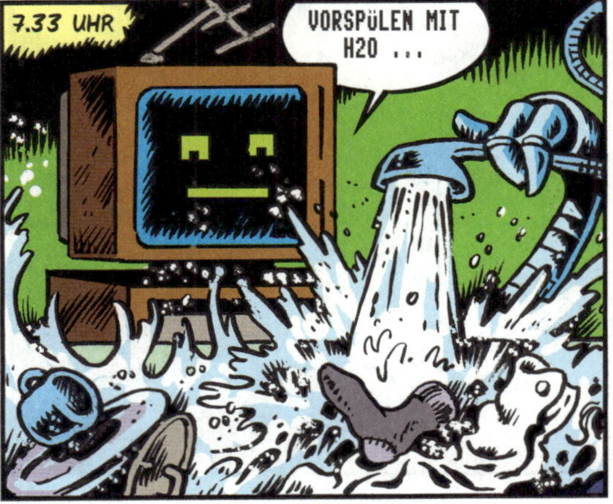

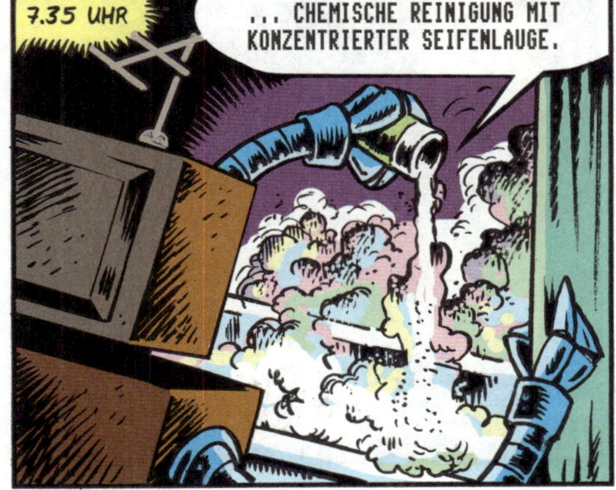

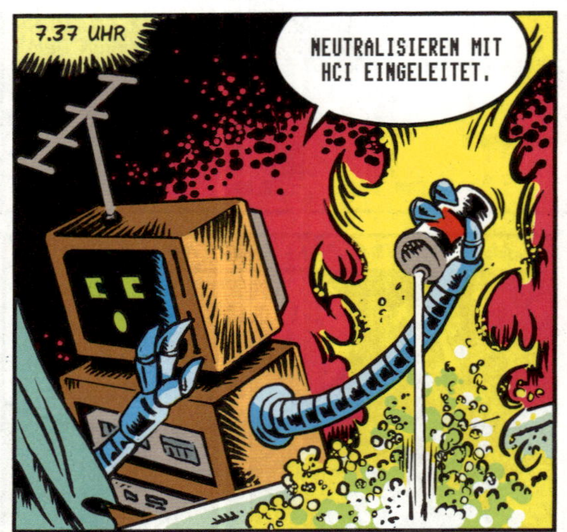
7.37 UHR
NEUTRALISIEREN MIT HCI EINGELEITET.

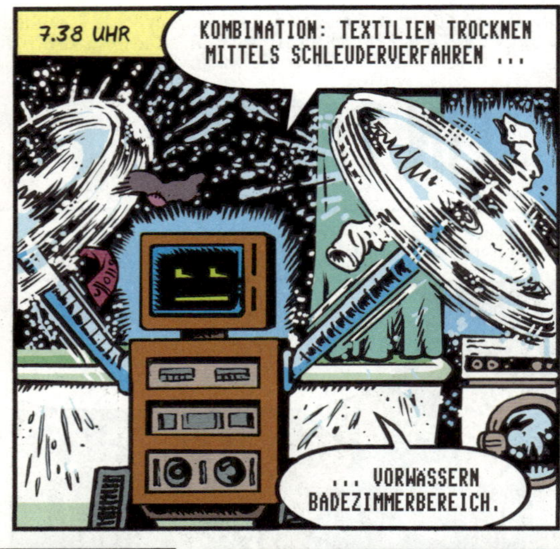
7.38 UHR
KOMBINATION: TEXTILIEN TROCKNEN MITTELS SCHLEUDERVERFAHREN ...
... VORWÄSSERN BADEZIMMERBEREICH.

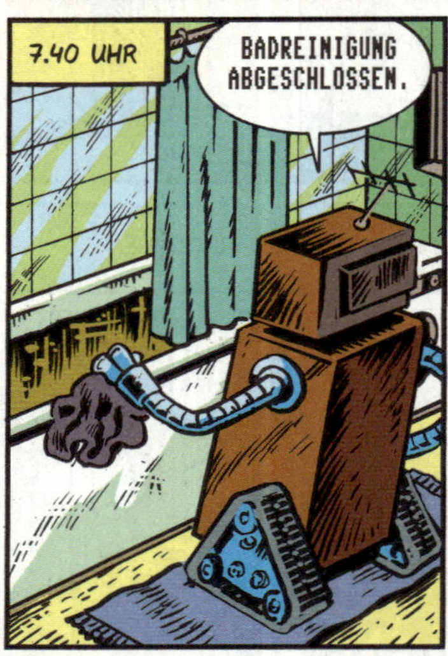
7.40 UHR
BADREINIGUNG ABGESCHLOSSEN.

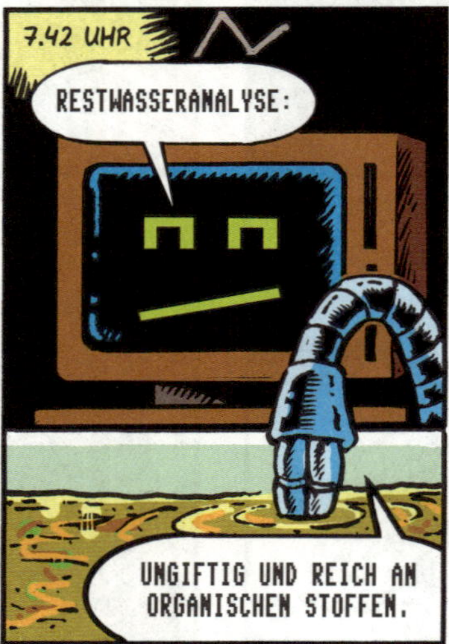
7.42 UHR
RESTWASSERANALYSE:
UNGIFTIG UND REICH AN ORGANISCHEN STOFFEN.

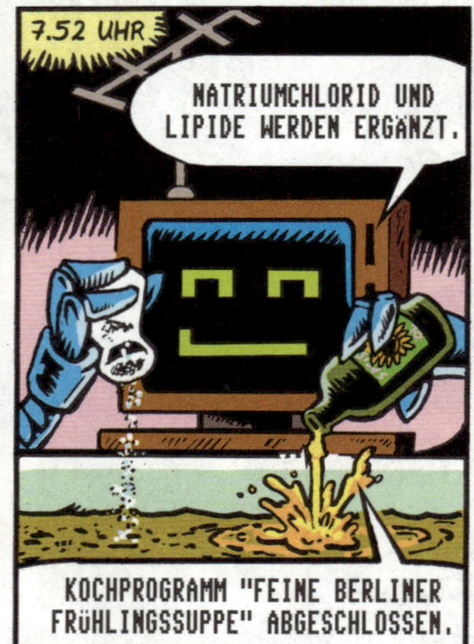
7.52 UHR
NATRIUMCHLORID UND LIPIDE WERDEN ERGÄNZT.
KOCHPROGRAMM "FEINE BERLINER FRÜHLINGSSUPPE" ABGESCHLOSSEN.

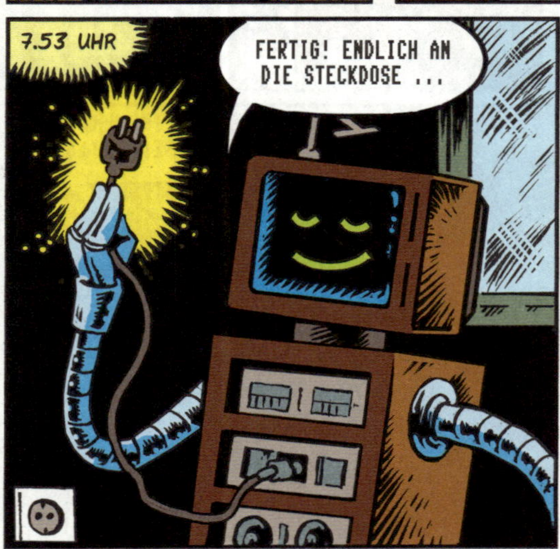
7.53 UHR
FERTIG! ENDLICH AN DIE STECKDOSE ...

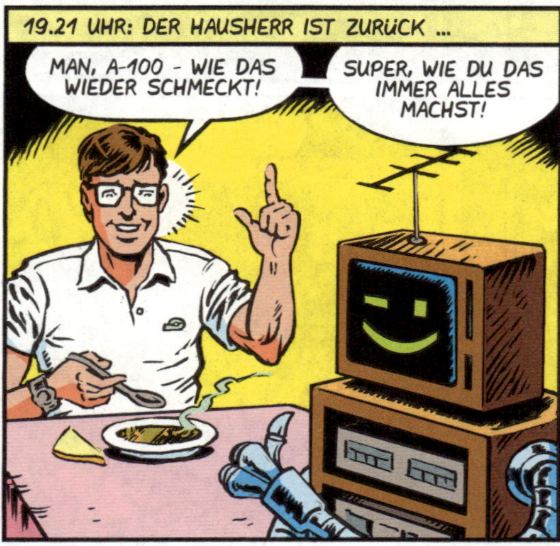
19.21 UHR: DER HAUSHERR IST ZURÜCK ...
MAN, A-100 - WIE DAS WIEDER SCHMECKT!
SUPER, WIE DU DAS IMMER ALLES MACHST!

ENDE

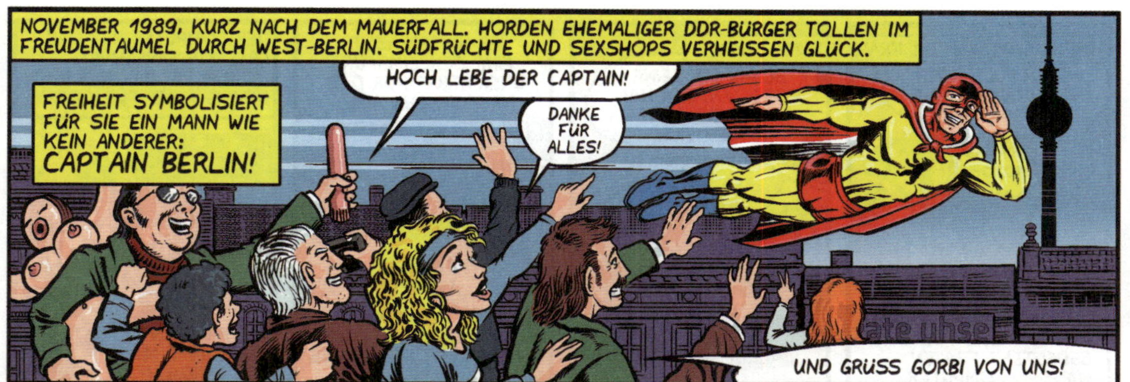

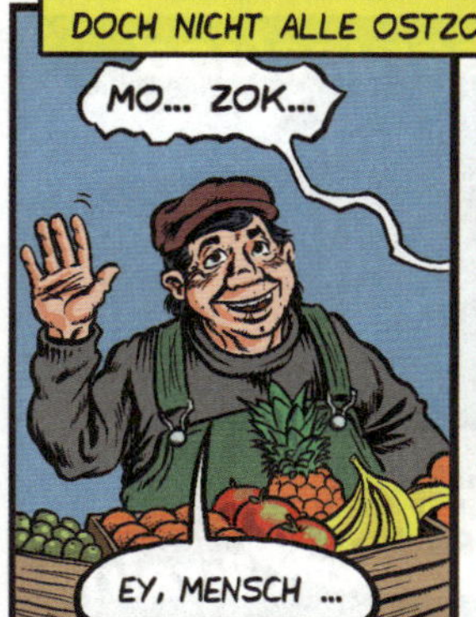

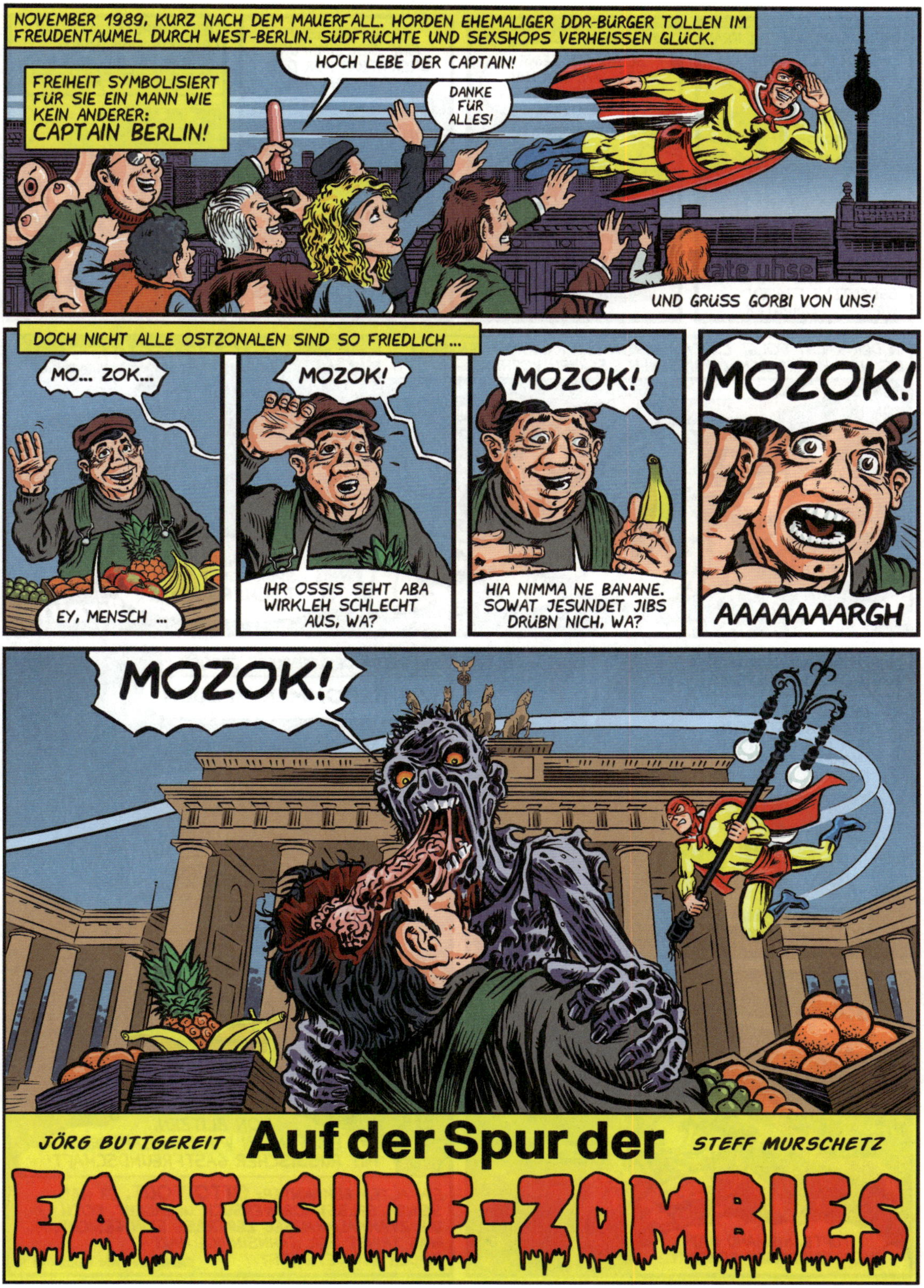

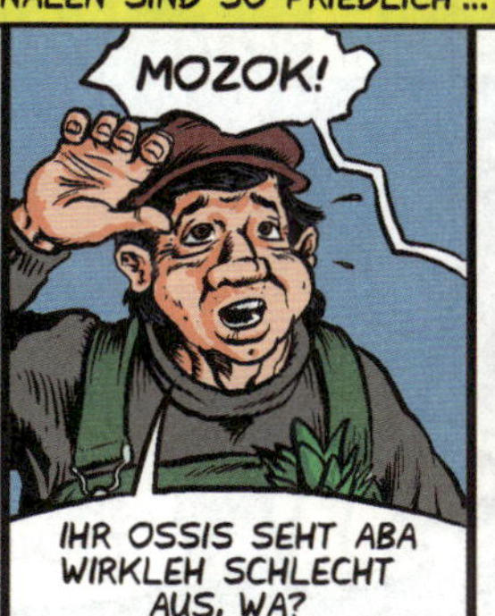

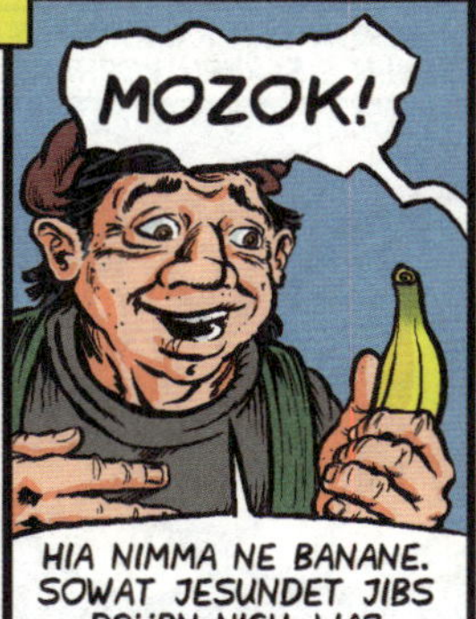

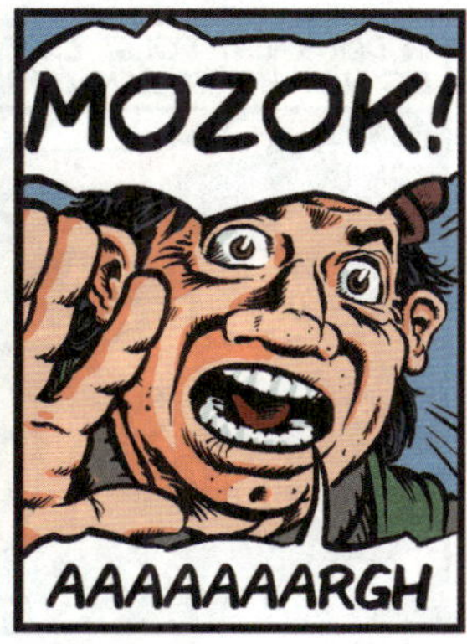

MOZOK!

JÖRG BUTTGEREIT

Auf der Spur der EAST-SIDE-ZOMBIES

STEFF MURSCHETZ

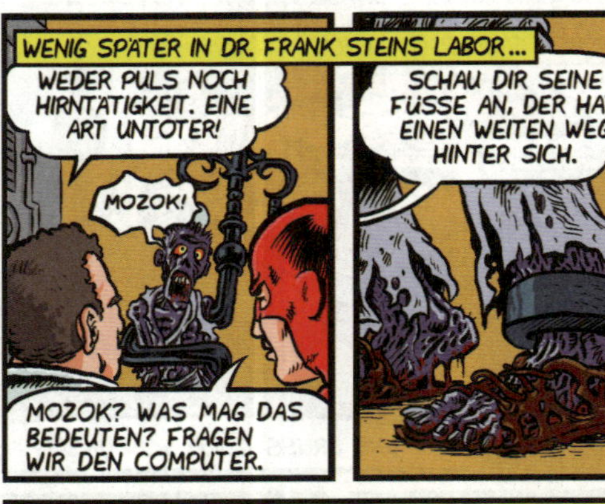
WENIG SPÄTER IN DR. FRANK STEINS LABOR...
WEDER PULS NOCH HIRNTÄTIGKEIT. EINE ART UNTOTER!
MOZOK!
MOZOK? WAS MAG DAS BEDEUTEN? FRAGEN WIR DEN COMPUTER.
SCHAU DIR SEINE FÜSSE AN, DER HAT EINEN WEITEN WEG HINTER SICH.

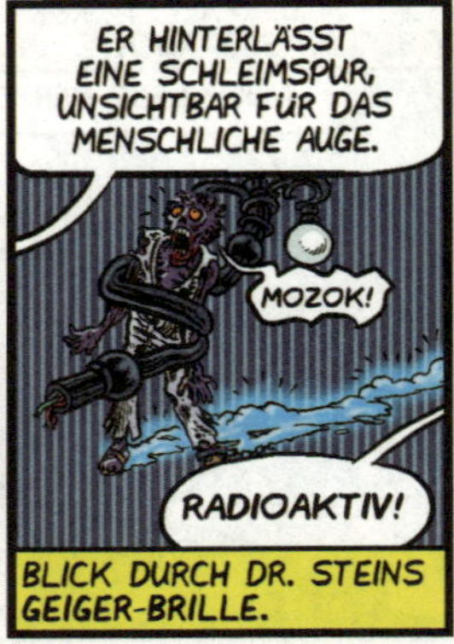
ER HINTERLÄSST EINE SCHLEIMSPUR, UNSICHTBAR FÜR DAS MENSCHLICHE AUGE.
MOZOK!
RADIOAKTIV!
BLICK DURCH DR. STEINS GEIGER-BRILLE.

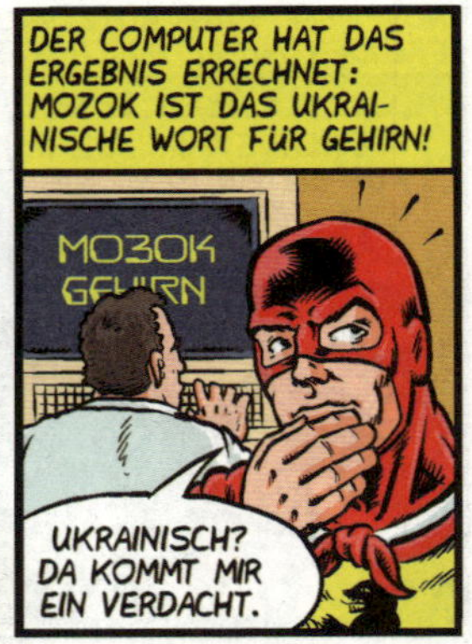
DER COMPUTER HAT DAS ERGEBNIS ERRECHNET: MOZOK IST DAS UKRAINISCHE WORT FÜR GEHIRN!
UKRAINISCH? DA KOMMT MIR EIN VERDACHT.

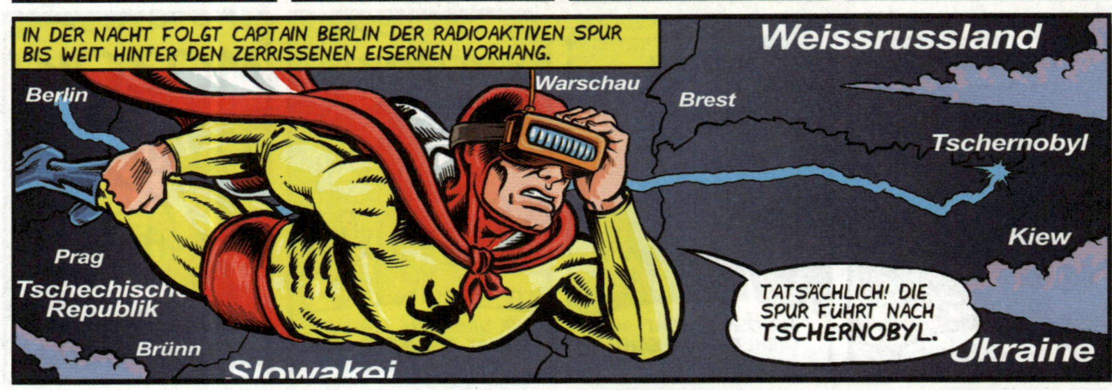
IN DER NACHT FOLGT CAPTAIN BERLIN DER RADIOAKTIVEN SPUR BIS WEIT HINTER DEN ZERRISSENEN EISERNEN VORHANG.
Weissrussland
Berlin
Warschau
Brest
Tschernobyl
Kiew
Prag
Republik
Brünn
Ukraine
TATSÄCHLICH! DIE SPUR FÜHRT NACH TSCHERNOBYL.

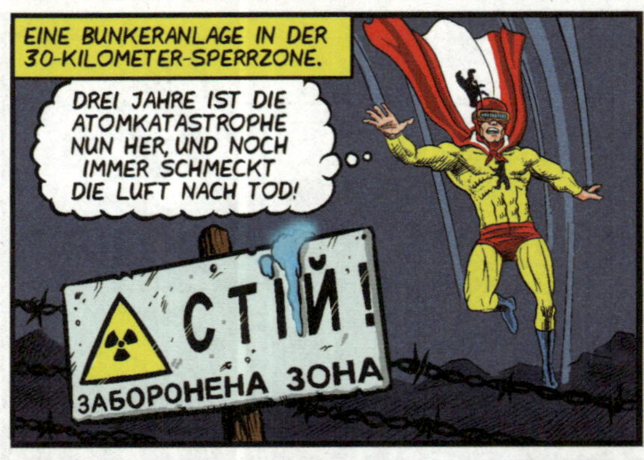
EINE BUNKERANLAGE IN DER 30-KILOMETER-SPERRZONE.
DREI JAHRE IST DIE ATOMKATASTROPHE NUN HER, UND NOCH IMMER SCHMECKT DIE LUFT NACH TOD!
СТІЙ!
ЗАБОРОНЕНА ЗОНА

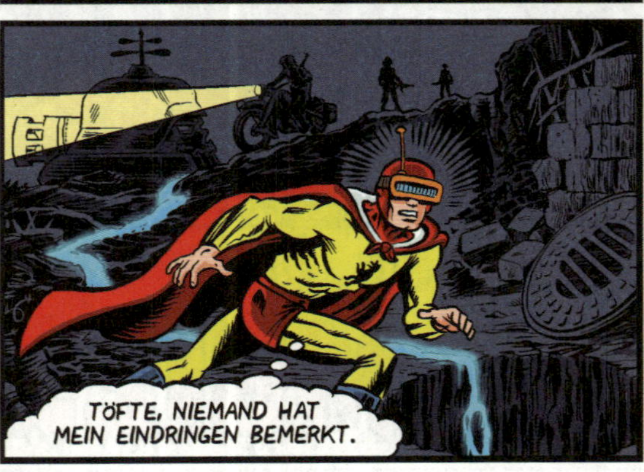
TÖFTE, NIEMAND HAT MEIN EINDRINGEN BEMERKT.

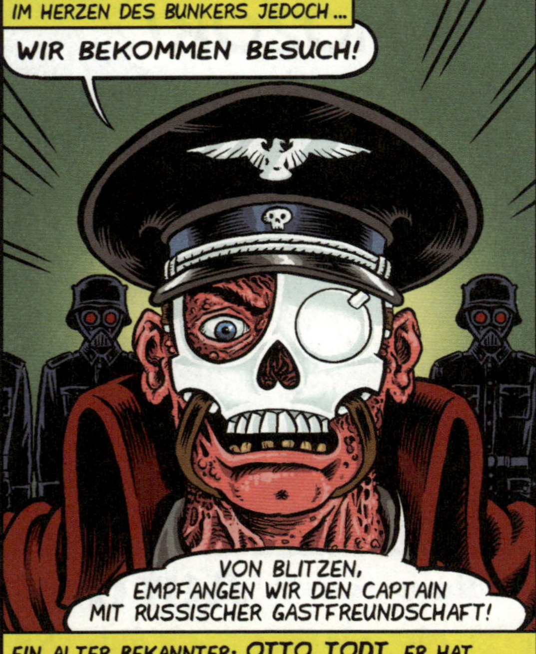
IM HERZEN DES BUNKERS JEDOCH ...
WIR BEKOMMEN BESUCH!
VON BLITZEN, EMPFANGEN WIR DEN CAPTAIN MIT RUSSISCHER GASTFREUNDSCHAFT!
EIN ALTER BEKANNTER: OTTO TODT, ER HAT SEINEN SELBSTMORDVERSUCH ÜBERLEBT, DOCH DIE ZYANKALI-KAPSEL ZERFRASS SEIN GESICHT. WAS TREIBT DER WAHNSINNIGE NAZI IN DER SOWJETUNION?
SIEHE CAPTAIN BERLIN # 4

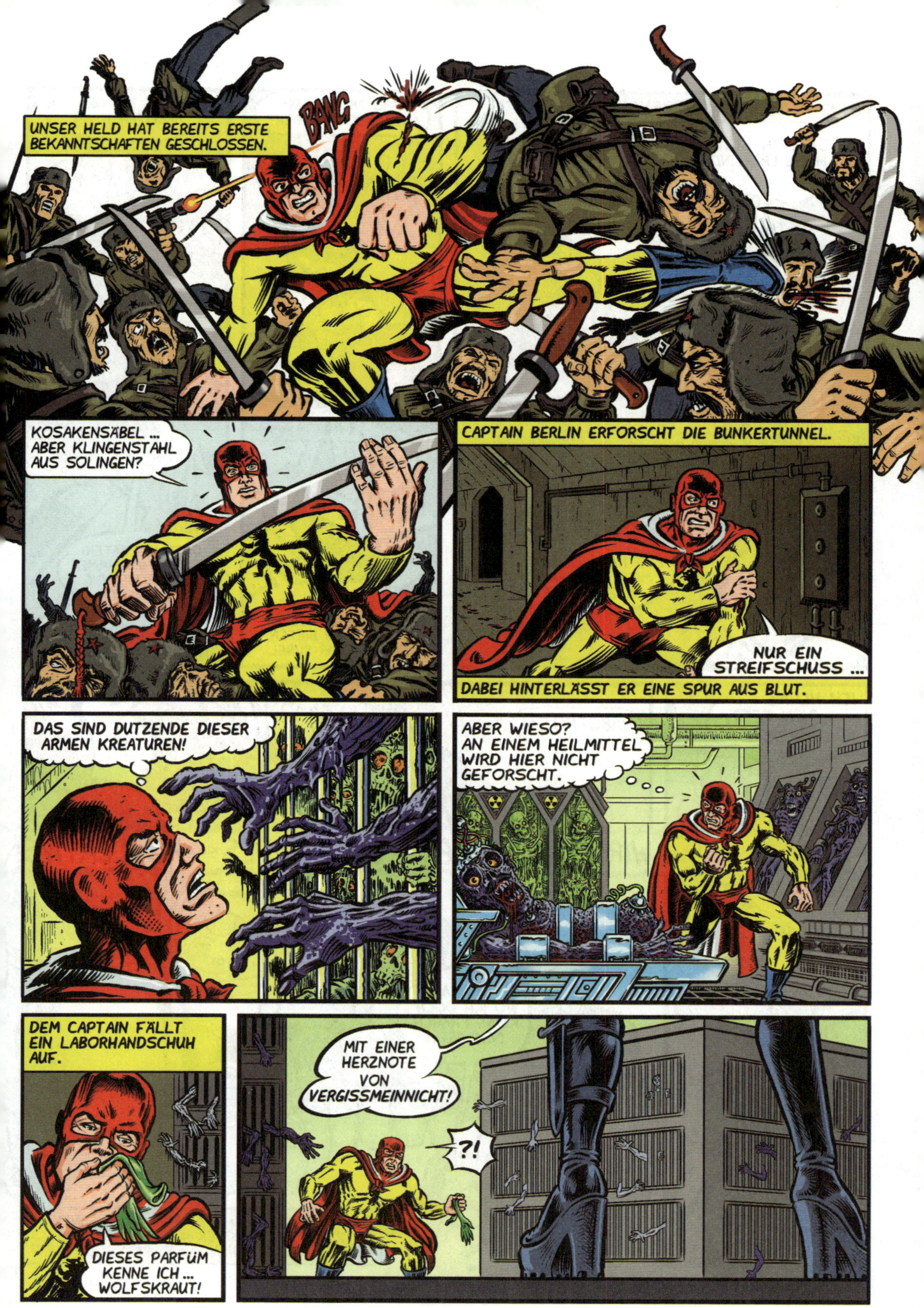

UNSER HELD HAT BEREITS ERSTE BEKANNTSCHAFTEN GESCHLOSSEN.

BANG

KOSAKENSÄBEL ... ABER KLINGENSTAHL AUS SOLINGEN?

CAPTAIN BERLIN ERFORSCHT DIE BUNKERTUNNEL.

NUR EIN STREIFSCHUSS ...

DABEI HINTERLÄSST ER EINE SPUR AUS BLUT.

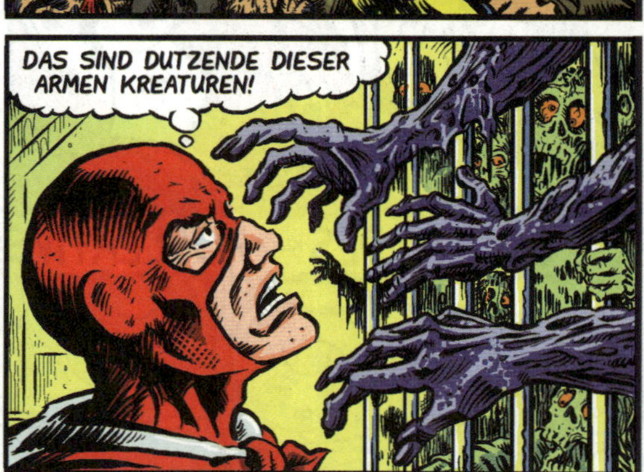

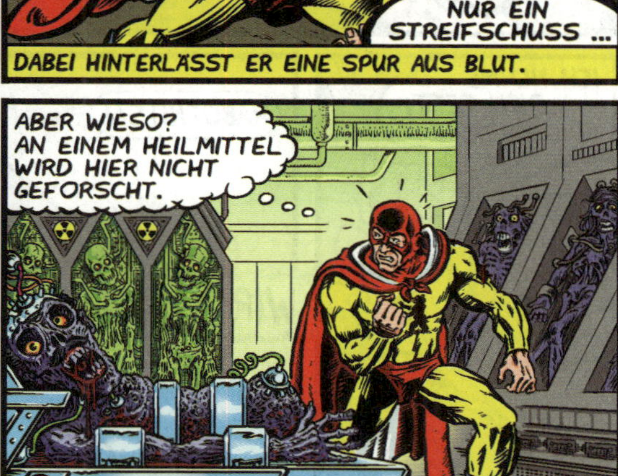

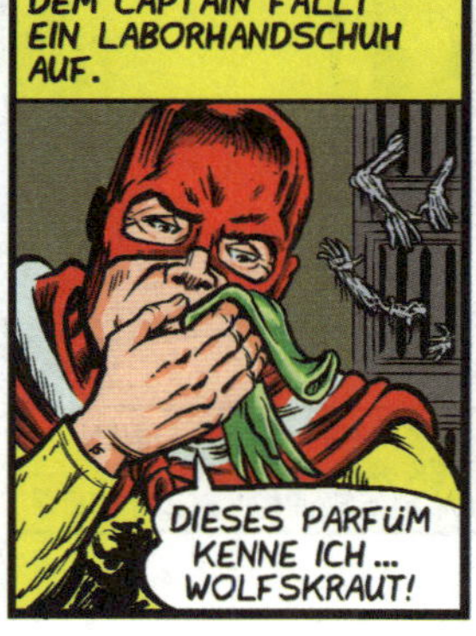

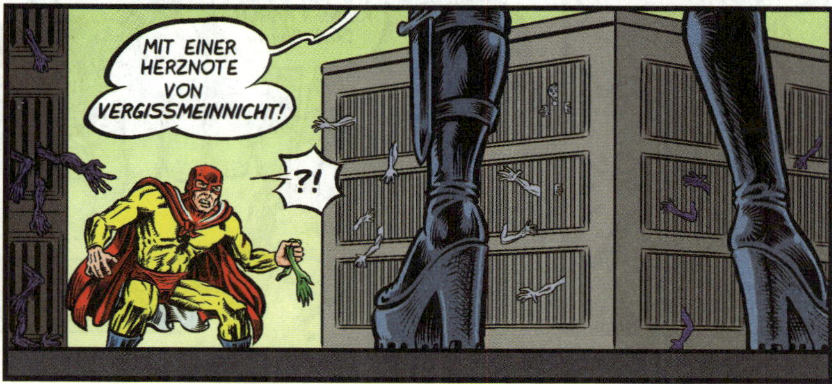

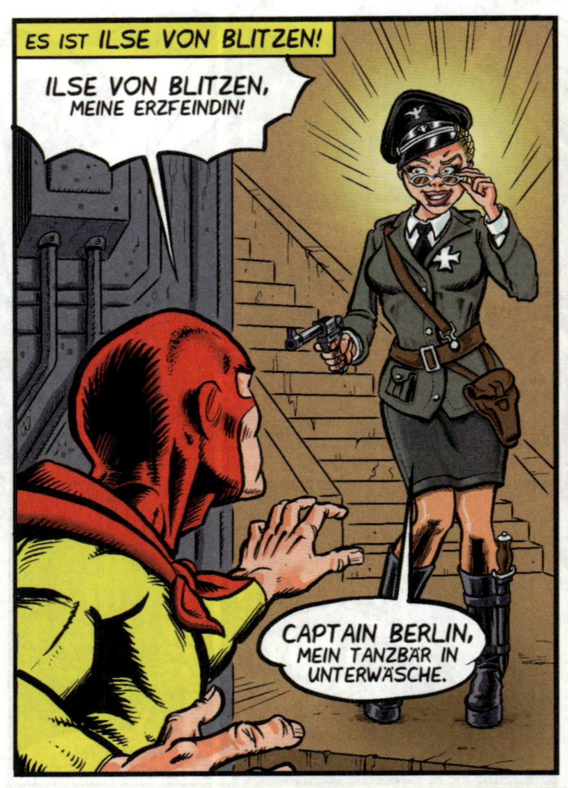

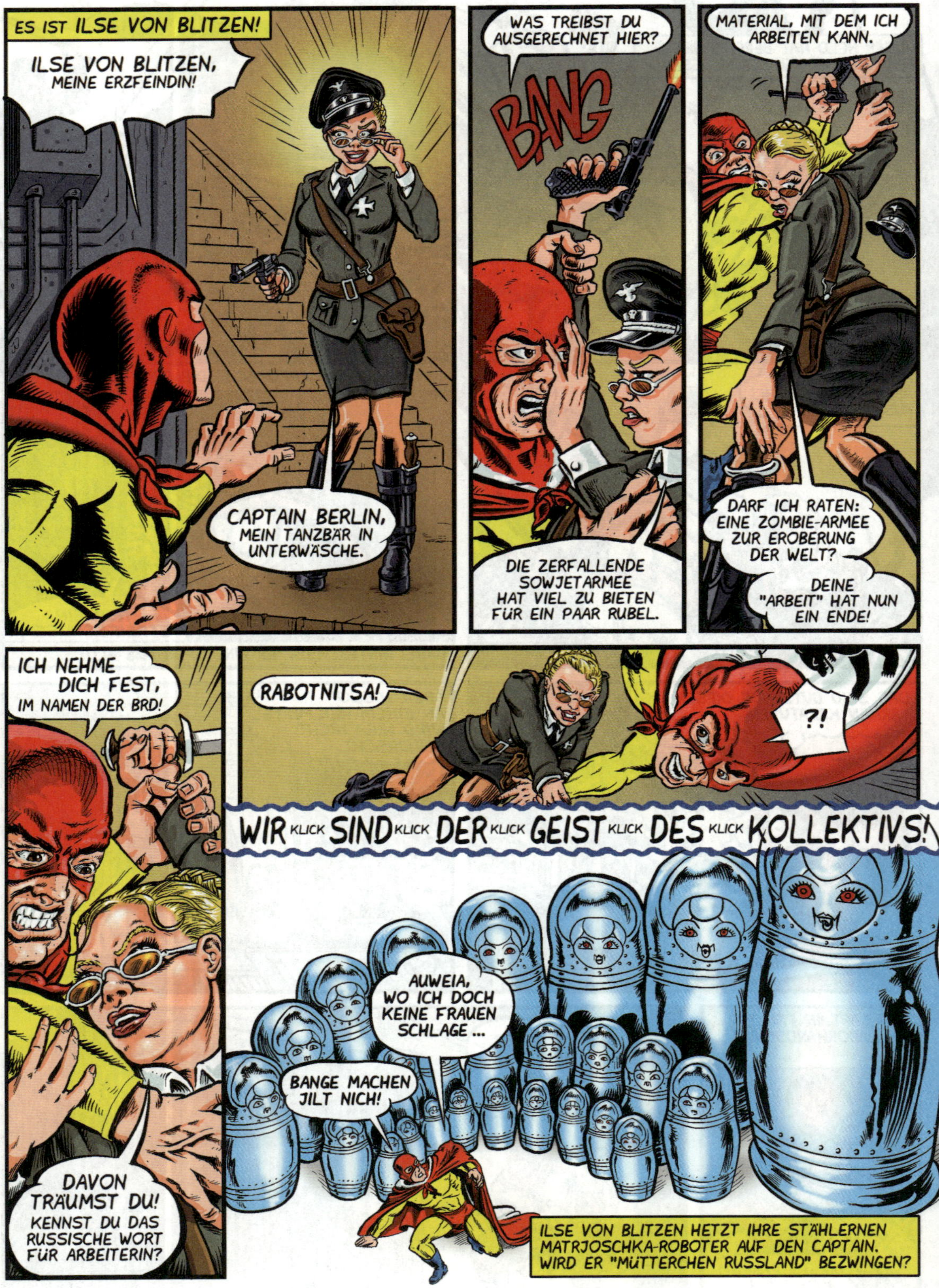

ES IST ILSE VON BLITZEN!
ILSE VON BLITZEN, MEINE ERZFEINDIN!
CAPTAIN BERLIN, MEIN TANZBÄR IN UNTERWÄSCHE.

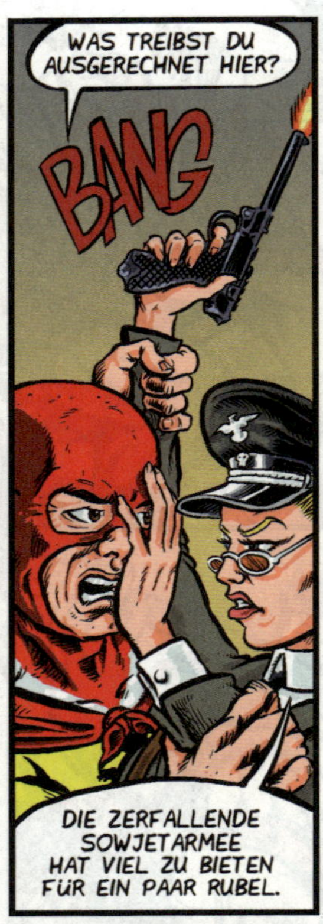

WAS TREIBST DU AUSGERECHNET HIER?
BANG
DIE ZERFALLENDE SOWJETARMEE HAT VIEL ZU BIETEN FÜR EIN PAAR RUBEL.

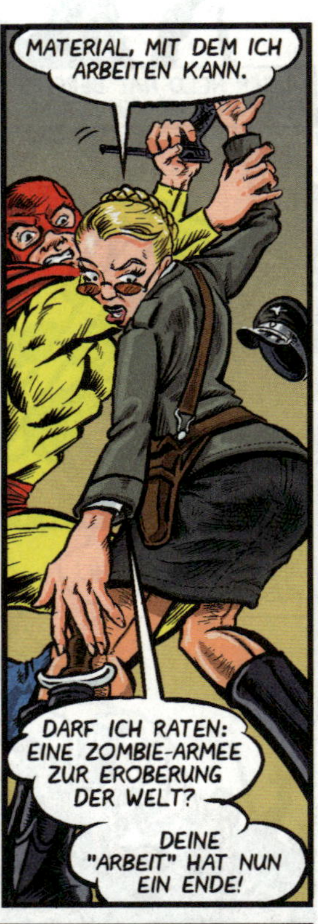

MATERIAL, MIT DEM ICH ARBEITEN KANN.
DARF ICH RATEN: EINE ZOMBIE-ARMEE ZUR EROBERUNG DER WELT?
DEINE "ARBEIT" HAT NUN EIN ENDE!

ICH NEHME DICH FEST, IM NAMEN DER BRD!
DAVON TRÄUMST DU! KENNST DU DAS RUSSISCHE WORT FÜR ARBEITERIN?
RABOTNITSA!
?!
WIR KLICK SIND KLICK DER KLICK GEIST KLICK DES KLICK KOLLEKTIVS!
AUWEIA, WO ICH DOCH KEINE FRAUEN SCHLAGE ...
BANGE MACHEN JILT NICH!
ILSE VON BLITZEN HETZT IHRE STÄHLERNEN MATRJOSCHKA-ROBOTER AUF DEN CAPTAIN. WIRD ER "MÜTTERCHEN RUSSLAND" BEZWINGEN?

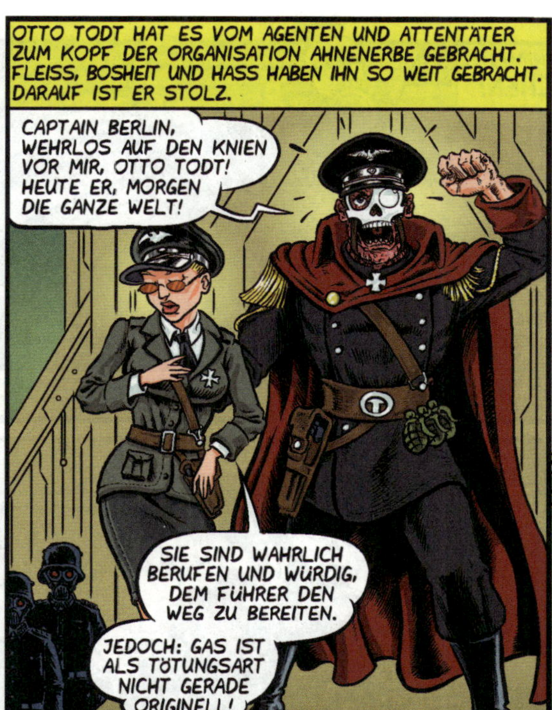

OTTO TODT HAT ES VOM AGENTEN UND ATTENTÄTER ZUM KOPF DER ORGANISATION AHNENERBE GEBRACHT. FLEISS, BOSHEIT UND HASS HABEN IHN SO WEIT GEBRACHT. DARAUF IST ER STOLZ.
CAPTAIN BERLIN, WEHRLOS AUF DEN KNIEN VOR MIR, OTTO TODT! HEUTE ER, MORGEN DIE GANZE WELT!
SIE SIND WAHRLICH BERUFEN UND WÜRDIG, DEM FÜHRER DEN WEG ZU BEREITEN.
JEDOCH: GAS IST ALS TÖTUNGSART NICHT GERADE ORIGINELL!
ABER WO IST CAPTAIN BERLIN?

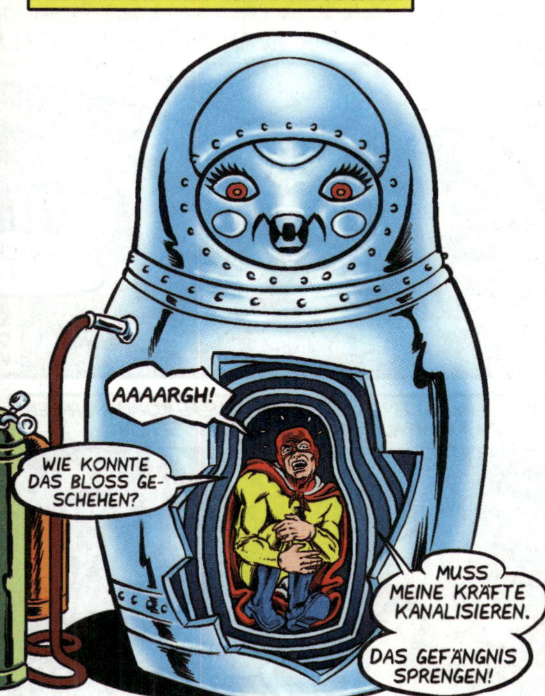

BLICK IN DIE ROBOTER-MATRJOSCHKA:
AAAARGH!
WIE KONNTE DAS BLOSS GESCHEHEN?
MUSS MEINE KRÄFTE KANALISIEREN.
DAS GEFÄNGNIS SPRENGEN!

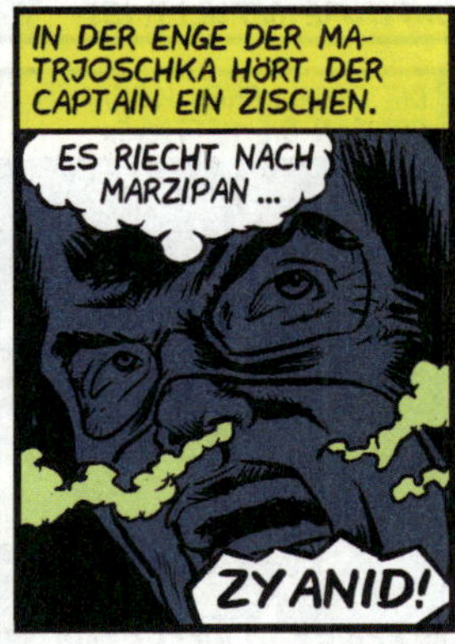

IN DER ENGE DER MATRJOSCHKA HÖRT DER CAPTAIN EIN ZISCHEN.
ES RIECHT NACH MARZIPAN ...
ZYANID!

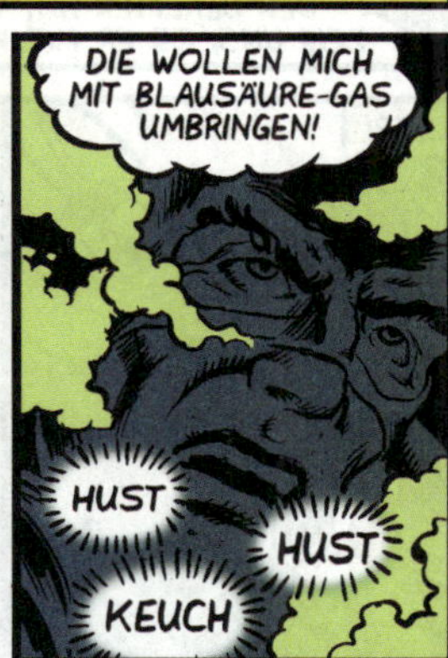

DIE WOLLEN MICH MIT BLAUSÄURE-GAS UMBRINGEN!
HUST
HUST
KEUCH

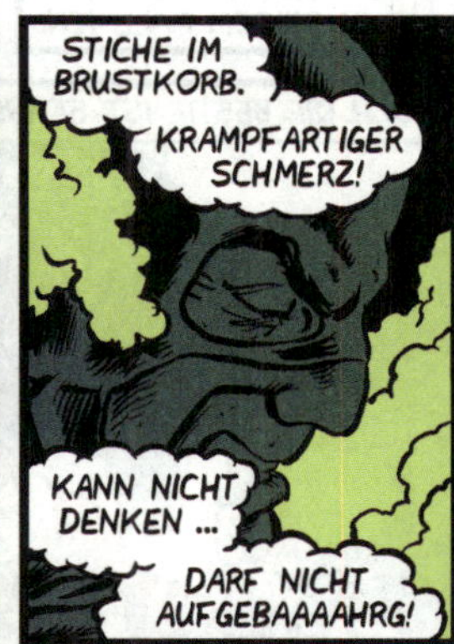

STICHE IM BRUSTKORB.
KRAMPFARTIGER SCHMERZ!
KANN NICHT DENKEN ...
DARF NICHT AUFGEBAAAAHRG!

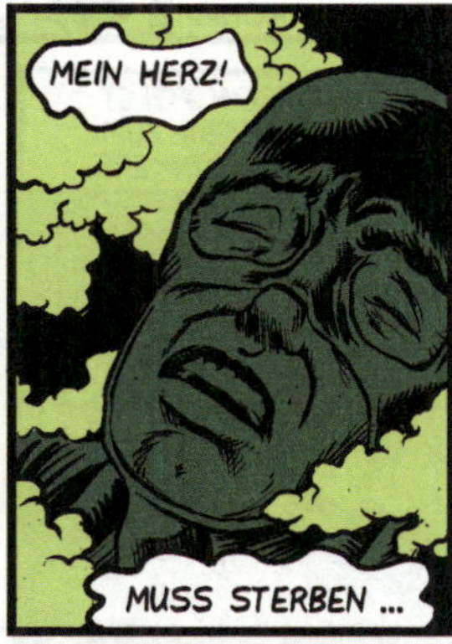

MEIN HERZ!
MUSS STERBEN ...

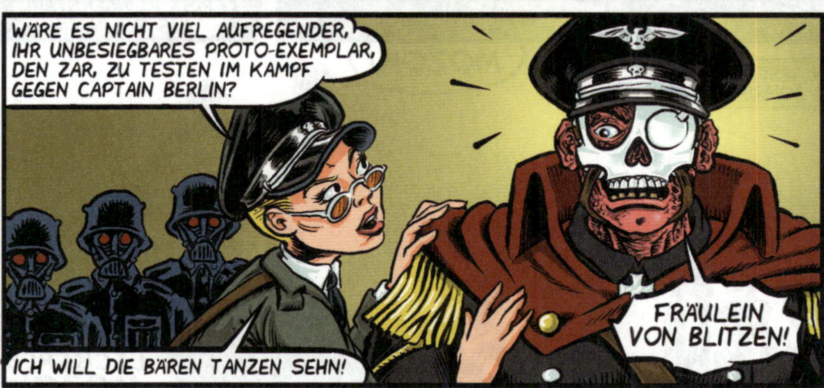

WÄRE ES NICHT VIEL AUFREGENDER, IHR UNBESIEGBARES PROTO-EXEMPLAR, DEN ZAR, ZU TESTEN IM KAMPF GEGEN CAPTAIN BERLIN?
ICH WILL DIE BÄREN TANZEN SEHN!
FRÄULEIN VON BLITZEN!

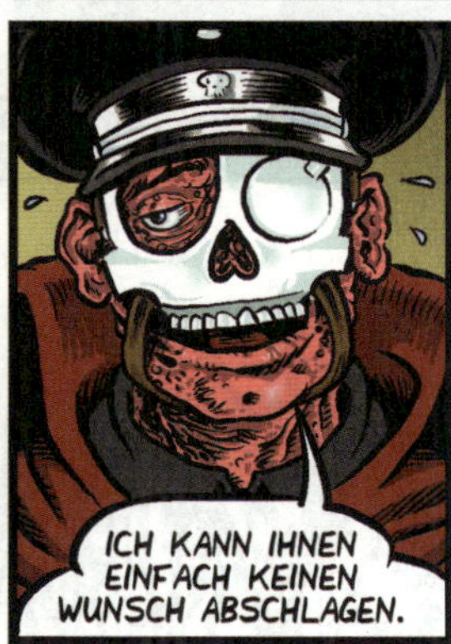

ICH KANN IHNEN EINFACH KEINEN WUNSCH ABSCHLAGEN.

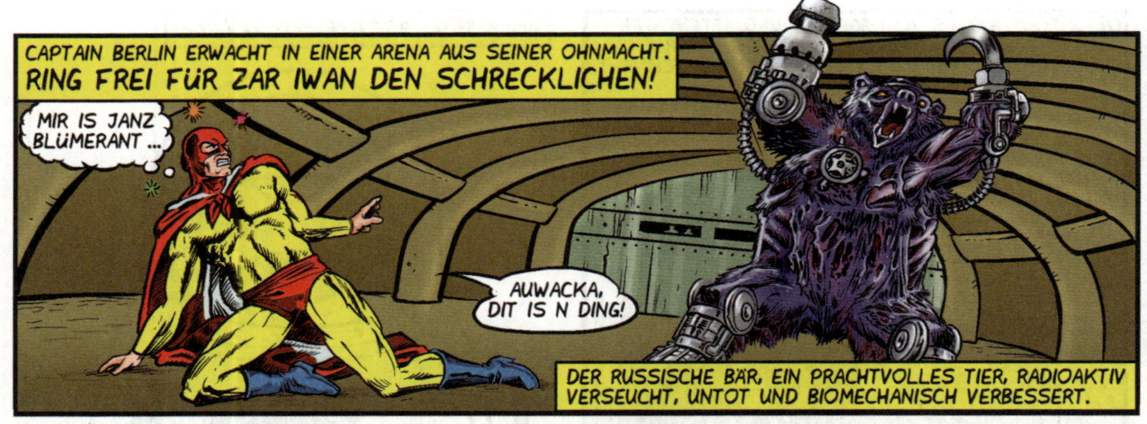
CAPTAIN BERLIN ERWACHT IN EINER ARENA AUS SEINER OHNMACHT.
RING FREI FÜR ZAR IWAN DEN SCHRECKLICHEN!
MIR IS JANZ BLÜMERANT ...
AUWACKA, DIT IS N DING!
DER RUSSISCHE BÄR, EIN PRACHTVOLLES TIER, RADIOAKTIV VERSEUCHT, UNTOT UND BIOMECHANISCH VERBESSERT.

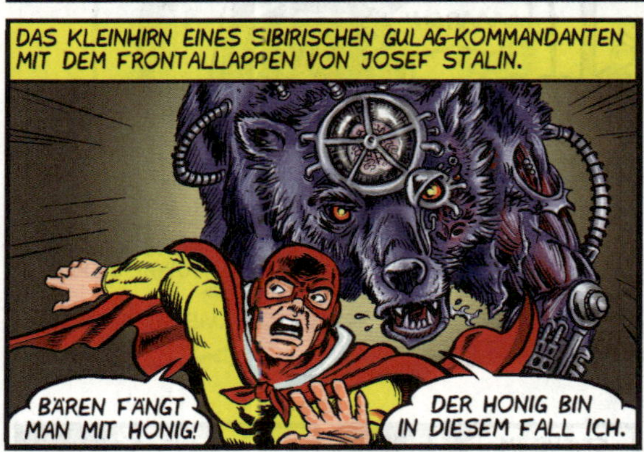
DAS KLEINHIRN EINES SIBIRISCHEN GULAG-KOMMANDANTEN MIT DEM FRONTALLAPPEN VON JOSEF STALIN.
BÄREN FÄNGT MAN MIT HONIG!
DER HONIG BIN IN DIESEM FALL ICH.

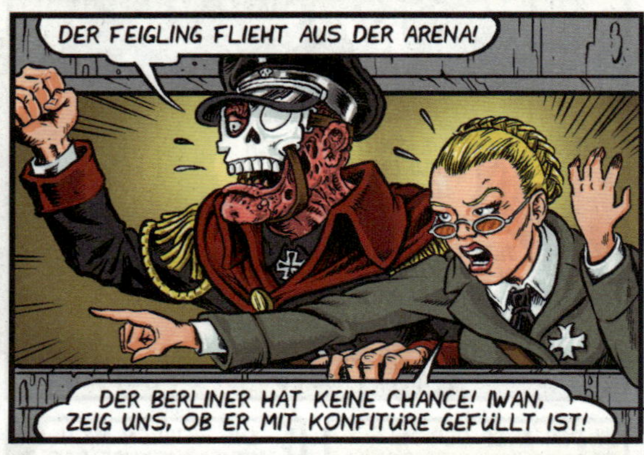
DER FEIGLING FLIEHT AUS DER ARENA!
DER BERLINER HAT KEINE CHANCE! IWAN, ZEIG UNS, OB ER MIT KONFITÜRE GEFÜLLT IST!

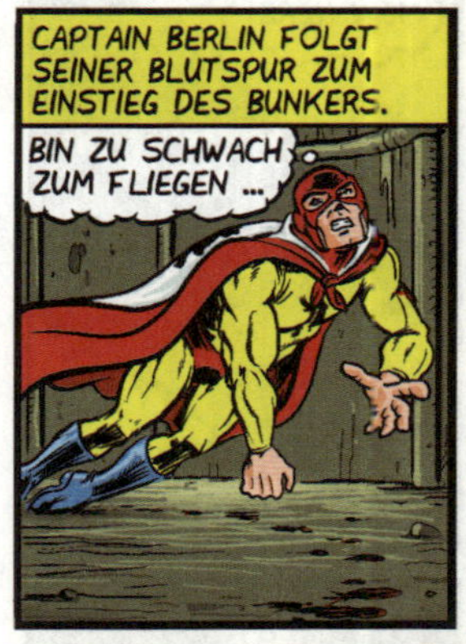
CAPTAIN BERLIN FOLGT SEINER BLUTSPUR ZUM EINSTIEG DES BUNKERS.
BIN ZU SCHWACH ZUM FLIEGEN ...

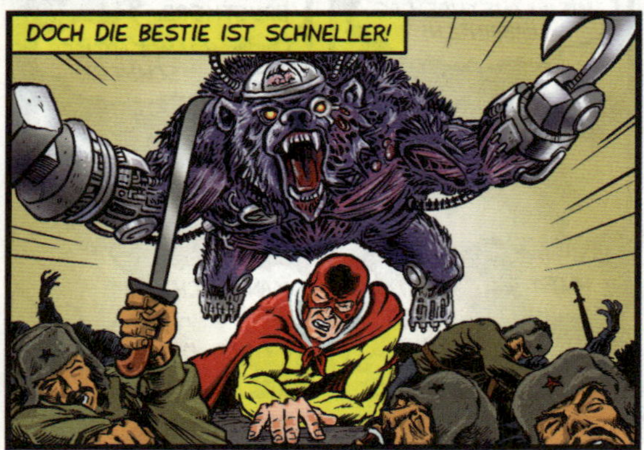
DOCH DIE BESTIE IST SCHNELLER!

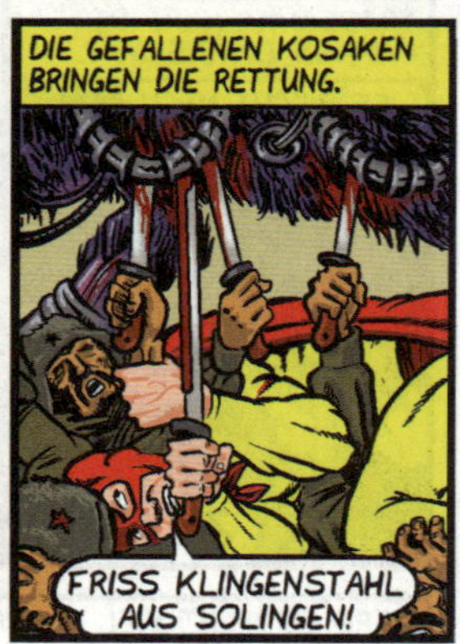
DIE GEFALLENEN KOSAKEN BRINGEN DIE RETTUNG.
FRISS KLINGENSTAHL AUS SOLINGEN!

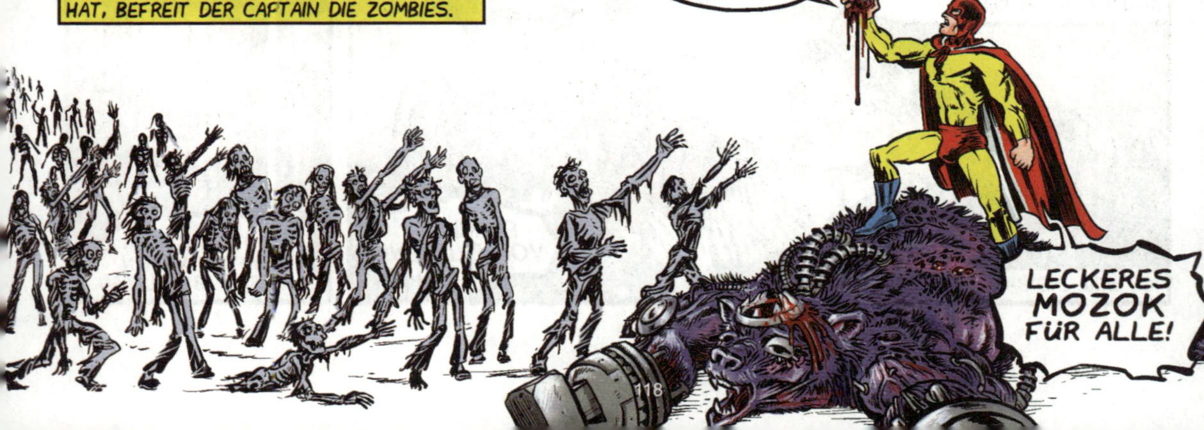
NACHDEM ER DEM TIER FRIEDEN GESCHENKT HAT, BEFREIT DER CAPTAIN DIE ZOMBIES.
MOZOK!
LECKERES MOZOK FÜR ALLE!

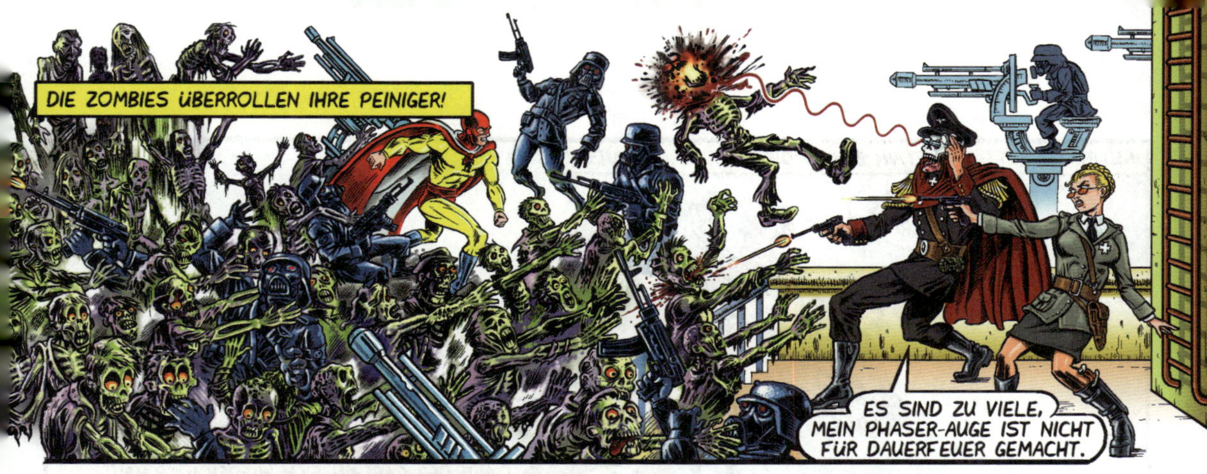
DIE ZOMBIES ÜBERROLLEN IHRE PEINIGER!
ES SIND ZU VIELE, MEIN PHASER-AUGE IST NICHT FÜR DAUERFEUER GEMACHT.

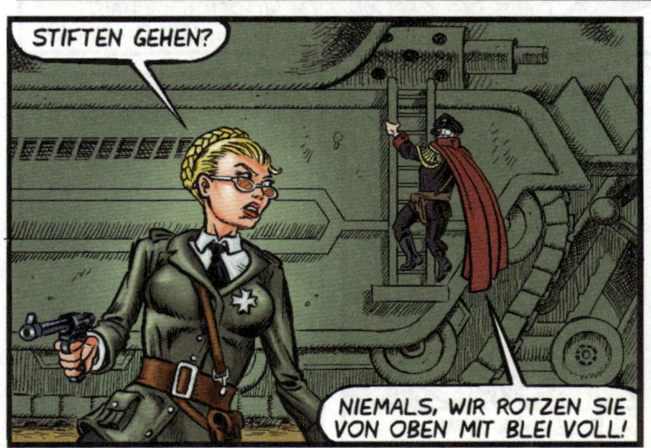
STIFTEN GEHEN?
NIEMALS, WIR ROTZEN SIE VON OBEN MIT BLEI VOLL!

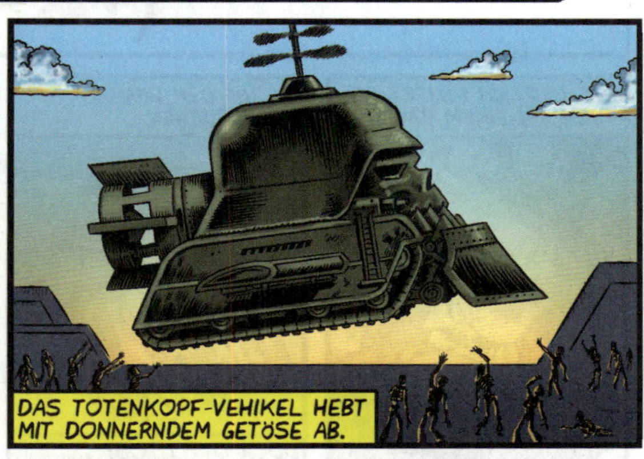
DAS TOTENKOPF-VEHIKEL HEBT MIT DONNERNDEM GETÖSE AB.

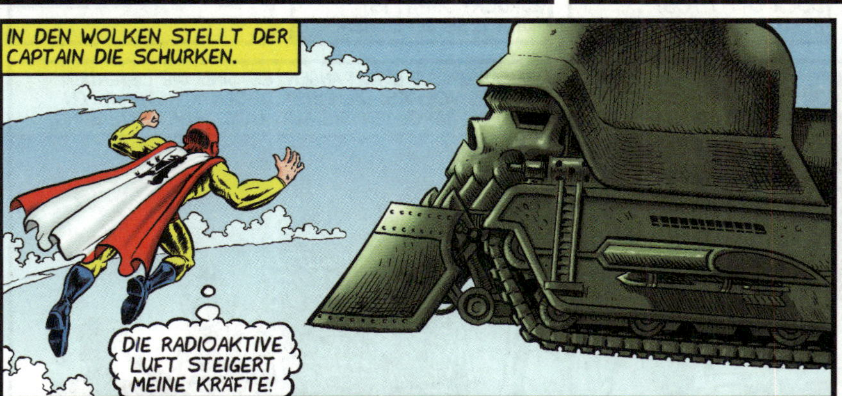
IN DEN WOLKEN STELLT DER CAPTAIN DIE SCHURKEN.
DIE RADIOAKTIVE LUFT STEIGERT MEINE KRÄFTE!

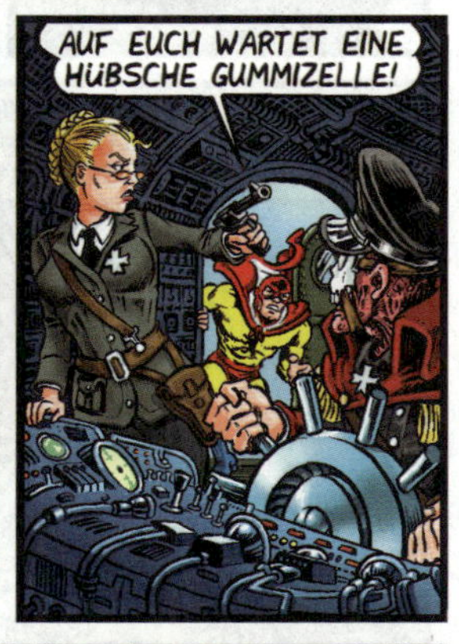
AUF EUCH WARTET EINE HÜBSCHE GUMMIZELLE!

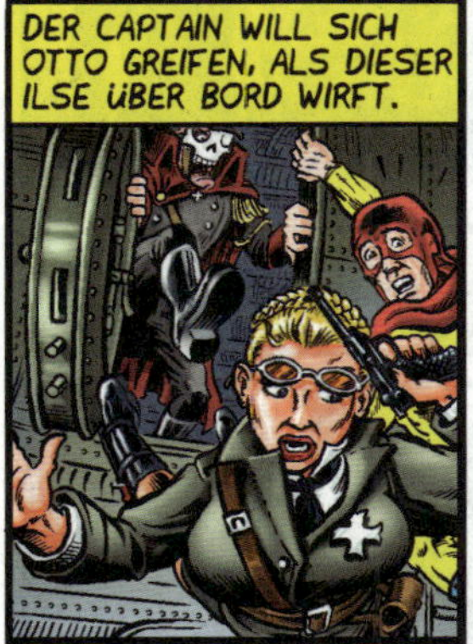
DER CAPTAIN WILL SICH OTTO GREIFEN, ALS DIESER ILSE ÜBER BORD WIRFT.

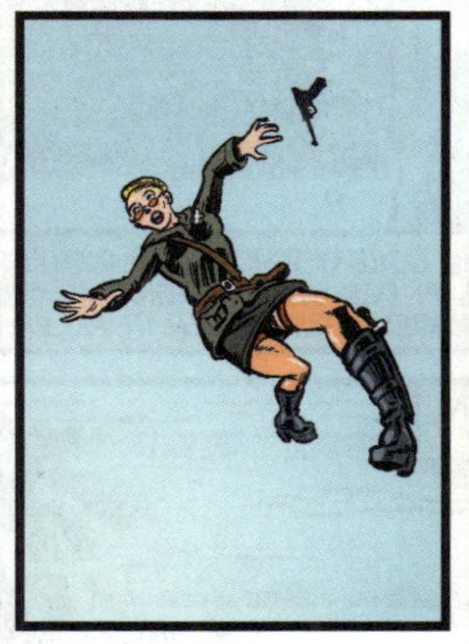

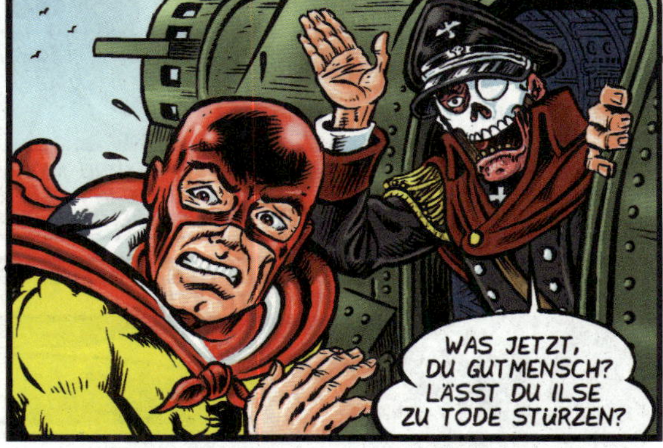
WAS JETZT, DU GUTMENSCH? LÄSST DU ILSE ZU TODE STÜRZEN?

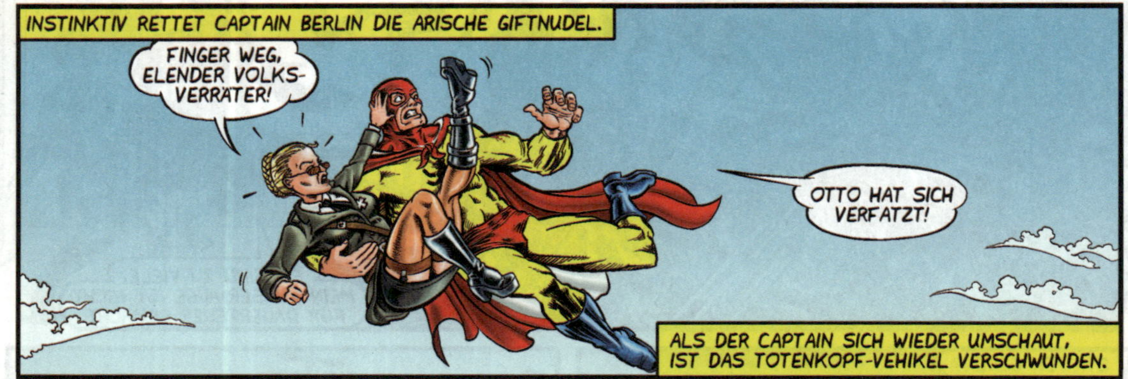
INSTINKTIV RETTET CAPTAIN BERLIN DIE ARISCHE GIFTNUDEL.
FINGER WEG, ELENDER VOLKS-VERRÄTER!
OTTO HAT SICH VERFATZT!
ALS DER CAPTAIN SICH WIEDER UMSCHAUT, IST DAS TOTENKOPF-VEHIKEL VERSCHWUNDEN.

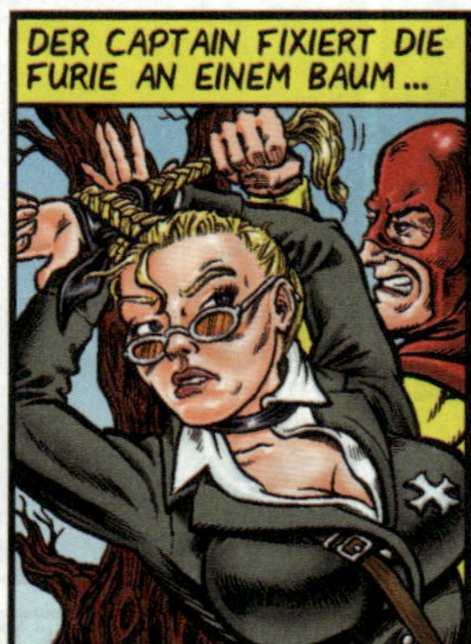
DER CAPTAIN FIXIERT DIE FURIE AN EINEM BAUM ...

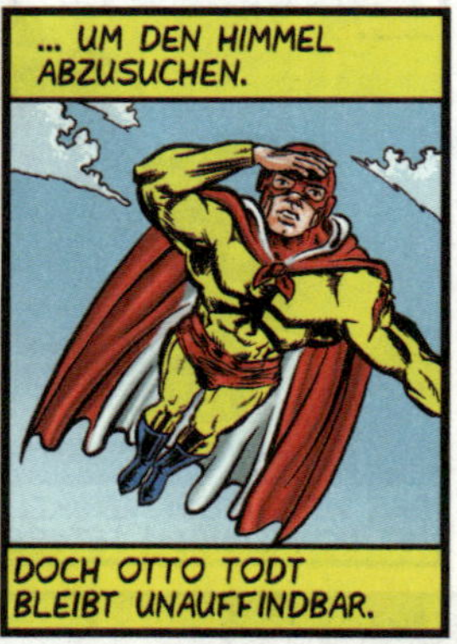
... UM DEN HIMMEL ABZUSUCHEN.
DOCH OTTO TODT BLEIBT UNAUFFINDBAR.

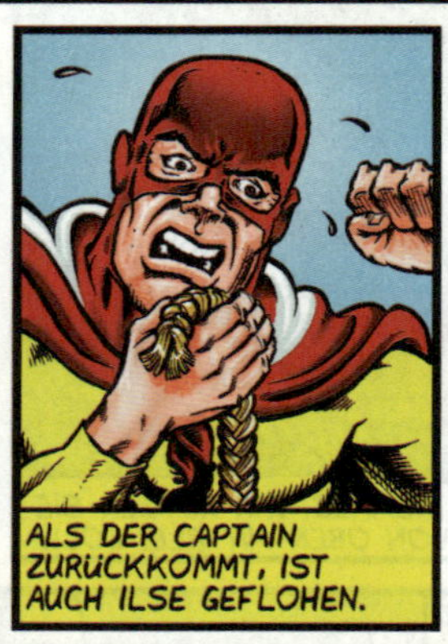
ALS DER CAPTAIN ZURÜCKKOMMT, IST AUCH ILSE GEFLOHEN.

MUSS DIE ZOMBIES EINFANGEN, BEVOR SIE UNSCHULDIGE TÖTEN.

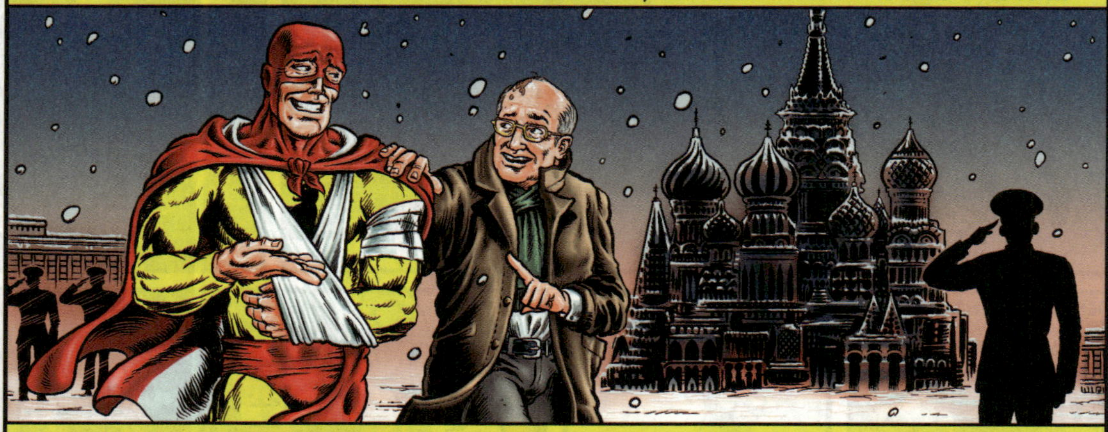
DIE ZOMBIES WERDEN MIT HILFE VON STAHLSEILEN UND DER GEIGER-BRILLE EINGEFANGEN. ES SIND DIE LEBENDEN LEICHEN DER LIQUIDATOREN VON TSCHERNOBYL. JENER HELDEN DES VOLKES, DIE EINST IN DEN VERSTRAHLTEN RUINEN DES MAILERS AUFRÄUMTEN. ERNÄHRT MIT TIERISCHEM HIRN, BEFOLGEN SIE GUTMÜTIG JEDE ANWEISUNG.
CAPTAIN BERLIN TRIFFT SICH MIT SEINEM FREUND MICHAIL GORBATSCHOW UND RICHTET IHM DIE GRÜSSE DER OSSIS AUS. SIE RUFEN EINE GEHEIME TRUPPE INS LEBEN, IN DER DIE EAST-SIDE-ZOMBIES EIN HEIM FINDEN. SEITHER SCHÜTZEN DIE UNTOTEN UNSER LEBEN BEI ATOMAREN STÖRFÄLLEN IN ALLER WELT.

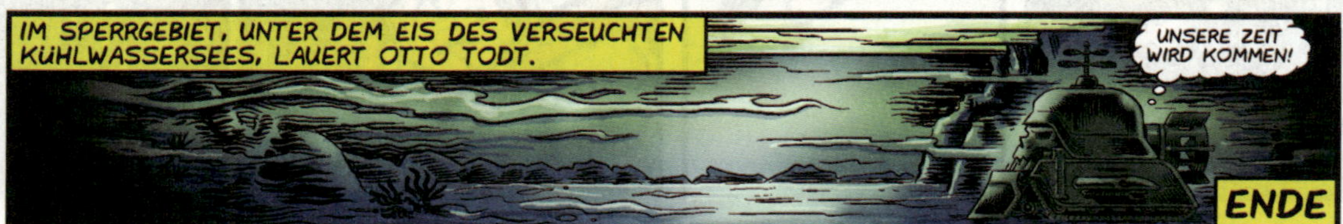
IM SPERRGEBIET, UNTER DEM EIS DES VERSEUCHTEN KÜHLWASSERSEES, LAUERT OTTO TODT.
UNSERE ZEIT WIRD KOMMEN!
ENDE

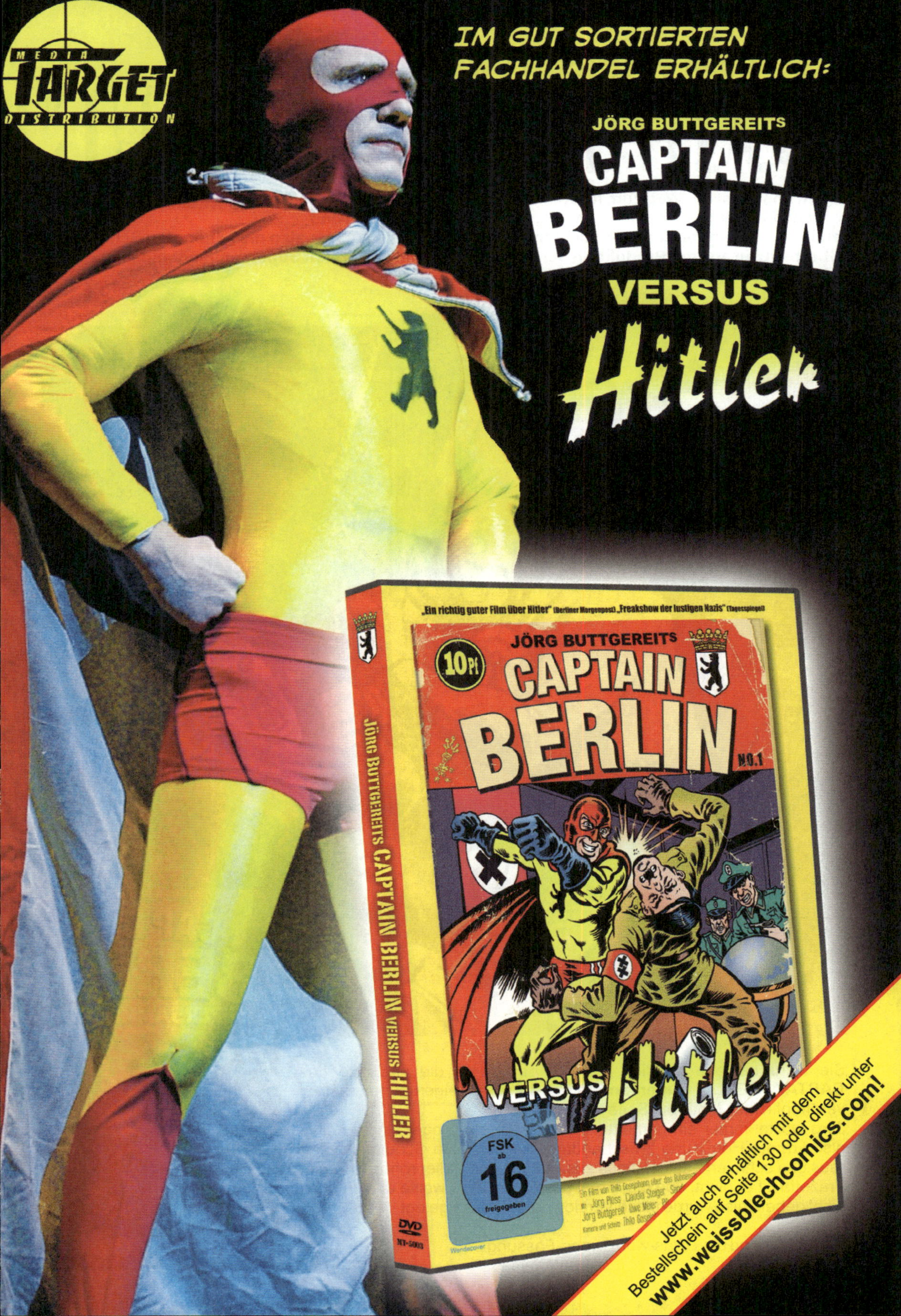

MEDIA TARGET DISTRIBUTION
IM GUT SORTIERTEN FACHHANDEL ERHÄLTLICH:
JÖRG BUTTGEREITS
CAPTAIN BERLIN VERSUS Hitler
„Ein richtig guter Film über Hitler" (Berliner Morgenpost) „Freakshow der lustigen Nazis" (Tagesspiegel)
JÖRG BUTTGEREITS
10Pf
CAPTAIN BERLIN
NO.1
VERSUS Hitler
FSK ab 16 freigegeben
JÖRG BUTTGEREITS CAPTAIN BERLIN VERSUS HITLER
DVD
Jetzt auch erhältlich mit dem
Bestellschein auf Seite 130 oder direkt unter
www.weissblechcomics.com!

AUS DEM PAPIERKORB DER CAPTAIN BERLIN -REDAKTION

Nicht immer ist der Weg zum fertigen CAPTAIN BERLIN-Heft so geradeaus, wie man meinen könnte ... da wird viel entworfen und auch mal verworfen! Zum Glück kommt bei uns nichts weg, hier also die schönsten Schnipsel und Überbleibsel aus der Produktion der Hefte 5 bis 8 - und des ersten Supersammelbandes!

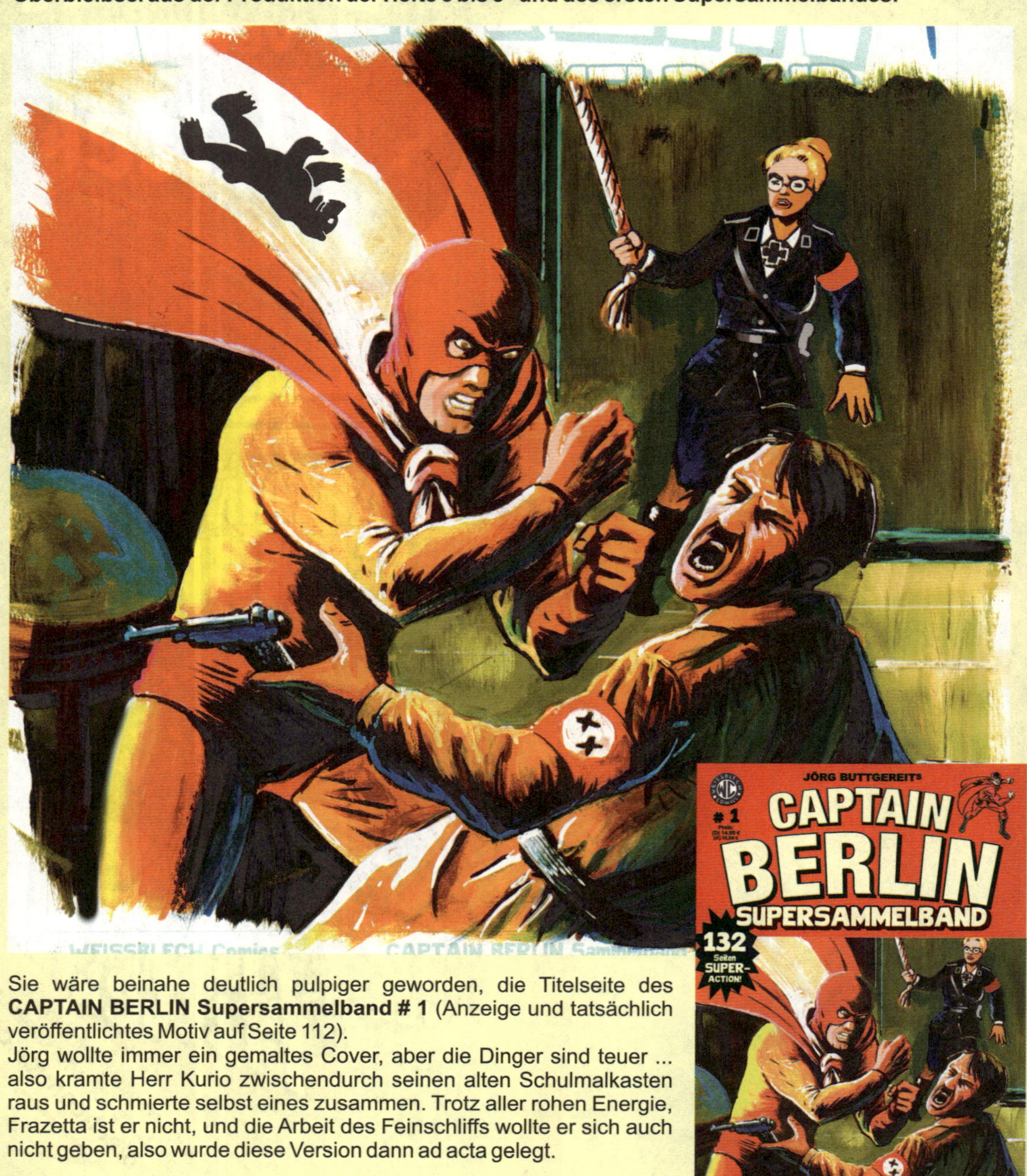

Sie wäre beinahe deutlich pulpiger geworden, die Titelseite des **CAPTAIN BERLIN Supersammelband # 1** (Anzeige und tatsächlich veröffentlichtes Motiv auf Seite 112).
Jörg wollte immer ein gemaltes Cover, aber die Dinger sind teuer ... also kramte Herr Kurio zwischendurch seinen alten Schulmalkasten raus und schmierte selbst eines zusammen. Trotz aller rohen Energie, Frazetta ist er nicht, und die Arbeit des Feinschliffs wollte er sich auch nicht geben, also wurde diese Version dann ad acta gelegt.

Nebenstehend eine Was-wäre-wenn-Fassung ...

Ein Titelbild für CAPTAIN BERLIN # 5

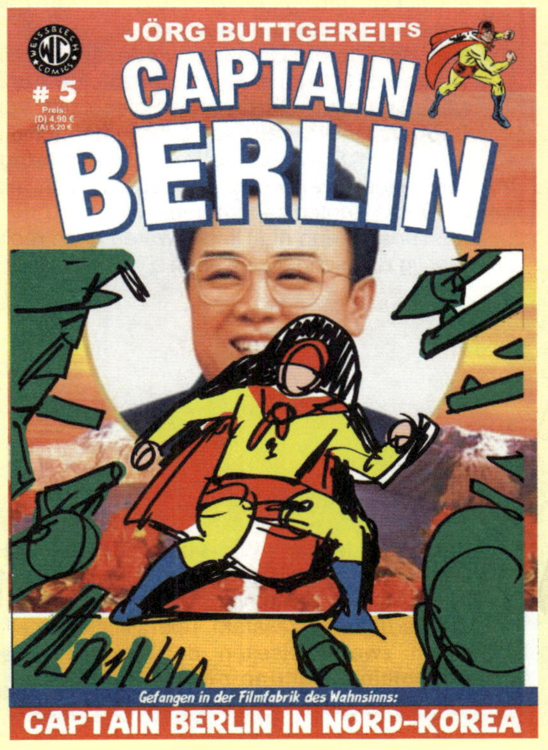

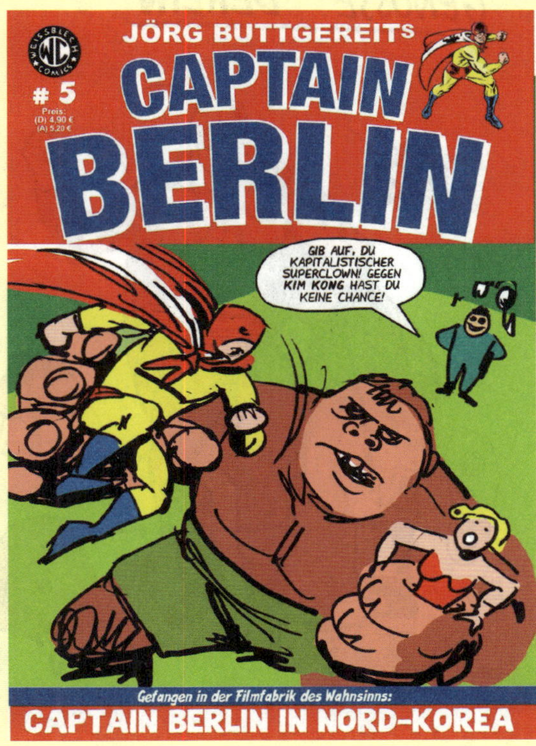

Kniffelig war das Titelbild der Nummer 5, denn es gab einige Vorgaben:
Erstens: Es brauchte einen **riesigen Gorilla**! Damit war der Entwurf oben links aus dem Spiel.
Zweitens: **Kim Jong-il** sollte groß zu sehen sein - damit war der Entwurf oben rechts auch nicht zu gebrauchen.
Drittens: **Hildegard Helm** sollte ihren Platz finden.
Viertens: Die Wörter **Filmfabrik** und **Nord-Korea** müssen drauf ... am besten auch noch mal in koreanisch!

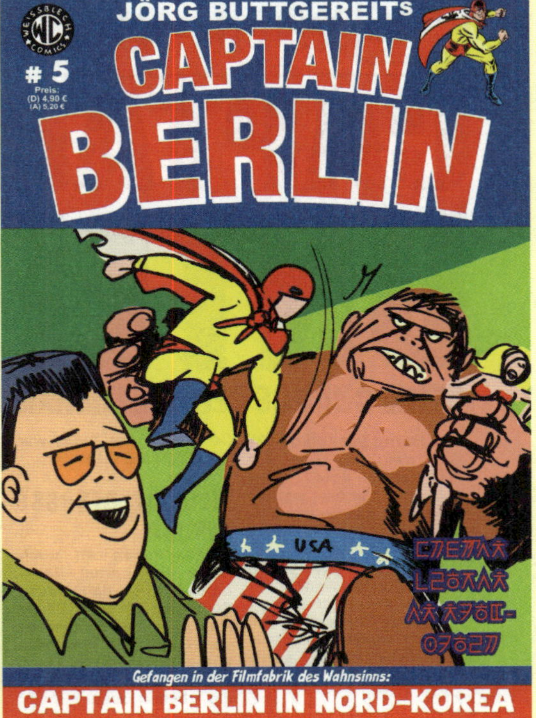

Nun ja, wer das schon einmal gemacht hat, weiß, dass es nicht ganz einfach ist, Elemente extrem verschiedener Größe (Gesicht und Riesengorilla) stimmig miteinander zu kombinieren, ohne dass das wesentliche (**Captain Berlin**) dabei aus dem Fokus gerät ... diverse klassische Ant-Man-Cover legen davon Zeugnis ab!
Letztlich löste Zeichner Geier das Problem bravourös, auch wenn Hildegard doch noch etwas größer hätte sein können, und ein paar Aliens dazu hätten ja auch nicht schaden können ...

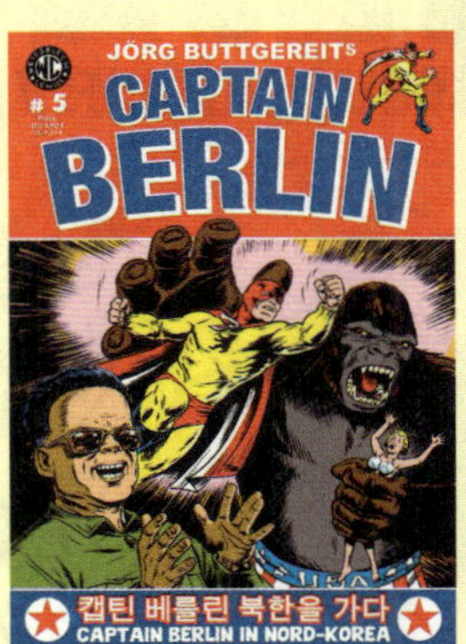

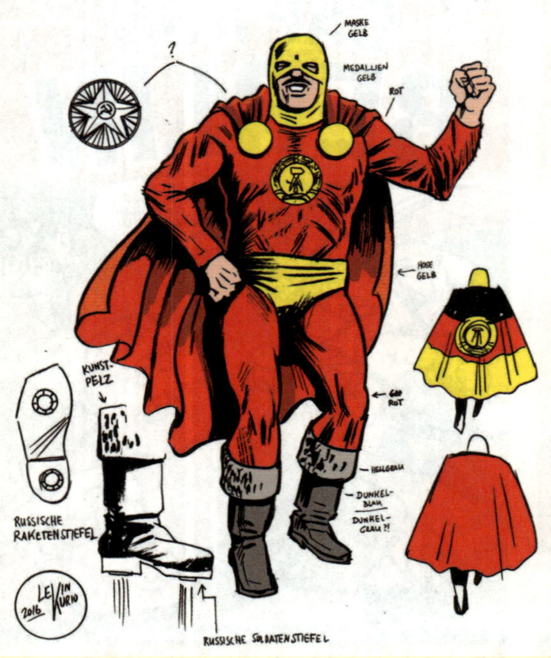

Der erste Kostümentwurf für **Genosse Berlin.** Die Figur ist hier schon ziemlich weit entwickelt, einzig am Umhang und an den Accessoires haben wir noch gefeilt.
Aus dem roten Umhang wurde später ein Traum in FDJ-Hemd-Blau; demzufolge - und weil **Genosse Berlin** ein Spiegelbild von **Captain Berlin** sein sollte - wurde auf die protzigen Sowjetplaketten als Umhangbefestigung verzichtet und stattdessen ein einfacher Knoten genommen.
Besser so, denn die Dinger wären auch recht fisselig zu zeichnen gewesen ...

Durchaus lesbar: Wir von WEISSBLECH machen keine halben Sachen! Wenn wir eine Fake-Zeitung zusammenfrickeln, dann mit eigens dafür verfasstem Text! Hier erstmalig gleich zwei Titelseiten der **West-Berliner Allgemeinen Zeitung** in lesbarer Größe ...

1,- DM
Im Abo 60 Dpf

West-Berliner Allgemeine

CAPTAIN BERLIN UNTERLIEGT!

KEINE CHANCE GEGEN GEHEIMNISVOLLEN KÄMPFER AUS DEM OSTEN!

von Bernd Brosolkowski
Soll das der Held der Hauptstadt sein? Sehr heldenhaft war das, was die Passanten gestern vor dem Aschingerhaus an der Kantstraße /Ecke Joachimsthaler Straße zu sehen bekamen, jedenfalls nicht!
Nach einer kurzen, aber heftigen Schlägerei mit einem geheimnisvollen Helden aus dem Osten ergriff Captain Berlin die Flucht!
Der Sieger des Tages war GENOSSE BERLIN!

WER IST GENOSSE BERLIN?

Bisher haben wir noch keine gesicherten Nachrichten über den neuen Champion der DDR. Einzig Propagandameldungen mit der Handschrift des Politbüros berichten von einem sogenannten Kämpfer für die Arbeiterklasse.

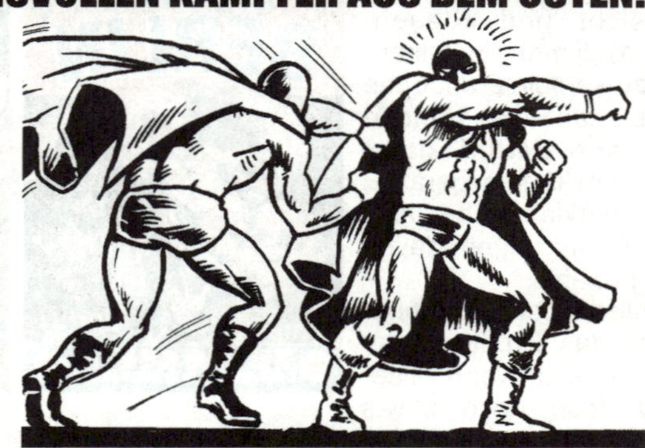

1,- DM
Im Abo 60 Dpf

West-Berliner Allgemeine

KRAWALLE WEGEN HORRORSCHUND!

Illegale Fernsehübertragung löst Gewaltchaos aus!

von Bernd Brosolkowski

Wer gestern das abendliche Fernsehprogramm einschaltete, den erwartete eine böse Überraschung: Gruselige Fratzen auf allen Kanälen! Aufgrund einer illegalen Fernsehübertragung wurde auf allen Sendern ein schauriger Horrorstreifen gezeigt. Wandelnde Leichen, auch Zombies genannt, ließen den Berliner Bürgern das Abendbrot im Halse stecken.

Als wäre es nicht genug, daß solcher Schund schon über die dubiosen Kanäle der Videoverleihläden in viele Wohnzimmer vordringt, nun auch noch das!

Ab etwa 20.30 zeigte dann der Horrorfilm auch seine zu erwartenden Auswirkungen: Krawallmacher und Chaoten fühlten sich durch die verstörenden Bilder "inspiriert" und zogen randalierend durch die Straßen.

Zum Glück war der Einfluß auf die Jugend dank der späten Stunde gering. Dr. Annette Donk-Bregenhans von der katholischen Filmfürsorge dazu: "Es ist wissenschaftlich eindeutig bewiesen, daß solche Horror- und Gewaltfilme nicht nur verstörend wirken, sondern gerade auch Jugendliche und andere einfache Gemüter zur

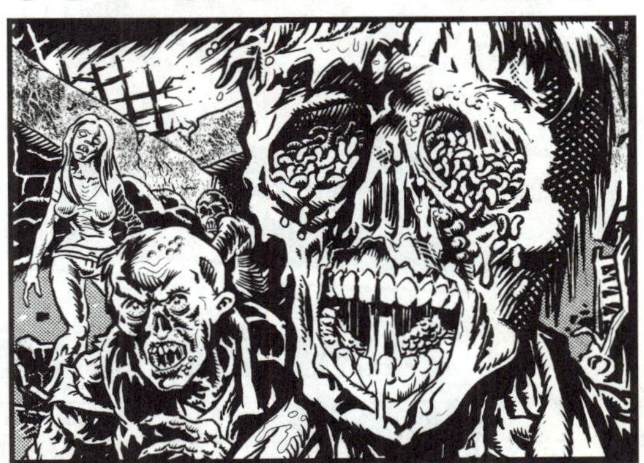

... kenntnisreiche Leser werden es bemerkt haben - bei dem hübschen Zombiebild handelt es sich um einen Titelseitenausschnitt der Nummer 2 unserer Sonderheftreihe **ZOMBIE TERROR**.

Wobei ebenfalls zur Kenntnis zu nehmen ist, dass Kollege Brosolkowski eine ziemlich giftige Boulevardschreibe zu pflegen scheint.

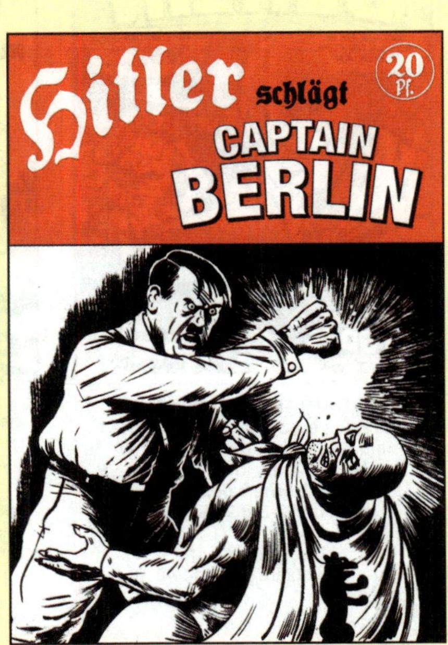

Wo wir gerade bei Fake sind: Hier auch noch einmal das Fake-Cover des in **CAPTAIN BERLIN # 8** auftauchenden rechten Propaganda-Heftes ohne das Drumherum. Gesetzt im Stil der 40er Jahre, ist es eine bizarre Verdrehung eines der bekanntesten Captain Berlin-Motive (siehe wieder **CAPTAIN BERLIN Supersammelband # 1**). Als hätte der kleine Mann aus Braunau je selbst Hand angelegt ...

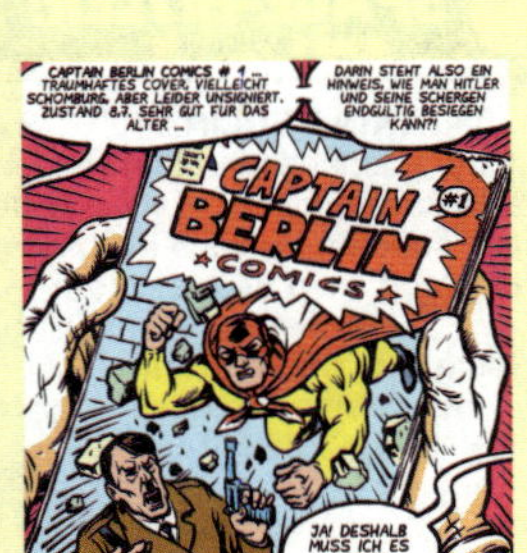

Auch von der in ***Das Bilderheft des Todes*** vorkommenden amerikanischen Ausgabe wollten wir ein solches Fake-Cover zum Reinbasteln gestalten, aber dann hatte es der Fufu ruckzuck direkt in die Seiten gezeichnet, und dabei ist es dann geblieben. Warum auch nicht?!

mit CAPTAIN BERLIN!

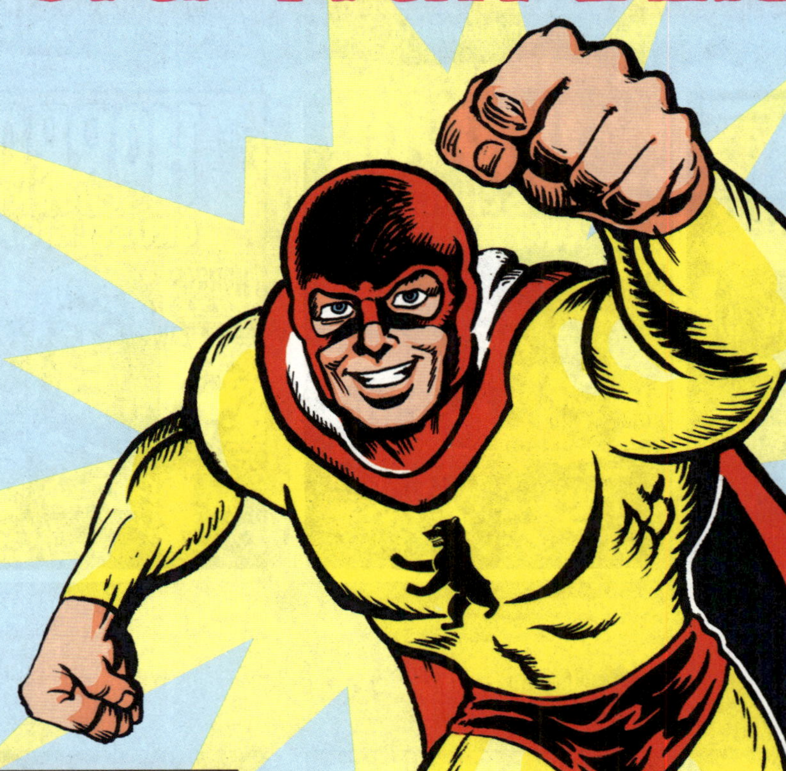

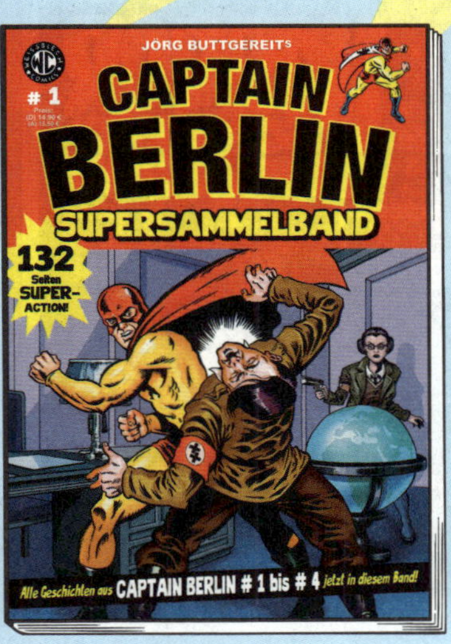

CAPTAIN BERLIN SUPERSAMMELBAND # 1
Enthält die **CAPTAIN BERLIN**-Hefte # 1- # 4. Alle Geschichten erstmals in chronologischer Reihenfolge.
132 Seiten Superaction!
SCHON IN DER 2. AUFLAGE!
ISBN: 978-3-86959-069-1

Erhältlich im Comicfach- und Buchhandel oder direkt unter www.weissblechcomics.com!

HAST DU DIESE HORRORSCHOCKER SCHON IN DEINER SAMMLUNG?

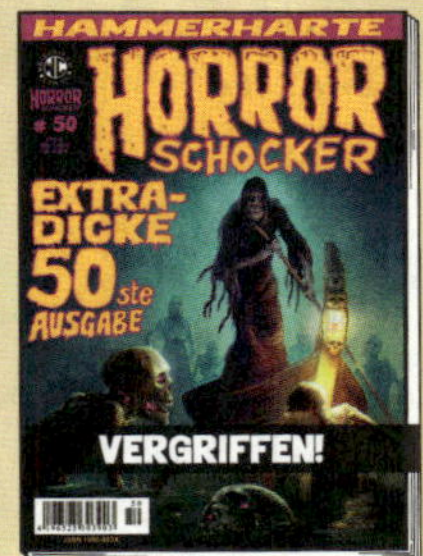

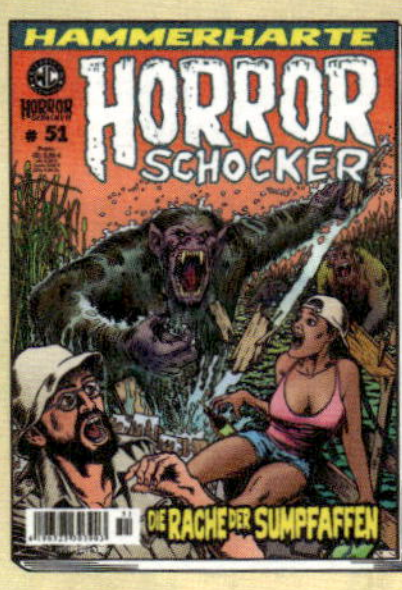

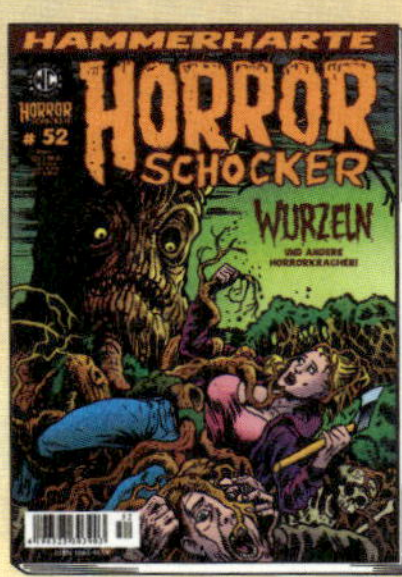

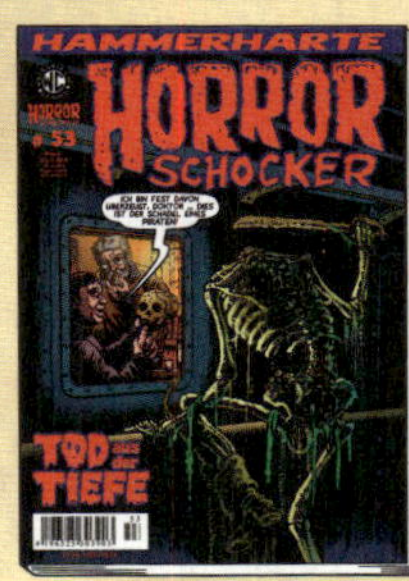

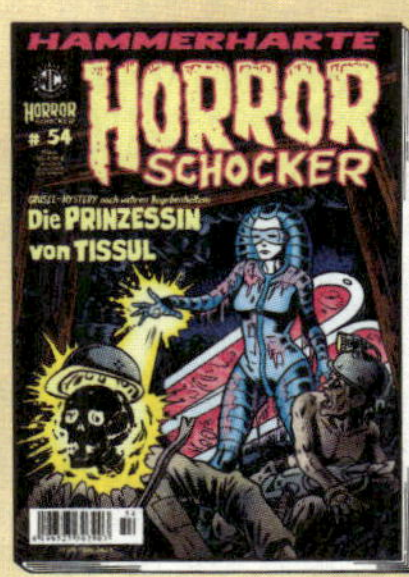

DER FÄHRMANN KOMMT!
SEIN BOOT IST VOLLER GESCHICHTEN DES GRAUENS! **HORRORSCHOCKER** ERSCHEINT DREI- BIS VIERMAL IM JAHR UND ENTHÄLT JEWEILS MEHRERE ABGESCHLOSSENE KURZGESCHICHTEN IM STIL DER KLASSISCHEN HORROR-COMICSERIEN.
JEDES HEFT HAT MINDESTENS 36 SEITEN UND KOSTET NUR LÄPPISCHE 3,90 EURO.

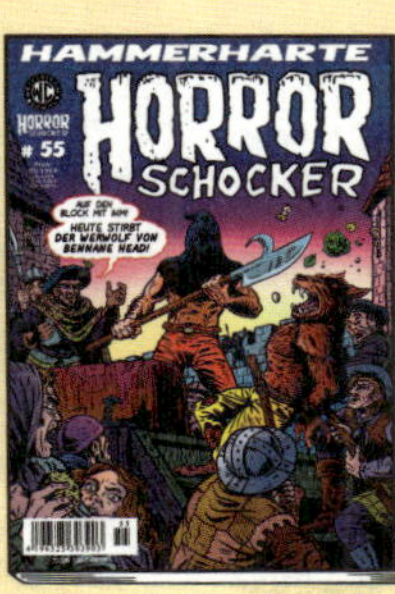

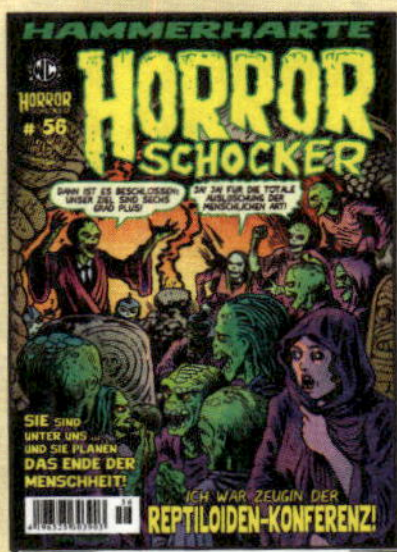

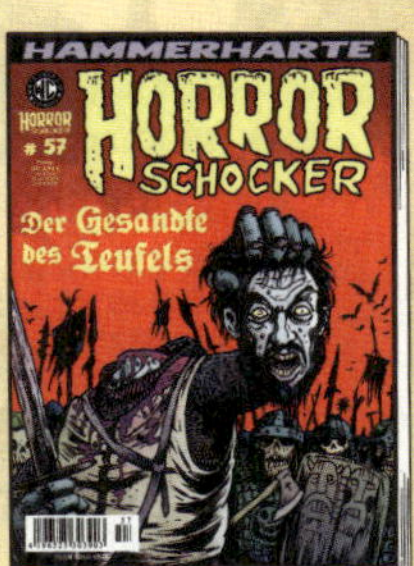

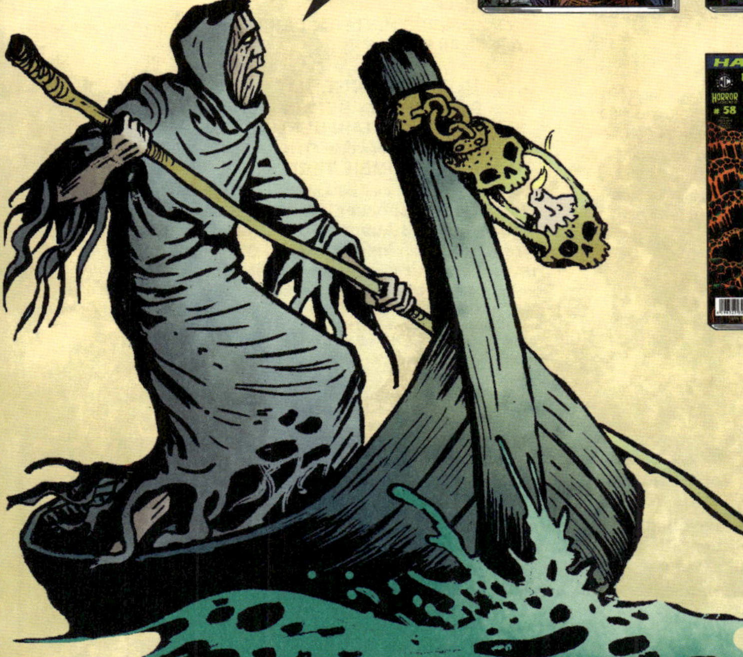

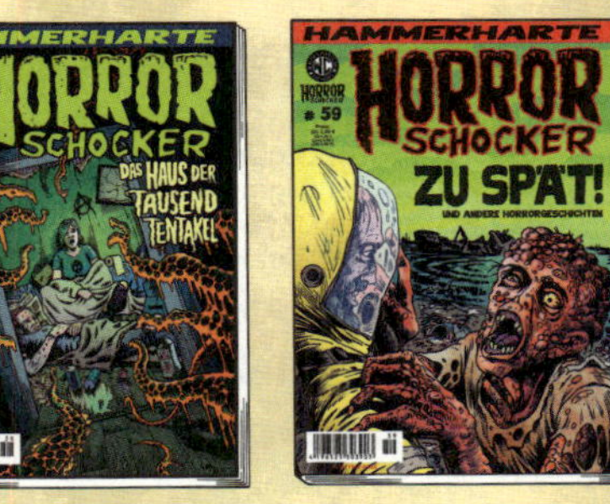

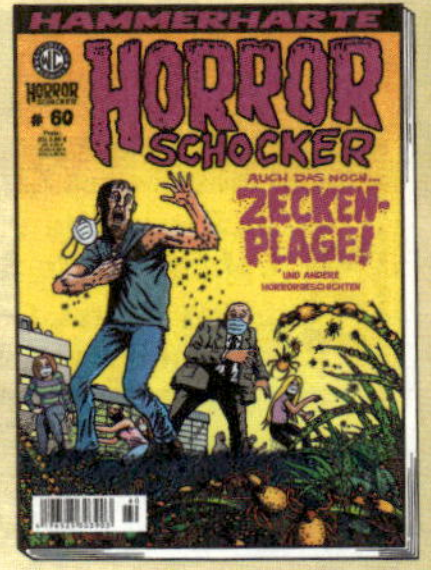

NEU IM MAI 2021!

SCHON 60 AUSGABEN ERSCHIENEN!

Vergriffene Ausgaben werden in der Reihe **HORRORSCHOCKER Grusel Gigant** nachgedruckt!
HORRORSCHOCKER gibt es im Bahnhofsbuch- und Comicfachhandel, über den Bestellschein auf Seite 130 oder ganz bequem in unserem Onlineshop unter

www.weissblechcomics.com

MEHR TITEL IN UNSERER LISTE FÜR ERWACHSENE! Du erhältst diese nach Erbringung eines Altersnachweises. Mehr Infos siehe unten!

Dieser Bestellschein lässt sich ausschneiden, kopieren oder formlos wiedergeben!

BESTELLSCHEIN:

BELLA STAR

__Stck **BELLA STAR gegen die Horden der Urak** (160 Seiten SW mit Farbcover, Hardcover) **zu je 20,- €**

__Stck **BELLA STAR trifft KALA** (112 Seiten in Farbe, Hardcover) **zu je 20,- €**

CAPTAIN BERLIN

Superheldenserie nach Jörg Buttgereit, 36 Seiten in Farbe, Heftformat

__Stck **CAPTAIN BERLIN # 7 zu je 4,90 €**

__Stck **CAPTAIN BERLIN # 8 zu je 4,90 €**

__Stck **CAPTAIN BERLIN # 9 zu je 4,90 €**

__Stck **CAPTAIN BERLIN #10 zu je 4,90 €**

__Stck **CAPTAIN BERLIN #11 zu je 4,90 €**

CAPTAIN BERLIN SUPERSAMMELBAND

Jeweils min. 132 Seiten in Farbe, Paperback im Heftformat

__Stck **CAPTAIN BERLIN Supersammelband # 1** (enthält CB # 1-4) **zu je 14,90 €²**

__Stck **CAPTAIN BERLIN Supersammelband # 2** (enthält CB # 5-8) **zu je 14,90 €²**

HORRORSCHOCKER

Jeweils min. 32 Seiten in Farbe, Heftformat

__ **Stck HS #2 zu je 3,90 €**

__ **Stck HS #6 zu je 3,90 €**

__ **Stck HS #13 zu je 4,90 €²**

__ **Stck HS #35 zu je 3,90 €**

__ **Stck HS #36 zu je 3,90 €**

__ **Stck HS #37 zu je 3,90 €**

__ **Stck HS #38 zu je 3,90 €**

__ **Stck HS #39 zu je 3,90 €**

__ **Stck HS #40 zu je 3,90 €**

__ **Stck HS #41 zu je 3,90 €**

__ **Stck HS #43 zu je 3,90 €**

__ **Stck HS #44 zu je 3,90 €**

__ **Stck HS #45 zu je 3,90 €**

__ **Stck HS #46 zu je 3,90 €**

__ **Stck HS #47 zu je 3,90 €**

__ **Stck HS #48 zu je 3,90 €**

__ **Stck HS #51 zu je 3,90 €**

__ **Stck HS #52 zu je 3,90 €**

__ **Stck HS #53 zu je 3,90 €**

__ **Stck HS #54 zu je 3,90 €**

__ **Stck HS #55 zu je 3,90 €**

__ **Stck HS #56 zu je 3,90 €**

__ **Stck HS #57 zu je 3,90 €**

__ **Stck HS #58 zu je 3,90 €**

__ **Stck HS #59 zu je 3,90 €**

HORRORSCHOCKER GRUSEL GIGANT

Jeweils min. 148 Seiten in Farbe, Paperback im Heftformat

__ **Stck HS Grusel Gigant # 1** (das Beste aus HS # 1-5) **zu je 14,90 €²**

__ **Stck HS Grusel Gigant # 2** (enthält HS # 6-10) **zu je 14,90 €**

__ **Stck HS Grusel Gigant # 3** (enthält HS # 11-15) **zu je 14,90 €**

__ **Stck HS Grusel Gigant # 4** (enthält HS # 16-20) **zu je 14,90 €**

__ **Stck HS Grusel Gigant # 5** (enthält HS # 21-25) **zu je 14,90 €**

__ **Stck HS Grusel Gigant # 6** (enthält HS # 26-30) **zu je 14,90 €**

KALA DIE URWELTAMAZONE

Jeweils min. 52 Seiten in Farbe, Heftformat

__Stck **KALA Die Urweltamazone # 1** (Nachdruck aus WdS # 1) **zu je 7,80 €²**

__Stck **KALA Die Urweltamazone # 2** (Nachdruck aus WdS # 2 und WWC #15) **zu je 7,80 €** (zur Zeit vergriffen - Neuauflage in Arbeit!)

__Stck **KALA Die Urweltamazone # 3** (Nachdruck aus WdS # 4 und WdS # 5) **zu je 7,80 €**

__Stck **KALA Die Urweltamazone # 4** (Nachdruck aus WdS # 7 und neue Geschichte mit Luba Wolfsschwanz) **zu je 7,80 €**

__Stck **KALA Die Urweltamazone # 5** (Nachdruck aus WdS # 8 und neue Geschichte mit Luba Wolfsschwanz) **zu je 7,80 €**

WELTEN des SCHRECKENS

Jeweils 68 Seiten in Farbe, Prestige

__ **Stck WELTEN des SCHRECKENS # 8 zu je 7,80 €**

__ **Stck WELTEN des SCHRECKENS # 9 zu je 7,80 €**

__ **Stck WELTEN des SCHRECKENS #10 zu je 7,80 €**

WEISSBLECH SONDERHEFT

Jeweils min. 36 Seiten in Farbe, Heftformat

__**STCK WS # 3 "Zombie Terror" zu je 4,90 €**

__**STCK WS # 4 "Zombie Terror" zu je 4,90 €**

__**STCK WS # 5 "Zombie Terror" zu je 4,90 €**

__**STCK WS # 6 "Zombie Terror" zu je 4,90 €**

__**STCK WS # 7 "Zombie Terror" zu je 4,90 €**

__**STCK WS # 8 "Zombie Terror" zu je 4,90 €**

ZOMBIEMAN

Jeweils 36 Seiten in Farbe, Heftformat

__**Stck ZOMBIEMAN # 1 zu je 4,90 €**

__**Stck ZOMBIEMAN # 2 zu je 4,90 €**

__**Stck ZOMBIEMAN # 3 zu je 4,90 €**

__**Stck ZOMBIEMAN # 4 zu je 4,90 €**

WEITERE HEFTE UND BÜCHER:

__**Stck DORIS DAYDREAM # 1** (52 Seiten in Farbe, DIN A 4 Album) **zu je 10,- €³**

__**Stck DORIS DAYDREAM # 2** (52 Seiten in Farbe, DIN A 4 Album) **zu je 10,- €**

__**Stck Tales of THE OTHER # 1** (Der Comic zur Band, 36 Seiten in Farbe, Heftformat) **zu je 6,66 €**

__**Stck WWC #21 "Bella Star"** (36 Seiten in Farbe, Heftformat) **zu je 4,90 €**

__**Stck ZOMBIES HINTERM DEICH** (96 Seiten in Farbe, Hardcover) **zu je 15,90 €**

AUSSERDEM IM ANGEBOT:

__ **Stck DVD CAPTAIN BERLIN versus Hitler zu je 21,- €**

__ **Stck T- Shirt CAPTAIN BERLIN** (Größe ____ O Damen oder O Herren) **zu je 22,- €**

__ **Stck T- Shirt ZOMBIE TERROR** (Größe ____ O Damen oder O Herren) **zu je 22,- €**

__ **Abo "Horrorschocker" Ich erhalte dann ab der Nummer ______ 8 Ausgaben "Horrorschocker" zum Vorzugspreis von insgesamt 30,- €****

Wunschheft (Nur für Neuabonnenten):____________

*)Besteller außerhalb Deutschlands addieren bitte 5,- € für Porto und Verpackung dazu! **)Wir bitten um Verständnis, dass wir leider keine Abos im Ausland anbieten können!

² = 2. Auflage; ³ = 3. oder höhere Auflage

Alle Artikel nur solange der Vorrat reicht!

Ich bezahle ...

☐ **indem ich den Betrag von ____ € im Voraus auf das Konto mit der IBAN-Nummer: DE58 210 501 701 000 694 669 bei der Förde Sparkasse (BIC-/SWIFT-Code: NOLADE21KIE) Kontoinhaber Levin Kurio Verlag überweise!**

☐ **... indem das Geld in bar oder als V-Scheck beiliegt (bei ungeraden Beträgen kann ich auch Briefmarken nehmen - aber bitte keine Münzen!)**

Die Lieferung ist portofrei!!* Schickt sie an:

Name:______________________________

Straße:______________________________

PLZ/Ort:______________________________

Datum/Unterschrift:______________________________

☐ **Jawolla,**

ich interessiere mich auch für die Erwachsenencomics aus dem WEISSBLECH-Comics Programm! Bitte schickt mir die kostenlose und unverbindliche Erwachsenen-Liste! Mein Altersnachweis (es wird die Kopie von Ausweis oder Führerschein akzeptiert - Versand nur an die auf dem Dokument angegebene Adresse) liegt bei!

Schicke diesen Coupon ausgefüllt mit dem Gesamtbetrag als V-Scheck, in Briefmarken oder in bar an:

WEISSBLECH COMICS • Levin Kurio Verlag • Hauptstr. 10 • 23744 Schönwalde OT Langenhagen

JETZT AUCH FAXEN: 04528 9134931